国家社科基金一般项目"听障学生汉语唇读理解能力发展研究"（15BYY069）资助成果

听障学生汉语唇读理解能力发展研究

雷江华 等 著

科学出版社

北京

内 容 简 介

"语言感知是听觉通道独有特性"的观点忽视了视觉在人类语言认知中的作用，与语言感知的多模态特性相悖，且研究者们逐渐证明了视觉信息在个体语言感知中所发挥的不容忽视的作用。对于听障学生而言，唇读不仅是他们在口语交流中获取信息的重要途径，也是他们融入主流社会所必需的能力。目前，唇读的研究在国外愈发受到重视，研究成果日益丰富，从语言习得的感知—识别—理解过程分别考察了唇读的感受能力、识别能力与理解能力等，尽管我国唇读感知与识别研究在不断跟进，但汉语唇读理解能力研究仍相对薄弱。因此，本书探讨了听障学生汉语唇读理解能力发展的特点，并从汉字、词语、语句三个语言级别探讨了听障学生汉语唇读理解能力发展的表现，随后考察了影响其汉语唇读理解能力的因素，结合眼动技术探究听障学生唇读理解加工的机制，并通过单一被试实验研究探讨听障学生汉语唇读理解能力的干预效果。

本书可供从事听障儿童语言教育与研究的专家、学者及爱好者阅读参考。

图书在版编目（CIP）数据

听障学生汉语唇读理解能力发展研究/雷江华等著. —北京：科学出版社，2022.3
　ISBN 978-7-03-070412-2

　Ⅰ. ①听⋯　Ⅱ. ①雷⋯　Ⅲ. ①听力障碍-学生-汉语-语音识别-研究　Ⅳ. ①G762

中国版本图书馆 CIP 数据核字（2021）第 223493 号

责任编辑：张　宁　乔艳茹/责任校对：贾伟娟
责任印制：徐晓晨/封面设计：蓝正设计

科学出版社 出版
北京东黄城根北街 16 号
邮政编码：100717
http://www.sciencep.com

固安县铭成印刷有限公司 印刷
科学出版社发行　各地新华书店经销
*

2022 年 3 月第 一 版　开本：720×1000　1/16
2022 年 3 月第一次印刷　印张：19 3/4
字数：398 000
定价：98.00 元
（如有印装质量问题，我社负责调换）

目 录

第一章 唇读理解的研究进展 ……………………………………………… 1
 第一节 国际唇读研究进展 ………………………………………………… 1
 第二节 国内唇读认知研究进展 …………………………………………… 16
 第三节 听障学生唇读理解发展研究进展 ………………………………… 24
 第四节 研究框架 …………………………………………………………… 34

第二章 听障学生汉语唇读理解的发展趋势 ……………………………… 48
 第一节 听障人士汉语唇读理解能力的年龄发展趋势 …………………… 48
 第二节 听障学生汉语唇读理解能力的年级发展趋势 …………………… 66
 第三节 总结、启示与反思 ………………………………………………… 80

第三章 听障学生汉字唇读理解能力发展 ………………………………… 84
 第一节 不同年龄听障学生汉字唇读理解能力发展 ……………………… 84
 第二节 不同年级听障学生汉字唇读理解能力发展 ……………………… 91
 第三节 总结、启示与反思 ………………………………………………… 97

第四章 听障学生词语唇读理解能力发展 ………………………………… 100
 第一节 不同年龄听障学生词语唇读理解能力发展 ……………………… 100
 第二节 不同年级听障学生词语唇读理解能力发展 ……………………… 107
 第三节 总结、启示与反思 ………………………………………………… 113

第五章 听障学生语句唇读理解能力发展 ………………………………… 116
 第一节 不同年龄听障学生语句唇读理解能力发展 ……………………… 116
 第二节 不同年级听障学生语句唇读理解能力发展 ……………………… 122
 第三节 听障学生语句唇读理解眼动研究 ………………………………… 128
 第四节 总结、启示与反思 ………………………………………………… 162

第六章 听障人士汉语唇读理解能力的影响因素 ………………………… 165
 第一节 听力损失对听障人士汉语唇读理解能力的影响 ………………… 165
 第二节 听觉辅助对听障人士汉语唇读理解能力的影响 ………………… 179
 第三节 家庭交流环境对听障人士汉语唇读理解能力的影响 …………… 189

第四节　其他因素对听障人士汉语唇读理解能力的影响 …………197
  第五节　总结、启示与反思 ………………………………………221

第七章　听障学生汉语唇读理解能力发展的干预研究 ………………226
  第一节　镜前自我模仿策略在听障学生汉语唇读理解中的作用 ……226
  第二节　视听条件在学龄前听障儿童汉语唇读理解中的作用 ………245
  第三节　总结、启示与反思 ………………………………………279

第八章　唇读理解研究对听障学生发展的启示 ………………………281
  第一节　唇读理解研究对听障学生语言发展的启示 …………………281
  第二节　唇读理解研究对聋校"沟通与交往"课程开设的启示………286

参考文献 …………………………………………………………………293

附录 ………………………………………………………………………304
  附录一　汉字唇读理解测试图像（节选）…………………………304
  附录二　词语唇读理解测试图像（节选）…………………………305
  附录三　单句唇读理解测试图像（节选）…………………………306
  附录四　实验指导语 ………………………………………………307
  附录五　幼儿认知风格问卷 ………………………………………308
  附录六　词语干预材料图像（节选）………………………………309
  附录七　观察提醒被试次数记录表 ………………………………310

后记 ………………………………………………………………………311

第一章 唇读理解的研究进展

唇读，又称"看话""视话"，是听觉障碍者"利用视觉信息，感知言语的一种特殊方式和技能。看话人通过观察说话人的口唇发音动作、肌肉活动及面部表情，形成连续的视知觉，并与头脑中储存的词语表象相比较和联系，进而理解说话者的内容"[1]。我国著名聋教育家洪雪立曾说过，"视话是通过观察说话时对方嘴巴的动作，来了解他说话的语言技能。它和人类的其它技能一样有它客观内在的规律。人们对它的认识、发现和利用是经过长时期的经验和逐步发展起来的。它不仅是聋哑儿童对人交际的最方便的方法和他们学习语言最基本的步骤，而且又是决定教师语言教学成败的关键"[2]。语言发展是个体个性发展与社会性发展的重要组成部分。由于听觉通道受损，听障学生的语言发展水平普遍较低。唇读（又称看话、视话等，英文中有 lip reading、speech reading、hearing by eye、visual hearing、visual listening 等表达）作为一种特殊的语言表达形式，是听障学生沟通与交往的重要途径，因此明晰听障学生唇读理解的研究进展，有利于更加深入地探讨听障学生的唇读发展特点，对听障学生的全面发展具有重要的研究意义和研究价值。

第一节 国际唇读研究进展[3]

随着特殊教育领域、计算机科学领域等对唇读研究的日益关注，国内已有学者从不同角度对当前国内或国际的某个学科领域的唇读研究现状及发展趋势进行了有价值的探索[4][5][6]。但以往对唇读领域前沿的描述和分析主要是研究者依据搜集的某一领域文献进行的定性分析，在一定程度上存

---

[1] 朴永馨, 顾定倩, 邓猛. 特殊教育辞典(第二版)[M]. 北京: 华夏出版社, 2006: 203.
[2] 洪雪立. 聋哑学校语言教学商讨[J]. 人民教育, 1954, 8: 49.
[3] 宫慧娜, 雷江华, 陈亮. 1946-2017 年国际唇读研究进展——基于科学知识图谱的可视化研究[J]. 岭南师范学院学报, 2018, 39(2): 43-54.
[4] 汪斯斯, 雷江华. 唇读大脑机制的功能性核磁共振研究[J]. 中国特殊教育, 2010, (7): 39-43.
[5] 王晓平, 郝玉峰, 付德刚, 等. 计算机唇读研究进展[J]. 数据采集与处理, 2007, (3): 353-359.
[6] 徐诚. 唇读研究回顾: 从聋人到正常人[J]. 华东师范大学学报(教育科学版), 2013, (1): 56-61.

在着分析范围小、评价主观性较强等弊端。借助图谱的直观性，研究者可透视整个研究领域的重要文献，理顺研究目标和知识网络，把握研究前沿发展的最新趋势[①]。本节尝试基于科学知识图谱，采用科学计量分析的方法，系统梳理国际唇读领域的研究进展。

一、数据来源与研究工具

（一）数据来源

Web of Science™（WOS™）数据库作为目前国际上对基础研究和应用基础研究成果进行科学评价的最具权威性的大型数据库之一，具有收录范围广、更新速度快、回溯期长等特点，因此，以 WOS™ 数据库为数据来源平台检索收集的国际唇读研究的相关文献具有较高的代表性。为提高文献收集的全面性和准确性，笔者制定了检索策略：主题="speechreading" or "lipreading" or "visual hearing" or "visual listening" or "hearing by eye"；文献类型="Artical"；入库时间="全部年份"；语种="English"，经过对数据的预处理，共获得 1946—2017 年的 8054 篇文献（2018 年 2 月 6 日检索）。

（二）研究工具

本书运用 CiteSpaceV 软件，该软件是由美国德雷克塞尔大学陈超美博士及其团队于 2004 年研发的专门用于进行科学领域信息可视化研究的应用软件。

二、研究结果与分析

（一）唇读研究的时间分布特点

对唇读研究发表论文的数量和时间变化关系进行统计，能够揭示出该领域的研究历史、发展速度并预测其发展趋势。根据普赖斯提出的科学文献增长的四阶段理论，即缓慢增长的初始阶段、指数增长阶段、线性增长阶段和缓慢增长阶段[②]，国际唇读研究大致可划分为两个主要阶段（图1-1），

---

① Chen C. CiteSpace Ⅱ: detecting and visualizing emerging trends and transient patterns in scientific literature[J]. Journal of the American Society for Information Science and Technology, 2006, 57(3): 359-377.

② Price D J D S. Citation indexing[J]. Journal of Histochemistry and Cytochemistry, 1967, 15(5): 299.

1946 年至 1990 年近半个世纪间共发表论文 244 篇,符合普赖斯阶段理论的第一阶段特征,即学科刚刚诞生,绝对论文数量少,增长不稳定,很难通过统计的方法求得相应的数学表达式。从 1991 年开始,国外唇读研究的年发文量急剧增加,且逐年累计发文量较严格地服从指数增长规律($Y=3E-68e^{0.0803x}$),曲线拟合指数 R^2 达到了 0.9734(R^2 是验证模型拟合优度的常用参数,其值在 0.875 以上表示拟合效果较为理想,越接近 1 表示拟合效果越好[①])。这表明国际唇读研究正处于指数增长阶段,至于是否表现出普赖斯阶段理论中第三阶段的"线性增长"特征,仍需通过结合未来的唇读研究发展趋势进行判断。

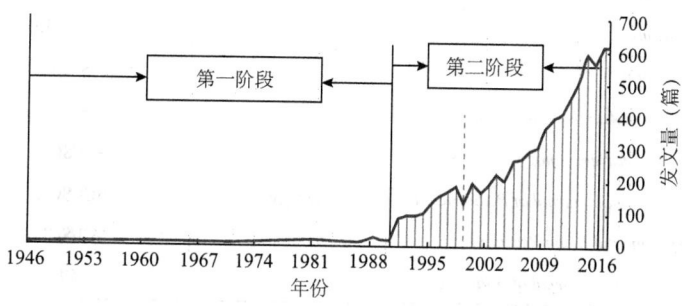

图 1-1　1946—2017 年国际唇读研究论文发表的年度分布

(二)唇读研究的空间分布特点

1. 来源出版物分布

对刊载唇读研究文章的文献来源出版物进行分析,可发现不同出版物的发文偏好,为科学研究人员进行投稿、文献搜集及杂志订阅提供参考。表 1-1 呈现出唇读研究成果的主要载文期刊信息,其中,*PLoS ONE*、*Ear and Hearing*、*Journal of Speech, Language, and Hearing Research* 是当前唇读研究发文量最高的三种期刊。此外,听力学领域期刊(如 *Hearing Research*、*International Journal of Audiology*)、心理学相关期刊(如 *Frontiers in Psychology*、*Cognition*)、神经科学领域期刊(如 *Journal of Neuroscience*、*Neuroimage*)、残障人士研究领域期刊(如 *American Annals of the Deaf*)等也是国际唇读研究成果的主要载文期刊。

---

① 邓蓓,宋艳辉,冯莲,等. 国内引文分析领域研究状况的可视化分析——基于论文数量、作者、主题词的知识图谱分析[J]. 情报杂志,2011,30(6):91-97.

表 1-1　主要来源期刊（Top 15）　　　　　单位：篇

排名	期刊	期刊来源	发文量
1	PLoS ONE	SCIE	177
2	Ear and Hearing	SCI/SCIE	161
3	Journal of Speech, Language, and Hearing Research	SSCI/SCIE	130
4	Frontiers in Psychology	SSCI	121
5	Volta Review	SSCI	101
6	Journal of Neuroscience	SCI/SCIE	98
7	Neuropsychologia	SCI/SCIE	92
8	Hearing Research	SCI/SCIE	88
9	Neuroimage	SCI/SCIE	85
10	Cognition	SSCI	82
11	American Annals of the Deaf	SSCI	73
12	Otology & Neurotology	SCI/SCIE	69
13	International Journal of Pediatric Otorhinolaryngology	SCI/SCIE	67
14	Experimental Brain Research	SCI/SCIE	63
15	International Journal of Audiology	SCIE	59

2. 主要学科分布

对唇读研究成果的主要学科进行分析，有助于了解唇读研究的学科视角，便于更清晰、准确地把握唇读研究理论与方法的学科基础。国际唇读研究共涉及 80 个相关学科，主要来自神经科学（neurosciences）、心理学（psychology）、听力与语言病理学（audiology & speech-language pathology）、康复学（rehabilitation）、教育学（education）、语言学（linguistics）等研究领域（图 1-2），其中，神经科学为最主要的文献来源学科（发文量为 1780 篇），心理学以 1651 篇的发文量紧随其后排名第二。此外，心理学以 0.5 的高中心性，成为影响唇读研究的重要学科，康复学和神经科学分别以 0.17 和 0.11 的中心性指数位列第二、三位[①]，说明当前对唇读研究最具影响的学科为心理学、康复学和神经科学。

---

① 宫慧娜, 雷江华, 陈亮. 1946-2017 年国际唇读研究进展——基于科学知识图谱的可视化研究[J]. 岭南师范学院学报, 2018, 39(2): 43-54.

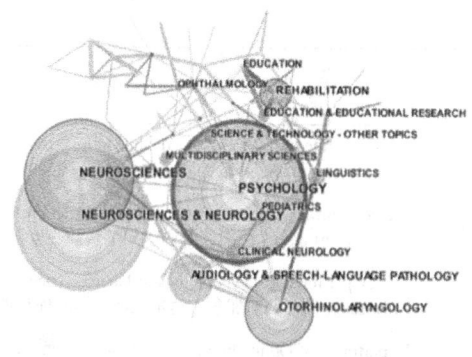

图 1-2　唇读研究主要学科共现网络图谱

资料来源：宫慧娜, 雷江华, 陈亮. 1946-2017 年国际唇读研究进展——基于科学知识图谱的可视化研究[J]. 岭南师范学院学报, 2018, 39(2): 43-54

3. 核心作者分布

据普赖斯定律对核心作者的界定，核心作者发文量为：$m≈0.749×\sqrt{n_{max}}$（m 为核心作者最低发文量，n_{max} 为发文量最多的作者的论文数）。在本书统计期间，$n_{max}=33$，可计算出 $m≈4.3$，因此，将发表文章数量在 4 篇及以上的作者界定为目前唇读领域的核心作者。截至检索时间（2018 年 2 月），国际唇读研究核心作者人数为 207 人（发文量≥4），约占研究者总人数的 41.9%，其发文量约占 75.76%，说明唇读领域的核心研究团队已初步基本形成。如表 1-2 所示，以悉尼大学视觉研究中心的 Paul Mitchell、瑞典林雪平大学行为科学与学习系的 Jaker Rönnberg、威斯康星大学眼科学与视觉科学系的 Karen J. Cruickshanks 等几位研究者为代表构成了国际唇读研究的核心研究者。但唇读研究核心作者的密度仅为 0.005，表明当前唇读研究合作程度较低。然而，我国尚未有学者进入国际唇读核心研究作者群的领先行列，表明我国对唇读研究的关注度有待提升。

表 1-2　唇读研究主要作者及其所在单位一览表（Top 10）

排名	作者	作者单位及国家	发文量（篇）
1	Paul Mitchell	Center for vision Research, University Sydney, Australia（澳大利亚悉尼大学视觉研究中心）	33
2	Jaker Rönnberg	Department of Behavioural Sciences and Learning, Linköping University, Sweden（瑞典林雪平大学行为科学与学习系）	31
3	Karen J. Cruickshanks	Department of Ophthalmology and Visual Sciences, University of Wisconsin, USA（美国威斯康星大学眼科学与视觉科学系）	30

续表

排名	作者	作者单位及国家	发文量（篇）
4	David B. Pisoni	Department of Psychological and Brain Sciences, Indiana University, USA（美国印第安纳大学心理与大脑科学系）	29
5	Jörg Lewald	Department of Cognitive Psychology, Ruhr-Universität Bochum, Germany（德国波鸿鲁尔大学认知心理学系）	27
6	Raymond M. Klein	Department of Psychology and Neuroscience, Dalhousie University, Canada（加拿大达尔豪斯大学心理与神经科学系）	26
6	Barbara E. K. Klein	Department of Ophthalmology and Visual Sciences, University of Wisconsin, USA（美国威斯康星大学眼科学与视觉科学系）	26
8	Emmorey, Karen	Lab Language & Cognition Neuroscience, San Diego State University, USA（圣迭戈州立大学语言与认知神经科学实验室）	25
9	Jean Vroomen	Department of Psychology, Tilburg University, Netherlands（荷兰蒂尔堡大学心理学系）	24
10	Ruth Campbell	Deafness, Cognition and Language Research Center, University College London, UK（英国伦敦大学学院耳聋、认知与语言研究中心）	23

注：因篇幅限制，仅呈现排名前 10 的作者信息。

三、唇读研究的热点分析

运用软件通过最小生成树算法进行聚类分析，最后得到由 116 个节点和 514 条连线组成的关键词研究热点图谱。选择 Cluster 命令对唇读领域的关键词进行聚类分析，并通过进一步整合分析，将当前国际唇读领域的研究热点归纳为唇读的信息加工机制研究、认知神经机制研究、评估与作用效果研究、计算机唇读系统研究等四个热点领域。

（一）唇读的信息加工机制研究

唇读的信息加工机制研究这一热点涉及的关键词包括 visual attention（视觉注意，416 次）、speech perception（言语知觉，379 次）、working memory（工作记忆，263 次）、age（年龄，197 次）、audiovisual（视听，178 次）、representation（表征，168 次）、individual difference（个体差异，131 次）、multisensory integration（多感觉整合，98 次）、intelligibility（清晰度，96 次）等。由此可知，当前关于唇读的信息加工机制研究主要集中于唇读的跨通道信息整合机制研究及影响唇读的认知因素探究等方面。

1. 跨通道信息整合机制研究

Campbell 认为唇读作为视觉言语信息的重要获取途径，主要通过两种作用方式辅助言语知觉①。一种方式是相关作用（correlational），唇读者对来自视听双通道的言语信息进行整合，尽管此时视觉言语信息并不发挥主要作用，但视觉言语信息承载着视觉单通道所特有的时变特征（time-varying features），如言语起止（speech onsets and offsets）、节奏模式（rhythmical patterning）、持续时长（duration）、强度变化（intensity variations）等②③，在一定程度上可有效促进听者更加精准、稳定地解码信息。另一种方式是补偿作用（compensatory），即在听觉信息受损的情况下，视觉言语信息的即时呈现可以显著提升言语理解效果④⑤，因此言语感知的多通道特征可能会对提升听障儿童的言语知觉产生显著效果，尤其是植入人工耳蜗的听障儿童⑥⑦。言语感知的双通道优化作用在一定程度上可归因于单通道语音信息的互补特性[19]，但视觉言语信息对言语知觉的辅助功能并不能单纯归因于单通道信息的识别水平（unimodal intelligibility levels）⑧⑨⑩。视听言语感知过程具有超可加性（superadditive），即并不是单通道感知信息量的简单线性相加⑪。此外，部分研究者将视角投向考察

---

① Campbell R. The processing of audio-visual speech: empirical and neural bases[J]. Philosophical Transactions of the Royal Society B-biological Siences, 2008, 363(1493): 1001-1010.

② Sanchez K, Miller R M, Rosenblum L D. Visual influences on alignment to voice onset time[J]. Journal of Speech, Language, and Hearing Research, 2010, 53(2): 262-272.

③ Studdern-Kennedy M. Feature fitting: a comment on K. N. Stevens "On the quantal natural of speech"[J]. Journal of Phoetics, 1989, (17): 135-144.

④ Rosenblum L D, Johnson J A, Saldana H M. Point-light facial displays enhance comprehension of speech in noise[J]. Journal of Speech and Hearing Research, 1996, 39(6): 1159-1170.

⑤ Sumby W H, Pollack I. Visual contribution to speech intelligibility in noise[J]. Journal of the Acoustical Society of America, 1954, (26): 212-215.

⑥ Rouger J, Fraysse B, Deguine O, et al. McGurk effects in cochlear-implanted deaf subjects[J]. Brain Research, 2008, 1188(1): 87-99.

⑦ Rouger J, Lagleyre S, Fraysse B, et al. Evidence that cochlear-implanted deaf patients are better multisensory integrators[J]. Proceedings of the National Aademy of Sciences of the United States of America, 2007, 104(17): 7295-7300.

⑧ Smith E G, Bennetto L. Audiovisual speech integration and lipreading in autism[J]. Journal of Child Psychology and Psychiatry, 2007, 48(8): 813-821.

⑨ Sommers M S, Tye-Murray N, Spehar B. Auditory-visual speech perception and auditory-visual enhancement in normal-hearing younger and older adults[J]. Ear and Hearing, 2005, 26(3): 263-275.

⑩ Tye-Murray N, Sommers M, Spehar B, et al. Auditory-visual discourse comprehension by older and young adults in favorable and unfavorable conditions[J]. International Journal of Audiology, 2008, 47(2): S31-S37.

⑪ Foxe J J, Molholm S, Del Bene V A, et al. Severe multisensory speech integration deficits in high-functioning school-aged children with autism spectrum disorder (ASD) and their resolution during early adolescence[J]. Cerebral Cortex, 2013, 2(25): 298-312.

影响视觉言语信息识别的视觉成分以及视觉言语信息的信息加工机制，发现唇读理解准确率在一定程度上受制于面部细节信息（fine-detailed facial information）的提取或利用程度[1]，具体表现为对视觉言语信息的提取程度以及对口形的注视频率[2]。对高清视觉信息的高利用率很可能来自唇读者优秀的映射转化能力，即可以高效地将光学信号（optical signals）转换为视觉言语表征（visual speech representations）[3]。由此可推断出，当视觉言语信息获取效果不理想时，视听信息的言语知觉将会受到影响。

2. 影响唇读的认知因素探究

随着唇读对言语知觉的作用逐渐受到关注，许多研究者逐渐注重探究个体唇读差异的比较研究以及唇读的影响因素研究。对影响个体唇读能力的因素的相关研究发现，当仅呈现无声视觉刺激时，提取有意视觉信息的能力与多种感知因素、认知因素相关。感知因素包括语音编码能力[4][5]、语音编码速度[6]等，可独立对唇读精确度的提升起作用；认知因素包括空间工作记忆（spatial working memory）、语言加工速度（verbal processing speed）[7][8]、感知觉整合（perceptual synthesis）能力[9]等。尽管研究者们对唇读的影响因

---

[1] Wilson A H, Alsius A, Pare M, et al. Spatial frequency requirements and gaze strategy in visual-only and audiovisual speech perception[J]. Journal of Speech, Language, and Hearing Research, 2016, 59(4): 601-615.

[2] Alsius A, Wayne R V, Pare M, et al. High visual resolution matters in audiovisual speech perception, but only for some[J]. Attention Perception & Psychophysics, 2016, 78(5): 1472-1487.

[3] Wilson A H, Alsius A, Pare M, et al. Spatial frequency requirements and gaze strategy in visual-only and audiovisual speech perception[J]. Journal of Speech, Language, and Hearing Research, 2016, 59(4): 601-615.

[4] Sommers M S, Tye-Murray N, Spehar B. Auditory-visual speech perception and auditory-visual enhancement in normal-hearing younger and older adults[J]. Ear and Hearing, 2005, 26(3): 263-275.

[5] Bernstein L E, Demorest M E, Tucker P E. Speech perception without hearing[J]. Perception & Psychophysics, 2000, 62(2): 233-252.

[6] Lyxell B, Holmberg I. Visual speechreading and cognitive performance in hearing-impaired and normal hearing children (11-14 years)[J]. British Journal of Educational Psychology, 2000, 70(4): 505-518.

[7] Feld J E, Sommers M S. Lipreading, processing speed, and working memory in younger and older adults[J]. Journal of Speech, Language, and Hearing Research, 2009, 52(6): 1555-1565.

[8] Lidestam B, Lyxell B, Andersson G. Speech-reading: cognitive predictors and displayed emotion[J]. Scandinavian Audiology, 1999, (28): 211-217.

[9] Watson C S, Qiu W W, Chamberlain M M, et al. Auditory and visual speech perception: confirmation of a modality-independent source of individual differences in speech recognition[J]. Journal of the Acoustical Society of America, 1996, 100(21): 1153-1162.

素进行了系列探究，但已有研究并没有对可能的影响因素达成一致认识，仍不能判定到底哪些是视觉言语知觉的稳定影响因素。例如，有些研究发现智力（intelligence）[①]、语言推理能力（verbal reasoning abilities）[②]、词汇量（vocabulary）[③]、受教育水平（education level）[④]等并不是唇读能力的较好探测因素。由此看出，目前关于影响唇读因素的探究并不理想，这受每个研究中容纳变量的有限性所制约，还未曾有同时探测感知能力、空间工作记忆、语言加工速度等认知变量对唇读影响的综合研究。

（二）唇读的认知神经机制研究

唇读的认知神经机制研究这一热点涉及的关键词包括 brain（大脑，283次）、cortex（皮质，279次）、fMRI（功能性磁共振成像，267次）、activation（激活，243次）、visual cortex（视觉皮层，212次）、event related potential（事件相关电位，182次）、plasticity（可塑性，154次）、cross modal plasticity（跨模块可塑性，93次）等。关于唇读的认知神经机制的研究主要集中于探究不同群体唇读的认知神经机制以及考察听障人士接收两种视觉语言（手语、唇读）的认知神经机制。

1. 不同群体唇读的认知神经机制研究

目前有关唇读的神经生理学研究主要是通过功能性磁共振成像（functional magnetic resonance imaging, fMRI）、事件相关电位（event-related potential, ERP）等技术来探讨听障人士与健听人士唇读的认知神经机制。唇读过程中所激活的脑区大致为四个区域，即视觉中枢、运动中枢、听觉中枢和语言中枢[⑤]。除对唇读涉及的脑区进行研究外，研究者们尤为关注听障人士唇读的认知神经机制。Campbell等持续对听障人士和健听人士唇读不相关单词列表时所激活的脑区进行对比发现[⑥]，健听人士右额叶的激

[①] Elphick R. Issues in comparing the speechreading abilities of hearing-impaired and hearing 15 to 16 year-old pupils[J]. British Journal of Educational Psychology, 1996, 66(3): 357-365.

[②] Summerfield Q. Lipreading and audiovisual speech-perception[J]. Philosophical Transactions of the Royal Society of London Series B-biological Sciences, 1992, 335(1273): 71-78.

[③] Lyxell B, Ronnberg J. The relationship between verbal-ability and sentence-based speechreading[J]. Scandinavian Audiology, 1992, 21(2): 67-72.

[④] Dancer J, Krain M, Thompson C, et al. A cross-sectional investigation of speechreading in adults—effects of age, gender, practice, and education[J]. Volta Review, 1994, 96(1): 31-40.

[⑤] 王晓平, 郝玉峰, 付德刚, 等. 计算机唇读研究进展[J]. 数据采集与处理, 2007, (3): 353-359.

[⑥] Campbell R, Capek C. Seeing speech and seeing sign: insights from a fMRI study[J]. International Journal of Audiology, 2008, 47(2): S3-S9.

活程度高于听障人士，而背外侧前额叶区域的功能通常涉及运动与发音计划等功能，由此可以推测，当唇读不熟悉单词时，唇读者（尤其是健听人士）更倾向于采用发音策略[①]。而不少研究[②③]发现，听障人士的上颞叶激活程度显著高于健听人士，而上颞叶区（包括次级听觉联络皮层及赫氏回等）通常被认为是健听人士加工听觉信息的主要区域，这证实了听障人士的听觉皮层对视觉刺激的反应，听觉剥夺导致了皮层功能的跨通道重组，论证了信息传输接替模型（communication relay model）[④]的合理性，即支持多感官刺激的皮下层接替联结区域的存在。没有语言经验的语前致聋被试在完成无声唇读任务时，其颞叶中部和后部（可能包括初级听觉皮层）被激活，说明当听觉皮层不足以被听觉刺激激活时，反而能被无声唇读激活。基于此，越来越多的研究者开始质疑传统视觉阻断法[⑤]的科学性，认为当上颞叶脑区被唇读激活后，将更助于提升个体接收多通道语音信息的适应性，对于语前致聋的人工耳蜗植入者来说，提升唇读能力将提升其对视觉言语信息的接收效率以及视听言语信息的整合能力。

2. 不同视觉言语加工的认知神经机制研究

相较于健听人士，听障人士的言语知觉更加依赖于视觉言语信息，手语与唇读则是其视觉言语信息的主要获取途径，不少研究者对听障人士获取唇读与手语信息时激活的大脑区域进行比较研究，以期探明听障人士加工不同类型视觉言语信息的认知神经机制。最早考察听障人士的双语（口语和手语）认知神经机制的研究者为瑞典学者 Söderfeldt 及其团队，以父母为听障人士的早期双语（手语、口语）使用者为被试，研究发现，口语条件下（无声唇读）激活了颞上皮层区域（听觉联合皮层和额下皮层），以上区域可同时被有声言语激活；然而，手语激活了颞叶后部更多的区域，

---

① Watkins K E, Strafella A P, Paus T. Seeing and hearing speech excites the motor system involved in speech production[J]. Neuropsychologia, 2003, 41(8): 989-994.

② Campbell R, Capek C. Seeing speech and seeing sign: Insights from a fMRI study[J]. International Journal of Audiology, 2008, 47(2): S3-S9.

③ Sadato N, Okada T, Honda M, et al. Cross-modal integration and plastic changes revealed by lip movement, random-dot motion and sign languages in the hearing and deaf[J]. Cerebral Cortex, 2005, 15(8): 1113-1122.

④ Olson I R, Gatenby J C, Gore J C. A comparison of bound and unbound audio-visual information processing in the human cerebral cortex[J]. Cognition Brain Research, 2002, 14(1): 129-138.

⑤ Rhoades E A, Chisholm T H. Global language progress with an auditory-verbal approach for children who are deaf or hard of hearing[J]. Volta Review, 2001, (102): 5-25.

如视觉联合皮层①。造成以上差异的原因，有可能是被试的有效听觉经验优先激活听觉皮层。由于口形在手语理解中发挥着重要作用②，现实中很多手语使用者在口语或听力环境中交流时也在一定程度上依赖唇读，Campbell 等通过手语与口形匹配判断任务对以英国手语为第一语言的听障成人进行研究③，进一步发现口形与手语作为两种视觉信息来源激活了不同的脑区，口形视觉信息优先激活了上颞叶的中后部区域，而手语视觉信息则更多地激活了下颞叶的后部区域，且研究结果并不受实验材料语言级别的影响，这验证了口形对手语识别的影响，但关于口形如何对手语识别起作用、作用性质如何等仍有待探究。关于不同类别视觉言语加工的认知神经机制的探讨将为听障人士，尤其是学语期听障儿童的双语教育与干预提供科学依据。

（三）唇读的评估与作用效果研究

唇读的评估与作用效果研究这一热点涉及的关键词包括 performance（表现，321 次）、response（反应，170 次）、measurement（测量，121 次）、outcomes（结果，119 次）、time（时间，98 次）、speechreading ability（唇读能力，95 次）、test（测试，93 次）、hearing aid（听觉辅助，50 次）等。关于唇读的评估研究主要集中于唇读评估工具的研发以及利用评估工具对听障人士的唇读能力进行评估等方面；关于唇读作用效果的研究主要集中于考察人工耳蜗植入者的唇读能力，以期为其语言康复训练与干预提供参考。

1. 唇读的评估研究

唇读能力的评估无论对教育科研还是康复干预目标的制定都具有重要意义。目前唇读能力的评估工具数量有限且仍不完善④，听障人士，尤其是听障儿童，对唇读能力的规范化测评有着紧迫的需求。听障儿童唇读评估（lipreading assessment for children with hearing impairment，LACHI）工具的研发者 Woodhouse 认为，为了满足听障儿童唇读康复训练或教育研

---

① Söderfeldt B, Ingvar M, Rönnberg J, et al. Signed and spoken language perception studied by positron emission tomography[J]. Neurology, 1997, (49): 82-87.
② Boyes-Braem P, Sutton-Spence R L. The hands are the head of the mouth[M]. Hamburg: Signum Press, 2001: 183.
③ Campbell R, Capek C. Seeing speech and seeing sign: Insights from a fMRI study[J]. International Journal of Audiology, 2008, 47(2): S3-S9.
④ 朴永馨, 顾定倩, 邓猛. 特殊教育辞典(第 3 版)[M]. 北京: 华夏出版社, 2015: 227.

究的需要,一套有效的唇读评估工具需满足以下标准:"①适用于广泛年龄阶段的儿童(3—14岁);②能够测量对象在不同语言级别上的唇读能力,如单字、词组、对话等;③简便易行;④保证工具的信度、效度;⑤适用于大多数儿童,且避免练习效应;⑥适用于本国语言体系;⑦能够被所有从事听障或其他语言障碍儿童教育的人员使用;⑧能够广泛应用于健听儿童与普通儿童。"[1]目前国际唇读研究中使用较多的4套唇读测试工具(表1-3)为CLI(the Craig Lipreading Inventory,克雷格唇读测试册)[2]、LACHI[3]、ToCS(the Test of Child Speechreading,儿童唇读测试)[4]以及Tye-Murray等研发的唇读成套测试材料[5]。可见,目前关于英语的唇读能力评估工具的开发已逐步规范,但在所测试语言级别的全面性、适用对象的广泛性等方面仍有待进一步完善。

表1-3 唇读能力评估工具简介

工具名称	研发者	年份	测试语言级别	测试形式	适用对象	评价
Lipreading Battery(唇读成套测试,包含CAVET、Tri-BAS、IST、the Gist Test四项子测试)	Nancy Tye-Murray、Sandra Hale、Mitchell S. Sommers 等	2014	字母、单词、词组、句子	1. 机测:3种通道测试(无声唇读测试、听觉通道测试、视听双通道唇读测试) 2. 封闭式非言语图片指认反应范式,结合开放式报告单词、复述测试	7—15岁	1. 经过多次实验检验,信效度良好,考察语言级别较全面 2. 实验程序较复杂,对主试要求高
the Test of Child Speechreading(ToCS,儿童唇读测试)	Fiona E. Kyle、Ruth Campell 等	2013	单词、句子及短篇	1. 机测:播放无声唇读视频 2. 非言语图片指认反应范式,并参照主试的主观评定	5—14岁	1. 有效的唇读能力评估工具 2. 题量适中,易于操作

---

① Woodhouse L M. Lipreading skills in children with hearing impairment[D]. University of Queensland, 2007: 259.

② Craig W N. Effects of preschool training on the development of reading and lipreading skills of deaf children[J]. American Annals of the Deaf, 1964, 109(3): 280-296.

③ Woodhouse L M. Lipreading skills in children with hearing impairment[D]. University of Queensland, 2007: 259.

④ Kyle F E, Campbell R, Mohammed T, et al. Speechreading development in deaf and hearing children: introducing the test of child speechreading[J]. Journal of Speech, Language, and Hearing Research, 2013, 56(2): 416-426.

⑤ Tye-Murray N, Hale S, Spehar B, et al. Lipreading in school-age children: the roles of age, hearing status, and cognitive ability[J]. Journal of Speech, Language, and Hearing Research, 2014, 57(2): 556-565.

续表

工具名称	研发者	年份	测试语言级别	测试形式	适用对象	评价
Lipreading Assessment for Children with Hearing Impairment（LACHI，听障儿童唇读评估工具）	Lynn Woodhouse、Louise Hickson、Barbara Dodd	2007	单词、短语、句子、对话	1. 人测：现场口形演示 2. 封闭式非言语图片指认反应范式，结合开放式复述、对话测试	4—15岁	1. 评估语言级别较全面，具有较高信效度 2. 题目较多，程序较复杂，测试时间长，被试易疲劳，对主试要求高
the Craig Lipreading Inventory（CLI，克雷格唇读测试册）	William N. Craig	1964	单词、句子	1. 机测：播放无声唇读视频 2. 非言语图片指认反应范式	3—8岁	1. 经过多次修订，信效度良好 2. 测试题目少，考察的语言级别较少

2. 人工耳蜗植入者的唇读作用效果研究

人工耳蜗的植入实现了将听觉损失时发展的视觉唇读能力与人工耳蜗植入后获得的听觉经验进行整合，即将嘈杂的听觉信息与唇读提供的辅助视觉信息进行整合。不少研究者专注于探究人工耳蜗植入者的唇读作用效果，以期为人工耳蜗植入者术后的功能康复提供借鉴。研究发现语后致聋的成年人工耳蜗植入者与同龄健听人在视觉单一信息通道下唇读识别语音的能力相同[1]。然而，在视听条件下人工耳蜗植入者的唇读语音识别正确率显著高于听觉单一通道，表明视觉信息在视听信息整合中发挥着不容忽视的作用；人工耳蜗植入者在视听条件下的唇读语音识别正确率显著高于视觉单一通道，表明人工耳蜗植入者有能力整合来自视觉、听觉的多通道言语信息[2]。由此可见，人工耳蜗植入者的言语感知存在双通道优化作用，在视听条件下的视听信息跨通道整合将有效加强语音清晰度，从而提升言语感知的效果。此外，有研究者沿用 McGurk 效应的经典实验范式，探究人工耳蜗植入者视听信息言语整合机制[3]，研究发现，健听人言语知觉的主要感觉通道为听觉，但整合视听多通道信息是其言语知觉的必要过程；当

---

[1] Rouger J, Fraysse B, Deguine O, et al. McGurk effects in cochlear-implanted deaf subjects[J]. Brain Research, 2008, 1188(1): 87-99.

[2] Schwartz J L, Berthommier F, Savariaux C. Seeing to hear better: evidence for early audio-visual interactions in speech identification[J]. Cognition, 2004, 93(2): B69-B78.

[3] Strelnikov K, Rouger J, Barone P, et al. Role of speechreading in audiovisual interactions during the recovery of speech comprehension in deaf adults with cochlear implants[J]. Scandinavian Journal of Psychology, 2009, 50(5): 437-444.

视听言语信息不一致时，人工耳蜗植入者更依赖视觉通道信息。有研究表示，人工耳蜗植入者在耳蜗植入后，尽管会接受有计划的听觉功能康复训练，但其耳蜗植入前习得的唇读技能仍会得到保存，这表明视觉言语信息对人工耳蜗植入者的言语知觉发挥着相对独立的作用。法国图卢兹大学的唇读研究团队对人工耳蜗植入者的唇读能力及效果进行了长期跟踪研究后提出，恰当的语言康复训练策略一定要注重通过唇读来进行视觉言语功能或视听整合能力训练[①]。以上研究结果对当前人工耳蜗植入者语言康复训练中存在的片面强调听觉功能康复训练的现状进行了批判，然而对于在人工耳蜗植入者的语言康复训练与干预中如何协调听觉训练与唇读训练的比例，在何时进行视听整合训练的干预效果最佳等问题还有待进一步探究。

（四）计算机唇读系统研究

唇读的计算机科学研究这一热点涉及的关键词包括 recognition（识别，333次）、lip movement（唇动，121次）、lip contour（唇形轮廓，99次）、boundary feature（边缘特征，76次）、location（定位，46次）、feature extraction（特征抽取，38次）等。近年来，唇读作为语音识别的辅助手段引起了越来越多研究人员的关注，并成为人机交互领域的研究热点。目前国际唇读研究主要集中于唇部定位及跟踪、唇动特征提取、唇读识别方法、多通道言语信息融合等方面。

唇部定位及跟踪是计算机唇读系统的首要环节，其准确与否将直接关系到唇动特征的有效提取，随着人脸跟踪技术的日渐成熟[②]，计算机系统将逐渐实现在无任何交互和限制条件下，能够自动地将不同光照、不同皮肤颜色、不同说话者准确定位、跟踪、识别和理解。唇动特征是唇读识别的基本依据，目前用于唇读特征提取的方法主要可分为基于模型的方法、基于图像的方法等，前者是指对发音时可见的唇部轮廓建立参数模型[③]，而后者主要是指直接利用包含嘴的灰度级图像或直接提取经过若干预处

---

① Strelnikov K, Rosito M, Barone P. Effect of audiovisual training on monaural spatial hearing in horizontal plane[J]. PLoS ONE, 2011, 6: e183443.

② Dai Y, Nakano Y. Face-texture model based on SGLD and its application in face detection in a color scene[J]. Pattren Recognition, 1996, 29(6): 1007-1017.

③ Chiou G I, Hwang J N. Lipreading by using snakes, principal component analysis and hidden Markov models to recognize color motion video[J]. Transactions on Image Processing, 1997, 6(8): 1192-1195.

后得到的特征向量[1]。早期的唇读识别只能对单因素或孤立词进行识别，当前的唇读识别方法已经可以进行连续语音的识别，方法主要有基于隐马尔可夫模型（hidden Markov model，HMM）的方法[2]、基于人工神经网络的方法以及混合方法等。多通道言语信息融合研究即如何将唇读和语音进行高效融合以提升系统的整体识别率，Stork等认为唇读通道与语音通道有3种融合方式，分别为早融合、晚融合、中融合。有研究者对计算机唇读研究进展进行总结，认为当前针对特定人、孤立词、小词汇量的唇读系统已能达到比较好的识别效果，正在向提高非特定人、连续语音、大词汇量唇读系统识别率的目标努力，并认为提高唇部定位及跟踪的鲁棒性，探索更有效的唇读特征描述技术，研究更为合理的唇读和语音融合策略，提升计算机的智能语言理解能力将是未来唇读研究进一步深化的切入点[3]。

四、结论

对国际唇读研究的研究热点进行分析对我国学者有效开展唇读研究具有一定的借鉴意义。本书的主要研究结论如下：从时间分布来看，国际唇读研究始于1946年，自1991年后，唇读研究进度明显提升，当前国际唇读研究正处于指数增长阶段，发展势头迅猛。从空间分布来看，听力学领域期刊、心理学领域期刊等成为国际唇读研究的主要载文平台；认知神经科学以最高的发文量成为最主要的文献来源学科，但心理学成为唇读研究影响最大的学科，且国际唇读研究日益注重多元学科及交叉学科的参与；唇读研究的核心作者群已基本形成，但合作程度较低。从研究热点来看，当前国际唇读的研究热点主要集中在唇读的信息加工机制研究、唇读的认知神经机制研究、唇读的能力评估与作用效果研究以及计算机唇读系统研究等方面，未来唇读研究将向精细化、纵深化发展，并日益关注唇读的实践干预效果研究。

五、启示

通过对国际唇读研究的进展进行总结，可以为我国唇读研究得出如下启示：第一，国际唇读研究已呈快速增长趋势，我国学者须加大对唇读研

---

[1] Yuhas B P, Goldstein M H, Sejnowski T J. Integration of acoustic and visual speech signals using neural nets[J]. IEEE Communication Magazine, 1989: 65-71.
[2] Puviarasan N, Palanivel S. Lip reading of hearing impaired persons using HMM[J]. Expert Systems wtih Applications, 2011, 38(4): 4477-4481.
[3] 王晓平, 郝玉峰, 付德刚, 等. 计算机唇读研究进展[J]. 数据采集与处理, 2007(3): 353-359.

究的关注力度，丰富符合我国听障儿童语言发展特征的唇读理论与实践研究。第二，国际唇读研究日益呈现多学科合作的发展趋势，我国唇读研究现多局限于心理学、特殊教育学、计算机科学等学科且缺乏多学科间的交叉合作，未来我国唇读研究需加大相关学科的合作力度并吸引认知神经科学等学科的加入。第三，国际唇读研究领域呈现多元化、纵深化的发展趋势。因此我国在唇读的信息加工机制领域应关注唇读作为视觉言语信息的跨通道信息整合机制研究，并综合探究影响我国听障儿童唇读能力的深层认知因素；在唇读的认知神经机制研究方面，深入探测听障儿童唇读的认知神经机制，为开展唇读干预训练与实践提供生理学依据；在唇读的能力评估与作用效果研究方面，尽快研发听障儿童唇读汉语能力的有效评估工具，为听障儿童的语言康复与训练提供支持；在计算机唇读系统研究方面，应在提升计算机唇读系统对高级别语言的识别效果、探索更有效的唇读特征描述技术、提升计算机的智能语言理解能力等方面深化研究。

第二节　国内唇读认知研究进展[①]

为了促进听障学生语言的发展，教师或语言康复专业人员会或多或少地对他们进行唇读训练；研究人员则会通过实验研究来探讨唇读的认知机制，为有效开展唇读训练提供理论依据。本节试图通过总结国内听障学生唇读的认知实验研究，梳理其研究成果的内容，以为实践工作者提供参考。

一、研究方法

本节采用主题词搜索的方式进行文献检索。首先，采用主题词的不同组合进行搜索，选定中文社会科学引文索引（CSSCI）作为目标库进行检索，以"唇读"、"实验"、"听障"（听力障碍/听觉障碍/聋生）、"认知"等主题词的组合进行搜索共得到 16 篇论文。其次，依据以下标准对 16 篇文献进行再次筛选：①必须有实验设计；②必须有数据分析；③研究对象只为听障学生。由此选出 11 篇文献。最后，对 11 篇文献（表 1-4）从被试（听障学生）特征、实验设计、实验材料、发表期刊等方面进行了梳理。

所有的实验中共有 426 名被试参与，除去性别未提及的 12 名被试，其中男性 172 名（40.38%）、女性 242 名（56.81%），被试平均年龄均在

[①] 雷江华，鲍博. 我国听障学生唇读认知实验研究进展[J]. 中国听力语言康复科学杂志，2018，16(3): 165-169.

20 岁以下。实验设计上，有 9 篇（81.82%）采用真实验设计，1 篇（9.09%）采用非随机分派控制组前后测准实验设计，1 篇（9.09%）采用 block 实验设计的功能性磁共振研究。真实验设计中有 1 篇（11.11%）采用单因素重复测量实验设计，8 篇（88.89%）采用多因素实验设计，其中包括两因素被试内实验设计 4 篇（50%）、两因素混合实验设计 3 篇（37.5%）、三因素混合实验设计 1 篇（12.5%），在 4 篇两因素被试内实验设计中，根据不同的因素的水平不同划分为 2×3、3×3、3×6 三种，其中文献数量比为 2∶1∶1。实验材料上，有 10 篇（90.9%）为汉语，1 篇（9.09%）为汉语英语双语相结合。

表 1-4　11 篇文献编码分析主要信息概要[①②③④⑤⑥⑦⑧⑨⑩]

序号	被试特征：年龄（平均）；性别（数量）	实验设计	实验材料	发表期刊	影响效应	结论
1	11.25 岁；男 11，女 17	2×3 两因素被试内实验设计	汉语	《中国特殊教育》	词长效应	①单字优于词语首字；②单韵母优于复韵母；③复韵母优于声母
2	11.25 岁；男 11，女 17	2×3 两因素混合实验设计	汉语	《心理科学》	熟悉效应	①仅在单韵母识别中发现熟悉效应；②熟悉教师下音素可见性影响是单韵母>复韵母>声母；③陌生教师下显著差异仅表现在单韵母与声母之间

---

① 雷江华, 张凤琴, 方俊明. 字词条件下聋生唇读汉字语音识别的实验研究[J]. 中国特殊教育, 2004, (11): 39-41.
② 雷江华, 王庭照, 方俊明. 聋生唇读语音识别中熟悉效应的实验研究[J]. 心理科学, 2005, (5):1120-1121.
③ 雷江华, 甘琳琳, 方俊明. 助听器对听障学生唇读汉字语音识别的作用[J]. 心理科学, 2006, 29(6): 42-43.
④ 雷江华, 方俊明. 口语教学对听觉障碍学生唇读语音识别技能发展的作用研究[J]. 教育研究与实验, 2007, (3): 70-72.
⑤ 雷江华, 熊琪, 张军华, 等. 听障学生唇读语音识别编码方式的实验研究[J]. 中国特殊教育, 2007, (7): 28-31.
⑥ 雷江华, 方俊明, 王伟忠, 等. 听障学生唇读语音识别视听通道效应的实验研究[J]. 心理科学, 2008, 31(2): 312-314.
⑦ 雷江华, 刘爱民, 张军华. 视素可见性在听障学生唇读汉语元音识别中的作用[J]. 中国特殊教育, 2008, (3): 17-20.
⑧ 雷江华, 孙灯勇, 刘昌, 等. 语音编码在聋生唇读汉字语音识别中的作用[J]. 心理科学, 2010, (2): 15-17.
⑨ 雷江华, 汪斯斯, 刘昌, 等. 编码方式在听障学生唇读汉语元音识别中的作用研究[J]. 心理科学, 2010, (4): 46-48.
⑩ 雷江华, 刘昌, 方俊明, 等. 听觉障碍学生唇读的 fMRI 研究[J]. 教育研究与实验, 2014, (3): 69-72.

续表

序号	被试特征：年龄（平均）；性别（数量）	实验设计	实验材料	发表期刊	影响效应	结论
3	14.79 岁；男 51，女 64	2×3 两因素混合实验设计	汉语	《心理科学》	助听器效应	①音素可见性作用显著：正确率（由高到低）与反应时（由快到慢）：单韵母>复韵母>声母；②助听器在单韵母和复韵母中作用显著，在声母中作用不显著
4	15.89 岁；男 26，女 39	2×3 两因素混合实验设计	汉语	《教育研究与实验》	教学方式效应	①教学方式与音素可见性的交互作用在正确率上作用显著，在反应时上作用不显著；②音素可见性作用显著；③口语教学在单韵母和复韵母中作用显著，在声母中作用不显著
5	16.55 岁；男 6，女 14	2×3 两因素被试内实验设计	汉语	《中国特殊教育》	编码方式效应	①音素可见性作用显著；②编码方式加工速度存在差异：手指语与口形编码之间的差异
6	16.23 岁；男 7，女 12	3×3 两因素被试内实验设计	汉语	《中国特殊教育》	视听通道效应	①不同视听条件下效果存在显著性差异：视听>视觉>听觉；②视觉代偿作用存在；③音素可见性作用显著
7	16.06 岁；男 18，女 30	单因素重复测量实验设计	汉语	《中国特殊教育》	唇形效应	①唇形作用显著（正确率）：不圆唇音>圆唇音；②开口度、舌位的显著性影响只存在于圆唇音
8	17.13 岁；男 13，女 17	2×2×3 三因素混合实验设计	汉语	《心理科学》	助听器效应、编码方式效应	①助听器、编码方式与音素间的交互作用在正确率和反应时上均显著；②助听器显著性差异反映在单韵母上；③编码方式显著性差异反映在语音编码上；④音素可见性作用显著
9	17.24 岁；男 19，女 16	3×6 两因素被试内实验设计	汉语	《心理科学》	编码方式效应、唇形效应	①编码方式与视素可见性的交互作用在正确率和反应时上均显著；②视素可见性作用显著，即正确率（高）与反应时（快）：不圆唇音>圆唇音；③编码方式显著性差异反映在语音编码上
10	18 岁	fMRI: block 实验设计	汉语	《教育研究与实验》	—	①唇读激活的主要领域包括颞中回、额中回和额中回、顶叶；②左侧额下回和颞中回负责语言理解
11	18.62 岁；男 10，女 16	非随机分派控制组前后测准实验设计	双语	《中国特殊教育》	—	①镜前自我模仿策略在汉语上总体表现显著，尤其以/u/、/i/、/a/三个元音；②在英语上总体表现不显著

二、结果与分析

（一）音素作用明显

音素是根据语音的自然属性划分出来的最小语音单位。从声学性质来看，音素是从音质角度划分出来的最小语音单位；从生理性质来看，一个发音动作形成一个音素①。汉语的音素由单韵母、复韵母、声母组成②。11篇汉语唇读认知实验研究文献中，有 7 篇（63.64%）探讨音素可见性的作用，其中 7 篇都发现正确率差异显著，在反应时上 4 个实验差异显著（表 1-5）。具体来说，首先，单韵母与声母之间，在正确率上 7 个实验中均表现出显著性差异，且单韵母高于声母，在反应时上实验 3、4、5、8 中表现出显著性差异，且单韵母快于声母，由于声母在唇读汉字语音识别的过程中所经历的加工过程较复杂，加工时间较久，所以单韵母在正确率上高于声母，在反应时上快于声母；其次，单韵母与复韵母之间，在反应时上实验 3、4 中表现出显著的差异，且单韵母快于复韵母；在正确率差异显著的情况下，都是单韵母的正确率明显高于复韵母，这说明复韵母因其发音的延长在一定程度上增加了唇读语音加工的难度，因此单韵母在正确率上高于复韵母，在反应时上快于复韵母；最后，复韵母和声母之间，除实验 5 和实验 8 外，其他实验在正确率上均表现出显著性差异，且复韵母高于声母；在反应时上，在实验 3、4 中表现出显著性差异，且复韵母快于声母。

表 1-5　三种音素水平在 7 个实验中彼此之间的差异显著性汇总

实验序号		单韵母与复韵母		单韵母与声母		复韵母与声母	
		正确率	反应时	正确率	反应时	正确率	反应时
实验 1		不显著（单高）	—	显著（单高）	—	显著（复高）	—
实验 2	熟悉	显著（单高）	—	显著（单高）	—	显著（复高）	—
	陌生	不显著（单高）	—	显著（单高）	—	不显著（复高）	—
实验 3		显著（单高）	显著（复长）	显著（单高）	显著（声长）	显著（复高）	显著（声长）
实验 4		显著（单高）	显著（复长）	显著（单高）	显著（声长）	显著（复高）	显著（声长）
实验 5		—	—	显著（单高）	显著（声长）	—	—
实验 6		显著（单高）	—	显著（单高）	—	显著（复高）	—
实验 8		—	—	显著（单高）	显著（声长）	—	—

---

① 崔希亮. 语言学概论[M]. 北京：商务印书馆，2009：92.
② 徐诚. 唇读研究回顾：从聋人到正常人[J]. 华东师范大学学报(教育科学版)，2013，(1)：56-61.

（二）视素作用明显

视素分为元音视素和辅音视素，元音视素可见性高，其构音编码系统优于辅音的构音编码系统，因此元音视素比辅音视素清晰[①]。国外对于唇读的定义是从"lip-reading"演变为"speechreading"，后者取代前者说明了唇读的过程不仅仅依赖口形，而且牙齿与舌头的可视性在唇读中也显得很重要[②]。视素可见性的作用表现在唇形和开口度两个方面，由于通过开口度可直接或间接地观察到舌位，因此元音的视素可见性的作用主要体现在唇形、开口度和舌位上。

根据发音时唇形的圆展，元音又分为不圆唇音和圆唇音[③]。开口度指发元音时口腔开闭的程度，根据开口度，元音可以分为闭元音、半闭元音、半开元音、开元音四个基本类型[④]。如普通话的[i]，口腔开口度很小，称作闭元音，[a]的口腔开口度最大，称作开元音。开口度不同时发音位置发生变化，所以在听辨时要注意发现舌位的不同[⑤]。根据发音时舌的紧张部位，元音分为舌面音和舌尖音[⑥]。舌面音又分为舌面前音和舌面后音，多数元音都是舌面后音，如国际音标的[a]、[e]、[o]、[u]。

11篇文献中有3篇（27.27%）文献涉及视素可见性在听障学生唇读元音识别中的作用。其中，2篇（18.18%）是以汉语元音中的6个单韵母作为实验材料，分别探索视素可见性和编码方式在听障学生唇读汉语元音识别中的不同影响，均在正确率和反应时上有所体现（表1-6），1篇（9.09%）是以汉语和英语的元音作为对比实验材料，分析镜前口形模仿策略在听障学生双语唇读元音识别中的作用。首先，不圆唇音a/i/e与圆唇音o/u/ü之间，在正确率和反应时上两个实验均表现出显著性差异，a/o、a/ü、e/ü极其显著；在实验7中听障学生唇读汉语语音识别的正确率由高到低依次为a/i/e/u/o/ü，反应时由高到低依次为o/u/e/a/ü/i；在实验9中，正确率由高到低依次为i/e/a/u/o/ü，反应时由高到低依次为ü/o/u/i/a/e。这说明在听障学生唇读汉语语音识别中，不圆唇音的识别正确率明显高于圆唇音，圆唇音

---

① 雷江华. 听觉障碍学生唇读的认知研究[M]. 北京：中国社会科学出版社，2009：245.
② Munhall K G, Vatikiotis-Bateson E. The moving face during speech communication. In Ruth Campbell, Barbara Dodd & Denis Burnham. Hearing by Eye II: Advances in the Psychology of Speechreading and Auditory-visual Speech[M]. East Sussex: Psychological Press, 1998: 123-141.
③ 崔希亮. 语言学概论[M]. 北京：商务印书馆，2009：105.
④ 岑麒祥. 语音学概论[M]. 北京：商务印书馆，2013：97.
⑤ 金阳天，王虹，欧阳国亮. 语音开口度对共振峰频率的影响[J]. 中国刑警学院学报，2014，（3）：48-51.
⑥ 崔希亮. 语言学概论[M]. 北京：商务印书馆，2009：107.

的反应速度相对慢于不圆唇音（表1-6）。

表1-6 元音识别正确率和反应时的差异显著性汇总

实验序号	影响因素		极其显著 （$p<0.001$）	较显著 （$p<0.01$）	显著 （$p<0.05$）	不显著 （$p>0.05$）
实验7	视素可见性	正确率	a/o e/ü a/ü i/ü i/o u/ü	a/u e/o i/u	o/ü e/u	a/e/i o/u
		反应时	—	a/o o/u i/o	o/u	—
实验9	视素可见性 编码方式	正确率	—	—	15 对 a/o/u	a/u o/u e/i e/i/ü
	视素可见性 编码方式	反应时	a/o a/ü o/e o/u e/ü —	—	o/i i/ü u/ü o/e/i/u/ü	— a

其次，不圆唇音a/i/e之间，在正确率和反应时上实验7中都未表现出显著差异，说明这三个不圆唇音在听障学生唇读识别中的识别效果相当；在实验9中不圆唇音a/i之间、a/e之间只有口形编码方式下在正确率上表现出显著差异性，说明听障学生在识别不圆唇音时，更容易获得e和i的独特动觉反馈，三者之间在反应时上未表现出显著差异，说明三者都属于不圆唇音，都有自己独特的视素特征，都较容易识别出来（表1-7）。

表1-7 唇形在听障学生汉语语音识别中的作用

实验序号		不圆唇音						圆唇音					
		/a/与/i/		/a/与/e/		/i/与/e/		/o/与/u/		/o/与/ü/		/u/与/ü/	
		正确率	反应时	正确率	反应时	正确率	反应时	正确率	反应时	正确率	反应时	正确率	反应时
实验7		不显著	不显著	不显著	不显著	不显著	不显著	不显著	显著	显著	显著	显著	不显著
实验9	口形编码	显著	不显著	显著	不显著	—	不显著	不显著	不显著	不显著	不显著	不显著	不显著
	语音编码	不显著	不显著	不显著	不显著	不显著	不显著	显著	不显著	不显著	不显著	显著	不显著
	手指语编码	不显著	不显著	不显著	不显著	不显著	不显著	—	—	显著	显著	显著	显著

最后，圆唇音o/u/ü之间，在正确率和反应时上均表现出不同的显著性差异，识别效果表现出较大的差异性，这可能与三者开口度和舌位的差

异存在一定的关系。由于圆唇音 o/u/ü 分别属于开口呼、合口呼和撮口呼，三者的开口度均不同，发音位置发生变化，因此在听辨时要注意观察舌位的不同。由表 1-7 可知，在实验 7 中，o/u 正确率差异不显著的原因之一是二者均属于舌面后音，o/ü 和 u/ü 的正确率差异显著是因为 ü 属于舌面前音；在实验 9 中，由于 o/u/ü 均为圆唇音，其视素特征相似，故在口形编码上三者之间均未呈现出显著性差异，而在语音编码方式下识别正确率的差异主要来源于 o/u 和 u/ü，主要原因是这两组元音的开口度不一致以及舌位的差异显著。

由表 1-6、表 1-7 可知，实验 7、实验 9 均以在汉语中既是韵母也是元音的 6 个单韵母 a、o、e、i、u、ü 为实验材料。由表 1-8 可知，实验 11 的测试材料是英语和汉语双语，不局限于汉语元音中的 6 个单韵母，而是选择汉语拼音中的元音 a/i/ai/e/u/o，相比 6 个单韵母缺少 ü，增加了复韵母 ai；在英语中，选择的是英语 5 个元音字母（a、e、i、o、u）中与汉语拼音中的元音（a/i/ai/e/u/o）读音相似的音标 ʌ/i/æ/ə/u/ɔ。如表 1-8 中显示，听障学生唇读元音识别正确率在汉语上总体表现显著，尤其是 a/i/u 三个元音，在英语上总体表现不显著，仅 ə/ɔ 显著，有待进一步探讨。

表 1-8　实验组与控制组听障儿童前后测唇读汉语与英语元音识别正确率的差异显著性汇总

项目	汉语			英语		
	实验组与控制组	实验组	控制组	实验组与控制组	实验组	控制组
前测	不显著	o-e-u-ai-a-i	e-i-a-u-ai-o	不显著	æ-i-u-ə-ʌ-ɔ	æ-u-i-ʌ-ə-ɔ
后测	不显著	u-o-a-e-i-ai	e-u-o-i-a-ai	不显著	i-u-ʌ-ə-æ-ɔ	i-u-ʌ-ə-æ-ɔ
前测与后测	—	显著（a/i/u）	不显著（o 显著）	—	不显著（ə/ɔ 显著）	不显著

（三）其他效应

11 篇文献中有 8 篇表明了自变量其他 6 种影响效应的存在：词长效应、熟悉效应、视听通道效应、教学方式效应各 1 篇，助听器效应 2 篇，编码方式效应 3 篇，其中有 1 篇是同时具有编码方式效应和助听器效应（实验 8）。第一，词长效应说明听障学生单字条件的唇读语音识别效果优于词语条件；第二，熟悉效应说明师生之间的熟悉程度越高对听障学生唇读语音的单韵母识别效果越好；第三，助听器效应，说明佩戴助听器的听障学生唇读语音单韵母和复韵母的识别效果优于未佩戴助听器的听障学生,其中实验 8 说明助听器对听障学生唇读语音识别作用主要体现在语音编码上;第四,教学方式效应,口语教学方式对听障学生唇读语音识别的效果体现在韵母上;第五,视听通道效应,听障学生唇读语音识别效果在视听条件下优于视觉条件,视觉条件优于听觉条件;第六,编码方式效应,实验 5 说明唇读语音识别加工速度的差异性体现在手指语编码和口形编码上,实验 8 说明口形编码在唇读语音识别中表现出的优势体现在未佩戴助听器的听障学生中,而手指语编码表现出的优势体现在较难的声母识别中,实验 9 进一步说明三种编码方式中的语音编码在唇读汉字语音识别中的调节器作用。

三、结论

结果表明:①音素与视素在听障学生汉语唇读语音识别中作用明显:单韵母优于复韵母优于声母,不圆唇音优于圆唇音;②汉语唇读语音识别受到各种因素影响:词长效应、熟悉效应、助听器效应、教学方式效应、视听通道效应、编码方式效应等。

四、建议

(一)利用音素作用,加强唇读训练

由于音素可见性作用明显,唇读训练要循序渐进、从易到难地进行,即从单韵母到复韵母到声母;从单字到词语,再到语句,最后到语篇。听障学生唇读汉语语音识别的难点在声母,因此可考虑建立唇读声母训练的辅助支持策略,如助听器辅助、手指语辅助等。

(二)利用视素作用,加强镜前练习

由于视素可见性作用明显,应加强听障学生镜前自我练习,促进其汉语唇读语音识别策略的习得。通过镜前自我练习而获得的视觉刺激对于听障学生汉语唇读语音识别是有效的。教师可通过教室里配置的玻璃镜或计算机等语言交流装置,在教学中指导学生规范自己的发音口形,通过该装置给听障学生提供自己唇动的视觉反馈,一方面检查其唇形的标准程度,另一方面提高其学习说话的积极性与主动性。

(三)利用教学方式效应,重视口语教学

根据教学方式效应,口语教学在听障学生唇读语音识别中作用明显,应重视课堂中的口语教学。张宁生教授指出,听障学生掌握口语主要是为了帮助自己,即通过长期口语训练,使外部口头言语逐步转化为内部言语,然后用内部言语进行思维,因此为了改造听障学生的直观形象思维,就要对其进行口语训练[①]。学校营造良好的口语交流环境,不限于师生之间的口语交流,还要重视同学之间的口语交流。

（四）利用助听器效应，强调听能训练

根据助听器效应应强化听语教学与训练,即利用残余听力和佩戴助听设备来加强听能训练。政府给每个听障学生配备良好的听觉辅助设备,学校和康复机构为其配备专门的语言康复训练师,并建立起设备齐全、仪器先进的语言康复训练室,并把"训练听障学生的听话能力"作为教学任务之一贯穿教学过程始终。

（五）利用视听通道效应，强调听能训练和唇读训练相结合

根据视听通道效应,听障学生唇读语音识别效果在视听条件下优于视觉条件和听觉条件,可利用语音视听信息整合形成综合表征来提高听障学生的唇读技能,让听障学生能协调听觉和视觉来进行语言认知。

（六）利用编码方式效应，强调发展语音意识

根据编码方式效应可知,语音编码在听障学生唇读语音识别中起着调节作用。因此,教师与训练人员应抓住听障儿童语言发展的关键期,通过包括唇读训练在内的各种语言训练,促进听障学生语音意识的发展,提高其语音编码能力与语言理解能力,实现在日常生活中进行有效的沟通与交流。

第三节　听障学生唇读理解发展研究进展

国内以往研究主要聚焦于听障学生书面阅读理解能力的发展,研究普遍发现听障学生在不同语言级别汉语阅读理解的表现均落后于健听学生。具体而言,在汉字理解层面,方俊明等通过对听障学生与健听学生在阅读过程中对汉字的形码、义码、音码的信息加工方式进行对比发现,听障学生的字词识别能力低于健听学生,但二者在字词识别的加工过程中都表现出较强的形码作用;在字义提取时,听障学生采用了通过字形直取其义的

---

① 简栋梁. 以口语为主导的全沟通教学[J]. 中国听力语言康复科学杂志, 2004, (4): 30-31.

直通加工方式,健听学生则更多地采取形/音转换后提取字义的加工方式[①]。在词语理解层面,白银婷通过对听障学生实施实词理解能力测试发现,听障学生的实词理解能力随年龄增长总体上没有明显变化[②]。在语句理解层面,研究发现听障人士的书面语句法水平与健听人士存在着一定差距,其句法偏误主要集中在成分缺失、成分添加、搭配不当和误代四种类型[③]。在语篇理解层面,贺荟中等通过系列研究发现,听障学生与健听学生在阅读过程中的加工方式相同,但发展较为滞后;语前致聋的听障学生在语篇理解过程中的句子表征、局部连贯、整体连贯、背景信息的激活和无关背景信息的抑制上均存在问题[④]。此外,有研究者也发现4—6岁听障儿童的对话理解成绩显著低于健听学生,其中模仿句长能力是影响听障儿童对话理解成绩的重要因素[⑤]。

随着学界对听障学生语言研究的深入开展,听障学生不同感觉通道的语言加工能力也引起了研究者们的关注。例如,赵斌等采用实验法考察视频、手语、书面语三种不同材料呈现方式对听障学生语言理解的影响,结果表明材料呈现方式会影响听障学生的语言理解成绩,书面语呈现材料的语言理解成绩最高,视频呈现材料的语言理解成绩最低,即听障学生对书面语呈现方式的语言理解成绩明显优于视频和手语呈现方式的语言理解成绩[⑥]。并且,随着社会中涌现出一批优秀的听障唇读者,听障学生唇读理解能力的发展也逐渐引起了国内外研究者们的广泛关注。

一、唇读理解能力的年龄发展研究

对于多数听障人士而言,唇读是其融入社会实现良性互动的主要方式之一。目前关于唇读理解能力的发展轨迹研究尚未达成一致。Dodd、McIntosh和Woodhouse对16名30—57个月的听障儿童进行为期3年的跟踪研究,发现听障儿童的唇读理解能力随年龄逐步提升,五六岁后渐趋稳

---

① 方俊明, 张朝. 聋人与听力正常人汉字加工认知途径的比较研究[J]. 中国特殊教育, 1998, (4): 19-25.
② 白银婷. 3-5岁上海特殊儿童实词理解能力评估及参考标准制定的探索研究[D]. 上海: 华东师范大学博士学位论文, 2013: 97.
③ 唐文研. 听障人士汉语书面语句法研究[D]. 上海: 华东师范大学硕士学位论文, 2010: 46.
④ 贺荟中. 聋生与听力正常学生语篇理解过程的认知比较[D]. 上海: 华东师范大学博士学位论文, 2003: 83.
⑤ 卢袁芳. 4-6岁听障儿童对话理解与听觉记忆的特征及关系研究[D]. 上海: 华东师范大学硕士学位论文, 2015: 31-33.
⑥ 赵斌, 王婷. 材料呈现方式对聋生语言理解的影响研究[C]. 中国心理卫生协会残疾人心理卫生分会第十届学术交流会论文集, 2014: 181-190.

定①。Evans 发现听障儿童的唇读理解能力在 8 到 11 岁期间快速提升，随后逐步稳定②。Kyle 等对 5—14 岁的 86 名听障儿童和 91 名健听儿童的唇读理解发展进行研究发现，5—6 岁儿童的平均唇读理解正确率为 38%，13—14 岁儿童的平均唇读理解正确率为 65%，且 5—6 岁、7—8 岁两个低年龄段儿童的唇读理解能力显著低于 9—10 岁、11—12 岁、13—14 岁三个高年龄段儿童的唇读理解能力，听障儿童、健听儿童的唇读理解能力均表现出随年龄增长而提升的特征③。然而，也有研究并未发现年龄对唇读理解能力的影响。Davies 等对 76 名学前健听儿童（2 岁 10 个月—4 岁 11 个月）的唇读理解能力进行测试，发现学前健听儿童已具备唇读理解单词的能力，但其唇读理解能力与年龄无关④，其原因可能在于其研究对象年龄差异较小，难以显示出唇读理解发展的阶段性差异。Tremblay 等以 5 年为间隔，对 5—19 岁青少年的法语唇读理解能力进行测试，并没有发现唇读理解能力随着年龄的发展而变化⑤。

近期关于听障人士唇读能力的研究发现，相对于成年健听人士，成年听障人士在唇读方面表现出了优势⑥⑦⑧⑨。Bernstein 及其团队的系列研究发现，成年听障人士比成年健听人士具有更好的唇读技能，主要表现为成年听障人士唇读识别无意义音素以及唇读理解单词、句子的正确率显著高于

---

① Dodd B, Woodhouse L, McIntosh B. The linguistic abilities of young children with hearing impairment: first report of a longitudinal study[J]. Journal of Intellectual and Developmental Disability, 1992, 18(1): 17-34.

② Evans L. Psychological factors related to lipreading[J]. Teacher of the Deaf, 1965, (63): 131-136.

③ Kyle F E, Campbell R, Mohammed T, et al. Speechreading development in deaf and hearing children: introducing the test of child speechreading[J]. Journal of Speech, Language, and Hearing Research, 2013, 56(2): 416-426.

④ Davies R, Kidd E, Lander K. Investigating the psycholinguistic correlates of speechreading in preschool age children[J]. Journal of Speech, Language, and Hearing Research, 2009, 44(2): 164-174.

⑤ Tremblay C, Champoux F, Voss P, et al. Speech and non-speech audio-visual illusions: a developmental study[J]. PLoS ONE, 2007, 2(8): e742.

⑥ Auer E T, Bernstein L E. Enhanced visual speech perception in individuals with early-onset hearing impairment[J]. Journal of Speech, Language, and Hearing Research, 2007, (50): 1157-1165.

⑦ Bernstein L E, Auer E T, Tucker P E. Enhanced speechreading in deaf adults: can short-term training/practice close the gap for hearing adults?[J]. Journal of Speech, Language, and Hearing Research, 2001, (44): 5-18.

⑧ Berstein L E, Tucker P E, Demorest M E. Speech perception without hearing[J]. Attention, Perception & Psychophysics, 2000, (62): 233-252.

⑨ Mohammed T, Campbell R, MacSweeney M, et al. Speechreading and its association with reading among deaf, hearing and dyslexic individuals[J]. Clinical Linguistics & Phonetics, 2006, (20): 621-630.

成年健听人士[1]。Mohammed 及其团队使用适用于听障人群的唇读测试材料——成人唇读测试（Test of Adult Speechreading，TAS）进行测试发现，与成年健听人士相比，成年听障人士是更好的唇读者[2]。研究结果表明，听障人士的唇读平均正确率为 67.8%，而健听人士的唇读平均正确率仅为 57.7%[3]。

总之，通过唇读理解能力年龄发展的文献综述发现，考察年龄发展的年龄分期主要有 2 年为期与 5 年为期，且唇读理解能力是否随着年龄的增长而增强，尚未达成一致结论。

二、唇读理解能力的语言级别研究

从语言心理学的不同角度来看，唇读理解能力可以从不同的维度进行测量，例如单词、词组、语句或者语篇，由此可以对同一被试在不同语言级别上的唇读水平进行辨别区分[4]。Lyxell 和 Holmberg 通过对比听障学生和健听学生（两组被试的阅读水平及认知水平相匹配）的唇读水平发现，听障学生唇读单词、句子的理解能力均显著高于健听学生[5]。同样，Kyle 和 Harris 通过对比 29 名 7 岁的听障学生和稍小年龄的健听学生（两组被试的阅读水平相匹配）的唇读能力发现，听障学生拥有较好的词语唇读理解能力[6]。Green 等测试了听障学生和健听学生唇读理解单词、词组、语句的能力，研究发现两组被试唇读理解单词的正确率均显著高于词组和语句[7]。同样，Lyxell 和 Holmberg 采用开放式的唇读能力评估方式，即被试先观看

---

[1] Bernstein L E, Tucker P E, Demorest M E. Speech perception without hearing [J]. Attention, Perception & Psychophysics, 2000, (62): 233-252.

[2] Mohammed T, Campbell R, MacSweeney M, et al. Speechreading and its association with reading among deaf, hearing and dyslexic individuals[J]. Clinical Linguistics & Phonetics, 2006, (20): 621-630.

[3] Mohammed T, Campbell R, MacSweeney M, et al. Speechreading skill and visual movement sensitivity are related in deaf speechreaders[J]. Perception, 2005, (34): 205-216.

[4] Kyle F E, Campbell R, Mohammed T, et al. Speechreading development in deaf and hearing children: introducing the test of child speechreading[J]. Journal of Speech, Language, and Hearing Research, 2013, (56): 416-426.

[5] Lyxell B, Holmberg I. Visual speechreading and cognitive performance in hearing-impaired and normal hearing children (11-14 years)[J]. British Journal of Educational Psychology, 2000, (70): 505-518.

[6] Kyle F E, Harris M. Concurrent correlates and predictors of reading and spelling achievement in deaf and hearing school children[J]. Journal of Deaf Studies and Deaf Education, 2006, (11): 273-288.

[7] Green K W, Green W B, Holmes D W. Speechreading skills of young normal hearing and deaf children[J]. American Annals of the Deaf, 1981, (126): 505-509.

一段口形视频,然后尽可能完整地写出他们感知的语言信息,也得出了同样的结果①。然而,有学者对这种开放式的唇读能力评估方式产生了质疑,他们认为鉴于听障学生较低的书面语表达能力,该方式并不能准确测试听障学生的唇读能力②。相较而言,Davies 等的两套测试材料更为符合听障学生的认知特点,在测试中听障学生只需做"口形-图像"的选择测试,但这两个测试仅仅是针对听障学生唇读理解单词的测试,并且 Davies 等的测试中口形视觉信息的呈现采用真人现场演示的途径,而不是播放口形视频材料③。Mohammed 等的 TAS 测验通过适用于听障人士的非语言反馈机制从三个不同的语言级别测试被试的唇读理解水平:词语、语句、短文。他们发现听障人士和健听人士唇读理解词语的正确率显著高于语句和短文④。

  以上几项研究都证实,随着语言水平的提升、语言信息组块的增多,被试的唇读理解能力下降。然而,以往有关唇读理解能力的研究多集中于以英语为代表的西方语言研究,对汉语唇读理解能力的研究关注不足,国内关于听障学生汉语唇读理解能力的研究较少。王强虹用选定的 5 个常用词语和 5 个简单的语句为实验材料,对 1—9 年级的听障学生的看话能力进行考察发现,听障学生的看话能力(看词语和看语句)整体上呈现出随年龄发展而逐渐提高的趋势;二年级以下的听障学生只会看词语,不具备看语句的能力;看语句比看词语难;有残余听力学生的看话能力高于无残余听力学生的看话能力;高年级学生在看话时,突出了看话过程中的思考因素⑤。朋文媛对听障儿童唇读汉字的识别与理解进行比较研究发现,听障儿童唇读汉字的识别和理解能力有差异,听障儿童唇读汉字的识别能力高于理解能力⑥。目前关于汉语唇读理解能力的研究多集中于音素、汉

---

① Lyxell B, Holmberg I. Visual speechreading and cognitive performance in hearing-impaired and normal hearing children(11-14 years)[J]. British Journal of Educational Psychology, 2000, (70): 505-518.
② Wauters L, van Bon W, Tellings A. Reading comprehension of Dutch deaf children[J]. Reading and Writing, 2006, (19): 49-76.
③ Davies R, Kidd E, Lander K. Investigating the psycholinguistic correlates of speechreading in preschool age children[J]. International Journal of Language & Communication Disorders, 2009, (44): 164-174.
④ Mohammed T, Campbell R, MacSweeney M, et al. Speechreading and its association with reading among deaf, hearing and dyslexic individuals[J]. Clinical Linguistics & Phonetics, 2006, (20): 621-630.
⑤ 王强虹. 聋生看话能力的调查[J]. 中国特殊教育, 1997, (2): 15-19.
⑥ 朋文媛. 听障儿童唇读汉字识别与理解的比较研究[D]. 武汉: 华中师范大学硕士学位论文, 2014: 52.

字、词语等层面,对听障学生在其他语言级别上的唇读理解能力研究仍亟待加强。

三、唇读理解能力发展的影响因素研究

听障学生与健听学生的唇读理解能力存在普遍差异,且听障学生群组内部的唇读理解能力也存在着较大的个体差异,这表明可能存在某些听障学生个体特征会对其唇读理解能力产生影响。综合分析国内外研究成果,对听障学生唇读理解能力可能会产生影响的因素有个体的语言训练经历、家庭交流环境[1]、听觉辅助设备佩戴情况[2]、听力损失发生时间[3]、工作记忆[4]等认知因素以及个体的年龄[5]、听力损失程度[6]等被试特征。然而,目前有关影响唇读理解能力的因素并未达成一致,仍需要后续研究不断验证。

此外,部分研究者对影响唇读的其他因素进行了综合考察。如Bernstein等发现家庭交流环境、口语理解技能、阅读和写作能力等对唇读的影响较大,而听力损失发生时间、父母受教育程度、手语使用等对唇读没有影响[7]。Rodfíguez对以西班牙语为母语的被试的唇读能力进行了考察,研究发现受教育程度越高的人,在唇读测试上的准确率越高,其唇读水平也相对高一些[8]。国内研究者还从其他方面对影响听障学生汉语唇读能力的因素进行了相关探讨。如王强虹对听障学生的看话能力进行研究发现,语句的类型与长短、词语的口形等因素与看话的准确性有紧密的联系[9]。郑文芳等探

---

[1] Mogford K. Lip-reading in the prelingually deaf. In B. Dodd, R. Campbell. Hearing by Eye: The Psychology of Lip-reading[M]. Hove, UK: Lawrence Erlbaum Associates Ltd., 1987: 197. 转引自雷江华. 听觉障碍学生唇读的认知研究[M]. 北京: 中国社会科学出版社, 2009: 156-157.

[2] 季佩玉, 简栋梁, 程益基. 聋教育教师培训教材[M]. 北京: 中国盲文出版社, 2000: 18.

[3] Geers A, Moog J. Factors predictive of the development of literacy in profoundly hearing-impaired adolescents[J]. The Volta Review, 1989, (91): 69-86.

[4] Lidestam B, Lyxell B, Andersson G. Speech-reading: cognitive predictors and displayed emotion[J]. Scandinavian Audiology, 1999, 28 (4): 211-217.

[5] Bornstein M H, Hahn C S, Hayes O M. Specific and general language performance across early childhood: stability and gender considerations[J]. First Language, 2004, 24(3): 267-304.

[6] Conrad R A. Lipreading by deaf and hearing children[J]. British Journal of Educational Psychology, 1977, (47): 60-65.

[7] Bernstein L E, Demorest M E B, Tucker P E. Speech perception without hearing[J]. Perception & Psychophysics, 2000, 62(2): 233-252.

[8] Rodfíguez O, Ide L. Lipreading in the prelingually deaf: what makes a skilled speechreader?[J]. The Spanish Journal of Psychology, 2008, 11(2): 488-502.

[9] 王强虹. 聋生看话能力的调查[J]. 中国特殊教育, 1997, (2): 15-19.

讨助听设备类型、佩戴年龄、主要语言输入者的文化程度对听障儿童唇读语句测试成绩的影响，研究结果表明助听设备类型、佩戴年龄以及主要语言输入者的文化程度可影响听障儿童的唇读语句测试成绩[①]。朋文媛对听障儿童唇读汉字识别与理解效果进行比较研究发现，实验反馈、语文成绩、听力损失发生时间、音素可见性对听障儿童的汉字识别和理解有影响[②]。

总之，目前国内外心理学家、语言学家较为系统地对听障学生的语言发展特点进行了探讨，为听障学生唇读理解汉语的实证研究提供了理论依据，但对听障学生的汉语唇读理解能力的发展特点研究较为缺乏。此外，对英语唇读理解能力的研究较为系统，已构建了单词、词组、语句、语篇的研究体系，然而对汉语唇读理解的研究仍聚焦于音素、汉字、词语水平，其研究层次需进一步拓展至语句乃至段落、篇章，研究力度也有待加强。此外，对唇读理解影响因素的探究多集中于听力损失程度、年龄、性别等人口统计学变量，对汉语唇读理解过程中所涉及的其他深层认知因素的探究较为缺乏。

（一）语言训练

听障学生由于听觉障碍，对事物的认识往往仅停留在感性认识上，阻碍了他们的抽象思维的发展，其语言发展也受到了较大的限制。对听障学生进行早期的语言训练，系统地开展听话训练、唇读训练及说话训练，对提升其语言能力具有重要意义，对听障学生的唇读语音识别技能发展也有积极作用。如雷江华发现口语教学有利于促进听障学生唇读技能的发展，在单韵母、复韵母识别过程中体现得极为明显[③]。但关于语言训练对汉语唇读影响的研究仅局限于基本的唇读语音识别研究，关于语言训练对汉语唇读理解影响的研究仍未引起研究者的广泛关注。

（二）家庭交流环境

有研究者发现，处于口语家庭交流环境下的听障人士表现出更为熟练的唇读技能，而处于非口语（如手语）家庭交流环境下的听障人士表现出

---

① 郑文芳, 申敏. 听障儿童语言细节句子测试结果分析[J]. 听力学及言语疾病杂志, 2011, 19(6): 509-512.

② 朋文媛. 听障儿童唇读汉字识别与理解的比较研究[D]. 武汉: 华中师范大学硕士学位论文, 2014: 11-53.

③ 雷江华, 方俊明. 口语教学对听觉障碍学生唇读语音识别技能发展的作用研究[J]. 教育研究与实验, 2007(3): 70-72.

较低的唇读技能[①]。然而，雷江华通过实验研究发现，家庭中的口语交流方式在提高听障学生唇读技能上的作用不明显[②]。目前，国内外学者普遍提倡要营造口语交流环境，促进听障学生语言意识的发展。然而，关于家庭交流环境对听障学生汉语唇读理解能力影响的探究较为缺乏。

（三）听觉辅助

听觉语言经验在人的语言发展中发挥着极其重要的作用，听障学生因听觉损失而在接收听觉语言时存在着不同程度的困难，从而影响到其语言的发展。有研究者指出，听障学生如果缺少听觉语言经验，听力残疾会更加严重[③]。由此可推断出，听觉辅助设备的使用在一定程度上有利于听障学生语言的发展。Bernstein等的研究发现，听觉辅助设备的使用时间和频率与唇读技能有着密切的联系，经常使用听觉辅助设备的听障人士拥有较好的唇读能力[④]。雷江华发现，助听器辅助唇读语音的作用在单韵母、复韵母识别过程中得到了明显的体现[⑤]。汪斯斯通过研究语音编码在听障大学生唇读不同形态汉语元音识别中的作用发现，佩戴助听器和未佩戴助听器的听障大学生唇读汉语元音识别的正确率和反应时都不存在显著差异[⑥]。以上关于听觉辅助在听障学生唇读汉语识别中的作用的研究结果并不一致，仍需后续研究进一步验证。但遗憾的是，关于听觉辅助在听障学生汉语唇读理解中的作用的研究仍十分缺乏。

（四）听力损失发生时间

听力损失发生时间在很大程度上会对听障学生早期的语言发展产生影响。教育界一般根据听力损失发生时间分为语前致聋（3岁及3岁以前）和语后致聋（3岁以后）。语前致聋的听障学生早期缺乏听觉语言经验，只能通过手语、视觉补偿等方式习得语言，而语后致聋的听障学生通常可以在语言发展关键期内建立起一定的语言体系。有关研究证明，语后致聋

---

① Mogford K. Lip-reading in the prelingually deaf. In B. Dodd, R. Campbell. Hearing by Eye: The Psychology of Lip-reading[M]. Hove, UK: Lawrence Erlbaum Associates Ltd., 1987: 197. 转引自雷江华. 听觉障碍学生唇读的认知研究[M]. 北京：中国社会科学出版社，2009: 156-157.
② 雷江华. 听觉障碍学生唇读的认知研究[M]. 北京：中国社会科学出版社，2009: 156-162.
③ 季佩玉，简栋梁，程益基. 聋教育教师培训教材[M]. 北京：中国盲文出版社，2000: 18.
④ Bernstein L E, Demorest M E, Tucker P E. Speech perception without hearing[J]. Perception and Psychophysics, 2000, 62(2): 233-252.
⑤ 雷江华. 听觉障碍学生唇读的认知研究[M]. 北京：中国社会科学出版社，2009: 140.
⑥ 汪斯斯. 语音编码在听障大学生唇读不同形态汉语元音识别中的作用[D]. 武汉：华中师范大学硕士学位论文，2011: 41.

的听障人士的唇读水平高于语前致聋的听障人士的唇读水平[1]。国内研究者从唇读识别的角度进行研究,发现语前致聋与语后致聋的听障大学生在唇读汉语元音识别的正确率上差异显著[2]。然而,雷江华发现语前致聋学生与语后致聋学生唇读语音识别的正确率与反应时并没有显著性差异,听力损失发生的时间对唇读技能的高低影响不大[3]。但汪斯斯的研究发现,语前致聋的学生和语后致聋的学生在唇读汉语元音识别的正确率上差异显著,但反应时上没有显著差异,说明听力损失发生时间对他们唇读汉语元音的识别有一定的影响[4]。然而目前,关于听力损失发生时间对听障学生的汉语唇读理解能力的影响的研究仍较为贫乏。

(五)其他因素

1. 智力

尽管Jeffers、Barley[5]和Elphick[6]认为智力对唇读水平的作用不明显,但Tobey等通过对植入人工耳蜗的听障儿童进行长期观察发现,非言语智力对语言感知及口语交流能力均产生影响[7]。Markides认为尽管很多研究者对探讨智力与唇读技能之间的关系做了很多的尝试,关于二者之间关系的看法仍未达成一致,但基于以往关于认知水平与语言发展二者间关系的探讨,我们可以对智力与唇读能力的关系作出相关推测[8]。根据Jeffers和Barley的唇读理论基本模型,唇读技能包括视觉能力、综合与联结的能力以及灵活应变的能力[9],由此可推断出唇读能力与智力是相关的。并且有研究者指出,如果唇读者的智商水平低于80,其唇读就比较困难[10]。这在

---

[1] Geers A, Moog J. Factors predictive of the development of literacy in profoundly hearing-impaired adolescents[J]. The Volta Review, 1989, (91): 69-86.
[2] 汪斯斯. 语音编码在听障大学生唇读不同形态汉语元音识别中的作用[D]. 武汉: 华中师范大学硕士学位论文, 2011: 30.
[3] 雷江华. 听觉障碍学生唇读的认知研究[M]. 北京: 中国社会科学出版社, 2009: 116-122.
[4] 汪斯斯. 语音编码在听障大学生唇读不同形态汉语元音识别中的作用[D]. 武汉: 华中师范大学硕士学位论文, 2011: 32.
[5] Jeffers J, Barley M. Speechreading[M]. Springfield, IL: Charles C. Thomas, 1971: 241.
[6] Elphick R. Issues in comparing the speechreading abilities of hearing impaired and hearing 15 to 16 year-old pupils [J]. British Journal of Educational Psychology, 1996, (66): 357-365.
[7] Tobey E, Geers A, Brenner C, et al. Factors associated with development of speech production skills in children implanted by age five[J]. Ear and Hearing, 2003, 24(1): 36-45.
[8] Markides A. Speechreading (lipreading)[J]. Child: Care, Health and Development, 1979, (5): 93-101.
[9] 雷江华. 听觉障碍学生唇读的认知研究[M]. 北京: 中国社会科学出版社, 2009: 8-9.
[10] 汪斯斯. 语音编码在听障大学生唇读不同形态汉语元音识别中的作用[D]. 武汉: 华中师范大学硕士学位论文, 2011: 7.

一定程度上表明，智力在唇读理解过程中发挥着作用，但关于智力如何影响听障学生的唇读理解，在多大程度上发挥作用等问题还有待进一步的研究。

2. 年龄、性别

Evans 指出年龄对唇读具有影响，在 8—11 岁唇读效果随年龄发展迅速增强，但之后则趋于平缓[①]。同样，Massaro 通过一系列的研究发现年龄对儿童的唇读效果作用大，对成人唇读效果的作用不明显[②]。与之相反的是，多位研究者表示并没有发现年龄与唇读能力之间存在着联系[③④⑤]。

男孩与女孩哪一类是更优秀的唇读者？Craig 认为，性别是影响听障儿童进行唇读理解的因素之一，在唇读测试中女孩通常比男孩表现出色[⑥]。Bornstein 等通过对 329 名 13 个月到 82 个月的听障儿童的语言发展进行长期跟踪研究发现，2 岁到 5 岁的女性听障儿童在各方面的语言表现均优于男孩[⑦]。由此可见，性别可能是影响听障儿童唇读理解能力的一个因素。

3. 听力损失程度

听力损失程度是听障儿童唇读研究中较为重视的一个因素。Costello 通过比较全聋儿童与中度听障儿童的唇读理解能力发现，听力损失程度与唇读能力存在着关联[⑧]。同样，Conrad 通过研究 15—16 岁的语前致聋儿童的唇读理解能力发现，不同听力损失程度的听障儿童的唇读理解正确率差异显著[⑨]。然而，Bernstein 等通过对 72 位年龄在 18 岁到 42 岁的听障人士进行

---

① Evans L. Psychological factors related to lipreading[J]. Teacher of the Deaf, 1965, (63): 131-136.
② Massaro D W. Children's perception of visual and auditory speech[J]. Child Development, 1984, 55(5): 1777-1788.
③ Alegria J, Charlier B, Mattys S. The role of lip-reading and cued speech in the processing of phonological information in French educated deaf children[J]. European Journal of Cognitive Psychology, 1999, 11(4): 451-472.
④ Dodd B. Lip-reading, phonological coding and deafness[M]. In B. Dodd, R. Campbell. Hearing by Eye: The Psychology of Lip-Reading. London: Lawrence Erlbaum, 1987: 177-189.
⑤ Reid G A. Preliminary investigation in the testing of lip-reading achievement[J]. American Annals of the Deaf, 1946, 91(5): 403-413.
⑥ Craig W H. Effects of preschool training on the development of reading and lipreading skills of deaf children[J]. American Annals of the Deaf, 1964, 109(2): 280-296.
⑦ Bornstein M H, Hahn C S, Hayes O M. Specific and general language performance across early childhood: stability and gender considerations[J]. First Language, 2004, 24(3): 267-304.
⑧ Costello M A. Study of speech reading as a developing language process in deaf and in hard of hearing children[D]. Northwestern University, 1971: 289.
⑨ Conrad R A. Lipreading by deaf and hearing children[J]. British Journal of Educational Psychology, 1977, (47): 60-65.

唇读测试发现，听力水平对唇读水平的作用仅仅限定在很小比例的范围内[1]。这些矛盾的研究结果表明其他因素（如语言干预的数量和类型、听力辅助设备等）可能与听力损失程度产生交互作用，从而影响听障儿童的唇读理解能力。

4. 工作记忆容量

研究者们普遍认为工作记忆容量对听障儿童的唇读理解能力产生影响。Jeffers 和 Barley 认为工作记忆是唇读理解过程中的一个关键因素[2]。他们引用了三个实验来论证工作记忆容量与唇读理解能力的关系。在每个实验研究中，都使用了视觉数字广度测试。第一个引用来自 Costello 的唇读测试，研究发现工作记忆能力对听障儿童的唇读能力发挥着积极作用[3]。然而，随后的两个实验[4]使用了与 Costello 同样的实验材料，但研究均发现工作记忆容量与听障儿童的唇读水平不存在联系。尽管如此，Lidestam 等[5]的研究发现工作记忆容量很有可能是唇读的先决条件，工作记忆容量小的听障人士察觉唇读线索的能力往往不足。他们通过研究 48 位普通的健听人士发现，精确唇读长句子的能力与工作记忆容量相关，这表示有着较小工作记忆容量的唇读者，他们的唇读能力较低。尽管以往研究大多认同工作记忆容量在唇读理解过程中的作用，但工作记忆容量是否对听障学生的汉语唇读理解产生影响，还有待进一步探究。

基于对文献的梳理，本书将主要从汉字、词语、语句三个语言级别探讨听障学生的汉语唇读理解能力，并着重分析语言训练、家庭交流环境、听觉辅助、致聋时间、年龄等因素对听障学生汉语唇读理解能力的影响。

第四节 研究框架

通过系统梳理唇读研究的成果，国外有研究者针对母语进行了唇读发展趋势的研究，而我国缺乏汉语唇读理解能力发展的研究。本书从跨学科

---

[1] Bernstein L, Demorest M, Tucker P. Speech perception without hearing[J]. Perception and Psychophysics, 2000, 62(2): 233-252.

[2] Jeffers J, Barley M. Sp[M]. Springfield: Bannerstone House, 1976: 241.

[3] Costello M. A study of speech reading as a developing language process in deaf and in hard of hearing children[D]. Northwestern University, 1971: 289.

[4] O'Neill J, Davidson J. Relationship between lipreading and five psychological factors[J]. Journal of Speech and Hearing Disorders, 1956, (21): 478-481.

[5] Lidestam B, Lyxell B, Andersson G. Speech-reading: cognitive predictors and displayed emotion[J]. Scandinavian Audiology, 1999, 28(4): 211-217.

的视角主要运用实验研究在保证唇读理解的测试工具效度的基础上研究了汉语唇读理解能力在汉字、词语、语句三个语言级别的年龄发展特点、年级发展特点，通过镜前自我模仿的干预来探讨有效的干预策略，进而提出针对性的对策建议。

一、研究思路

本书在文献分析的基础上，根据前期进行汉语唇读语音识别的研究所发现的问题，从语言学、心理学、教育学等多学科角度，采用群组实验研究、单一被试实验研究[①]、眼动研究等方法探讨听障学生汉语唇读理解能力发展的特点。

（一）一种语言：汉语

国外的唇读研究更多是表音文字的研究，国内缺乏系统的针对汉语的表意文字的研究。汉语语言学习一般从单个汉字开始，汉字作为"意音文字"，一般都有字形、字音和字义三个要素[②]。在口语交流过程中汉语语音主要通过听觉与视觉两种方式传递信息。对听障学生来说，他们主要依赖的是视觉，正如姚登峰自述，"对于一个听障人，尤其是听力损失严重的人，更多的是唇读，所以只能听懂普通话"[③]，因此，考虑到汉语有不同的方言，在测试过程中主要运用普通话进行测试。

（二）两个趋势：年级与年龄

鉴于听障学生的年龄段与年级段不完全一一对应之情况[④]，本研究既考察从小学到高中不同学段听障学生汉语唇读理解能力的发展特点，又按照年龄从听障人士人生全程发展的角度来考察听障者汉语唇读理解能力的年龄发展趋势。

从听障学生接受教育的学段来看，本书主要考察了小学、初中、高中

---

① 笔者在与听障者的沟通与交往过程中发现，有的听障者听力损失程度非常严重，却能依然保持良好的唇读理解能力，而有的听障者却表现出低能状态；从发展的角度来看，有的听障者随着年龄的增长，其唇读理解能力逐渐提升到一定的水平并保持稳定，而有的听障者则未表现出这种趋势。因此本书试图通过群体的实验研究来探讨听障者群体唇读理解能力的发展趋势，通过个体的单一被试实验研究来探讨其中的个体差异以及干预策略的有效性。
② 邢福义，吴振国. 语言学概论（第二版）[M]. 武汉：华中师范大学出版社，2010：196.
③ 姚登峰，杜在新. 登峰——从无声世界走来的清华博士[M]. 北京：中国社会出版社，2017：128.
④ 因聋校中听障学生的分班不是以年龄来编班，同一年龄的听障学生可能分布在不同的年级，同一年级的听障学生可能有不同的年龄，经过综合权衡本书考察不同年级段的听障学生汉语唇读理解能力发展趋势与不同年龄听障人士汉语唇读理解能力发展趋势。

三个学段的不同年级听障学生汉语唇读理解能力发展的趋势。未将学前期的听障幼儿按照大班、中班、小班来予以分析,主要原因是学前期的听障幼儿年龄段与班段之间基本一一对应,为了避免重复分析,特将其放入年龄分期上来予以综合分析。

在年龄分期上根据幼儿、青少年、成人三个基本脉络考察其发展趋势,其中在幼儿阶段以1岁为一个阶段来予以分析,青少年阶段则以2岁为一个阶段进行分析,成人阶段则按照国际上关于成年人的划分标准进行分析。其他影响因素的分析中涉及年龄段的则按照国际的年龄分段标准来予以划分。

(三)三个语言级别:汉字、词语与语句

汉语唇读理解研究如何选择研究的语料是首先要考虑的问题。通过分析国外的文献资料发现,唇读教学方法涉及分析法与综合法,唇读的研究素材涉及单词、短语、语句、语篇等范畴。基于唇读研究服务于不同安置形式下听障学生的语言教学的思想,如果从分析法的角度来考虑,就应从无意义的音素识别开始,经过音节、单词、短语、语句,最终过渡到语篇(图1-3);如果从综合法的角度来考虑,就应从单词中识别音节开始研究,过渡到语句中识别单词,最终过渡到语篇中理解语句(图1-4)。

图1-3 唇读教学的分析法

资料来源:O'Neill J J, Oyer H J. Visual Communication for the Hard of Hearing. Englewood Cliffs, N. J.: Prentice-Hall, Inc., 1961: 3

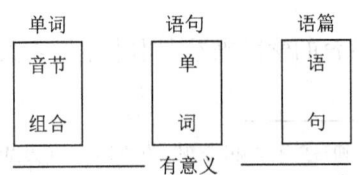

图1-4 唇读教学的综合法

资料来源:O'Neill J J, Oyer H J. Visual Communication for the Hard of Hearing. Englewood Cliffs, N. J.: Prentice-Hall, Inc., 1961: 3

从图1-3和图1-4可知,无论是综合法还是分析法,单词是外语唇读教学的重要而必不可少的环节。从汉语来看,单字不但是汉语语言教学基础，而且是进行词语、语句、篇章理解的桥梁，汉语唇读教学无论从分析法还是从综合法的角度来看皆离不开作为意义实体的单字，要理解单字必须通过唇读明晰其中所包含的音节。因此，本书在兼顾汉字唇读语音识别与语言理解的基础上来考察词语与语句的唇读理解。

（四）相关影响因素

本书将重点考察听障学生汉语唇读理解能力的影响因素，通过实验研究考察听力损失、听觉辅助、语言训练经历及家庭交流环境四个因素对听障学生汉语唇读理解能力的影响。除此之外，本书也尝试对认知风格、视听条件、安置方式、熟悉效应等其他因素在听障学生汉语唇读理解中的作用进行探究。

二、研究方法

在研究范式上将群组被试实验技术与单一被试实验技术结合起来；在具体研究方法上将实验研究法与个案研究法结合起来，主要采用实验研究法，其中行为实验研究主要通过编制的汉语唇读理解能力测试软件，比较不同年龄段听障儿童唇读理解能力在正确率上的差异，来了解唇读发展的基本规律与特点，其中单一被试实验采取不同对象间（inter-subject）和同一对象内（intra-subject）的相关实验设计来考察不同干预方式在听障学生汉语唇读理解能力发展中的作用；眼动研究主要是利用眼动仪记录眼动和行为数据来考察听障学生汉语唇读理解的眼动轨迹。

（一）研究对象

考察不同学段听障学生汉语唇读理解能力发展趋势的群组实验研究对象主要是武汉市两所聋校的听障学生 520 名；考察不同年龄听障人士汉语唇读理解能力发展趋势的群组实验研究对象主要是武汉市两所聋校听障学生 520 名、武汉市三所语言康复中心的 4—6 岁的听障幼儿 72 名与武汉市聋人协会的成年聋人 150 名；单一被试实验研究对象主要来自武汉市第二聋校的两个班级的 8 名学生、湖北省语言康复中心的 4 名听障幼儿和深圳元平特殊教育学校的 3 名学生。

（二）实验材料

1. *汉语唇读理解测试材料*

汉语唇读理解部分的实验（包括群组被试实验和单一被试实验）材料

包括三个部分，分别为汉语唇读测试材料、动态唇读口形部分和图像部分。汉语唇读测试材料又分为三个部分，即汉字测试材料、词语测试材料以及语句测试材料。实验中所运用的 13 个汉字测试材料（表 1-9）均为现行人教版一年级教材所学汉字，所选汉字均可直接表示常见事物，如笔、马、蛙、鸽、笛、衣等，其中第一个汉字"笔"为练习测试材料，后 12 个汉字为正式测试的汉字。实验中所运用的 13 个词语测试材料（表 1-10）均为现行人教版一年级教材所学汉字所组的词语，所选词语均可直接表示常见事物，如铅笔、白马、青蛙、白鸽、竹笛、毛衣等，其中第一个词语"铅笔"为练习测试材料，后 12 个词语为正式测试的词语。实验中所运用的 13 个语句测试材料（表 1-11）均为现行人教版一年级教材所学汉字所组的语句，所选语句均为简单句式（主谓宾结构）语句，如女孩握铅笔、叔叔骑白马、哥哥捉青蛙、妹妹喂白鸽、女孩吹竹笛、妈妈织毛衣等，其中第一个语句"女孩握铅笔"为练习测试材料，后 12 个语句为正式测试的语句。汉语材料选定后，交由特殊教育专家学者、低年级聋校教师及语言康复中心教师审议，对超出低年龄听障学生理解范围的测试材料进行替换及修改。

表 1-9　汉字测试材料

序号	目标字	干扰字 1	干扰字 2	干扰字 3
例子	笔	杯	饼	表
1	马	帽	门	梅
2	蛙	碗	网	尾
3	鸽	鼓	龟	狗
4	车	叉	船	尺
5	笛	刀	蝶	灯
6	衣	鸭	鱼	鹰
7	兔	糖	桶	塔
8	虎	花	猴	鹤
9	脖	本	包	鼻
10	佛	蜂	房	饭
11	菜	草	葱	蚕
12	奶	牛	鸟	脑

表 1-10　词语测试材料

序号	目标词	干扰词 1	干扰词 2	干扰词 3
例子	铅笔	水杯	月饼	手表
1	白马	草帽	木门	蜡梅
2	青蛙	瓷碗	渔网	牛尾
3	白鸽	腰鼓	乌龟	黑狗
4	火车	餐叉	轮船	直尺
5	竹笛	菜刀	蝴蝶	台灯
6	毛衣	烤鸭	金鱼	老鹰
7	白兔	奶糖	水桶	宝塔
8	老虎	鲜花	小猴	白鹤
9	鸭脖	课本	书包	象鼻
10	金佛	蜜蜂	草房	米饭
11	白菜	青草	洋葱	桑蚕
12	牛奶	黄牛	鸵鸟	电脑

表 1-11　语句测试材料

序号	目标句	干扰句 1	干扰句 2	干扰句 3
例子	女孩握铅笔	男孩拿水杯	男孩吃月饼	女孩戴手表
1	叔叔骑白马	阿姨戴草帽	叔叔修木门	阿姨赏蜡梅
2	哥哥捉青蛙	姐姐洗瓷碗	姐姐补渔网	哥哥拽牛尾
3	妹妹喂白鸽	弟弟打腰鼓	弟弟钓乌龟	妹妹遛黑狗
4	叔叔开火车	阿姨摆餐叉	叔叔开轮船	阿姨拿直尺
5	女孩吹竹笛	男孩拿菜刀	女孩捉蝴蝶	男孩开台灯
6	妈妈织毛衣	爸爸吃烤鸭	妈妈喂金鱼	爸爸看老鹰
7	奶奶抱白兔	爷爷吃奶糖	奶奶提水桶	爷爷刻宝塔
8	哥哥拍老虎	姐姐摘鲜花	姐姐喂小猴	哥哥画白鹤
9	弟弟吃鸭脖	妹妹读课本	妹妹背书包	弟弟摸象鼻
10	爷爷看金佛	奶奶养蜜蜂	爷爷盖草房	奶奶盛米饭
11	爸爸浇白菜	爸爸割青草	妈妈切洋葱	妈妈喂桑蚕
12	男孩喝牛奶	女孩骑黄牛	女孩看鸵鸟	男孩玩电脑

动态唇读口形部分的视频由两位普通话水平达到国家普通话一级标准的播音系大学生（一男一女）朗读完成。拍摄时，要求其着装整洁、简

单（均着白色圆领 T 恤衫），不佩戴任何可能干扰唇读的装饰物品。拍摄地点为某隔音室，保持室内安静、光线充足，拍摄背景为纯色背景。视频使用 SONY 数码 HD（high definition，高清）摄录一体机进行录制，录制设备距离播音员面部约 1 米。拍摄时，播音员正坐于摄录一体机前方，要求姿势、表情、语速及音量均为自然发声状态，经事先排练后以 5 秒间隔读出汉字实验材料。播音员在发音前和发音后须保持嘴唇闭合，视频画面调整至播音员肩部到头发顶部范围，画面长宽比例为 4∶3，采用 720 像素×576 像素。拍摄完成后，用会声会影 X4（Corel Video Studio Pro X4）软件对视频进行编辑，并以 wav 格式输出（目前 E-Prime 程序仅支持 wav 格式的视频文件）。两套口形视频制作完成后，交由普通大学生、特殊教育专家学者、低年级聋校教师及语言康复中心教师决定较优版本。经广泛听取建议，最终选取由男性播音员录制的口形视频作为该部分的测试视频材料。

已有研究表明，图像中冲突或干扰项的存在会降低听障学生的唇读速度[1]，这对实验材料的设计与准备提出了较高的要求。因此，本书所需的图像材料（见附录一、附录二、附录三）均由某美术专业的大学生亲手绘制，以保证图像风格的一致性。每幅图像要求清晰度高，无歧义，能够被即刻识别，色彩明亮。图像资料设计完成后，依旧交由特殊教育专家学者、低年级聋校教师及语言康复中心教师审议，并请某聋儿康复中心的 6 个听障儿童（5—7 岁）进行识别，随后对持异议的图片进行修改或替换，直至所有专家学者、教师及儿童能够顺利识别。

剪辑后的汉字、词语、语句视频材料平均播放时间分别为（4.33±0.49）s、（4.42±0.52）s、（5.42±0.52）s。实验所需的彩色图像材料均由美术专业的大学生亲手绘制，以实现图像风格的一致性，保证图像具有较高的清晰度与识别度，单一图像绘制完成后，经 HP LaserJet Pro M1136 多功能激光一体机将图片扫描，并经 Photoshop CS6 软件将图片按选项预先设定顺序进行编辑整合后，以 658 像素×489 像素的分辨率、jpg 格式输出（如图 1-5）。目标图像位置已平衡，各测试程序的正式测试题目中，分布在位置 1、2、3、4 的目标图像个数相同（均为 3 个），且 3 个子测试内包含同一目标汉字的测试题目中，其目标图像所在的位置均不同，如汉字目标图像"笔"的位置为选项 2，词语目标图像"铅笔"的位置为选项 3，语句目标图像"女

---

[1] Jerger S, Tye-Murray N, Abdi H. Role of visual speech in phonological processing by children with hearing loss[J]. Journal of Speech, Language, and Hearing Reseach, 2009, 52(2): 412-434.

孩握铅笔"的位置为选项 1。所有材料选定后,交由特殊教育专家学者、低年级聋校教师及语言康复中心教师审议,对超出低年龄听障学生理解范围的测试材料进行替换及修改。汉字、词语、语句各子测试程序的 Cronbach's α 系数分别为 0.695、0.714、0.702,总测试程序的 Cronbach's α 系数为 0.861,表明该实验材料具有良好的信度。

图 1-5　图片呈现示例

2. 汉字口形辨别测试材料

汉字口形辨别测试材料同以往唇读语音识别研究中的单字测试组部分的材料(表 1-12)[①]。

表 1-12　汉字口形辨别测试材料

元音	汉字							
/ɑ/	阿	牙	打	巴	我	无	也	雨
/i/	日	子	及	气	土	个	我	她
/ai/	开	排	百	爱	老	猫	看	王
/e/	可	和	各	乐	它	莫	其	母
/u/	出	苦	步	主	坡	拉	特	体
/o/	佛	莫	坡	伯	那	五	米	瓦

(三)干预材料

本实验的干预材料为李胜利设计的《构音功能评估表》(50 词)[②],该材料已被检测具有良好的信度及效度。除去与测试材料重合的词语,本次干预材料共计 45 个词。为适应听障学生思维发展水平,在干预过程中将

---

① 雷江华. 听觉障碍学生唇读的认知研究[M]. 北京:中国社会科学出版社,2009:81.
② 李胜利. 构音障碍的评价[J]. 中国康复,1993,8(2):84.

词语及与词语相应的图片、拼音同时呈现给听障学生。采用的干预材料包括以下词语：踢足球、穿衣、背心、布鞋、人头、围巾、脸盆、牙刷、茶杯、热水瓶、碗筷、小草、大蒜、衣柜、沙发、照相、耳朵、书架、手电筒、自行车、天安门、缝纫机、电冰箱、太阳、月亮、钟表、母鸡、唱歌、女孩、熊猫、皮带、短裤、划船、下雨、摩托车、擦桌子、知了、绿色、黄瓜、西红柿、菠萝、扫地、开车、圆圈、解放军。

（四）实验程序

实验程序采用 E-Prime2.0 软件进行编制，在 Lenovo X220i 笔记本电脑上设计及运行。如图 1-6 所示，实验流程主要由两大部分组成，即收集被试信息、指导被试完成测试。在收集完每位被试的基本信息后，为排除测试顺序对被试的干扰，避免熟悉效应，将对被试的实验顺序进行平衡，每位将按随机顺序完成汉字、词语、语句三项唇读理解测试，在完成三项测试后，被试领取测试礼品离开测试教室。

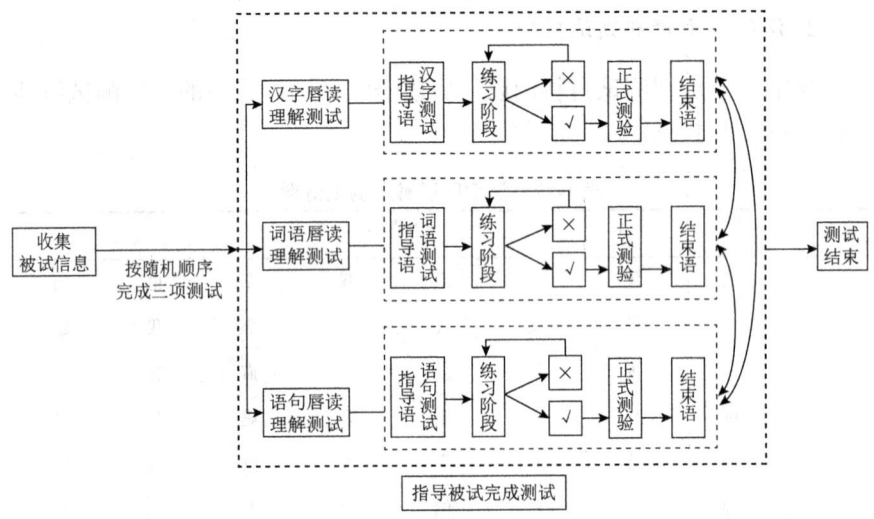

图 1-6　实验流程图

每项测试程序都包含指导语（附录四）、练习部分、正式测验部分及结束语，在每项测试开始前，主试为被试详细解释实验程序并指导被试完成练习部分，当被试完全理解实验程序后，由被试独立完成正式测验部分。完成一项测试后，按照同样的程序逐一完成后两项测试。每项测试包含 12 道题，共计 36 道题，需用 12—15 分钟完成三项测试。

测试结束后，E-Prime 软件将自动记录每位被试所做每一道题的正确率、反应时等数据，随后运用 E-Merge 功能选项合并所有被试的实验结果，并计算每个被试在每项测试中的平均正确率（12 道正式测试题的正确率平均值）与平均反应时（12 道正式测试题的反应时平均值），并运用 SPSS17.0 软件分析数据。

三、研究内容

在听障学生汉语唇读语音识别研究基础上考察从字到词再到句的汉语唇读理解，通过编制的汉语唇读理解能力测试软件来考察听障学生唇读理解能力的发展规律与特点。具体的研究内容如下。

（一）听障学生唇读理解能力发展的理论研究

理论研究主要通过查阅国内外文献资料，整理国内外有关唇读理解能力发展研究的知识图谱、研究范式、研究程序、基本观点等，梳理听障学生唇读理解能力发展的基本规律、特点等，为后续研究提供基本的理论假设。

（二）听障学生汉语唇读理解能力的发展研究

由于听障学生的个体差异性，同一学段的聋校班级往往包含不同年龄的学生，存在混龄班的现象。那么，听障学生的汉语唇读理解能力遵循着何种发展轨迹？听障学生的汉语唇读理解能力遵循着个体的阶段性认知能力发展趋势，存在着显著的学段发展特征，还是与个体的生理成熟特性相关，存在着明显的年龄发展特征？本研究将着眼于学段、年龄段两个视角，综合探究听障学生汉语唇读理解能力的发展轨迹。

（三）听障学生汉语唇读单字理解能力发展研究

汉语唇读单字理解能力发展研究主要运用汉语唇读单字理解能力测试软件比较不同年龄段和年级段听障学生汉语唇读单字（如"笔""车""马"等）理解能力发展的基本规律与特点，为后续的唇读训练奠定基础。以"字"为中介向前考察汉语唇读的语音识别，向后考察汉语唇读的语言理解。因为在听障学生的唇读研究过程中发现存在这四种现象：识别能力强，理解能力强；识别能力强，理解能力弱；识别能力弱，理解能力强；识别能力弱，理解能力弱。

（四）听障学生汉语唇读词语理解能力发展研究

汉语唇读词语理解能力发展研究主要运用汉语唇读词语理解能力测

试软件比较不同年龄段和年级段听障学生唇读词语（如"铅笔""火车""白马"等）理解能力发展的基本规律与特点，并对随机选取的听障被试进行唇读词语理解能力发展的单一被试实验干预研究，探讨干预策略的有效性。

（五）听障学生汉语唇读语句理解能力发展研究

汉语唇读语句理解能力发展研究主要运用汉语唇读语句理解能力测试软件比较不同年龄段和年级段听障学生唇读语句（如"女孩握铅笔""叔叔开火车""叔叔骑白马"等）理解能力发展的基本规律与特点，并通过眼动研究来考察不同年龄段与年级段听障学生汉语唇读语句的眼动轨迹，为后期采取有针对性的干预策略提供理论依据。

（六）影响听障学生汉语唇读理解能力发展的因素研究

本书将重点考察听障学生汉语唇读理解能力的影响因素，通过实验研究考察听力损失、听觉辅助、语言训练经历及家庭交流环境四个因素对听障学生汉语唇读理解能力的影响。除此之外，本书也尝试对认知风格、视听条件、安置方式、熟悉效应等其他因素在听障学生汉语唇读理解中的作用进行探究，由此总结出影响听障学生汉语唇读理解能力发展的因素。

（七）听障学生汉语唇读理解能力的干预研究

本书将在总结听障学生汉语唇读理解能力发展特点的基础上，采用不同干预方式（镜前练习、听觉辅助、视听辅助等）通过单一被试实验研究或群组实验研究，检验不同干预策略对听障学生汉语唇读理解能力的干预效果，以期为听障学生汉语唇读理解能力的发展提供可行教学训练路径。

四、研究意义

（一）理论意义

通过唇读研究将语言学、心理学、教育学三个学科的相关知识进行了整合，具体表现在：首先，从语言学的角度来看探讨了视觉语言发展的机理，丰富和发展语言学基本理论观点；其次，从心理学角度来看从唇读的角度探讨了信息加工的过程及规律，明晰了听障学生能否利用唇读进行语言理解，以便顺利高效求学；再次，从教育学的角度来看为听障学生的语言教育教学提供了理论基础，聋校目前强调以口语教学为主、手语教学为辅的教学模式，融合学校采用的是口语教学，口语教学中听障学生更多通过唇读获取信息,听障学生汉语唇读理解能力如何直接决定着聋校教学的成效。

(二)实践意义

实践意义主要体现在:首先,根据听障学生汉语唇读理解能力发展的规律与特点来指导听障学生的语言训练过程,特别是唇读训练的过程;其次,不同干预方式对听障学生汉语唇读理解能力发展的作用机制决定了唇读理解能力有无发展的必要性与可行性,进而有利于明晰科技发展背景下佩戴听觉辅助设备的听障学生是否能从听觉通道上根本解决语言发展的根本问题,如何通过有效的干预才能促进他们唇读语言理解能力的发展。最后,依据研究成果理清研发语言康复训练软件的思路以及明晰唇读理解能力发展的有效方法。

(三)重点与难点

预计突破的重点是通过实验研究考察不同年龄段和年级段听障学生汉语唇读单字、词语、语句理解能力发展的规律与特点;通过分析视觉干预、听觉干预、视听综合干预等在汉语唇读语言理解能力发展中的作用来探究单一视觉干预与听觉干预、视听综合干预之间的关系,试图解决聋哑教育界口语训练内部的唇读训练与听能训练的心理理论基础的问题,特别是单一的听能训练是否影响了听障学生唇读能力的发展,并通过视听干预的结果来分析视听整合究竟是有利于唇读理解能力的发展还是不利于唇读理解能力的发展,口语训练中的唇读训练是否具有可行性,唇读训练与听能训练是否截然对立等系列问题,从而解决口语训练是走单一的路径还是走综合的路径的问题。

预计要突破的难点主要有:首先,要通过实验设计将汉语唇读理解能力发展的指标通过可测量的方式表现出来以便于施测;其次,要从测试数据中发现唇读理解能力较好的被试所采用的方法,对唇读理解能力较差的被试进行单一被试干预,初步根据前期研究基础以及收集的资料提出了镜前练习的视觉干预、佩戴助听器辅助的听觉干预、视听综合干预等方法,但这些方法如何进行有效分离以便通过变量的控制来考察其干预的成效;再次,要在研究范式上结合语言学的研究特点进行具有特殊教育专业研究特色的单一被试实验研究;最后,综合分析不同年龄段和年级段听障学生汉语唇读单字、词语、语句理解能力发展的规律与特点等,以验证语言学的基本观点。

五、研究反思

（一）创新

创新之处在于：在学术思想上，采取了多学科（语言学、教育学、心理学等）视角打破过去在听障学生语言康复中坚持的听觉康复与视觉康复不可兼容的传统思路，提出视觉康复不但可以促进听障学生汉语唇读理解能力发展，而且可以促进他们语言理解能力的整体发展，进而提出走听觉康复与视觉康复兼容的立足听障学生个体实际语言发展特点的具身发展之路。在学术观点上，听障学生可通过视觉语言——唇读进行语言理解，理解的过程遵循"用进废退"的原则；听障儿童4—6岁唇读能力发展迅速，印证了语言发展关键期的观点；听障学生汉语唇读单字、词语、语句的理解能力随着年龄的增长不断增强，到一定年龄段后呈下滑态势，即呈现出倒U形的发展趋势；听障学生汉语唇读理解能力可通过有效的镜前练习视觉干预、佩戴听觉辅助设备的听觉干预以及视听综合干预等方式来提高，不同特质的听障学生个体具有不同的干预路径。在研究方法上，做到了行为实验（群组实验研究与单一被试实验研究）与眼动研究的结合，既有整体的发展趋势探讨，也有具体的干预实践，更有基于眼动研究的数据支撑。在测试工具上，编制了一套汉语唇读理解能力测试工具，并进行了信效度检验，且后期在本研究团队博士研究生宫慧娜的博士论文中进行了完善。在研究对象上，针对研究者所在地域听障大学生缺乏的现实，向前延伸到4—6岁的听障儿童，以便考察语言发展关键期在汉语唇读理解上的情况；向后拓展至听障成人，以便从人生全程的角度来考察唇读理解能力的发展特点；且在年龄段的分期上低龄采用了1年为期、学生时期根据国际实验研究的年龄分段标准采用了2年或5年为期，成人采用了国际年龄分段标准，通过实验结果建议未来考察汉语唇读理解能力发展趋势可以采用：6岁前采用1年为期，7—14岁可以以2年为期，15—29岁可以考虑以5年为期，30岁及以后采用国际通用年龄分段标准。

（二）不足

尽管课题研究取得了一定的成绩，但在研究过程中也存在如下不足：首先，在研究方法上，将设计的个案研究统一到单一被试实验研究中，导致个案研究只是在有的地方作为例证简单呈现，未能全面深入进行追踪研究，因此以后可以专门针对典型个案进行深入的追踪研究；其次，在研究对象上，为了保证实验的生态效度，选取的被试主要是湖北省武汉市的听障者（4—6岁的听障幼儿、7—20岁的听障学生、24岁以后的听障成人），但因湖北省武汉市原先准备招收听障学生的大学未能实现招生，导致听障大学生被试的缺乏等。

（三）展望

1. 加强技术应用，拓展唇读理解研究

通过对相关文献进行梳理和总结发现，现有研究不仅基于行为层面对听障学生唇读理解能力进行探究，而且多结合眼动、fMRI、ERP等多项技术深入探究听障学生唇读理解认知加工机制。本书中初步运用眼动技术考察了不同年龄段和年级段听障学生唇读理解面部加工方式的发展特征，但尚缺乏运用其他技术对其进行更深入的探究。因此，未来研究可充分利用技术优势，考察唇读理解时大脑皮层激活区域的异同以及激活量的差异，探明听障学生唇读理解的认知神经机制，以明晰不同脑区在汉语唇读认知过程中的作用，通过行为实验研究与认知神经研究的结果综合分析听障学生唇读理解认知加工机制的发展规律。

2. 增加健听被试，加强唇读理解比较研究

在被试的选取上，目前研究中所选被试均为听障人士，并未涉及健听人士。且在听障人士内部，研究主要分析听力损失程度、听觉辅助、语言训练经历、家庭交流环境等因素对其唇读理解能力的影响，并未细致考察听障学生各项认知能力在唇读理解能力发展中的作用。因此，未来研究一方面可进一步拓展健听被试，通过比较研究探明听障学生唇读理解发展规律的共性和个性，另一方面应注重考察听障学生的各项认知能力如工作记忆、推理能力等在唇读理解能力发展中的作用。

3. 拓展研究范围，验证汉语唇读理解能力发展研究的成果

本课题研究的被试主要是在一座城市整体抽样选取，实验研究所得出的结论等需要通过扩大样本量以及拓展研究区域范围予以验证，特别是汉语唇读理解能力发展趋势如何进行年龄分期需要进一步验证。与此同时，针对本研究目前未能实现对听障大学生群体进行实验获得数据的不足，下一步研究实验要在听障教育体系完整的城市（如北京、上海、南京、郑州、天津等）通过合作研究的方式进行深入的探讨。目前，本研究团队的博士研究生继续在南京、郑州开展相关的实验研究工作。

第二章 听障学生汉语唇读理解的发展趋势

唇读不仅是听障学生口语交流过程中获取信息的重要途径，而且是他们融入主流社会所必需的能力。目前，听障学生唇读理解能力的发展逐渐引起了研究者们的关注，国内外关于听障学生的唇读理解特征进行了大量研究，但目前学界关于听障学生唇读理解能力的发展轨迹仍未达成共识。鉴于听障学生在聋校不同年级、不同年龄的分布并不完全一致的情况，在探讨汉语唇读理解能力的发展趋势时，立足于听障人士的年龄发展和听障学生年级发展两个方面来探究听障人士汉语唇读理解能力发展趋势，以期对听障人士的康复训练、聋校教师的教育教学起到指导作用。

第一节 听障人士汉语唇读理解能力的年龄发展趋势

以往有研究指出，不同年龄阶段的听障人士的唇读理解能力存在差异，听障儿童的唇读理解能力随着年龄的增长而提升，但到了青少年中后期，其唇读理解能力逐渐稳定。然而，也有研究并未发现年龄对唇读理解能力的作用。Tremblay 等以 5 年为间隔，对 5—19 岁青少年的法语唇读理解能力进行测试，并没有发现年龄对法语唇读理解能力的影响[①]。由此可知，目前国内外关于听障学生唇读理解能力的发展轨迹尚未达成一致。不同年龄段听障人士的汉语唇读发展水平和特征可能存在差异，因此探讨不同年龄段听障人士的汉语唇读理解发展规律对于听障人士的语言教育与康复训练具有重要的指导价值。本节将通过分析幼儿、青少年、成人三个阶段的听障人士汉语唇读理解能力发展的特点，来探究听障人士的汉语唇读理解能力的生理年龄发展轨迹。其中听障幼儿阶段主要逐年考察了 4—6 岁的听障幼儿汉语唇读理解能力的发展；听障青少年阶段主要以 2 年为段考察了 7—20 岁听障者汉语唇读理解能力的发展；听障成人阶段主要以国际年龄分段标准考察了 24—83 岁听障成人的汉语唇读理解能力的发展，以期对听障幼儿的康复训练、听障人士的沟通交流起到指导和借鉴作用。

---

① Tremblay C, Champoux F, Voss P, et al. Speech and non-speech audio-visual illusions: a developmental study[J]. PLoS ONE, 2007, 2(8): e742.

一、听障幼儿汉语唇读理解能力发展

（一）引言

Dodd、McIntosh 和 Woodhouse 等使用听障儿童唇读评估工具 LACHI 对 16 名 30—57 个月的听障儿童进行为期 3 年的跟踪研究发现，听障儿童的唇读准确度逐步提高，五六岁后渐趋稳定[①]。Davies 等对 76 名学前健听儿童（2 岁 10 个月—4 岁 11 个月）的唇读理解能力进行测试，发现学前儿童已具备唇读理解单词的能力（平均正确率为 47.89%），但其唇读理解能力与年龄无关[②]，其原因可能在于其研究对象年龄差异较小，难以显示出唇读理解发展的阶段性差异。目前国内对 6 岁以下听障幼儿汉语唇读理解的研究较为缺乏，其汉语唇读理解能力的年龄发展趋势尚未得到有效探究。因此，本节实验将关注 4—6 岁的听障幼儿的汉语唇读理解水平和发展特征，以期为听障幼儿的唇读康复训练和教育提供借鉴。

（二）方法

1. 被试

研究选取武汉市某聋儿康复中心 4—6 岁的 72 名语前致聋听障幼儿为实验被试。被试均佩戴有助听器或植入人工耳蜗，使用时长均在 1 年以上。所有被试均智力正常，除了听力障碍以外无其他障碍。表 2-1 呈现了被试的基本情况，所有被试中，男生 30 人，女生 42 人，平均年龄为（4.98±0.85）岁。根据年龄不同，将被试分为 4 岁、5 岁、6 岁三组。其中 4 岁组 23 人，男生 9 人，女生 14 人；5 岁组 26 人，男生 10 人，女生 16 人；6 岁组 23 人，男生 11 人，女生 12 人。对三组被试的性别分布进行 χ^2 检验，结果表明三组在性别分布上无显著性差异（$p>0.05$）。4 岁组补偿前听力损失为（94.43±9.41）dB，补偿后听力损失为（40.30±9.07）dB；5 岁组补偿前听力损失为（95.04±12.90）dB，补偿后听力损失为（39.00±9.08）dB；6 岁组补偿前听力损失为（94.33±12.37）dB，补偿后听力损失为（36.63±9.91）

---

① Dodd B, McIntosh B, Woodhouse L. Early lipreading ability and speed and language development of hearing-impaired pre-schoolers. In R. Campbell, B. Dodd, D. Burnham. Hearing by Eye II: Advances in the Psychology of Speechreading and Auditory-visual Speech[M]. Hov: Psychology Press, 1998: 229-242.

② Davies R, Kidd E, Lander K. Investigating the psycholinguistic correlates of speechreading in preschool age children[J]. International Journal of Language & Communication Disorders, 2009, 44 (2): 164-174.

dB。单因素方差分析发现三组被试补偿前和补偿后听力损失程度均不存在显著差异（$p>0.05$）。

表 2-1　被试信息

组别	分性别人数（人）			补偿前听力损失（dB）		补偿后听力损失（dB）	
	男	女	χ^2	$M\pm SD$	F	$M\pm SD$	F
4 岁	9	14		94.43±9.41		40.30±9.07	
5 岁	10	16	0.53	95.04±12.90	0.32	39.00±9.08	0.91
6 岁	11	12		94.33±12.37		36.63±9.91	

2. 实验设计

采用 3（年龄：4 岁、5 岁、6 岁）×3（语言级别：汉字、词语、语句）两因素混合实验设计。语言级别为被试内变量，年龄为被试间变量。该实验的实验范式采用视频-图片匹配范式[1]，即通过让被试观看视频中提供的口形信息，在完成唇读理解之后在随后呈现的 4 张图片中选出与给定信息一致的 1 张图片。

3. 实验材料

实验材料均选自人教版一年级语文教材中的汉字（见附录一、二、三）。每一题将呈现 4 张图片，仅有 1 张图片为正确答案。汉字、词语、语句各子测试程序的 Cronbach's α 系数分别为 0.695、0.714、0.702，总测试程序的 Cronbach's α 系数为 0.861，表明该实验材料具有良好的信度。参照 Li、Zhang 和 Zeng 的做法[2]，请 20 位不参加实验的听障幼儿对测试材料（包括练习部分）进行熟悉度评定（1=认识；0=不认识），最终评定分数为 0.86±0.06（$M\pm SD$），表明该测试材料适用于听障幼儿。

4. 实验程序

实验程序运用 E-Prime2.0 软件编制的汉语唇读理解能力测试[3]（见附

---

[1] Kyle F E, Campbell R, Mohammed T, et al. Speechreading development in deaf and hearing children: introducing a new Test of Child Speechreading (ToCS)[J]. Journal of Speech, Language, and Hearing Research, 2013, 56(2): 416-426.

[2] Li D, Zhang F, Zeng X. Similarities between deaf or hard of hearing and hearing students' awareness of affective words' valence in written language[J]. American Annals of the Deaf, 2016, 161(3): 303.

[3] 雷江华, 宫慧娜, 贾玲, 等. 听觉辅助在听障学生汉语唇读理解中的作用[J]. 中国特殊教育, 2017, (10): 30-36.

录四）。每种视听条件下的测试题目都相同，分为三项，分别为汉字、词语、语句，每一项包含 12 道正式测试题目及 1 道练习题目，三项共 39 道题，完成测试共需 15—20 分钟。

本次研究的实验程序在 Lenovo Erazer Z400 Touch 笔记本电脑上运行。由主试在实验开始前将电脑完全静音，并为被试详细讲解操作要求并指导被试完成汉字唇读练习部分，当被试完全理解测试程序后，正式进行测试。由于被试年龄较小，注意力容易分散，每个视频播放前，主试都会提醒被试认真注视视频中播放的动态发音口形。在选择正确答案时，由被试直接用手指点击屏幕上的图片，待主试与被试确认之后代为按键进行选择。为排除测试顺序对被试的干扰，避免练习效应，采用拉丁方设计平衡实验顺序，将被试随机分为三组，分别标记为 A 组、B 组、C 组，主试对 A 组按照汉字、词语、语句的测试顺序进行，对 B 组按照词语、语句、汉字的顺序进行，对 C 组按照语句、词语、汉字的顺序进行测试。每项测试程序都包含指导语、练习部分及正式测试部分。

测试结束后，E-Prime 软件自动记录每位被试所做每一道题的正确率、反应时等数据，随后使用 SPSS22.0 软件进行统计分析。考虑到被试年龄较小，正确答案的按键选择由主试代为进行，中间可能存在反应时间的误差，故不考虑反应时的差异。

（三）结果

对测试结果使用多元方差分析探讨不同年龄听障幼儿的汉语唇读理解汉字、词语、语句能力，表 2-2 呈现了听障幼儿在汉语唇读理解中的正确率的平均数与标准差。

表 2-2　不同年龄听障幼儿汉语唇读理解测试的正确率（$M±SD$）

年龄（岁）	汉字	词语	语句
4	0.46±0.18	0.60±0.20	0.48±0.17
5	0.63±0.17	0.71±0.17	0.66±0.14
6	0.61±0.21	0.70±0.20	0.59±0.24

表 2-2、图 2-1 呈现了 4—6 岁听障幼儿不同语言级别的唇读理解正确率。对年龄和语言级别进行重复测量方差分析发现，年龄的主效应显著，$F(2, 52)=3.35$，$p<0.05$，$\eta_p^2=0.11$，事后检验发现，6 岁组和 5 岁组正确率均显著高于 4 岁组，$p<0.05$，6 岁组和 5 岁组之间正确率差异不显著，$p>0.05$。语言级别的主效应极其显著，$F(2, 104)=20.80$，$p<0.001$，$\eta_p^2=0.29$，

事后检验发现，词语的正确率显著高于汉字和语句，$ps<0.05$，汉字与语句间差异不显著，$p>0.05$。两者交互作用不显著，$p>0.05$。

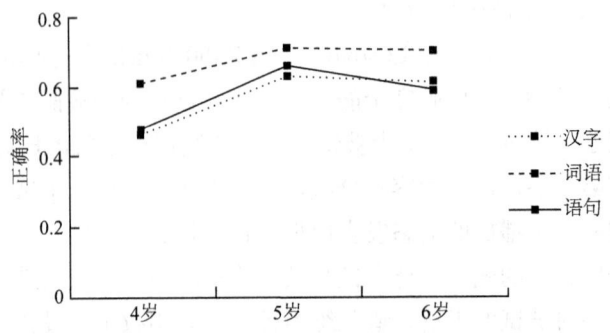

图 2-1　不同年龄听障幼儿汉语唇读理解测试的正确率

（四）讨论

1. 年龄对听障幼儿汉语唇读理解的影响

不同年龄段听障幼儿汉语唇读理解正确率差异显著，6 岁组和 5 岁组听障幼儿汉语唇读理解正确率显著高于 4 岁组，6 岁组和 5 岁组正确率无显著性差异。4 岁左右的听障幼儿在理解字词时理解得还不够全面，对某些字词的意义存在泛化、过分扩张或者窄化、紧缩的现象[1]。如 4 岁的听障幼儿在听到"菜"的时候，会选择"洋葱""青草""白菜"等图片，他们认为这些东西属于同一类别，故进行图片—视频匹配时正确率较低。实验表明，5 岁听障幼儿的汉语唇读理解能力较 4 岁幼儿有了显著性差异，这与他们在康复机构接受的语言训练（包括唇读训练）密不可分。4—5 岁是幼儿听觉器官和言语器官成熟的关键期[2]，也是进行语言训练的黄金时期。这一阶段的幼儿刚刚进入语言康复中心进行康复，还在适应助听器或者人工耳蜗阶段，还不能清楚地分辨声音，需要依靠注视对方讲话时唇形的开合，在语音感知过程中利用视觉信息来辅助听觉才能了解语句的意义[3]。此外，听障幼儿在接受语言训练时，一方面要观察老师的口形，另一方面还要体会发音的动作[4]，这个过程也在不断强化听障幼儿的唇读理解能力。这说明在语言发展的关键期加强唇读训练有利于促进听障幼儿的汉语唇读理解能力发展。上述实验结果与

---

[1] 邢福义, 吴振国. 语言学概论（第二版）[M]. 武汉: 华中师范大学出版社, 2010: 324-325.
[2] 刘全礼. 残障儿童的早期干预概论[M]. 天津: 天津教育出版社, 2007: 118-119.
[3] 季佩玉, 简栋梁, 程益基. 聋教育教师培训教材[M]. 北京: 中国盲文出版社, 2000: 95.
[4] 李明扬. 听障儿童的语言智能测评研究[D]. 南京: 南京师范大学硕士学位论文, 2011: 16-17.

Flowers[①]的研究结果不完全一致，Flowers 的实验发现听障幼儿在 4—6 岁汉语唇读理解能力差异并不显著，这与两个研究被试的教育安置环境、佩戴的听觉辅助设备及视听条件等因素存在差异有关。在这一阶段听障幼儿已逐渐适应佩戴助听器或人工耳蜗，主要依靠听觉信息进行语言感知，语言康复中心的听力言语康复训练也在不断提高其听觉能力，唇读理解作为获取听觉信息的辅助手段，保持着缓慢发展的水平。

2. 语言级别对听障幼儿汉语唇读理解的影响

听障幼儿进行唇读理解时不同语言级别的正确率差异显著，词语的正确率显著高于汉字、语句，汉字、语句的正确率无显著差异。听障幼儿在词语唇读理解上呈现词语优势效应。词语作为语言符号，是由语素组成的能自由运用的语言单位[②]，较之汉字，词语唇读口形提供了更多的特征描述，提供的信息更加丰富。但汉字易受到汉语同音字效应[③]的影响，单个汉字的同音字越多，对该汉字的理解越容易发生歧义。比如词语"鸽子"中的"鸽"，由于和"哥""歌"等字发音相同，大多数幼儿的理解是"哥哥"或"唱歌"，很少有幼儿能够正确理解为"鸽子"。除此之外，雷江华早期研究表明[④]，视素可见性会影响唇读汉语语音识别，汉字提供的视觉特征计数太少导致唇读理解过程中视觉信息量不足，影响了视觉言语感知。在测试中发现，当汉字的声母一致时，听障幼儿往往不能正确识别和理解韵母，如呈现"笛（di）"的音频或视频时，大部分听障幼儿会理解成"蝶（die）"，又如"衣（yi）"被理解成"鹰（ying）"等。

尽管如此，听障幼儿的日常口语交流并未因同音字的存在而产生听觉理解的障碍[⑤]，原因在于这些汉字所处的语境[⑥]等信息对听觉言语理解发挥

---

① Flowers J B. Predicting the ability to lip-read in children who have a hearing loss. Master dissertation. St. Louis: Washington University School of Medicine Program in Audiology and Communication Sciences, 2006.
② 邢福义，吴振国. 语言学概论（第二版）[M]. 武汉：华中师范大学出版社，2010：14-15.
③ 陈宝国，宁爱华. 汉字识别中的同音字效应：语音影响字形加工的证据[J]. 心理学探新，2005，25(4)：35-39.
④ 雷江华，方俊明，王伟忠，等. 听障学生唇读语音识别视听通道效应的实验研究[J]. 心理科学，2008，31(2)：312-314.
⑤ 方杰，李小健，罗畏畏. 汉语音节累积词频对同音字听觉词汇表征的激活作用[J]. 心理学报，2014，46(4)：467-480.
⑥ Sheridan H, Reingold E M. The time course of contextual influences during lexical ambiguity resolution: evidence from distributional analyses of fixation durations[J]. Memory & Cognition, 2012, 40(7)：1122-1131.

了作用。语境包括一个汉字所毗邻的字词、短语、语句或段落中所处的环境[1]，词语本身就是一种特殊的语境，能够限定和帮助理解目标汉字。听障幼儿在掌握外部语言时往往从一个词开始学，比如最初的"爸爸""妈妈"，然后联结成更多的词，再逐渐发展成简单句。4—5岁是幼儿词汇飞跃发展的时期，5岁幼儿的词汇量达到2500个左右。[2]虽然语句给定的语境信息比词语更为详细，但由于语句较长，受到短时工作记忆容量的影响[3]，听障幼儿难以对整句话的信息完全加工，往往选择提取其熟悉的词或者句首词进行理解判断，导致以偏概全或者产生歧义，对语句的唇读理解正确率反而要显著低于词语。

（五）结论

年龄对听障幼儿汉语唇读理解能力发展有影响，具体表现为5岁组和6岁组听障幼儿唇读理解正确率高于4岁组。语言级别影响听障幼儿的唇读理解，词语的唇读理解强于语句、汉字。

（六）启示

探究不同年龄听障幼儿汉语唇读理解的发展特征，对听障幼儿的听力言语发展及教育具有一定的借鉴价值。4—5岁是听障幼儿唇读发展较为迅速的阶段，在这个阶段要注重唇读训练与听力训练有机统一，做到"看听结合"，防止片面的"因看废听"或者"以听代看"。听障幼儿汉语唇读理解词语的能力较好，因此在对听障幼儿进行语言训练时应着重训练词语的口形理解，同时做到字在词中教，词在句中学，以唇读理解词语带动其他语言级别唇读理解能力的发展。作为口语教学的有机组成部分[4]，无论是康复机构还是融合幼儿园都要注重唇读训练或唇读教学，帮助听障幼儿更好地理解、沟通与交流。但需注意的是，康复训练中要根据语言级别的难度，挑选适合听障幼儿言语发展的词汇，以词语为基础，逐步进行汉字和语句唇读的学习。

二、听障青少年汉语唇读理解能力发展

（一）引言

听障青少年的唇读理解能力发展研究已引起广大唇读研究者的关注。

---

[1] 陆巧玲. 词汇教学中的语境问题[J]. 外语与外语教学, 2001, (6): 32-34.
[2] 邢福义, 吴振国. 语言学概论（第二版）[M]. 武汉: 华中师范大学出版社, 2010: 14-15.
[3] Feld J E, Sommers M S. Lipreading, processing speed, and working memory in younger and older adults[J]. Journal of Speech, Language, and Hearing Research, 2009, 52(6): 1555-1565.
[4] 雷江华. 看话训练在我国口语教学中的地位与作用[J]. 中国特殊教育, 2005, (4): 36-41.

Flowers 对 67 名 4—12 岁听障儿童的唇读研究发现,年龄是预测其唇读能力的一个重要指标,年龄越大的儿童在测试时表现出来的唇读能力越好[1]。Kyle 等采用儿童唇读测试(Test of Child Speechreading,ToCS)工具,比较了 5—14 岁听障儿童与健听儿童英语唇读理解能力的发展,发现随着年龄的增长,其唇读理解正确率都有所提高[2]。此外,有研究指出听障青少年唇读理解能力随着年龄的增加而增长,但当年龄上升到一定程度后,即保持平稳水平或出现下降趋势。然而,Tremblay 等以 5 年为间隔,对 5—19 岁青少年的法语唇读理解能力进行测试,并没有发现唇读理解能力随着年龄的增长而变化[3]。那么听障青少年的汉语唇读理解能力究竟是不存在年龄发展差异还是唇读理解的发展趋势被跨度较广的年龄分段(5 年)所稀释?本实验将参考 Kyle 等[4]以 2 年为年龄段分组依据考察听障青少年唇读理解的发展趋势,以 2 年为段考察 7—20 岁听障青少年汉语唇读理解能力的发展趋势。

(二)方法

1. 被试

实验选取武汉市聋校 209 名听障学生,年龄范围在 7—20 岁,男生 120 名,女生 89 名,平均年龄为 14.13±4.2 岁,平均听力损失为 97.82±12.98dB,视力或矫正视力均属正常。研究参照 Kyle 等的年龄分布规则[5],将所有参与实验的听障学生分为 7 组,被试的年龄及性别分布如表 2-3 所示,不同年龄段被试的听力损失程度无显著差异[$F(6, 208) = 1.14$, $p > 0.05$]。χ^2 检验表明,不同年龄段被试的性别分布无显著性差异,$\chi^2 = 4.55$, $p > 0.05$。

---

[1] Flowers J B. Predicting the ability to lip-read in children who have a hearing loss. Master dissertation. St. Louis: Washington University School of Medicine Program in Audiology and Communication Sciences, 2006.

[2] Kyle F E, Campbell R, Mohammed T, et al. Speechreading development in deaf and hearing children: introducing the test of child speechreading[J]. Journal of Speech, Language, and Hearing Research, 2013, 56(2): 416-426.

[3] Tremblay C, Champoux F, Voss P, et al. Speech and non-speech audio-visual illusions: a developmental study[J]. PLoS ONE, 2007, 2(8): e742.

[4] Kyle F E, Campbell R, Mohammed T, et al. Speechreading development in deaf and hearing children: introducing the test of child speechreading[J]. Journal of Speech, Language and Hearing Research, 2013, 56(2):416-426.

[5] Kyle F E, Campbell R, Mohammed T, et al. Speechreading development in deaf and hearing children: introducing the test of child speechreading[J]. Journal of Speech, Language, and Hearing Research, 2013, 56(2): 416-426.

表 2-3　听障青少年被试基本情况

组别	分性别人数（人）			平均听力损失（dB）	
	男	女	x^2	$M±SD$	F
7—8 岁	20	10		93.11±11.70	
9—10 岁	13	6		96.76±10.78	
11—12 岁	12	11		96.75±10.78	
13—14 岁	17	19	4.55	99.49±8.75	1.14
15—16 岁	16	15		100.00±14.83	
17—18 岁	19	14		97.52±14.24	
19—20 岁	23	14		97.15±14.19	

2. 实验设计

采用 7（年龄段：7—8 岁、9—10 岁、11—12 岁、13—14 岁、15—16 岁、17—18 岁、19—20 岁）×3（语言级别：汉字、词语、语句）两因素混合实验设计，其中年龄段是被试间变量，语言级别为被试内变量。

3. 实验材料

实验同样采用雷江华等[①]的实验材料（见附录一、二、三），其测试材料分为三部分，即汉字、词语和语句各 12 个，所有录制参数与其保持一致。

4. 实验程序

实验采用口形视频-图片匹配范式，程序如下（以汉字唇读测试为例）（见附录四）：

首先，主试给被试呈现指导语，被试明白实验要求后按任意键开始；其次，呈现红色的"请注意"1000ms，提醒被试开始实验；再次，呈现无声的汉字口形视频 4000ms；最后，同时呈现四幅图片，要求被试根据呈现的口形视频，选出相匹配的图片，并按键反应。

为避免测试顺序对被试造成干扰，采用拉丁方设计对被试的实验顺序进行平衡，每一位被试按照预先设计好的顺序完成三项测试。正式实验之前，有 1 个词语材料作为练习，进行实验处理时，练习数据不参与分析。

---

① 雷江华, 宫慧娜, 贾玲, 等. 听觉辅助在听障学生汉语唇读理解中的作用[J]. 中国特殊教育, 2017, (10): 30-36.

（三）结果

不同年龄段听障青少年汉语唇读理解（汉字、词语、语句）的正确率和反应时描述性统计见表2-4。

表2-4 不同年龄段听障青少年汉语唇读理解正确率与反应时（M±SD）

年龄段	N	汉字		词语		语句	
		正确率	反应时（s）	正确率	反应时（s）	正确率	反应时（s）
7—8岁	30	0.47±0.21	6.87±2.99	0.58±0.26	6.48±2.23	0.43±0.22	7.17±2.94
9—10岁	19	0.56±0.19	5.23±2.32	0.65±0.19	4.38±1.61	0.55±0.19	5.84±2.70
11—12岁	23	0.55±0.17	5.34±2.48	0.66±0.17	4.78±1.98	0.53±0.22	6.02±2.99
13—14岁	36	0.49±0.18	5.76±2.66	0.64±0.21	5.70±2.80	0.51±0.23	6.96±2.60
15—16岁	31	0.40±0.17	5.40±2.40	0.55±0.23	5.31±2.07	0.40±0.22	6.09±1.98
17—18岁	33	0.39±0.16	5.77±2.38	0.48±0.20	5.74±2.45	0.37±0.21	6.24±2.32
19—20岁	37	0.41±0.18	6.31±2.33	0.50±0.21	5.74±2.13	0.44±0.22	6.60±2.62

1. 不同年龄段听障青少年汉语唇读理解正确率比较

表2-4、图2-2呈现了不同年龄段听障青少年在不同语言级别的唇读理解正确率。对年龄段和语言级别的正确率进行重复测量方差分析，结果发现，年龄段的主效应显著，不同年龄段的唇读理解正确率存在显著性差异，$F(6, 202)=4.31$，$p<0.001$，$\eta_p^2=0.11$，事后检验（LSD）结果显示，9—10岁、11—12岁、13—14岁的汉语唇读理解正确率显著高于15—16岁、17—18岁、19—20岁，而7—8岁、9—10岁、11—12岁以及13—14岁的听障青少年汉语唇读理解正确率无显著性差异；语言级别的正确率主效应显著，不同语言级别的唇读理解正确率存在显著性差异，$F(2, 404)=55.55$，$p<0.001$，$\eta_p^2=0.22$，事后检验（LSD）结果显示，词语的唇读理解正确率显著高于汉字和语句；语言级别与年龄段的交互作用不显著，$F(12, 404)=0.81$，$p>0.05$。结果表明，年龄段影响汉语唇读理解，词语唇读理解难度低于语句和汉字。

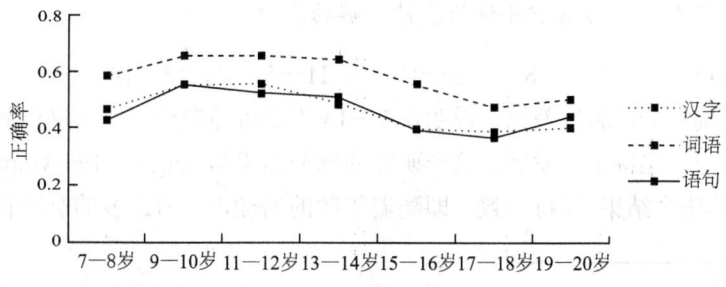

图2-2 不同年龄段听障青少年汉语唇读理解正确率比较

2. 不同年龄段听障青少年汉语唇读理解反应时比较

表 2-4、图 2-3 呈现了不同年龄段听障青少年不同语言级别的唇读理解反应时。对年龄段和语言级别的反应时进行重复测量方差分析，年龄段的主效应边缘显著，不同年龄段的唇读理解的反应时存在临近显著性差异，$F(6, 202)=1.93$，$p=0.07$，事后检验（LSD）结果显示，9—10 岁、11—12 岁和 15—16 岁的反应时要显著短于 7—8 岁，其他均无显著性差异；语言级别的反应时主效应显著，$F(2, 404)=19.42$，$p<0.001$，$\eta_p^2=0.09$，事后检验（LSD）结果发现，词语的反应时均显著短于汉字和语句，语句的反应时显著长于汉字；语言级别与年龄段的交互作用不显著，$F(12, 422)=1.19$，$p>0.05$。研究结果表明，随着年龄的增长，唇读理解的反应速度逐渐加快，但仅发生在 9—12 岁，13 岁以后则一直保持平稳发展；词语的唇读理解反应速度要快于汉字和语句。

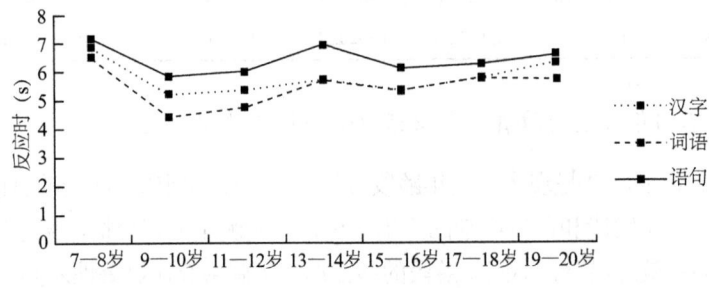

图 2-3 不同年龄段听障青少年汉语唇读理解反应时比较

（四）讨论

研究采用口形视频-图片匹配范式，首次探讨了听障青少年汉语唇读理解能力的发展趋势，研究有两个重要发现：第一，听障青少年在 7—14 岁，其汉语唇读理解能力保持平稳发展趋势，而到 15—20 岁，其唇读理解能力逐步下降，并趋于稳定；第二，语言级别影响听障青少年的汉语唇读理解，汉语唇读理解的难度由低到高依次是词语、汉字、语句。

1. 年龄对听障青少年汉语唇读理解的影响

听障青少年在 7—8 岁、9—10 岁、11—12 岁、13—14 岁的汉语唇读理解正确率无显著性差异，说明在 7—14 岁的听障青少年，其汉语唇读理解能力一直保持平稳发展。这一研究的部分结果与 Jerger、Tye-Murray 和 Abdi 的研究结果[①]保持一致，即随着年龄的增加，5—12 岁的听障青少年

---

① Jerger S, Tye-Murray N, Abdi H. Role of visual speech in phonological processing by children with hearing loss[J]. Journal of Speech, Language, and Hearing Research, 2009, 52(2): 412.

唇读理解能力无显著变化。但在反应时上,9—10岁、11—12岁和15—16岁的反应时要显著短于7—8岁,说明听障青少年的唇读理解加工速度随年龄的增加而加快。这与语言训练在听障青少年汉语唇读理解速度中的积极作用密不可分,宫慧娜的研究表明有语言训练经历的听障学生汉语唇读理解反应速度呈现随着年龄增长而加快的趋势[①]。另外,本次研究还发现15—16岁、17—18岁以及19—20岁听障青少年的汉语唇读理解能力显著低于13—14岁,即14岁以后其汉语唇读理解能力逐渐下降,而15—16岁、17—18岁、19—20岁三个年龄段的听障青少年汉语唇读理解能力无显著性差异,说明相对于13—14岁听障青少年,15—20岁的听障青少年汉语唇读理解能力虽呈下降趋势但仍趋于稳定。

2. 语言级别对听障青少年汉语唇读理解的影响

词语唇读理解能力显著高于汉字和语句,其正确率从高到低依次是词语、汉字和语句。汉字是字形、字音、字义的结合,语言理解更侧重语义信息的提取。激活—抑制认知模式认为语义提取的过程即当一个概念被加工或受到刺激时,在该概念节点就会产生激活,然后激活沿该节点的各个连线向四周扩散,先扩散到与之直接相连的节点,再扩散到其他节点[②]。汉字唇读信息的理解相对较为抽象,概括性较强,而词语提供了更多的特征描述,与这些特征有关的词语节点更容易被激活,易与大脑中已存储的知识相匹配,从而促使听障青少年快速、精准地提取信息。语句的唇读理解正确率低、反应时长,这与Feld等的研究结果一致[③],认为语句的唇读理解需要较高水平的认知加工过程,唇读者不仅需要具备较高的语音意识和词汇感知能力,而且需要句法和语法分析能力。方俊明等的研究还指出,听障青少年在语句加工中存在深层编码,需要在理解表层信息的基础上,进一步构建深层编码,实现对语句的理解,因而导致唇读语句的反应时变长[④]。

(五)结论

听障青少年的汉语唇读理解能力发展受到年龄的影响,随着年龄的增长,听障青少年的汉语唇读理解能力得以发展,具体表现为7—14岁是其

---

① 宫慧娜. 听障学生汉语唇读理解能力的实验研究[D]. 武汉:华中师范大学硕士学位论文,2016: 50-51.
② 周明强. 词汇歧义消解的认知解析[J]. 语言教学与研究,2011,(1):62-68.
③ Feld J E, Sommers M S. Lipreading, processing speed, and working memory in younger and older adults[J]. Journal of Speech, Language, and Hearing Research, 2009, 52(6): 1555-1565.
④ 方俊明,雷江华. 特殊儿童心理学(第2版)[M]. 北京:北京大学出版社,2015: 98-99.

汉语唇读理解能力的平稳发展期,自 15 岁后呈下降趋势但趋于稳定状态。听障青少年的汉语唇读理解能力受语言级别的制约,其难度从低到高依次是词语、汉字和语句,词语的唇读理解能力强于语句和汉字。

(六)启示

探究不同年龄听障青少年汉语唇读理解的发展特征,对听障青少年的语言发展与教育具有借鉴价值。研究表明,随着年龄的增长,听障青少年汉语唇读理解能力的发展呈现"平稳发展—逐渐下降—趋于稳定"的趋势。这说明对听障青少年的言语理解和唇读能力的训练要尽早开始,抓住发展的黄金阶段进行唇读训练,循序渐进地促进其汉语唇读理解能力的最大化发展。同时,在日常教学过程中要注重以词语为单位开展听障青少年的唇读训练,注重培养和发展听障青少年唇读"词语"的能力,由此逐渐发展其唇读"汉字"与唇读"语句"的能力。同时要注意根据不同年龄段的听障青少年发展水平选择合适的词语素材,促进其词语能力的优化发展,并在此基础上,促进词语的唇读学习不断进行转化,逐渐发展语句及汉字的唇读能力。

三、听障成人汉语唇读理解能力发展

(一)引言

有研究表明,相对于青年人,老年人的唇读理解能力出现退化现象[1]。例如,Sommers 等发现老年人(平均年龄为 70.2 岁)的唇读理解能力显著低于青年人(平均年龄为 20.1 岁),并且唇读理解词语的正确率高于语句[2]。Walden 等通过比较被试唇读辅音识别和句子唇读理解的能力,发现老年人(65—80 岁)的唇读理解正确率显著低于中年人(35—50 岁)[3]。然而,也有研究者表示,并非所有年龄阶段对唇读能力都有明显的影响。Massaro 的系列研究发现,年龄对听障儿童唇读效果的作用较大,而对听障成人的

---

[1] Bavelier D, Newport E L, Hall M L, et al. Persistent difference in short-term memory span between sign and speech: implications for cross-linguistic comparisons[J]. Psychological Science, 2006, 17(12): 1090-1092.

[2] Sommers M S, Tye-Murray N, Spehar B. Auditory-visual speech perception and auditory-visual enhancement in normal-hearing younger and older adults[J]. Ear and Hearing, 2005, 26(3): 263-275.

[3] Walden B E, Busacco D A, Montgomery A A. Benefit from visual cues in auditory-visual Speech recognition by middle-aged and elderly persons[J]. Journal of Speech and Hearing Research, 1993, 36(2): 431-436.

唇读效果作用并不明显[①]。当前的研究通常以一个或两个年龄段为主探讨年龄对唇读理解的影响,并没有探究成年人整个生命阶段的唇读理解能力。

因此,结合汉语语言特点和国际年龄分类标准,从汉字、词语、语句三个语言级别来探究听障成人的汉语唇读理解能力发展特征,尝试明晰听障成人的唇读理解发展趋势。

(二)方法

1. 被试

研究选取武汉市各大手语角的 121 名听障成人作为实验被试,且所有被试均非高校在读学生。被试的年龄分布在 24—83 岁,参照世界卫生组织(WHO)对成年人年龄的划分标准,考虑到 75 岁以上的老年人数量不足 10 人不予单独分组,将 60—83 岁的被试划分为老年组;45—59 岁的被试划分为中年组;24—44 岁的被试划分为青年组。被试基本情况见表 2-5。三组被试在性别分布($p>0.05$)与听力损失($p>0.05$)上均无显著性差异。所有被试智力、视力或矫正后视力均正常,除听力障碍外无其他障碍。

表 2-5 被试基本信息

实验组别	年龄 ($M±SD$)	听力损失(dB) ($M±SD$)	分性别人数(人)	
			男($N=52$)	女($N=69$)
听障青年组($N=32$)	32.81±6.13	96.16±13.37	15	17
听障中年组($N=40$)	52.85±3.84	97.90±16.93	17	23
听障老年组($N=49$)	66.84±5.97	102.14±12.12	20	29

2. 实验设计

采用 3(年龄段:听障青年组、听障中年组、听障老年组)×3(语言级别:汉字、词语、语句)两因素混合实验设计。因变量为每组被试在汉字、词语、语句条件下的正确率和反应时,年龄段为被试间变量,语言级别为被试内变量。

3. 实验材料

汉语唇读测试材料由汉字、词语和语句三部分组成(见附录一、二、

---

① Massaro D W. Children's perception of visual and auditory speech[J]. Child Development, 1984, 55(5): 1777-1788.

三）。首先，基于全国统编教材小学语文课本和聋校语文课本第1—2册，挑选13个汉字、13个词语、13个语句，形成实验测试的文字材料。所选汉字、词语及语句材料均贴近生活，在听障成人的认知范围内。其次，利用文字材料制作完成口形视频材料，并严格控制汉字、词语和语句测试口形视频的时间。再次，根据所选文字材料绘制彩色图像材料并进行扫描，获取实验所需图片材料。最后，为保证材料的有效性，需将实验所用材料交由多位专业人士审议，并根据专业人士所给意见进行调整及修改。汉字、词语、语句测试程序的Cronbach's α 系数分别为0.695、0.714、0.702，总测试程序的Cronbach's α 系数为0.861[①]。

4. 实验程序

实验分为两个阶段进行，第一阶段采用拉丁方设计进行汉字、词语、语句测试（见附录四），第二阶段需要被试完整填写基本信息表。实验共需要15—20分钟。在每项测试开始前，会呈现实验指导语，明确提出对被试的要求，主试确认被试完全理解指导语含义后方可进行实验。具体实验程序：首先，屏幕中央会呈现红色的"请注意！"的提示语，时间为1000ms，然后随机呈现口形视频，接着出现一个判断任务：从四幅图像（分别标号为1、2、3、4）中选出代表说话人口形的汉字/词语/语句并按对应的数字键进行作答，判断任务不限制时间。正式测试之前，有1道练习题供被试进行练习。

（三）结果

删除正确率和反应时在3个标准差之外的数据（4人），各条件下的平均正确率和反应时见表2-6。

表2-6 听障成人不同语言级别唇读理解的正确率和反应时（$M\pm SD$）

实验组别	汉字		词语		语句	
	正确率	反应时（s）	正确率	反应时（s）	正确率	反应时（s）
听障青年组	0.59±0.22	5.85±2.63	0.65±0.25	5.29±2.88	0.65±0.30	6.30±2.91
听障中年组	0.39±0.23	5.59±1.57	0.47±0.24	5.98±2.05	0.39±0.25	6.78±2.15
听障老年组	0.32±0.20	6.18±2.11	0.41±0.17	6.26±2.49	0.34±0.13	6.76±2.84

[①] 雷江华, 宫慧娜, 贾玲, 等. 听觉辅助在听障学生汉语唇读理解中的作用[J]. 中国特殊教育, 2017, (10): 30-36.

1. 不同年龄段听障成人汉语唇读理解正确率比较

表 2-6、图 2-4 呈现了不同年龄段听障成人不同语言级别的唇读理解正确率。对年龄段和语言级别进行重复测量方差分析，年龄段的主效应显著，$F_{(2114)}=21.59$，$p<0.001$，$\eta_p^2=0.28$，事后检验（LSD）显示，听障青年组的正确率显著高于听障中年组与老年组，$p<0.001$，听障中年组与老年组的正确率差异不显著，$p>0.05$；语言级别的主效应显著，$F(2, 228)=9.16$，$p<0.001$，$\eta_p^2=0.07$，事后检验（LSD）显示，词语的正确率显著高于汉字（$p<0.001$）与语句（$p<0.01$），语句与汉字的正确率差异不显著（$p>0.05$）；年龄段与语言级别的交互作用不显著，$F(4, 228)=0.80$，$p>0.05$。

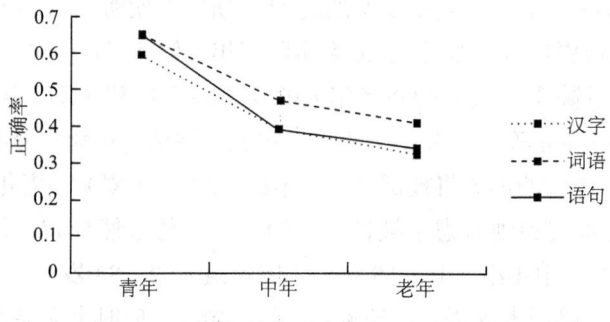

图 2-4 不同年龄段听障成人的正确率比较

2. 不同年龄段听障成人汉语唇读理解反应时比较

表 2-6、图 2-5 呈现了不同年龄段听障成人不同语言级别的唇读反应时。对年龄段和语言级别进行重复测量方差分析，年龄段的主效应不显著，$F_{(2114)}=0.83$，$p>0.05$；语言级别的主效应显著，$F(2, 228)=7.30$，$p<0.001$，$\eta_p^2=0.06$，语句的反应时显著长于汉字和词语，$ps<0.01$，词语与汉字的反应时无显著性差异，$p>0.05$；年龄段与语言级别的交互作用不显著，$F(4, 228)=0.93$，$p>0.05$。

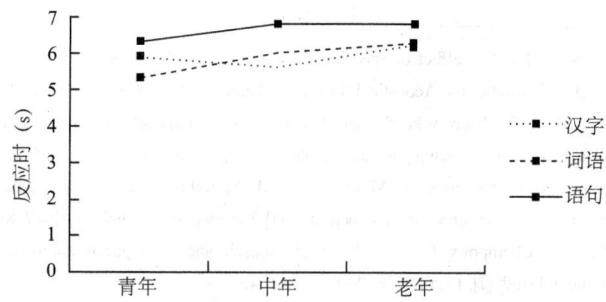

图 2-5 不同年龄段听障成人的反应时比较

（四）讨论

1. 年龄对听障成人汉语唇读理解能力的影响

听障青年人的汉语唇读理解正确率显著高于听障中年人与听障老年人，听障中年人与听障老年人差异不显著，说明随着年龄的增长，其汉语唇读理解能力呈现不断下降但趋于稳定的趋势。这与 Middelweerd 和 Sommers 等的研究结论相一致。Middelweerd 认为听障老年人利用视觉信息不占优势，故英语唇读理解正确率低于听障青年人[1]，Sommers 等则指出工作记忆与信息处理能力对唇读理解至关重要，听障青年人工作记忆容量大、信息处理速度快，能够快速感知识别任务中更多的东西，因此唇读理解正确率高于听障老年人[2]。除此之外，研究表明听觉辅助的使用可使唇读理解表现更佳[3]，实验中有 20 名听障青年人佩戴了助听器或植入了人工耳蜗。但听障中年人与听障老年人的汉语唇读理解正确率无显著性差异，这与 Walden 等的研究结果不同，可能与被试的年龄划分不同有关。Walden 等以断裂的形式将被试分为中年组（35—50 岁）与老年组（65—80 岁），而本实验则考虑了被试年龄的连续性与自然分布，分为青年组（24—44 岁）、中年组（45—59 岁）与老年组（60—83 岁）。

另外，听障成人汉语唇读理解的年龄差异在反应时上无显著性差异，这与 Tremblay 等的研究结果一致[4]，表明听障成人汉语唇读理解能力受加工速度的影响较小。加工认知理论认为成人的加工速度本身会随着年龄的增长而减缓，从而影响人们在认知任务中的表现。但汉语唇读理解涉及高级的认知活动（回忆、联想等），其加工速度和成绩大多都受到经验、策略等多种因素的影响，所以加工速度在这一层次上的作用比较难于把握[5]，这在一定程度上解释了为何听障成人汉语唇读理解反应时差异不显著。

---

[1] Middelweerd M J. The effect of speechreading on the speech-reception threshold of sentences in noise[J]. The Journal of the Acoustical Society of America, 1987, 82(6): 2145-2147.

[2] Sommers M S, Tye-Murray N, Spehar B. Auditory-visual speech perception and auditory-visual enhancement in normal-hearing younger and older adults[J]. Ear and Hearing, 2005, 26(3): 263-275.

[3] Pimperton H, Ralph-Lewis A, MacSweeney M. Speechreading in deaf adults with cochlear implants: evidence for perceptual compensation[J]. Frontiers in Psychology, 2017, 8: 106.

[4] Tremblay C, Champoux F, Voss P, et al. Speech and non-speech audio-visual illusions: a developmental study[J]. PLoS ONE, 2007, 2(8): e742.

[5] 罗婷, 焦书兰. 认知加工速度研究中常用的实验和统计方法[J]. 心理科学进展, 2002, 10(1): 21-28.

2. 语言级别对听障成人汉语唇读理解能力的影响

词语唇读理解正确率显著高于汉字与语句，汉字与语句的唇读理解正确率差异不显著。语句唇读理解的反应时显著长于汉字与词语，词语与汉字的反应时无显著性差异，说明听障成人词语唇读理解能力要优于汉字和语句。该结果与Bernstein等和Helfer的研究结论稍有不同[1][2][3]，他们认为英语唇读理解的单词优势主要受单词较少的视觉特征计数影响，而语句、语篇等视觉特征计数多，因而英语唇读理解单词的正确率高于语句和语篇。而在汉语系统中，汉字作为最小的语言单位拥有最少的视觉特征计数，词语则多于汉字的视觉特征计数，语句的视觉特征计数更多。但词语唇读理解的正确率高于汉字，这可能与本国的语言内在机制有关。比如汉字音节短，主要由声母与韵母等组成，发音以辅音、浊音为主，声母的可见性程度低，辅音发音口形多相似且容易模糊、辨认度低[4]，所以，汉字反而不利于听障成人汉语唇读理解。

（五）结论

听障成人的汉语唇读理解能力有年龄差异，其汉语唇读理解能力随年龄的增长表现出不断下降—趋于平稳的发展趋势。听障成人具有唇读理解词语优势，词语唇读理解能力强于汉字和语句。

（六）启示

以听障成人整个生命阶段来探究唇读理解能力有助于更好地把握听障成人的发展特点，听障成人的汉语唇读理解能力呈现不断下降—趋于平稳的趋势，即听障中年人与听障老年人的唇读理解能力可能不会因为唇读训练越多而效果越好，那么是否需要考虑借助其他途径来促进听障中年人与听障老年人言语的沟通交流，让交流方式不仅仅局限于唇读，唇读是沟通交流的方式但并不是唯一方式。同时可以利用多通道信息整合，通过佩戴助听器获取听觉信息形成关于语言的正确口形与认知；利用手语学口形，

---

[1] Bernstein L E, Hahn C S, Hayes O M. Specific and general language performance across early childhood: stability and gender considerations[J]. First Language, 2004, 24(3): 267-304.

[2] Helfer K S. Auditory and auditory-visual perception of clear and conversational speech[J]. Journal of Speech, Language, and Hearing Research, 1997, 40(2): 432-443.

[3] Helfer K S. Auditory and auditory-visual recognition of clear and conversational speech by older adults[J]. Journal of American Academy of Audiology, 1998, 9(3): 234-242.

[4] Lesner S A, Sandridge S A, Kricos P B. Training influences on visual consonant and sentence recognition[J]. Ear and Hearing, 1987, 8(5): 283-287.

通过手语方式掌握汉语唇读理解发展规律；利用丰富的表情、生动的肢体语言等提高听障中年人与老年人的汉语唇读理解能力。与此同时，在日常生活中有效利用词语优势，对话中凸显话语重点与中心，提高唇读理解的有效性。在此基础上，提高对唇读汉字和语句的理解，逐渐让唇读成为听障成人言语识别和理解的重要方式，以帮助听障成人沟通与交流，更好地融入社会。

第二节 听障学生汉语唇读理解能力的年级发展趋势

王强虹曾调查一年级到九年级听障学生的词语和语句的汉语唇读理解能力，发现随着年级的升高听障学生的唇读理解能力逐步提高[1]，该调查采用5个词语、5个语句，测试材料设计相对比较简单。国内外关于听障人士唇读理解能力的考察多基于生理年龄的发展，较为缺乏基于认知年龄来考察其唇读能力发展特征。那么，听障学生在不同学段的汉语唇读理解能力是否存在差异？本节研究将采用标准的口形视频-图片匹配范式，分别对小学阶段、初中阶段、高中阶段听障学生的汉语唇读理解能力的发展趋势进行逐年级的考察，以期为聋校的语言教学、教师的教学设计提供启示。

一、小学阶段听障学生的汉语唇读理解能力的发展

（一）引言

王强虹研究了一年级到九年级听障学生的词语和语句的唇读理解能力，研究结果显示，随着年级的升高，听障学生的看话能力逐步升高，七年级达到高峰，八、九年级有所下降，且词语的唇读理解能力要优于语句唇读。赵俊杰和张树一进一步调查了一到九年级听障学生的看话能力[2]，结果显示七年级的唇读理解正确率最高，以后缓慢下降，语句唇读要难于词语，该结果与王强虹的调查一致，但对听障学生汉字唇读理解能力的认识相对不清晰。因此，本实验采用相对完善的汉语唇读理解测试工具，进一步探究一年级到六年级听障学生汉字、词语以及语句的唇读理解能力，以考察小学阶段不同年级听障学生汉语唇读理解能力的发展趋势。

---

[1] 王强虹. 聋生看话能力的调查[J]. 中国特殊教育, 1997, (2): 15-19.
[2] 赵俊杰, 张树一. 聋生看话能力的调查与分析[J]. 现代特殊教育, 2010, (1): 18-22.

（二）方法

1. 被试

实验选取武汉市聋校小学阶段 97 名听障学生，男生 57 名，女生 40 名，平均年龄为 10.85±2.56 岁（范围：7—16 岁），平均听力损失为 96.35±9.46 dB，佩戴助听器的有 56 人，未佩戴助听器的有 41 人。根据年级，将所有参与实验的听障学生分为 6 组，各组被试的性别分布、平均年龄及平均听力损失如表 2-7 所示。不同年级人数性别分布无显著性差异，$\chi^2=5.74$，$p>0.05$；所有被试听力损失都大于 70dB，视力或矫正视力均属正常，除听觉障碍外无其他障碍。

表 2-7 被试基本信息

年级	人数（人）	分性别人数（人）		平均年龄（岁）	平均听力损失（dB）（$M\pm SD$）
		男生	女生		
一年级	13	10	3	7.69±1.32	91.67±9.79
二年级	20	11	9	8.10±1.02	96.75±12.57
三年级	15	11	4	9.87±1.64	96.89±4.62
四年级	13	7	6	12.46±1.51	97.44±9.49
五年级	13	7	6	12.69±1.55	97.31±10.33
六年级	23	11	12	13.26±1.42	97.75±8.55

2. 实验材料

实验仍采用雷江华早期设计的实验材料，其测试材料分为三部分，即汉字、词语和语句测试（见附录一、二、三），每项测试包含 12 道题目，所有录制参数与其保持一致。实验所选材料均来自人教版一年级语文教材。所用汉字和词语均代表常见的实物，如"笛""白马"，所用语句均为简单式语句（主谓宾结构），如"叔叔握铅笔"，实验录制口形视频为武汉某大学播音系四年级学生的录制视频，其普通话测试达到国家一级标准。拍摄时，要求其着装整洁、简单，不佩戴任何可能干扰唇读的配饰。正式实验之前，另有 4 个唇读材料作为练习，实验处理时，练习数据不参与分析。

3. 实验设计

采用 6（年级：一年级、二年级、三年级、四年级、五年级、六年级）×3（语言级别：汉字、词语、语句）两因素混合实验设计，其中年级是被试间变量，语言级别为被试内变量，不同年级和语言级别的唇读理解正确率和反应时是因变量。

4. 实验程序

实验采用口形视频-图片匹配范式，程序如下（以汉字唇读测试为例）（见附录四）：

首先，主试给被试呈现指导语，被试明白实验要求后按任意键开始；其次，呈现红色的"请注意"1000ms，提醒被试开始实验；再次，呈现无声的汉字口形视频4000ms；最后同时呈现四幅图片，要求被试根据呈现的口形视频，选出相匹配的图片，并按键反应。

为避免测试顺序对被试造成干扰，采用拉丁方设计对被试的实验顺序进行平衡，每一位被试按照预先设计好的顺序完成三项测试。正式实验之前，有1道唇读测试题作为练习，实验处理时，练习数据不参与分析。

（三）结果

小学阶段不同年级听障学生汉语唇读理解（汉字、词语、语句）的正确率和反应时描述性统计见表2-8。

表2-8 小学阶段听障学生汉语唇读理解的正确率与反应时（$M \pm SD$）

年级	N	汉字		词语		语句	
		正确率	反应时（s）	正确率	反应时（s）	正确率	反应时（s）
一年级	13	0.49±0.22	8.14±2.23	0.51±0.21	7.15±2.29	0.42±0.25	8.43±2.33
二年级	20	0.50±0.20	5.74±2.67	0.61±0.27	5.75±2.09	0.45±0.22	6.54±2.77
三年级	15	0.52±0.23	5.27±2.64	0.61±0.23	4.79±2.49	0.52±0.22	5.61±2.97
四年级	13	0.54±0.14	4.94±1.13	0.63±0.13	4.86±1.15	0.49±0.12	6.46±2.46
五年级	13	0.43±0.14	6.36±3.60	0.59±0.21	6.78±3.18	0.47±0.23	7.24±2.61
六年级	23	0.44±0.15	5.85±2.96	0.58±0.19	5.66±2.80	0.41±0.20	6.9±2.74

1. 不同年级听障学生汉语唇读理解正确率比较

表2-8、图2-6呈现了小学阶段不同年级、不同语言级别的汉语唇读理解正确率。对年级和语言级别的汉语唇读理解正确率进行重复测量方差分析，结果发现，年级的主效应不显著，不同年级的听障学生唇读理解正确率不存在显著性差异，$F(5, 91)=0.60$，$p>0.05$；语言级别的主效应显著，不同语言级别的唇读理解正确率存在显著性差异，$F(2, 182)=26.84$，

$p<0.001$，$\eta_p^2=0.23$，事后检验（LSD）结果显示，词语的唇读理解正确率显著高于汉字和语句；年级与语言级别的交互作用不显著，$F(10,182)=0.83$，$p>0.05$。结果表明，听障学生的汉语唇读理解能力并没有随着年级的升高而提高，词语唇读理解难度要低于语句和汉字。

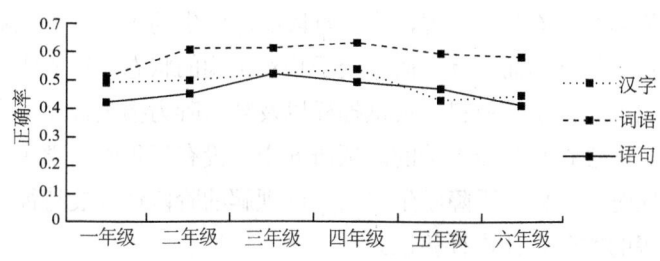

图 2-6　不同年级听障学生汉语唇读理解正确率比较

2. 不同年级听障学生汉语唇读理解反应时比较

表 2-8、图 2-7 呈现了小学阶段不同年级在不同语言级别的汉语唇读理解反应时。对年级和语言级别的汉语唇读理解反应时进行重复测量方差分析，年级的主效应显著，不同年级的听障学生，其唇读理解的反应时存在显著性差异，$F(5,91)=2.75$，$p<0.05$，$\eta_p^2=0.02$，事后检验（LSD）结果显示，二年级、三年级和四年级、六年级的唇读理解反应时要显著短于一年级，其他均无显著性差异；语言级别的主效应显著，$F(2,182)=8.95$，$p<0.001$，$\eta_p^2=0.09$，事后检验（LSD）结果发现，词语的反应时显著短于汉字和语句，语句的反应时显著长于汉字；语言级别与年级的交互作用不显著，$F(5,91)=0.44$，$p>0.05$。

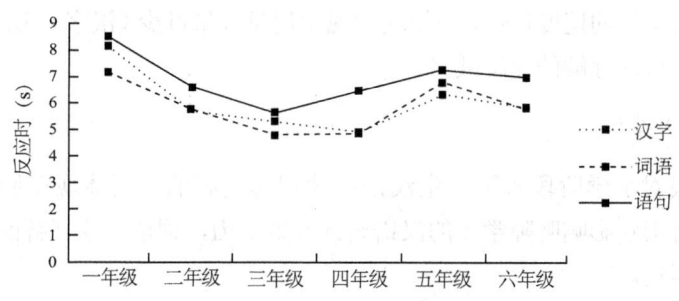

图 2-7　不同年级听障学生汉语唇读理解反应时比较

（四）讨论

1. 年级对听障学生汉语唇读理解的影响

一年级到六年级的听障学生，其汉语唇读理解正确率无显著性差异，说明这一阶段的学生，其汉语唇读理解能力相对稳定；但比较听障学生唇读理解反应时发现，一年级的反应时显著长于其他四个年级，即高年级的唇读理解反应速度显著快于一年级。本实验与王强虹的研究结果不一致，其研究发现，随着年级的升高听障学生的汉语唇读理解能力逐步增强，七年级达到最高峰；本实验发现，小学阶段听障学生的汉语唇读理解能力并没有随着年级的升高而升高，而是处于相对平稳的状态。造成研究结果不一致的原因可能是实验材料、被试抽样以及被试听力损失程度等方面的差异。此外，王强虹与赵俊杰等的两项研究中并没有报告听障学生汉语唇读理解的反应时。因此，听障学生汉语唇读理解的阶段性发展特征仍有待通过不断完善的实验设计进行验证。

2. 语言级别对听障学生汉语唇读理解的影响

从正确率看，词语唇读理解正确率显著高于汉字与语句，说明小学阶段不同年级听障学生的词语唇读理解能力优于汉字和语句，唇读理解时存在词语优势。词语作为语言符号，是由语素组成的能自由运用的语言单位[①]，较之汉字，词语唇读口形提供了更多的特征描述，提供的信息更加丰富。语句的唇读理解正确率低，这与 Feld 的研究结果一致[②]，认为语句的唇读理解需要较高的认知加工能力，唇读者不仅需要较强的语音意识和词汇感知能力，而且需要句法和语法分析能力。从反应时看，语句唇读理解的反应时显著长于汉字与词语，即语句加工时间长，加工速度最慢，这与雷江华的研究结果一致[③]，表明小学阶段听障学生的汉语唇读理解能力受视觉信息接收容量的影响，当呈现的视觉信息容量适中（词语）时，汉语唇读理解的速度加快，当呈现的视觉信息容量过少（汉字）或较多（语句）时，唇读理解的速度减慢。

（五）结论

年级对小学阶段听障学生汉语唇读理解的影响主要体现在唇读速度上，语言级别影响听障学生的汉语唇读理解能力，词语唇读理解能力强于汉字和语句。

---

① 邢福义, 吴振国. 语言学概论(第二版)[M]. 武汉: 华中师范大学出版社, 2010: 14-15.
② Feld J E, Sommers M S. Lipreading, processing speed, and working memory in younger and older adults[J]. Journal of Speech, Language, and Hearing Research, 2009, 52(6): 1555-1565.
③ 雷江华, 宫慧娜, 贾玲, 等. 听觉辅助在听障学生汉语唇读理解中的作用[J]. 中国特殊教育, 2017, (10): 30-36.

（六）启示

探究小学阶段不同年级听障学生的汉语唇读理解能力发展趋势，对于听障学生的口语训练以及聋校教师教学有重要的指导意义。小学阶段听障学生的汉语唇读理解反应速度在一年级时较差，因此听障学生的汉语唇读理解训练应注重低年级尤其是听障学生初入学时唇读习惯的培养，以帮助听障学生形成良好的唇读习惯。此外，听障学生的唇读训练要根据语言级别的难度，从词语、汉字逐渐过渡到语句，循序渐进地制定有序的、规范化的训练方案，促进听障学生汉语唇读理解能力的发展；聋校语文老师在语言教学过程中，应重点关注高频词的语音教学与唇读训练，要强化关键词在生活中的运用。在听障学生的早期语言康复训练中，应避免片面否定唇读干预的效果，正视唇读对其语言发展的作用，以"看"辅"听"，提高听障学生的社会交往能力。另外，聋校多为寄宿制，听障学生的口语交流仅限于课堂，聋校语文老师有责任结合生活和社会资源，创设开放的交流环境，积极地引导他们利用别人的口形来提高语言交流能力，进而促进他们的社会适应能力。

二、初中阶段听障学生的汉语唇读理解能力的发展

（一）引言

王强虹研究了一年级到九年级听障学生的词语和语句的唇读理解能力，研究结果显示，随着年级的升高，听障学生的看话能力逐步提高，七年级达到高峰，八、九年级有所下降[①]。赵俊杰和张树一进一步调查了一到九年级听障学生的看话能力[②]，结果显示七年级学生的唇读理解正确率最高，以后缓慢下降。以往研究结果表明，听障学生的汉语唇读理解能力在初中阶段存在一定的发展趋势。因此，本实验试图采用较为完善的唇读理解测试材料，进一步检验初中阶段听障学生汉语唇读理解能力的发展趋势。

（二）方法

1. 被试

实验选取武汉市聋校初中阶段 62 名听障学生，年龄范围在 13—20 岁，

---

① 王强虹. 聋生看话能力的调查[J]. 中国特殊教育, 1997, (2): 15-19.
② 赵俊杰, 张树一. 聋生看话能力的调查与分析[J]. 现代特殊教育, 2010, (1): 18-22.

男生 35 名，女生 27 名，平均年龄为 15.77±1.74 岁，平均听力损失为 100.83±11.86dB。根据年级进行划分，将所有参与实验的听障学生分为 3 组，各组被试的性别分布、平均年龄及平均听力损失详见表 2-9。性别在不同年级的分布无显著性差异，χ^2=0.89，p>0.05。所有被试听力损失都大于 70dB，均不佩戴助听器，视力或矫正视力均属正常，被试除了听觉障碍外无其他障碍。

表 2-9 被试基本信息

年级	人数（人）	分性别人数（人）		平均年龄（岁）	平均听力损失（dB）
		男生	女生		
七年级	20	11	9	14.75±1.37	101.92±10.02
八年级	15	10	5	1547±1.25	100.22±12.61
九年级	27	14	13	16.7±1.77	100.37±13.03

2. 实验材料

实验采用雷江华等的实验材料[①]（见附录一、二、三），其测试分为三部分，即汉字、词语和语句测试，每项测试包含 12 道题目，所有录制参数与其保持一致。实验所选材料均来自人教版一年级语文教材。所用汉字和词语均代表常见的实物，如"笔""白马"，所用语句均为简单式语句（主谓宾结构），如"叔叔握铅笔"，实验录制口形视频为武汉某大学播音系四年级学生的录制视频，其普通话测试达到国家一级标准。拍摄时，要求其着装整洁、简单，不佩戴任何可能干扰唇读的配饰。正式实验之前，另有 4 个唇读材料作为练习，实验处理时，练习数据不参与分析。

3. 实验设计

采用 3（年级：七年级、八年级、九年级）×3（语言级别：汉字、词语、语句）两因素混合实验设计，其中年级是被试间变量，语言级别为被试内变量，不同年级和语言级别的唇读理解正确率和反应时为因变量。

4. 实验程序

实验采用口形视频-图片匹配范式，程序如下（以汉字唇读测试为例）

[①] 雷江华, 宫慧娜, 贾玲, 等. 听觉辅助在听障学生汉语唇读理解中的作用[J]. 中国特殊教育, 2017, (10): 30-36.

（见附录四）：首先，主试给被试呈现指导语，被试明白实验要求后按任意键开始；其次，呈现红色的"请注意"1000ms，提醒被试开始实验；再次，呈现无声的汉字口形视频4000ms；最后同时呈现四幅图片，要求被试根据呈现的口形视频，选出相匹配的图片，并按键反应。

为避免测试顺序对被试造成干扰，采用拉丁方设计对被试的实验顺序进行平衡，每一位被试按照预先设计好的顺序完成三项测试。正式实验之前，有1道唇读测试题作为练习，实验处理时，练习数据不参与分析。

（三）结果

初中不同年级听障学生汉语唇读理解（汉字、词语、语句）的正确率和反应时描述性统计见表2-10。

表2-10 不同年级听障学生汉语唇读理解的正确率与反应时（$M \pm SD$）

年级	N	汉字		词语		语句	
		正确率	反应时（s）	正确率	反应时（s）	正确率	反应时（s）
七年级	20	0.43±0.18	8.14±2.23	0.55±0.25	7.15±2.29	0.48±0.26	8.43±2.33
八年级	15	0.43±0.19	5.74±2.67	0.62±0.15	5.75±2.09	0.32±0.17	6.54±2.77
九年级	27	0.41±0.21	5.27±2.64	0.51±0.19	4.79±2.49	0.38±0.23	5.61±2.97

1. 不同年级听障学生汉语唇读理解正确率的比较

表2-10、图2-8呈现了初中阶段听障学生在不同语言级别的汉语唇读理解正确率。对年级和语言级别的汉语唇读理解正确率进行重复测量方差分析，结果发现，年级的主效应不显著，不同年级的听障学生唇读理解正确率不存在显著性差异，$F(2, 59)=0.51$，$p>0.05$；语言级别的主效应显著，不同语言级别的唇读理解正确率存在显著性差异，$F(2, 118)=36.45$，

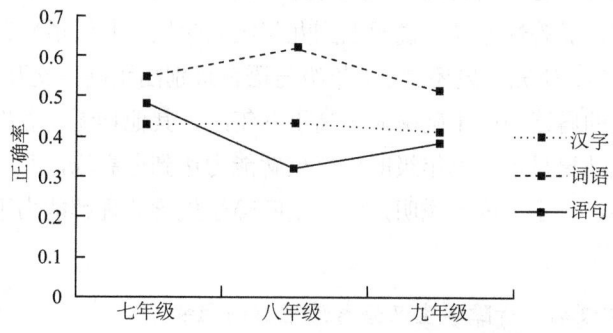

图2-8 不同年级听障学生汉语唇读理解正确率比较

$p<0.001$,$\eta_p^2=0.38$,事后检验(LSD)结果显示,词语的唇读理解正确率显著高于汉字和语句;年级与语言级别的交互作用显著,$F(4, 118)=5.19$,$p<0.05$,$\eta_p^2=0.15$,简单效应分析结果显示,在语句条件下,七年级的唇读理解能力显著高于八年级,其他均无显著性差异。

2. 不同年级听障学生汉语唇读理解的反应时比较

表2-10、图2-9呈现了初中阶段听障学生在不同语言级别的汉语唇读理解反应时。对年级和语言级别的汉语唇读理解反应时进行重复测量方差分析,结果显示,年级的主效应不显著,不同年级的听障学生唇读理解的反应时不存在显著性差异,$F(2, 59)=0.05$,$p>0.05$;语言级别的反应时主效应显著,$F(2, 118)=9.96$,$p<0.001$,$\eta_p^2=0.14$,事后检验(LSD)结果发现,词语的反应时显著低于汉字和语句,语句的反应时显著高于汉字;语言级别与年级的交互作用不显著,$F(4, 118)=0.45$,$p>0.05$。

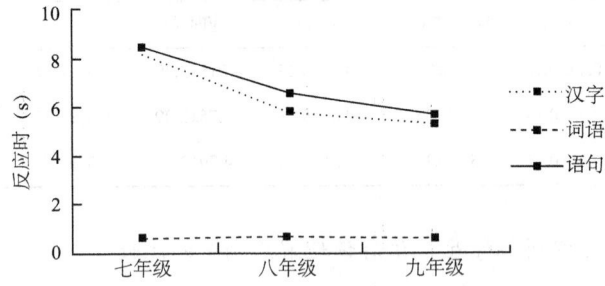

图2-9 不同年级听障学生汉语唇读理解的反应时比较

(四)讨论

1. 年级对听障学生汉语唇读理解的影响

研究发现,七年级到九年级的听障学生,其汉语唇读理解正确率与反应时均不存在显著性差异,说明七到九年级的学生,其汉语唇读理解能力一直保持稳定。研究结果还显示,年级与语言级别的正确率交互作用显著,七年级语句的唇读理解正确率显著高于八年级,其他均无显著性差异。王强虹的研究结果显示,七年级的唇读理解能力达到最高峰,八、九年级呈现下降趋势,一定程度上说明八年级是听障学生唇读理解能力下降的关键年级。

2. 语言级别对听障学生汉语唇读理解的影响

词语唇读理解正确率显著高于汉字和语句,说明词语唇读理解能力要优于汉字和语句。

汉字唇读信息的理解相对较为抽象，更具概括性，而词语的口形信息提供了更多的特征描述，更为具体、形象，而与这些特征有关的词语模板表征更容易被激活，因此听障学生对特征计数更多的词语的唇读理解水平显著高于汉字[1]。词语的反应时显著低于汉字和语句，汉字的反应时低于语句。这与 Feld 的研究结果一致[2]，认为语句的唇读理解需要较高的认知加工能力，唇读者不仅需要较强的语音意识和词汇感知能力，而且需要句法和语法分析能力。方俊明等的研究还指出，听障青少年在句子认知加工中存在深层编码，他们要在理解表层信息的基础上，进一步构建深层编码，实现对语句的理解，从而导致唇读句子反应时变长[3]。

（五）结论

年级的变化对初中阶段听障学生的汉语唇读理解能力没有显著影响，说明这一阶段学生的汉语唇读理解能力趋于稳定。需注意的是，七年级听障学生的语句唇读理解能力比八年级好。语言级别影响汉语唇读理解，词语的唇读理解能力强于汉字和语句。

（六）启示

探究初中阶段不同年级听障学生的汉语唇读理解能力，对于听障学生的口语训练以及聋校教师的教学有重要的指导意义。初中阶段听障学生的汉语唇读理解能力总体保持稳定，年级的升高并不会促进唇读理解能力的提高，教师可以适当增加唇读训练的内容，帮助听障学生掌握更多的沟通话语。值得注意的是，八年级是听障学生唇读理解能力发展的转折时期，聋校教师要借助多媒体或者其他教学设备，帮助学生提高唇读理解能力，特别是语句的唇读理解。与此同时，聋校语文老师在教学过程中，应注意高频词的教学，要强化关键词在生活中的运用，也要重点关注词语、汉字、语句唇读的发展情况，本实验中呈现出词语唇读效果比汉字和语句好，说明汉字和语句仍有很大的发展空间，如何促进初中阶段汉字和语句唇读理解能力的发展需要特殊教育教师的创造性思考。

---

[1] 雷江华, 宫慧娜, 贾玲, 等. 听觉辅助在听障学生汉语唇读理解中的作用[J]. 中国特殊教育, 2017, (10): 30-36.

[2] Feld J E, Sommers M S. Lipreading, processing speed, and working memory in younger and older adults[J]. Journal of Speech, Language and Hearing Research, 2009, 52(6): 1555-1565.

[3] 方俊明, 雷江华. 特殊儿童心理学(第2版)[M]. 北京: 北京大学出版社, 2015: 98-99.

三、高中阶段听障学生的汉语唇读理解能力的发展[①]

(一)引言

以往有关听障学生汉语唇读理解能力发展的研究多关注于基础教育阶段,对高中阶段的研究较少。听障学生进入高中阶段,面临着高考的准备,在此阶段听障学生对书面语的要求更高。那么,随着听障学生对书面语的应用与依赖增强,其汉语唇读理解能力的发展将呈现何种趋势?本实验将关注高中阶段听障学生汉语唇读理解能力的发展,以期为高中阶段听障学生的语言发展与教育教学提供参考。

(二)方法

1. 被试

实验选取武汉市聋校高中阶段 108 名听障学生,年龄范围在 14—20 岁,男生 55 名,女生 53 名,平均年龄为 17.89±1.38 岁,平均听力损失为 100.34±11.19dB。根据年级,将所有参与实验的听障学生分为 3 组,各组被试的性别分布、平均年龄、平均听力损失详见表 2-11。不同年级的性别分布无显著性差异,$\chi^2=0.31$,$p>0.05$;所有被试均不佩戴助听器,视力或矫正视力均属正常,被试除了听觉障碍外无其他障碍。

表 2-11 被试基本信息表

年级	人数(人)	分性别人数(人)		平均年龄(岁)	平均听力损失(dB)
		男生	女生		
高一年级	48	25	23	17.23±1.37	100.21±12.16
高二年级	28	13	15	18.18±1.06	98.75±11.60
高三年级	32	17	15	18.63±1.19	101.93±9.27

2. 实验材料

实验采用雷江华等的实验材料(见附录一、二、三),其测试分为三部分,即汉字、词语和语句测试,每项测试包含 12 道题目,所有录制参数与其保持一致。实验所选材料均来自人教版一年级语文教材。所用汉字和词语均代表常见的实物,如"蛙""白菜",所用语句均为简单式语句(主谓宾结构),如"叔叔握铅笔",实验录制口形视频为武汉某大学播音系

[①] 雷江华, 张奋, 宫慧娜, 等. 高中阶段听障学生汉语唇读理解能力的发展研究[J]. 海南师范大学学报(社会科学版), 2019, 32(2): 124-129.

四年级学生的录制视频,其普通话测试达到国家一级标准。拍摄时,要求其着装整洁、简单,不佩戴任何可能干扰唇读的配饰。正式实验之前,另有 4 个唇读材料作为练习,实验处理时,练习数据不参与分析。

3. 实验设计

采用 3(年级:高一、高二、高三)×3(语言级别:汉字、词语、语句)两因素混合实验设计,其中年级是被试间变量,语言级别为被试内变量,不同年级和语言级别的唇读理解正确率和反应时是因变量。

4. 实验程序

实验采用口形视频-图片匹配范式,程序如下(以汉字唇读测试为例)(见附录四):

首先,主试给被试呈现指导语,被试明白实验要求后按任意键开始;其次,呈现红色的"请注意"1000ms,提醒被试开始实验;再次,呈现无声的汉字口形视频 4000ms;最后同时呈现四幅图片,要求被试根据呈现的口形视频,选出相匹配的图片,并按键反应。

为避免测试顺序对被试造成干扰,采用拉丁方设计对被试的实验顺序进行平衡,每一位被试按照预先设计好的顺序完成三项测试。正式实验之前,有 1 道唇读测试题作为练习,实验处理时,练习数据不参与分析。

(三)结果

不同年级听障学生汉语唇读理解(汉字、词语、语句)的正确率和反应时描述性统计见表 2-12。

表 2-12 不同年级听障学生汉语唇读理解的正确率与反应时($M±SD$)

年级	汉字		词语		语句	
	正确率	反应时(s)	正确率	反应时(s)	正确率	反应时(s)
高一年级	0.49±0.22	6.04±2.16	0.51±0.21	6.44±2.51	0.42±0.25	7.55±2.51
高二年级	0.50±0.20	5.96±2.52	0.61±0.27	6.18±2.57	0.45±0.22	6.72±2.74
高三年级	0.52±0.23	6.12±1.95	0.61±0.23	5.99±2.10	0.52±0.22	6.61±2.43

1. 不同年级听障学生汉语唇读理解正确率比较

表 2-12、图 2-10 呈现了高中阶段不同年级在不同语言级别的汉语唇读理解正确率。对年级和语言级别的汉语唇读理解正确率进行重复测量方差分析,结果显示,年级的主效应不显著,不同年级的听障学生唇读理解正确率不存在显著性差异,$F(2, 105)=2.330$,$p>0.05$;语言级别的主效应

显著，不同语言级别的唇读理解正确率存在显著性差异，$F(2,210)=31.06$，$p<0.001$，$\eta_p^2=0.23$，事后检验（LSD）结果显示，词语的唇读理解正确率显著高于汉字和语句；年级与语言级别的交互作用不显著，$F(4,210)=0.39$，$p>0.05$。

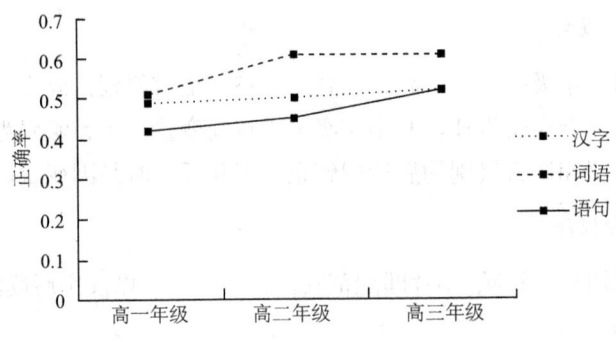

图 2-10　不同年级听障学生汉语唇读理解的正确率比较

2. 不同年级听障学生汉语唇读理解的反应时比较

表 2-12、图 2-11 呈现了高中阶段不同年级在不同语言级别的汉语唇读理解反应时。对年级和语言级别的汉语唇读理解反应时进行重复测量方差分析，结果显示，年级的主效应不显著，不同年级的听障学生，其唇读理解的反应时不存在显著性差异，$F(2,105)=0.54$，$p>0.05$；语言级别的主效应显著，$F(2,210)=11.50$，$p<0.001$，$\eta_p^2=0.10$，事后检验（LSD）结果发现，语句的反应时显著长于汉字和词语，汉字和词语无显著性差异。

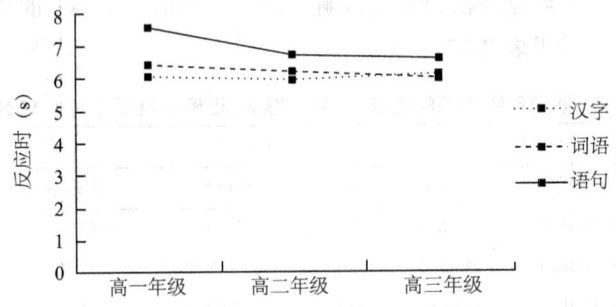

图 2-11　不同年级听障学生汉语唇读理解的反应时比较

（四）讨论

1. 年级对听障学生汉语唇读理解的影响

高一至高三年级的听障学生汉语唇读理解正确率和反应时均无显著性差异，说明高一到高三年级的学生，其汉语唇读理解能力一直保持平稳发展。究其主因，首先，进入高中阶段，教师教学压力重而减弱了口语教学；其次，学生面临高考的压力，对书面语的重视程度要高于口语；最后，高中阶段的听障学生在长期无声的环境下，由于唇读经验的增强，掌握了感知口形运动的规律，从口形提取关键信息，一定程度上保持在稳定状态。另外，Tremblay 等研究了 5—19 岁听障学生法语唇读理解能力，认为年龄并不影响其唇读理解能力[①]，这在某种程度上也可以解释高中阶段听障学生汉语唇读理解能力保持稳定状态。

2. 语言级别对听障学生汉语唇读理解的影响

词语唇读理解正确率显著高于汉字和语句，说明词语唇读理解能力优于汉字和语句，该结果与 Mohammed 等[②]以及 Kyle 等[③]的研究不一致，他们的研究指出单词的唇读理解能力优于语句和语篇。究其主因，主要是语言特性影响唇读理解能力。Sekiyama 和 Burnham 指出，相比于日语和汉语，英语音节结构复杂多样，如元音较多、辅音对比等特点，语音的复杂性导致听障学生提取信息更加困难[④]。雷江华前期研究[⑤]也指出，音素可见性影响听障学生的唇读语音识别，单韵母的识别成绩要显著高于复韵母和声母，即音素可见性越差，听障学生唇读语音识别的能力越差。因此，语音复杂程度越高，语音可见性越差，唇读理解表现也越差。研究结果还指出，语句的唇读理解正确率低、反应时长。王强虹研究[⑥]也发现语句的唇读理解能力要低于词语，词语的口形相对比较简单，唇读理解难度较小，而语句唇读理解涉及汉字和词语，口形较复杂，且要求学生有较强的短期视觉记忆能力，因此，语句唇读理解具有较大的难度。

---

① Tremblay C, Champoux F, Voss P, et al. Speech and non-speech audio-visual illusions: a developmental study[J]. PLoS ONE, 2007, 2(8): e742.
② Mohammed T, Campbell R, Macsweeney M, et al. Speechreading and its association with reading among deaf, hearing and dyslexic individuals[J]. Clinical Linguistics & Phonetics, 2006, 20(7-8): 621-630.
③ Kyle F E, Campbell R, Mohammed T, et al. Speechreading development in deaf and hearing children: introducing the test of child speechreading[J]. Journal of Speech, Language, and Hearing Research, 2013, 56(2): 416.
④ Sekiyama K, Burnham D. Impact of language on development of auditory-visual speech perception[J]. Developmental Science, 2008, 11(2): 306-320.
⑤ 雷江华, 方俊明, 王伟忠, 等. 听障学生唇读语音识别视听通道效应的实验研究[J]. 心理科学, 2008, (2): 312-314.
⑥ 王强虹. 聋生看话能力的调查[J]. 中国特殊教育, 1997, (2): 15-19.

(五) 结论

高中阶段听障学生的汉语唇读理解能力保持稳定状态。语言级别影响其汉语唇读理解能力，词语唇读理解能力要强于汉字和语句。

(六) 启示

探究高中阶段不同年级听障学生的汉语唇读理解能力，对于听障学生的口语训练以及聋校教师的教学有重要的指导意义。听障学生在高中阶段，其面临高考的压力较大，更多地关注书面阅读理解，后续研究可继续加强对听障学生书面阅读理解能力与汉语唇读理解能力关系的研究，以进一步探究听障学生的语言发展规律；词语唇读理解能力显著高于汉字和语句，说明词语唇读理解存在优势，听障学生要着重加强高频词语的唇读训练，同时健听学生与听障学生沟通交流时，要尽量把关键词的口形信息表达清楚。但汉字和语句的唇读学习仍值得深入思考，毕竟高中阶段的听障学生面临的书面语以语句表达为主，对于这一阶段的学生而言，语句的习得与理解显得尤为重要，因此应着重关注如何在词语唇读理解的基础上提升学生的语句唇读理解能力。与此同时，应注意到唇读训练中不仅要考虑学生的年龄和年级，更需要在此基础上考虑语言级别的有效配合。

第三节　总结、启示与反思

一、总结

本章主要探讨了听障人士不同年龄阶段（听障幼儿、听障青少年、听障成人）、不同学段（小学、初中、高中）的汉语唇读理解能力，这对听障学生的沟通交流以及教师教学具有重要的启示作用，实验发现其特点主要有以下几个方面。

(1) 从年龄的变化特点看，研究结果发现，听障幼儿随着年龄的增长，其唇读理解能力逐步提升，具体来说，5岁和6岁的唇读理解能力要强于4岁；听障青少年汉语唇读理解能力呈现稳定发展—逐步下降—趋于稳定的趋势，即7—14岁唇读理解能力稳定发展，而在15岁以后逐步下降，并趋于稳定；听障成人的汉语唇读理解则呈现出听障青年人的汉语唇读理解能力强于听障中年人和老年人的现象。因此，在整个人生阶段，听障人士的唇读理解能力呈现出逐步上升—稳定发展—逐渐下降的趋势，即4—6岁唇读理解能力逐步增强，7—14岁稳定发展，15岁以后逐步下降并趋于稳定。

（2）从年级的变化特点看，研究结果发现小学阶段、初中阶段、高中阶段听障学生的汉语唇读理解能力并无显著性变化，但初中阶段入学适应后，其唇读理解的加工速度有所提升，七年级的语句唇读理解正确率显著高于八年级，说明八年级是听障学生唇读理解能力的转折阶段。

（3）从语言级别上看，研究结果发现，无论在学段差异，还是在年龄差异上，词语的唇读理解正确率要显著高于汉字和语句，说明听障学生的汉语唇读理解存在词语优势效应，词语唇读理解在听障学生的汉语唇读理解中发挥重要作用。

（4）从总体上看，无论在不同年龄段，还是在不同学段，除了听障幼儿，其他听障人士的汉语唇读理解能力还没有达到70%，说明汉语唇读理解确实存在一定的难度。听障人士的汉语唇读理解能力在年龄上有差异，而在年级上没有显著差异，即听障人士的汉语唇读理解能力呈现多样化趋势。年级上没有显著变化的主要原因在于年级中存在着不同年龄的听障学生，可能存在年龄影响年级的差异。

二、启示

研究首先从年龄发展的视角探究了听障幼儿、听障青少年、听障成人的汉语唇读理解能力的变化特点，随后考察了不同年级段听障学生汉语唇读理解能力的变化特点。根据研究结果，主要提出以下几点建议。

（一）全程康复

在整个人生历程中，听障人士的汉语唇读理解能力呈现逐步提升—稳定发展—逐步下降并趋于稳定的趋势，因此，针对不同阶段唇读理解的特点，听障人士应采取不同策略，来提高唇读理解能力，进一步提高沟通交流能力。4—5岁是听障幼儿唇读发展较为迅速的阶段，印证了语言发展关键期的观点，因此在这个阶段要注重唇读训练与听力训练有机统一，做到"看听结合"，防止片面的"因看废听"或者"以听代看"。听障幼儿汉语唇读理解词语的能力较好，因此在对听障幼儿进行语言训练时应着重训练词语的口形理解，同时做到字在词中教，词在句中学，以唇读理解词语带动其他语言级别唇读理解能力的发展。唇读作为口语教学的有机组成部分[①]，无论是康复机构还是融合幼儿园都要注重唇读训练（或看话教学），帮助听障幼儿更好地理解、沟通与交流。听障青少年汉语唇读理解能力的

---

① 雷江华. 看话训练在我国口语教学中的地位与作用[J]. 中国特殊教育, 2005, (4): 36-41.

发展呈现"平稳发展—逐渐下降—趋于稳定"的趋势。这说明对听障青少年言语理解和唇读能力的训练要尽早开始，循序渐进地发展其汉语唇读理解能力。同时，在日常的教学过程中要将口语教学和手语教学有机结合起来，注重培养和发展听障青少年的唇读能力。之后随着年龄的增长，听障成人的汉语唇读理解能力呈现逐渐下降并趋于稳定的趋势。这与口语语言发展的内在规律一致，说明无论是口语还是唇读能力的训练，都要及时进行早期干预。并且在实际生活中要加强对唇读能力的运用，在不断运用的过程中熟练和丰富对唇读的理解，让它成为辅助听障成人言语识别和理解的重要方式。

（二）循序渐进

词语唇读理解能力优于汉字和语句，因此，唇读训练应注重高频词语的理解训练，以词语唇读理解为切入点，逐步提高汉字和语句唇读理解能力，进而为语篇唇读理解提供借鉴；家长在与听障学生沟通过程中，尽量以生活中常用的关键词为主；聋校教师在课堂教学中，要强调词语在沟通交流中的重要性，循序渐进地制定有序、规范的教学方案，促进听障学生唇读理解能力的发展。

（三）具身康复

听障人士的汉语唇读理解在年级上无显著差异，而在年龄上有差异，其主要原因在于不同年级的听障学生存在因入学年龄不一致以及从普通学校转入特校等而导致出现混龄编班的现象，即不同年级的听障学生，年龄分布不均匀，较大年龄的听障学生在较低的年级。对于此现象，聋校教师要有针对性地提出教学计划，进一步促进大龄听障学生的唇读理解能力发展。

三、反思

首先，在实验研究层面，本章研究采用雷江华等设计的实验材料，其测试材料分为汉字、词语和语句三部分，前期对于测试材料的信效度虽已进行测量，但后续研究中仍值得对实验材料进行完善。比如，简单式语句（主谓宾结构）的唇读理解能力能否完全代表初中阶段的语句唇读理解能力，后期能否增加其他类型句法结构的比较。其次，在教育教学层面，唇读仍值得特殊教育工作者关注，根据不同年龄阶段的发展趋势，灵活调整唇读训练内容。研究显示，4—6岁听障幼儿唇读理解能力逐步增强，应抓住唇读理解能力发展的关键期，促进唇读能力的最优化发展。从语言级别上看，词语的唇读理解正确率要显著高于汉字和语句，说明存在词语优势效应。因此，在听障学生的唇读训练中应注重对词语口形的理解训练，在设计聋校"沟通与交往"校本课程时，建议关注日常词的同时注意对日常词汇进行分类。以词语为切入点，逐步提升其他语言级别的唇读理解能力，将唇读训练与听觉语言康复训练相结合，合力提升语言康复效果。最后，在未来研究层面，针对本章研究进行听障学生汉语唇读理解能力的研究，将汉语分为汉字、词语和语句三个维度，未来可将汉字根据偏旁部首分为上下、左右、半包围结构等，词语可以根据词性划分为名词、动词、形容词等，语句可以划分为陈述句、祈使句、感叹句等，而不同年龄、不同年级的听障学生在唇读理解过程中是否会出现偏好等都值得进一步研究探索。

第三章 听障学生汉字唇读理解能力发展

汉字在汉语中用一个音节来表示,音节是由音素组成的语音片断[①],是人们听话时自然感受到的最小的语音单位。相对于词语和语句来说,汉字的音节单位最少,其口形动作变化和幅度范围相对较小。鉴于汉字口形特征的独特性,国外关于听障学生英语唇读理解发展的研究结果并不能很好地揭示听障学生汉字唇读理解的发展趋势,为进一步明晰听障学生汉字唇读理解能力的发展趋势,本章主要从生理年龄段和年级段两个视角对其进行探究,以期为听障学生汉字唇读理解能力的发展提供参考。

第一节 不同年龄听障学生汉字唇读理解能力发展

为更加全面地了解听障学生汉字唇读理解的发展规律,本节拟通过口形视频-图片匹配范式,从2年段和5年段两方面深入探究听障学生汉字唇读理解能力的发展规律,为后续教学或干预提供理论指导。

一、2年段发展趋势

(一)引言

国内朋文媛等[②]曾从编码方式、实验反馈、语文成绩和听力损失发生时间等方面细致考察了听障学生的汉字唇读识别和理解能力,发现上述因素均对听障学生的汉字唇读理解能力具有影响。但目前国内尚未有研究从年龄的角度细致考察听障学生汉字唇读理解能力的发展状况。那么,听障学生的汉字唇读理解能力随着年龄的发展到底呈现怎样的变化呢?这里以2年为一个年龄段,探究听障学生汉字唇读理解能力的发展趋势,以期为听障学生的唇读能力训练提供启示。

---

① 朴永馨,顾定倩,邓猛. 特殊教育辞典(第二版)[M]. 北京: 华夏出版社, 2006: 182-183.
② 朋文媛. 听障儿童唇读汉字识别与理解的比较研究[D]. 武汉: 华中师范大学硕士学位论文, 2014: 52-53.

(二)方法

1. 被试

在武汉市某聋校和某康复中心选取235名听障学生作为被试(表3-1),男生135人,女生100人,平均年龄为13.17±4.68岁,平均听力损失为96.82±13.53dB,其中110人佩戴助听器,125人未佩戴助听器。研究参照Kyle[①]等的年龄分布规则,将所有参与实验的听障学生分为8组(表3-1),8组被试在性别分布上差异不显著,χ^2=4.55,p>0.05。单因素方差分析表明,8组被试的听力损失存在显著性差异,F(7, 227)=2.47,p<0.05。所有被试视力或矫正视力均属正常,除了听觉障碍外无其他障碍。

表 3-1 被试基本信息

组别	人数(人)	分性别人数(人)		平均听力损失(dB)(M±SD)
		男	女	
5—6岁	26	15	11	93.11±11.70
7—8岁	30	20	10	93.11±11.70
9—10岁	19	13	6	96.76±10.78
11—12岁	23	12	11	96.75±10.78
13—14岁	36	17	19	99.49±8.75
15—16岁	31	16	15	100.00±14.83
17—18岁	33	19	14	97.52±14.24
19—20岁	37	23	14	97.15±14.19

2. 实验材料

同第二章第一节汉语汉字唇读理解实验材料(见附录一)。

3. 实验设计

采用单因素被试间实验设计,其中听障学生的年龄段是自变量,包括8个阶段,即5—6岁、7—8岁、9—10岁、11—12岁、13—14岁、15—16岁、17—18岁、19—20岁,汉字唇读理解的正确率和反应时为因变量。

---

① Kyle F E, Harris M. Longitudinal patterns of emerging literacy in beginning deaf and hearing readers[J]. Journal of Deaf Studies and Deaf Education, 2011, 16(3): 289-304.

4. 实验程序

同第二章第一节汉语汉字唇读理解实验程序（见附录四）。

（三）结果

对测试结果使用单因素方差分析探讨不同年龄段（2年段）听障学生的汉字唇读理解能力，表 3-2 呈现了听障学生汉字唇读理解正确率和反应时的平均数与标准差。（说明：因 5—6 岁听障幼儿年龄较小，正确答案的选择由主试代为按键，中间可能存在反应时间的误差，故不考虑反应时的差异。）

表 3-2　不同年龄段（2 年段）听障学生汉字唇读理解的正确率与反应时（$M \pm SD$）

年龄段	5—6 岁	7—8 岁	9—10 岁	11—12 岁	13—14 岁	15—16 岁	17—18 岁	19—20 岁
正确率	0.60±0.04	0.47±0.21	0.56±0.19	0.55±0.17	0.49±0.18	0.40±0.17	0.39±0.16	0.41±0.18
反应时（s）	—	6.87±2.99	5.23±2.32	5.34±2.48	5.76±2.66	5.40±2.40	5.77±2.38	6.31±2.33

1. 不同年龄段（2 年段）听障学生汉字唇读理解正确率的比较

采用单因素方差分析，比较不同年龄段听障学生汉字唇读理解正确率的差异。结果显示，不同年龄段听障学生的汉字唇读理解正确率存在显著性差异，$F(2, 227)=5.14$，$p<0.001$。事后检验（LSD）结果显示，5—6 岁听障学生的汉字唇读理解能力显著高于 7—8 岁、13—14 岁、15—16 岁、17—18 岁、19—20 岁听障学生的汉字唇读理解能力（表 3-2、图 3-1）。

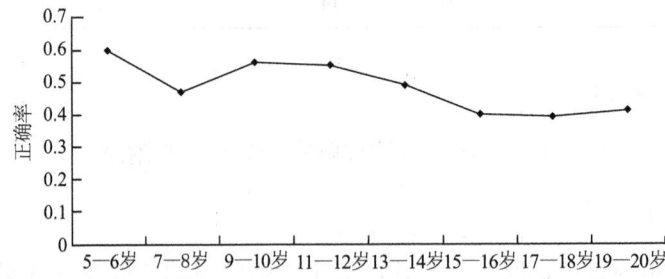

图 3-1　不同年龄段（2 年段）听障学生汉字唇读理解正确率的比较

2. 不同年龄段（2 年段）听障学生汉字唇读理解反应时的比较

采用单因素方差分析，比较不同年龄段听障学生汉字唇读理解反应时的差异。实验结果显示，不同年龄段听障学生汉字唇读理解的反应时无显著性差异，$F(6, 208)=1.56$，$p>0.05$（表 3-2、图 3-2）。

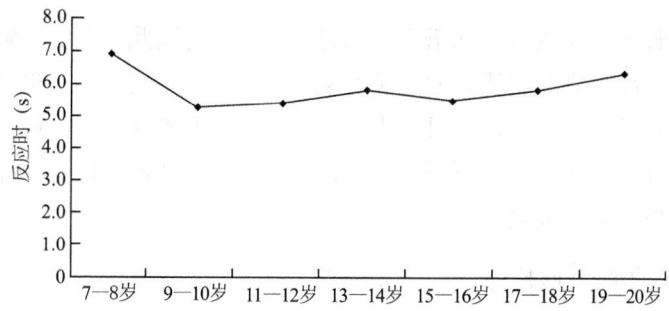

图 3-2　不同年龄段（2 年段）听障学生汉字唇读理解反应时的比较

（四）讨论

实验结果发现，不同年龄段听障学生汉字唇读理解正确率存在显著性差异，其中 5—6 岁听障学生显著高于 7—8 岁、13—14 岁、15—16 岁、17—18 岁、19—20 岁。这可能是由于 5—6 岁的听障学生全部佩戴了助听器或植入了人工耳蜗，并且在康复机构接受了专业的语言训练，因而在汉字唇读理解任务中，能够通过音素可见性等提取足够的视觉口形信息、面部表情信息，支持其完成汉字唇读理解任务。其他年龄段的听障学生均来自聋校，使用助听设备和接受专业语言训练的比例相对于 5—6 岁的听障学生大大降低。这也在一定程度上反映了使用助听设备和接受专业的语言训练对听障学生的汉字唇读理解能力有重要的影响。这与以往的研究结论基本一致，雷江华等早期的研究表明，佩戴助听设备的听障学生获得了残余听力以及听觉语言刺激[①]，能够更为准确地理解视觉语言信息，并增强对汉字唇读口形的理解。此外，不同年龄段（5—6 岁除外）听障学生汉字唇读理解的反应时不存在显著性差异，说明不同年龄段听障学生对汉字唇读理解的反应速度基本相当。

（五）结论

5—6 岁听障学生的汉字唇读理解的水平较 7—20 岁听障学生更好，随着年龄的增加，汉字唇读理解能力基本处于不变的趋势，不同年龄段（5—6 岁除外）听障学生汉字唇读理解的反应速度基本一致。

（六）启示

5—6 岁听障学生的汉字唇读理解能力高于其后其他年龄段，这与他们

---

① 雷江华, 甘琳琳, 方俊明. 助听器对听障学生唇读汉字语音识别的作用[J]. 心理科学, 2006, 29 (6): 42-43.

使用助听设备和接受专业的语言训练有一定关联。因此，在对听障学生进行干预时，应特别强调语言发展关键期的重要性，不仅要在关键期内为他们选择合适的助听设备，而且要为他们提供专业的唇读训练。同时家长和学校也要在日常生活中为听障学生创设良好的唇读环境，促进听障学生汉字唇读理解能力的发展。

二、5 年段发展趋势

（一）引言

以 2 年进行分段，发现 5—6 岁听障学生的汉字唇读理解能力显著优于 7—8 岁、13—14 岁、15—16 岁、17—18 岁、19—20 岁听障学生的汉字唇读理解能力；不同年龄段（5—6 岁除外）听障学生汉字唇读理解的反应速度基本保持一致。为进一步探究听障学生汉字唇读理解能力随年龄段的发展趋势，研究以 5 年进行分段，以期揭示 5—9 岁、10—14 岁、15—19 岁三个年龄段听障学生汉字唇读理解能力的发展状况。

（二）方法

1. 被试

选取武汉市某聋校和某康复中心共 199 名听障学生，男生 112 人，女生 87 人，平均年龄为 12.62±4.34 岁，平均听力损失为 98.42±13.13dB，其中 104 人佩戴助听器，95 人未佩戴助听器。研究参照 Tremblay 等[①]的年龄分布规则，将所有参与实验的听障学生分为 3 组（表 3-3）。单因素方差分析表明，听障学生的听力损失无显著性差异，$F(2, 196)=2.99$，$p>0.05$。3 组被试在性别分布上无显著性差异，$\chi^2=3.14$，$p>0.05$。所有被试的视力或矫正视力均属正常，除听觉障碍外无其他障碍。

表 3-3 被试基本信息

组别	人数（人）	分性别人数（人）		平均听力损失（dB）（$M\pm SD$）
		男	女	
5—9 岁	55	33	22	95.61±10.48
10—14 岁	71	38	33	99.60±9.13
15—19 岁	73	41	32	99.38±10.51

---

① Tremblay C, Champoux F, Voss P, et al. Speech and non-speech audio-visual illusions: a developmental study[J]. PLoS ONE, 2007, 2(8): e742.

2. 实验材料

同第二章第一节汉语汉字唇读理解实验材料(见附录一)。

3. 实验设计

采用单因素被试间实验设计,其中年龄段是自变量,包括 3 个阶段,即 5—9 岁、10—14 岁、15—19 岁;汉字唇读理解的正确率和反应时为因变量。

4. 实验程序

同第二章第一节汉语汉字唇读理解实验程序(见附录四)。

(三)结果

对测试结果使用单因素方差分析探讨不同年龄段(5 年段)听障学生的汉字唇读理解能力,表 3-4 呈现了听障学生汉字唇读理解正确率和反应时的平均数与标准差。(说明:因 5—9 岁听障幼儿年龄较小,正确答案的选择由主试代为按键,中间可能存在反应时间的误差,故不考虑反应时的差异。)

表 3-4 不同年龄段(5 年段)听障学生汉字唇读理解的正确率与反应时($M\pm SD$)

年龄段	5—9 岁	10—14 岁	15—19 岁
正确率	0.54±0.03	0.52±0.02	0.40±0.02
反应时(s)	—	5.46±2.49	5.75±2.46

1. 不同年龄段(5 年段)听障学生汉字唇读理解正确率的比较

采用单因素方差分析,比较不同年龄段听障学生汉字唇读理解正确率的差异。结果显示,不同年龄段听障学生汉字唇读理解的正确率有显著性差异,$F(2, 196)=11.49$,$p<0.001$。事后检验(LSD)结果显示,15—19 岁听障学生汉字唇读理解的正确率显著低于 5—9 岁和 10—14 岁听障学生($p<0.05$);5—9 岁和 10—14 岁听障学生之间无显著差异($p>0.05$)(表 3-4、图 3-3)。

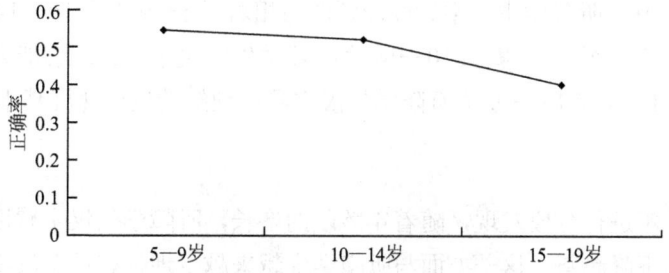

图 3-3 不同年龄段(5 年段)听障学生汉字唇读理解正确率的比较

2. 不同年龄段（5年段）听障学生汉字唇读理解反应时的比较

采用独立样本 t 检验比较10—14岁和15—19岁听障学生汉字唇读理解反应时的差异。结果显示（表3-4、图3-4），10—14岁和15—19岁听障学生汉字唇读理解的反应时无显著性差异，$t(142)=0.72$，$p>0.05$。

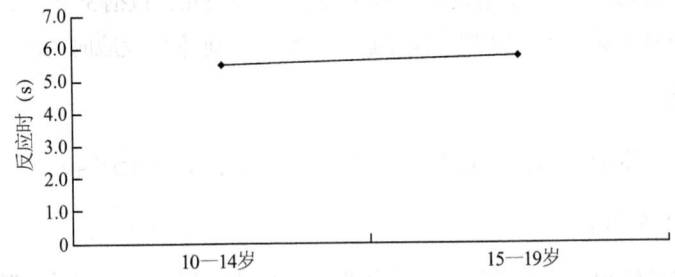

图3-4　不同年龄段（5年段）听障学生汉字唇读理解反应时的比较

（四）讨论

实验结果发现，15—19岁听障学生汉字唇读理解的正确率显著低于5—9岁和10—14岁听障学生，表明随着年龄段的增长，听障学生汉字唇读理解能力呈现下降的趋势。主要原因在于，随着年龄的增长，语文教学逐渐由字词理解为主转向语句和篇章理解为主，听障学生越来越少地依赖单个汉字进行唇读理解，转而更多地借助词语或语句，这可能会导致听障学生单个汉字的唇读理解能力逐渐降低。同时15—19岁听障学生唇读训练的逐渐缺失也使得其对可见性音素和面部肌肉运动敏感度降低，很难根据口形和面部运动提取关键性信息，因而造成其汉字唇读理解能力的下降。此外，10—14岁和15—19岁两个年龄段听障学生汉字唇读理解的反应时没有显著差异，表明10—14岁和15—19岁听障学生的汉字唇读理解加工速度基本一致，年龄段对听障学生汉字唇读理解的加工速度影响有限。

（五）结论

15—19岁听障学生汉字唇读理解能力相对于5—9岁和10—14岁的听障学生更低，而5—9岁和10—14岁听障学生的汉字唇读理解能力水平相当。10—14岁和15—19岁听障学生汉字唇读理解的反应速度基本一致。

（六）启示

以5年进行分段发现，随着年龄段的增长，听障学生汉字唇读理解能力呈现出下降趋势。这一方面与听障学生越来越少地依赖单个汉字进行唇读理解有关，另一方面也与听障学生唇读训练的逐渐缺失有关。因此，未来对听障学生进行语文教学时，既要注重语句和篇章唇读理解等高语言级别水平唇读理解能力，也要及时对汉字唇读理解能力加以巩固和强化，保持听障学生唇读时对可见性音素和面部肌肉运动的敏感性，帮助他们的唇读理解能力得到综合发展。

第二节 不同年级听障学生汉字唇读理解能力发展

相对于年龄发展而言，较少有研究者从年级发展角度考察听障学生汉字唇读理解能力的发展状况。国内学者王强虹等较早从年级层面考察听障学生的唇读理解能力，但仅限于词语和语句，尚未涉及汉字[①]。因此，为进一步明晰听障学生汉字唇读理解能力的年级发展趋势，本研究将从逐年级和年级段两方面进行深入探究，为深入把握听障学生汉字唇读理解的发展规律并指导教学实践提供依据。

一、逐年级发展趋势

（一）引言

目前国内从年级角度考察听障学生唇读理解能力的发展多限于词语和语句，如国内学者赵俊杰和张树一调查了一到九年级听障学生的词语唇读理解能力，发现听障学生的词语唇读理解能力随年级的增长而逐渐提高[②]。但目前的研究尚缺乏对汉字层面唇读理解的发展研究。因此，本研究试图通过实验法来探讨逐年级听障学生汉字唇读理解能力的发展。

（二）方法

1. 被试

选取武汉市两所聋校共 199 名听障学生（表 3-5），男生 115 名，女生 84 名，平均年龄为 14.01±4.07 岁，平均听力损失为 97.82±12.65dB，各年级分布情况见表 3-5。各年级听障学生的听力损失无显著性差异，$F(1, 187)=1.49$，$p>0.05$。各组被试在性别分布上无显著性差异，$\chi^2=11.61$，$p>0.05$，所有被试视力或矫正视力均属正常，除听觉障碍外无其他障碍。

[①] 王强虹. 聋生看话能力的调查[J]. 中国特殊教育, 1997, (2): 15-19.
[②] 赵俊杰, 张树一. 聋生看话能力的调查与分析[J]. 现代特殊教育, 2010, (1): 18-22.

表 3-5 被试基本信息

年级	人数（人）	分性别人数（人）		平均年龄（岁）	平均听力损失（dB）
		男	女		
一年级	12	10	2	8.09±0.09	86.95±11.48
二年级	21	12	9	8.10±1.00	86.95±11.48
三年级	20	13	7	9.85±1.39	101.17±8.62
四年级	13	7	6	12.46±1.51	97.44±9.49
五年级	12	7	5	12.42±1.24	97.36±10.79
六年级	15	5	10	12.60±1.21	101.56±7.07
七年级	17	9	8	14.59±1.37	100.20±16.04
八年级	12	9	3	15.17±1.27	99.31±14.47
九年级	17	8	9	17.18±1.91	94.71±16.60
十年级	22	15	7	17.86±1.81	97.73±10.78
十一年级	21	12	9	18.43±1.28	100.78±8.95
十二年级	17	8	9	18.94±0.83	98.92±14.85

2. 实验材料

同第二章第一节汉语汉字唇读理解实验材料（见附录一）。

3. 实验设计

采用单因素被试间实验设计，其中听障学生的年级是自变量，包括 12 个年级，即一年级、二年级、三年级、四年级、五年级、六年级、七年级、八年级、九年级、十年级、十一年级、十二年级；汉字唇读理解的正确率和反应时为因变量。

4. 实验程序

同第二章第一节汉语汉字唇读理解实验程序（见附录四）。

（三）结果

对测试结果使用单因素方差分析探讨逐年级听障学生汉字唇读理解能力，表 3-6 呈现了逐年级听障学生汉字唇读理解正确率和反应时的平均数与标准差。

表 3-6 逐年级听障学生汉字唇读理解的正确率与反应时（$M\pm SD$）

年级	一年级	二年级	三年级	四年级	五年级	六年级
正确率	0.54±0.20	0.49±0.20	0.55±0.22	0.54±0.14	0.41±0.13	0.46±0.16
反应时（s）	8.57±2.16	6.10±3.17	5.12±2.52	4.94±1.13	6.54±3.70	5.64±2.66
年级	七年级	八年级	九年级	十年级	十一年级	十二年级
正确率	0.42±0.19	0.52±0.24	0.39±0.14	0.41±0.17	0.42±0.18	0.43±0.30
反应时（s）	5.37±2.14	5.15±2.46	4.96±1.96	5.50±2.17	6.52±2.43	6.71±2.29

1. 逐年级听障学生汉字唇读理解正确率的比较

采用单因素方差分析，比较逐年级听障学生汉字唇读理解正确率的差异，结果显示，逐年级听障学生汉字唇读理解的正确率无显著性差异，$F(11, 187)=1.74$，$p>0.05$（表 3-6、图 3-5）。

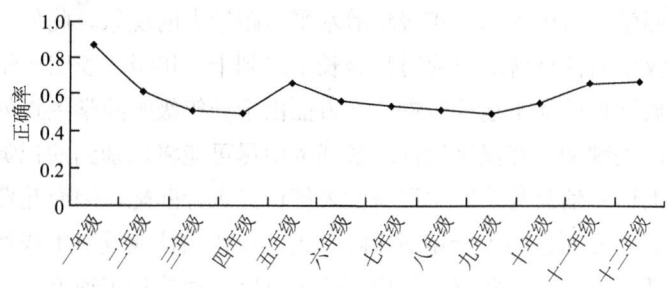

图 3-5 逐年级听障学生汉字唇读理解正确率的比较

2. 逐年级听障学生汉字唇读理解反应时的比较

采用单因素方差分析，比较逐年级听障学生汉字唇读理解反应时的差异（图 3-6）。结果显示，逐年级听障学生汉字唇读理解反应时具有显著性差异，$F(11, 187)=2.49$，$p<0.01$。事后检验（LSD）显示，一年级听障学生汉字唇读理解的反应时显著长于二到十二年级（$p<0.05$）。

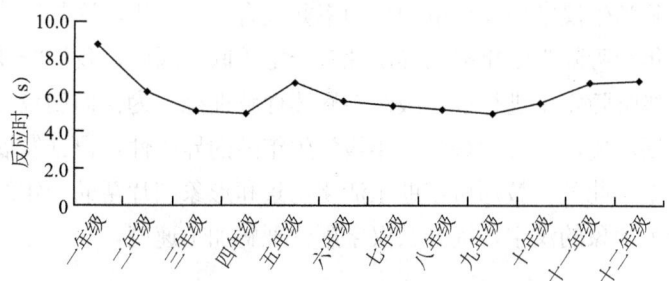

图 3-6 逐年级听障学生汉字唇读理解反应时的比较

（四）讨论

实验结果发现，逐年级听障学生汉字唇读理解的正确率无显著差异，表明逐年级听障学生汉字唇读理解能力一直保持平稳发展。这与王强虹等[①]发现的听障学生词语和语句唇读理解能力随年级的增长而逐渐增强的结果不一致。不一致的原因与唇读语言级别的差异有关，不同语言级别所要求的认知能力的发展不尽相同，汉字唇读理解更依赖于视觉口形信息、面部表情和运动性信息进行语音感知，词语和语句等更高语言级别的唇读理解则同时需要听障学生具备词汇识别和句法分析能力。语音感知、词汇识别和语法分析等能力并非同时发展，因此即使都从逐年级角度切入，听障学生汉字唇读理解能力的发展也会产生与词语和语句不同的结果。同时，本实验结果不同于上文中听障学生汉字唇读理解年龄发展趋势，这可能与听障学生年级发展与年龄水平的不匹配有关，即健听学生同一年级的年龄相对相仿，而听障学生常出现同一年级年龄水平差距较大的现象。此外，一年级听障学生汉字唇读理解的反应时显著长于二到十二年级，表明一年级听障学生汉字唇读理解加工速度较慢。一方面由于一年级听障学生正处于接受语言训练的关键期，在汉字唇读理解任务中尽可能将识别到的视觉口形信息或激活的语音信息与头脑中已有的表征信息进行匹配，因而花费了更久的时间，另一方面也由于一年级听障学生各项认知技能发展不成熟，导致其概念激活与扩散速度较慢，从而影响了汉字唇读的加工速度。

（五）结论

听障学生汉字唇读理解能力并不随着年级的变化而发生明显变化，但一年级听障学生汉字唇读理解的反应速度较二到十二年级更慢。

（六）启示

逐年级听障学生汉字唇读理解的正确率无显著差异，说明随着年级的增长，听障学生汉字唇读理解的正确率并没有显著变化，这与唇读训练不足和同一年级听障学生年龄的异质性有一定关联。因此，我们既要重视对1—12年级听障学生进行逐年级汉字唇读理解训练，为他们创设良好的汉字唇读发展环境，又要把握同一年级学生年龄的异质性，根据发展需求调整干预方案。此外，教师可借助生活化场景和形象图片帮助一年级听障学生理解较为抽象的汉字，提升其汉字唇读理解加工速度。

---

① 王强虹. 聋生看话能力的调查[J]. 中国特殊教育, 1997, (2): 15-19.

二、年级段发展趋势

(一) 引言

上文通过考察发现,听障学生汉字唇读理解能力并未随着逐年级的提升而发生显著变化。因此本书将进一步研究以 3 个年级为一阶段,从 4 个年级段探究听障学生汉字唇读理解能力的发展趋势。

(二) 方法

1. 被试

实验选取武汉市两所聋校 196 名听障学生,年龄范围在 7—20 岁,男生 102 名,女生 94 名,平均年龄为 14.49 ± 3.88 岁,平均听力损失为 98.68 ± 12.67 dB,其中 108 人佩戴助听器,88 人未佩戴助听器。本实验将 1—12 年级的学生分为 4 组,具体情况见表 3-7。单因素方差分析表明,4 组被试的听力损失无显著性差异,$F(3,192)=0.07$,$p>0.05$。4 组被试在性别分布上无显著性差异,$\chi^2=1.18$,$p>0.05$。所有被试的视力或矫正视力均属正常,除听觉障碍外无其他障碍。

表 3-7 被试基本信息

年级段	人数(人)	分性别人数(人)		平均年龄(岁)	平均听力损失(dB)
		男生	女生		
1—3 年级	40	23	17	8.78±1.51	98.79±12.27
4—6 年级	40	19	21	12.50±1.26	98.96±9.08
7—9 年级	46	20	26	15.70±1.93	97.94±15.71
10—12 年级	70	40	30	14.49±3.88	98.95±12.67

2. 实验材料

同第二章第一节汉语汉字唇读理解实验材料(见附录一)。

3. 实验设计

采用单因素被试间实验设计,其中年级段(1—3 年级、4—6 年级、7—9 年级、10—12 年级)是自变量,汉字唇读理解正确率和反应时是因变量。

4. 实验程序

同第二章第一节汉语汉字唇读理解实验程序(见附录四)。

(三) 结果

不同年级段（3 年段）听障学生汉字唇读理解正确率和反应时的描述性统计见表 3-8。

表 3-8　不同年级段听障学生汉字唇读理解的正确率与反应时（$M±SD$）

年级段	小学（1—3年级）	小学（4—6年级）	初中（7—9年级）	高中（10—12年级）
正确率	0.52±0.03	0.47±0.15	0.43±0.19	0.41±0.19
反应时（s）	5.93±2.91	5.68±2.69	5.16±2.12	6.13±2.32

1. 不同年级段（3 年段）听障学生汉字唇读理解正确率的比较

采用单因素方差分析，比较不同年级段听障学生汉字唇读理解正确率的差异。结果显示，不同年级段听障学生的汉字唇读理解正确率存在显著性差异，$F(3, 192)=3.07$，$p<0.05$。事后检验（LSD）结果显示，1—3 年级听障学生的汉字唇读理解正确率显著高于 7—9、10—12 年级（$p<0.05$）（表 3-8、图 3-7）。

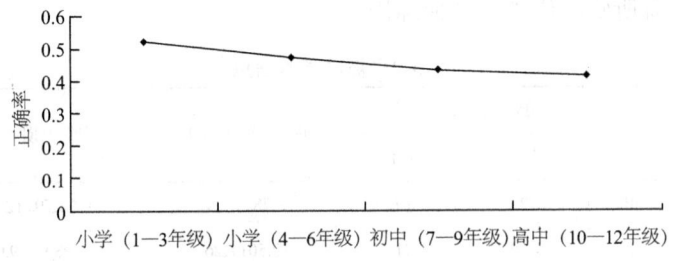

图 3-7　不同年级段听障学生汉字唇读理解正确率的比较

2. 不同年级段（3 年段）听障学生汉字唇读理解反应时的比较

采用单因素方差分析，比较不同年级段听障学生汉字唇读理解反应时的差异。结果显示，不同年级段听障学生汉字唇读理解的反应时无显著性差异，$F(3, 192)=1.50$，$p>0.05$（表 3-8、图 3-8）。

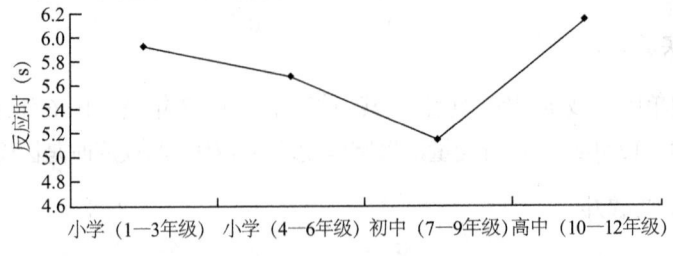

图 3-8　不同年级段听障学生汉字唇读理解反应时的比较

（四）讨论

实验结果发现，小学 1—3 年级听障学生汉字唇读理解正确率显著高于初中 7—9 年级以及高中 10—12 年级，表明小学 1—3 年级听障学生的汉字唇读理解能力相对较高。这主要是由于 1—3 年级听障学生正处于语言训练的关键期和识字阶段。处于口语训练期的低年级听障学生涉及视觉和听觉方式的综合训练，即使在呈现单一视觉信息时，听障学生也能够相对准确地识别和理解汉字唇读口形信息，并且低年级的识字学习又进一步巩固了语言训练效果，因而 1—3 年级听障学生表现出相对较强的汉字唇读理解能力。同时，不同于逐年级发展趋势发现的一年级听障学生汉字唇读理解加工速度较慢的现象，以年级段的角度考察时并未发现听障学生汉字唇读理解反应时有显著变化，这可能是由于加工速度的变化较为细微，因而只反映在逐年级的发展趋势中，而年级段的划分相对粗略，因此其加工速度的变化可能不易察觉。

（五）结论

听障学生汉字唇读理解能力随着年级变化而变化，其中 1—3 年级听障学生汉字唇读理解能力比 7—9 年级和 10—12 年级更高；不同年级段听障学生汉字唇读理解的反应速度较为一致。

（六）启示

听障学生的汉字唇读理解能力随着年级的增长呈现出下降的趋势，这在一定程度上反映了高年级听障学生受书面阅读需求和以手语为主要沟通方式的影响，唇读意识缺失，唇读训练不足。因此应秉承持续性发展原则，培养听障学生自主唇读意识和良好的唇读习惯，并在训练过程中根据各个年级段听障学生身心发展的不同特点为他们设计针对性的训练方案，充分发展不同年级段听障学生的汉字唇读理解能力。此外，还要结合其他认知能力训练提高他们的唇读速度，以便在日常生活中更快速地达成对汉字唇读的理解。

第三节　总结、启示与反思

鉴于汉字作为表意文字的独特性，国外关于听障儿童英语等唇读理解发展结果并不能很好地解释听障儿童汉字唇读理解的发展规律。因此，本研究采用口形视频-图片匹配范式，从年龄和年级两个层面探究了听障学生汉字唇读理解能力的发展趋势。具体而言，不同年龄分别按照 2 年和 5 年段发展趋势进行分析，不同年级分别按照逐年级和年级段发展趋势进行分析。

一、总结

（一）不同年龄层面的分析

以 2 年进行分段，不同年龄段听障学生的汉字唇读理解正确率有显著性差异。其中，5—6 岁听障学生的汉字唇读理解能力要显著高于 7—8 岁、13—14 岁、15—16 岁、17—18 岁、19—20 岁，表明 5—6 岁听障学生汉字唇读理解能力相对较高；不同年龄段（5—6 岁除外）听障学生汉字唇读理解的反应时不存在显著性差异。以 5 年进行分段，不同年龄段听障学生汉字唇读理解正确率有显著性差异，其中，15—19 岁听障学生汉字唇读理解的正确率显著低于 5—9 岁和 10—14 岁听障学生，5—9 岁和 10—14 岁听障学生之间无显著差异，表明 5—9 岁和 10—14 岁听障学生汉字唇读理解能力更好；10—14 岁和 15—19 岁听障学生汉字唇读理解的反应时没有显著差异。

（二）不同年级层面的分析

逐年级的分析结果显示，听障学生汉字唇读理解正确率无显著性差异，一年级听障学生汉字唇读理解的反应时显著长于二到十二年级。年级段发展结果显示，不同年级段听障学生汉字唇读理解正确率存在显著性差异，其中 1—3 年级听障学生的汉字唇读理解正确率显著高于 7—9、10—12 年级，其他年级段之间不存在显著差异，不同年级段听障学生汉字唇读理解的反应时不存在显著性差异。

综上所述，不管是从不同年龄还是不同年级层面进行分析，低年龄段（5—6 岁）、低中年龄段（5—9 岁和 10—14 岁，以 5 年分段）、低年级段（1—3 年级）的汉字唇读理解能力都相对更好，呈现出随着年龄段或年级段的增长，听障学生汉字唇读理解正确率逐渐下降的趋势。在反应时方面，仅在逐年级层面上，一年级的反应速度显著落后于其他各个年级；而在年级段和年龄段层面均无显著差异，说明年龄段或年级段的不同对听障学生汉字唇读理解的反应速度影响较小。

二、启示

首先，根据研究结果可知，随着年龄段或年级段的增长，听障学生汉字唇读理解正确率呈现出逐渐下降的趋势，这在一定程度上反映了听障学生唇读理解训练的不足。我们应该重视对听障学生进行汉字唇读理解训练，为他们创设良好的汉字唇读发展环境，促进其汉字唇读理解的发展；并在训练过程中根据各个年龄段和年级段听障学生身心发展的不同特点为他们设计针对性的训练方案，充分发展不同年龄段和年级段听障学生的汉字唇读理解能力。

其次，在对听障学生进行唇读干预时，应特别强调关键期的重要性，不仅要在关键期内为他们选择合适的助听设备，而且要借助视听双通道为他们提供综合型语言训练；在学校对听障学生进行语文教学时，除了应注重语句或篇章的唇读理解，还要强调对汉字唇读理解能力的巩固和强化，帮助他们获得唇读理解能力的综合发展。

最后，在训练听障学生唇读理解正确率的基础上，我们也要注重提高听障学生对汉字唇读理解的迅速辨识能力。反应速度的提高能够帮助听障学生在沟通交流中迅速理解对方的语言表达内容，从而帮助他们更好地获取信息，顺利达成沟通交流的目的。

三、反思

本研究主要从听障学生的生理年龄段和年级段两个视角对其唇读理解能力进行探究，以探究不同年龄或年龄段以及不同年级或年级段听障学生唇读理解能力的发展变化情况，以期对听障学生的教育教学和语言训练提供一定的指导。未来研究将进一步细化对研究对象年龄和年级的划分，如可以按照儿童、青少年、成年人、老年人进行分组，比较这四个群体唇读理解能力的差异；同时，亦可在这四个群体内部细化进行比较研究，如比较不同年龄老年人唇读理解能力的特点等，进一步探究年龄和年龄段对唇读理解能力的影响。也可进一步探究不同学段听障学生唇读理解能力的变化，如比较学前、小学、初中、高中、大学等不同学段的听障学生唇读理解能力的发展。但这些研究要求研究者对实验材料、实验程序进行进一步思考，以编制适应不同年龄、不同群体的实验材料和程序。

第四章 听障学生词语唇读理解能力发展

词语是语句表达中的重要组成部分，词语理解是整个语句理解的基础。在理解语句信息前，个体必须首先理解词语中包含的信息，从心理词典中查找出字词的意义，才能建构命题表征。与汉字相比，词语具体形象，便于储存、易于提取，有利于听障学生快速、精准地进行唇读。为明晰听障学生汉语词语唇读理解能力的发展趋势，本研究主要从年龄段和年级段两个视角进行探究。

第一节 不同年龄听障学生词语唇读理解能力发展

目前国内外关于听障学生词语唇读理解能力的发展趋势尚未形成一致结论，部分研究显示听障学生的词语唇读理解正确率随着年龄的增长而有所提高[1]。但 Tremblay 等并没有发现词语唇读理解能力随着年龄的发展而变化[2]。那么年龄是否影响汉语词语唇读理解能力仍然有待深究。本研究拟从 2 年段和 5 年段两个角度出发，旨在明晰听障学生汉语词语唇读理解能力的发展规律，从而帮助听障学生制定合理的唇读训练计划和有效的教学方案。

一、2 年段发展趋势

（一）引言

Dodd 等采用 2 年段的划分标准，通过对 16 名 3—4 岁的听障儿童进行为期 3 年的跟踪研究发现，词语唇读理解能力在研究初期有所提升，而在 5—6 岁时开始趋于稳定[3]。这说明以 2 年段标准划分的年龄段是影响听障

---

[1] Kyle F E, Campbell R, Mohammed T, et al. Speechreading development in deaf and hearing children: introducing the test of child speechreading[J]. Journal of Speech, Language, and Hearing Research, 2013, 56(2): 416-426.

[2] Tremblay C, Champoux F, Voss P, et al. Speech and non-speech audio-visual illusions: a developmental study[J]. PLoS ONE, 2007, 2(8): e742.

[3] Dodd B, McIntosh B, Woodhouse L. Early lipreading ability and speech and language development of hearing-impaired pre-schoolers[C]. In R. Campbell, B. Dodd, D. Burnham. Hearing by Eye II: Advances in the Psychology of Speechreading and Auditory-Visual Speech. Psychology Press/Erlbaum (UK) Taylor & Francis: 229-242.

学生词语唇读理解的重要因素。然而 Jerger[①] 等的研究指出年龄变化并没有影响听障学生的词语唇读理解能力。那么，在汉语词语中，听障学生的唇读理解能力是否受年龄变化影响呢？本研究先以 2 年段为划分标准探究听障学生汉语词语唇读理解能力的发展规律。

（二）方法

1. 被试

选取武汉市某聋校 235 名听障学生，听障男生 135 人，听障女生 100 人，平均年龄为 13.17±4.68 岁，平均听力损失为 96.82±13.53dB。其中 110 名听障学生佩戴助听器，125 名听障学生未佩戴助听器。研究参照 Kyle 等的年龄分布规则，将所有参与实验的听障学生分为 7 组，具体情况见表 4-1。

表 4-1 不同年龄段（2 年段）听障学生词语唇读理解的正确率与反应时（$M±SD$）

年龄段	5—6 岁	7—8 岁	9—10 岁	11—12 岁
正确率	0.69±0.04	0.58±0.26	0.65±0.19	0.66±0.17
反应时(s)	—	6.48±2.23	4.38±1.61	4.78±1.98
年龄	13—14 岁	15—16 岁	17—18 岁	19—20 岁
正确率	0.64±0.21	0.55±0.23	0.48±0.20	0.50±0.21
反应时(s)	5.70±2.80	5.31±2.07	5.74±2.45	5.74±2.13

2. 实验材料

同第二章第一节词语唇读理解实验材料（见附录二）。

3. 实验设计

采用单因素被试间实验设计，其中年龄段是自变量，包括 8 个水平，即 5—6 岁、7—8 岁、9—10 岁、11—12 岁、13—14 岁、15—16 岁、17—18 岁、19—20 岁；词语唇读理解的正确率和反应时为因变量。

4. 实验程序

同第二章第一节词语唇读理解实验程序（见附录四）。

---

① Jerger S, Tye-Murray N, Abdi H. Role of visual speech in phonological processing by children with hearing loss[J]. Journal of Speech, Language, and Hearing Research, 2009, 52(2): 412.

(三)结果

对被试的正确率和反应时进行统计,删除正确率和反应时在3个标准差之外的数据,表4-1呈现了听障学生在汉语词语唇读理解中的正确率和反应时的平均数与标准差(说明:因5—6岁听障幼儿年龄较小,正确答案的选择由主试代为按键,中间可能存在反应时间的误差,故不考虑反应时的差异)。

1. 不同年龄段听障学生词语唇读理解正确率的比较

采用单因素方差分析比较不同年龄段听障学生词语唇读理解正确率的差异。结果显示,不同年龄段听障学生的词语唇读理解正确率有显著性差异,$F(2, 227)=3.96$,$p<0.001$,事后检验(LSD)结果显示,17—18岁、19—20岁听障学生的词语唇读理解能力显著低于5—6岁、7—8岁、9—10岁、11—12岁、13—14岁、15—16岁听障学生的词语唇读理解能力(表4-1、图4-1)。

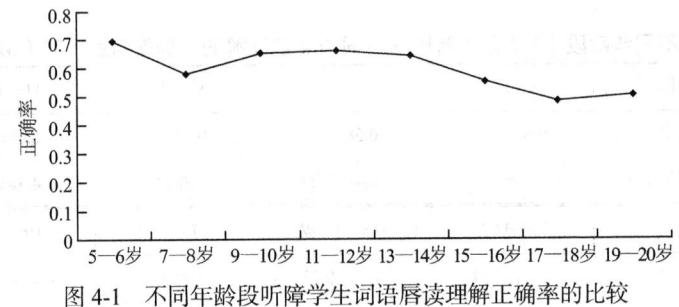

图4-1 不同年龄段听障学生词语唇读理解正确率的比较

2. 不同年龄段听障学生词语唇读理解反应时的比较

采用单因素方差分析比较不同年龄段听障学生词语唇读理解反应时的差异。结果显示,不同年龄段听障学生词语唇读理解的反应时存在显著性差异,$F(6, 208)=2.33$,$p<0.05$。事后检验(LSD)结果显示,7—8岁听障学生的词语唇读理解反应时显著长于9—10岁、11—12岁、15—16岁听障学生的词语唇读理解反应时。这说明7—8岁听障学生的词语唇读理解速度显著慢于9—10岁、11—12岁和15—16岁听障学生(表4-1、图4-2)。

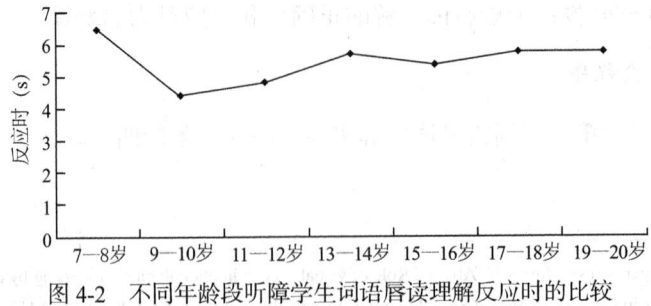

图4-2 不同年龄段听障学生词语唇读理解反应时的比较

（四）讨论

从正确率来看，研究采用口形视频-图片匹配范式，探讨了不同年龄段听障学生词语唇读理解的发展趋势，对于揭示年龄发展与词语唇读理解的关系具有重要意义。实验结果发现17—18岁、19—20岁听障学生的词语唇读理解正确率显著低于5—6岁、7—8岁、9—10岁、11—12岁、13—14岁、15—16岁听障学生的词语唇读理解正确率，实验结果表明17—18岁和19—20岁听障学生的词语唇读理解能力较为薄弱，这可能与17—18岁和19—20岁听障学生唇读训练强度的逐渐降低有关。受语言发展关键期和聋校课程教学重点的影响[①]，唇读训练通常集中于少儿期，故少儿期唇读训练的强度较大；青年期则注重通过引导听障学生解决沟通与交往中所引发的人际问题提升沟通与交往能力，因而唇读训练的强度不高。同时，本实验中的听障学生常年寄宿于聋校中，他们的主要沟通与交流方式是手语，而非唇读，因而词语唇读理解的正确率不高。从反应时来看，7—8岁听障学生词语唇读理解反应时显著长于9—10岁、11—12岁、15—16岁，这表明与7—8岁听障学生相比，其他年龄段的听障学生的词语唇读理解速度更快。这主要是因为伴随年龄的增长和思维能力的逐渐增强，听障学生内部词汇网络体系逐渐完善，词汇概念分类意识逐渐增强，能够根据语义记忆进行词语间的联系，从而较为快速地激活词汇网络，实现词汇唇读理解。但受听力损失和自然手语使用的影响，听障学生概念分类表征发展并不完善[②]，概念组织相对混乱，因而词汇提取的精确性并未能得到保证。

（五）结论

年龄影响着听障学生的词语唇读理解能力，影响了唇读理解的正确率，提高了唇读理解的速度。具体而言，一方面，随着年龄的增长，听障学生的词语唇读理解能力可能存在下降的趋势，尤其是17—20岁听障学生的词语唇读理解能力明显比5—16岁听障学生的词语唇读理解能力差。另一方面，随着年龄的增长，听障学生词语唇读理解的加工速度可能有所提升，尤其是9—16岁（13—14岁除外）听障学生词语唇读理解的加工速度明显比7—8岁听障学生词语唇读理解的加工速度快。

---

① 王强虹. 聋生看话能力的调查[J]. 中国特殊教育, 1997, (2)：15-19.
② 张积家, 李德高, 吴雪云. 青少年聋生的分类学联系[J]. 心理学报, 2008, (11)：1178-1189.

（六）启示

探究不同年龄听障学生汉语词语唇读理解的发展特征，对听障学生的词语唇读理解能力的发展具有一定的借鉴价值。研究显示听障学生汉语词语唇读理解能力的发展与年龄的增长密切相关，表明词语唇读训练应秉承全程发展理念，将其贯穿于听障学生发展的各个阶段中，但需明确每个阶段的侧重点不同，即学龄初期可借助生活场景丰富听障学生的心理词库，注重根据词语概念如上下位关系进行分类教学，帮助听障学生逐步建立词语间联系，从而较为快速地激活词汇网络，实现词汇唇读理解；学龄中期可将唇读训练穿插于课程教学中，通过唇语和手语的紧密配合，提升听障学生的综合沟通能力；学龄后期可将唇读训练与听障学生的日常生活结合起来，促进听障学生沟通交往技能的发展。

二、5 年段发展趋势

（一）引言

以 2 年进行分段，发现 17—18 岁、19—20 岁听障学生的词语唇读理解正确率显著低于 9—10 岁、11—12 岁、13—14 岁、15—16 岁听障学生的词语唇读理解正确率，7—8 岁听障学生的词语唇读理解反应时显著长于 9—10 岁、11—12 岁、15—16 岁听障学生的词语唇读理解反应时。为了进一步探明年龄变化对听障学生词语唇读理解能力的影响，本研究试图以 5 年段为划分标准进行实验。

（二）方法

1. 被试

选取武汉市某聋校 199 名听障学生，听障男生 112 人，听障女生 87 人，平均年龄为 12.62±4.34 岁，平均听力损失为 98.42±13.13dB，其中 104 名听障学生佩戴助听器，95 名听障学生未佩戴助听器。研究参照 Tremblay 等的年龄分布规则，将所有参与实验的听障学生分为 3 组，具体情况见表 3-3。

2. 实验材料

同第二章第一节词语唇读理解实验材料（见附录二）。

3. 实验设计

采用单因素被试间实验设计，其中年龄段是自变量，包括 3 个水平，即 5—9 岁、10—14 岁、15—19 岁；词语唇读理解的正确率和反应时为因变量。

4. 实验程序

同第二章第一节词语唇读理解实验程序（见附录四）。

（三）结果

对被试的正确率和反应时进行统计，删除正确率和反应时在 3 个标准差之外的数据，表 4-2 呈现了听障学生汉语词语唇读理解正确率和反应时的平均数与标准差。（说明：因 5—9 岁听障幼儿年龄较小，正确答案的选择由主试代为按键，中间可能存在反应时间的误差，故不考虑反应时的差异。）

表 4-2　不同年龄段（5 年段）听障学生词语唇读理解的正确率与反应时（$M\pm SD$）

年龄段	5—9 岁	10—14 岁	15—19 岁
正确率	0.65±0.03	0.64±0.03	0.52±0.03
反应时（s）	—	5.16±2.43	5.54±2.32

1. 不同年龄段（5 年段）听障学生词语唇读理解正确率的比较

采用单因素方差分析，比较不同年龄段听障学生词语唇读理解正确率的差异。结果显示，不同年龄段听障学生的词语唇读理解正确率有显著性差异，$F(2, 196)=7.33$，$p<0.01$，事后检验（LSD）结果显示，15—19 岁听障学生的词语唇读理解正确率显著低于 5—9 岁和 10—14 岁听障学生的词语唇读理解正确率，$p<0.05$，5—9 岁和 10—14 岁听障学生间的词语唇读理解正确率无显著差异，$p>0.05$。结果表明，15—19 岁听障学生的词语唇读理解能力显著低于 5—9 岁和 10—14 岁听障学生的词语唇读理解能力，5—9 岁和 10—14 岁听障学生间词语唇读理解能力无显著差异（表 4-2、图 4-3）。

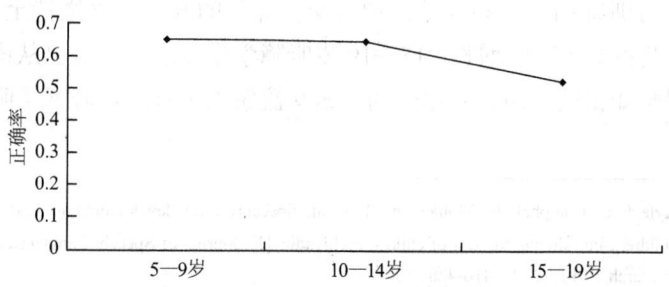

图 4-3　不同年龄段（5 年段）听障学生词语唇读理解正确率的比较

2. 不同年龄段（5年段）听障学生词语唇读理解反应时的比较

采用独立样本 t 检验，比较 10—14 岁和 15—19 岁听障学生词语唇读理解反应时的差异。结果显示，10—14 岁和 15—19 岁听障学生词语唇读理解的反应时无显著性差异，$t(192)=-0.96$, $p>0.05$。这表明 10—14 岁和 15—19 岁听障学生词语唇读理解的加工速度无显著性差异（表 4-2、图 4-4）。

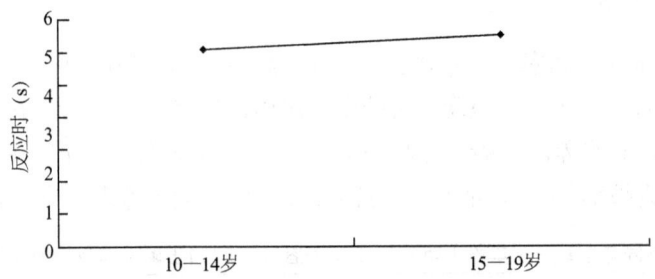

图 4-4　不同年龄段（5年段）听障学生词语唇读理解反应时的比较

（四）讨论

实验结果发现，5—9 岁和 10—14 岁听障学生的词语唇读理解能力显著高于 15—19 岁听障学生的词语唇读理解能力，这一结果与 Kyle 等发现的 5—14 岁听障学生词语唇读理解能力呈上升趋势的结论一致[①]，且与 Tye-Murray 等发现 7—14 岁听障儿童词语唇读理解能力逐渐上升的研究结果相一致[②]。其中 5—9 岁听障学生的词语唇读理解能力较强可能与其佩戴听觉辅助设备有关。伴随辅助技术和康复理念的更新，目前我国愈来愈多的听障学生根据需要佩戴了合适的听觉辅助设备。处于语言发展关键期的听障学生在听觉线索的增强和语言训练条件的双重作用下，其唇读经验不断得到强化，促使听障学生能够更多地利用音素可见性获取视觉言语信息。加之词汇单元本身就是听障学生语言训练的起点，其形象化特征易于识别和匹配，因此 5—6 岁听障学生词语唇读理解能力得到较好发展，且这种能力伴随语言训练的持续和聋校沟通与交往课程的开展一直维持至 10—14 岁左右。但随着年龄的增长，15—19 岁听障学生发展的重点已从语言训练转移至科学知识的学习，且单一的手语交流氛围也进一步降低了听障学生

---

① Kyle F E, Campbell R, Mohammed T, et al. Speechreading development in deaf and hearing children: introducing the test of child speechreading[J]. Journal of Speech, Language, and Hearing Research, 2013, 56(2): 416-426.

② Tye-Murray N, Hale S, Spehar B, et al. Lipreading in school-age children: the roles of age, hearing status, and cognitive ability[J]. Journal of Speech, Language, and Hearing Research, 2014, 57(2): 556.

通过唇读获取信息的可能。语音意识敏感期的脱离和唇读训练程度的大幅降低使得 15—19 岁听障学生的词语唇读能力发展受限,因而该阶段听障学生的词语唇读理解能力发展较为薄弱。

（五）结论

一方面,年龄影响着听障学生的词语唇读理解的质量,随着年龄的增长,听障学生的词语唇读理解能力出现下降的趋势；另一方面,年龄对听障学生词语唇读理解的加工速度影响不大,听障学生的词语唇读理解的加工速度表现出恒定性。

（六）启示

5—9 岁和 10—14 岁听障学生词语唇读理解能力较强,表明低年龄段听障学生不仅同样具备唇读理解能力,甚至在词语级别上发展水平更高。因此在听障学生早期语言康复训练中,应避免片面否定唇读干预的效果,正视唇读对其语言发展的作用,同时发挥听障学生词语唇读理解的优势,以词语为切入点带动听障学生语句等其他语言级别唇读理解能力的发展,合理整合唇读训练与听力语言康复训练,以使其语言康复效果实现最优化。针对高龄听障学生词语唇读理解能力薄弱的特点,教师应继续将唇读训练贯穿于日常教学中,并结合相应思维训练,帮助听障学生构建词汇联结节点,形成词汇网络体系。

第二节　不同年级听障学生词语唇读理解能力发展

相对于年龄发展而言,较少有研究者从年级发展角度考察听障学生词语唇读理解能力的发展。国内学者王强虹等较早调查了一年级到九年级听障学生的汉语词语唇读理解能力,发现听障学生词语唇读理解成绩随年级的增长而逐渐提高,在七年级达到顶峰,而后逐渐下降[①]。因此,为进一步明晰听障学生汉语词语唇读理解能力的年级发展趋势,本节将从逐年级和年级段两方面予以深入探究。

一、逐年级发展趋势

（一）引言

国内学者赵俊杰和张树一调查了一到九年级听障学生的词语唇读理

---

① 王强虹. 聋生看话能力的调查[J]. 中国特殊教育, 1997, (2): 15-19.

解能力，发现听障学生词语唇读理解能力随年级的增长而逐渐提高[①]，该结果和王强虹的调查结果相一致。本实验在以往调查结果的基础上，采用相对完善的汉语词语唇读理解测试工具，更为科学地考察逐年级听障学生汉语词语唇读理解能力的发展趋势。

（二）方法

1. 被试

选取武汉市两所聋校 199 名听障学生，听障男生 115 人，听障女生 84 人，平均年龄为 14.01±4.07 岁，平均听力损失为 97.82±12.65dB，具体年级分布情况见表 3-5。

2. 实验材料

同第二章第一节词语唇读理解实验材料（见附录二）。

3. 实验设计

采用单因素被试间实验设计，其中年级是自变量，包括 12 个水平，即一年级、二年级、三年级、四年级、五年级、六年级、七年级、八年级、九年级、十年级、十一年级、十二年级；词语唇读理解的正确率和反应时为因变量。

4. 实验程序

同第二章第一节词语唇读理解实验程序（见附录四）。

（三）结果

对被试的正确率和反应时进行统计，删除正确率和反应时在 3 个标准差之外的数据，表 4-3 呈现了逐年级听障学生汉语词语唇读理解正确率和反应时的平均数与标准差。

表 4-3 逐年级听障学生词语唇读理解的正确率与反应时（$M±SD$）

年级	一年级	二年级	三年级	四年级	五年级	六年级
正确率	0.53±0.21	0.62±0.27	0.66±0.19	0.63±0.13	0.58±0.22	0.61±0.19
反应时(s)	6.69±1.90	5.88±2.12	4.73±2.26	4.86±1.15	6.96±3.24	5.31±2.87
年级	七年级	八年级	九年级	十年级	十一年级	十二年级
正确率	0.54±0.26	0.67±0.18	0.46±0.14	0.52±0.26	0.58±0.21	0.43±0.20
反应时(s)	4.92±2.13	4.44±1.86	5.15±2.29	5.61±1.95	5.59±2.40	6.60±2.24

---

① 赵俊杰, 张树一. 聋生看话能力的调查与分析[J]. 现代特殊教育, 2010, (1): 18-22.

1. 逐年级听障学生词语唇读理解正确率的比较

采用单因素方差分析，比较逐年级听障学生词语唇读理解正确率的差异。结果显示，逐年级听障学生词语唇读理解正确率无显著性差异，$F(11, 187)=1.53$，$p>0.05$。这表明听障学生的词语唇读理解能力并没有随着逐年级的升高而明显改变（表 4-3、图 4-5）。

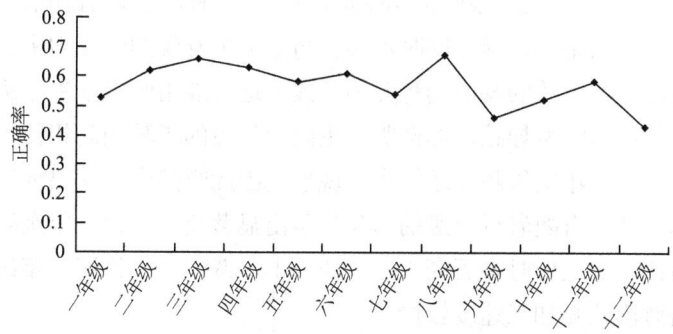

图 4-5　不同年级听障学生词语唇读理解正确率的比较

2. 逐年级听障学生词语唇读理解反应时的比较

采用单因素方差分析，比较逐年级听障学生词语唇读理解反应时的差异。结果显示，逐年级听障学生汉语词语唇读理解反应时有显著性差异，$F(11, 187)=1.91$，$p<0.05$。事后检验（LSD）结果显示，一年级听障学生的词语唇读理解反应时显著高于三、四、七、八年级，$p<0.05$；其他均无显著性差异，$p>0.05$。这表明一年级听障学生的汉语词语唇读认知速度慢于三、四、七、八年级（表 4-3、图 4-6）。

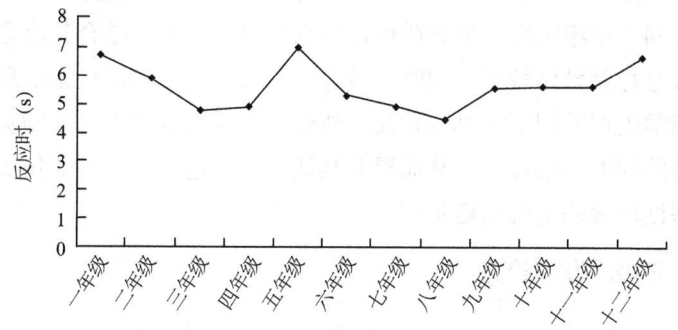

图 4-6　不同年级听障学生词语唇读理解反应时的比较

（四）讨论

实验结果发现，一至十二年级听障学生词语唇读理解正确率无显著性差异，表明一至十二年级听障学生汉语词语唇读理解能力一直保持平稳发展。这一结果与王强虹[①]和赵俊杰等[②]发现的听障学生词语唇读理解能力随着年级的增高而提升的结果不一致。这可能与研究方法的使用和研究材料的选用相关，王强虹等主要运用 5 个词语，通过现场唇读测验的方式进行听障学生词语唇读理解能力的评估。本实验则通过 12 个词语视频，运用口形视频-图片匹配范式考察听障学生词语唇读理解能力，两者评估方式的不同可能会导致结果的差异。同时本实验与上节中发现的听障学生汉语词语唇读理解能力随年龄的发展趋势并不一致。这可能由听障学生年级发展与年龄水平的不匹配所导致，即健听学生同一年级的年龄相对相仿，而听障学生常出现同一年级年龄差距较大的现象，因此听障学生汉语词语唇读理解的正确率并没有随着逐年级的增长显示出显著变化。但一年级听障学生的词语唇读理解反应时显著高于三、四、七、八年级，说明一年级听障学生的词语唇读认知加工速度较慢。

（五）结论

第一，听障学生的词语唇读理解能力并没有随着逐年级的升高而发生明显变化，他们的词语唇读理解能力在七年级之前相对稳定，而在七年级之后有所波动。第二，听障学生词语唇读理解加工速度同样呈现波动变化，但总体而言加工速度没有随着年级的升高而有明显提升。

（六）启示

研究显示听障学生词语唇读理解能力并未随逐年级的增高发生明显变化，但这并不表示听障学生唇读训练可以采取一刀切的方式进行。教师应在把握同一年级听障学生异质性发展水平的基础上，结合其语言优势和发展需求进行差异化教学。同时，教师可联系具体的生活场景信息帮助低年级听障学生理解词语的具体含义，抓住语言发展敏感期，帮助听障学生建立丰富的词汇网络体系，从而提升其认知加工速度，并为语句等更高语言级别唇读理解的实现奠定基础。

二、年级段发展趋势

（一）引言

上文通过考察逐年级听障学生汉语词语唇读理解能力的发展趋势，发

---

① 王强虹. 聋生看话能力的调查[J]. 中国特殊教育, 1997, (2): 15-19.
② 赵俊杰, 张树一. 聋生看话能力的调查与分析[J]. 现代特殊教育, 2010, (1): 18-22.

现其并未随着逐年级的升高而有明显变化。因此，本研究进一步以 3 年为一个阶段，从 4 个年级段探究听障学生汉语词语唇读理解能力的发展趋势。

（二）方法

1. 被试

实验选取武汉市两所聋校 196 名听障学生，年龄范围在 7—20 岁，男生 102 人，女生 94 人，平均年龄为 14.49±3.88 岁，平均听力损失为 98.68±12.67dB，其中 108 名听障学生佩戴助听器，88 名听障学生未佩戴助听器，具体年级分布情况见表 3-7。

2. 实验材料

同第二章第一节词语唇读理解实验材料（见附录二）。

3. 实验设计

采用单因素被试间实验设计，其中年级段是自变量，包括 4 个年级段，即 1—3 年级、4—6 年级、7—9 年级、10—12 年级；词语唇读理解的正确率和反应时为因变量。

4. 实验程序

同第二章第一节词语唇读理解实验程序（见附录四）。

（三）结果

对被试的正确率和反应时进行统计，删除正确率和反应时在 3 个标准差之外的数据，不同年级段听障学生词语唇读理解的正确率和反应时描述性统计见表 4-4。

表 4-4 不同年级段听障学生词语唇读理解的正确率与反应时（$M\pm SD$）

年级段	小学（1—3 年级）	小学（4—6 年级）	初中（7—9 年级）	高中（10—12 年级）
正确率	0.63±0.03	0.60±0.18	0.55±0.21	0.54±0.23
反应时（s）	5.63±2.34	5.66±2.67	4.88±2.04	5.86±2.22

1. 不同年级段听障学生词语唇读理解正确率的比较

采用单因素方差分析，比较不同年级段听障学生词语唇读理解正确率的差异。结果显示，不同年级段听障学生词语唇读理解不存在显著性差异，$F(3, 192)=1.87$，$p>0.05$。这说明听障学生汉语词语唇读理解能力并未随着年级段的上升而发生明显变化（表4-4、图4-7）。

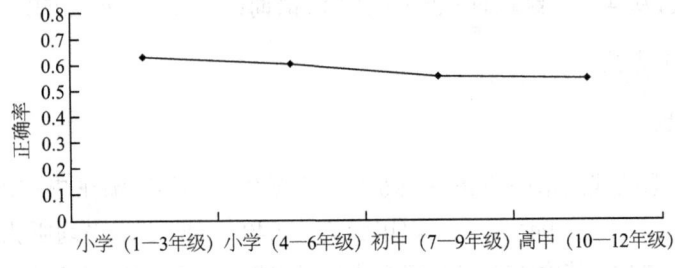

图4-7　不同年级段听障学生词语唇读理解正确率的比较

2. 不同年级段听障学生词语唇读理解反应时的比较

采用单因素方差分析，比较不同年级段听障学生词语唇读理解反应时的差异。结果显示，不同年级段听障学生词语唇读理解的反应时不存在显著性差异，$F(3, 192)=1.76$，$p>0.05$。这说明听障学生汉语词语唇读理解速度并没有随着年级段的变化而发生明显变化（表4-4、图4-8）。

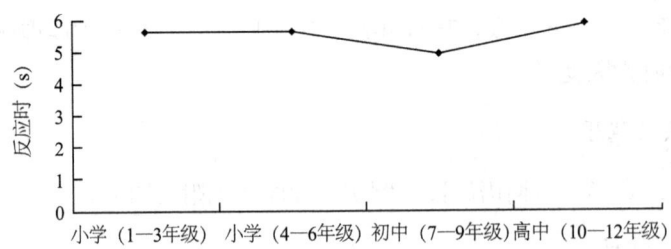

图4-8　不同年级段听障学生词语唇读理解反应时的比较

（四）讨论

研究发现，不同年级段听障学生汉语词语唇读理解正确率和反应时均无显著性差异，说明不同年级段听障学生汉语词语唇读理解能力相对稳定。这一结果与王强虹[①]和赵俊杰等[②]发现的听障学生词语唇读理解能力随着年级的增高而提升的结果不一致。这可能与研究方法的使用和研究材料的选用相关，王强虹等主要运用5个词语，通过现场唇读测验的方式进行听障学生词语唇读理解能力的评估。本实验则通过12个词语视频，运用口形视频-图片匹配范式考察听障学生词语唇读理解能力，两者评估方式的不同可能会导致结果的差异。同时，这一结果类似于上文中发现的听障学生汉

---

① 王强虹. 聋生看话能力的调查[J]. 中国特殊教育, 1997, (2): 15-19.
② 赵俊杰, 张树一. 聋生看话能力的调查与分析[J]. 现代特殊教育, 2010, (1): 18-22.

语词语唇读理解能力逐年级发展趋势，这可能由听障学生年级发展与年龄水平的不匹配所导致。同时，不同于逐年级发展趋势发现的一年级听障学生词语唇读理解加工速度较慢的现象，以年级段的角度考察时并未发现听障学生词语唇读理解的反应时有显著变化，这可能是由于加工速度的变化较为细微，只反映在逐年级的发展趋势中，而年级段的划分相对粗略，因此其加工速度的变化可能被有所隐藏。

（五）结论

小学、初中、高中的听障学生的汉语词语唇读理解能力具有相对稳定性，其唇读理解的质量和加工速度并未随年级段的升高而发生明显变化。

（六）启示

研究显示，听障学生词语唇读理解能力和加工速度并未随年级段的升高而有明显变化，但这并不表示不同年级段听障学生的唇读训练可以采取相同的策略。相反，教师和相关康复训练人员应从逐年级的角度更细致地进行针对性训练。针对低中年级段的听障学生，应坚持聋校课程标准要求，坚持唇读在内的口语训练，同时可辅以图片和语境信息，帮助听障学生建构词汇与表象的联系，加强其对词汇意义本身的理解；针对高年级段听障学生，可通过上下位词汇概念的联系，帮助听障学生掌握词汇分类学联系，注重通过思维训练促进听障学生唇读理解能力的发展。

第三节 总结、启示与反思

目前国内外学者对听障学生词语唇读理解能力的发展研究结果并不一致，为深入探究听障学生汉语词语唇读理解能力的发展，本章采用口形视频-图片匹配范式，从年龄和年级两个层面探究了听障学生汉语词语唇读理解能力的发展。具体而言，不同年龄分别按照 2 年和 5 年发展趋势进行分析，不同年级分别按照逐年级和年级段发展趋势进行分析。

一、总结

（一）不同年龄层面的分析

以 2 年进行分段，研究发现年龄影响着听障学生的词语唇读理解质量和加工速度，具体表现为随着年龄的增长，听障学生词语唇读理解的正确率降低、加工速度提升。以 5 年进行分段，研究发现年龄影响着听障学生的词语唇读理解质量，对加工速度的影响较小，具体表现为随着年龄的增长，听障学生词语唇读理解的正确率降低、加工速度较为恒定。对比以上两个实验结论，可以发现无论是以 2 年或 5 年进行分段，年龄均影响着听障学生的词语唇读理解能力，并且这种影响具有抑制性。也就是说，随着年龄的增长，听障学生的词语唇读理解能力弱化。这一结论与听障学生的受教育经历和康复干预经历有关。在听障学生的低龄阶段，即教育早期，听障学生需更多地接受语言康复训练，对唇读的接触和运用频率较高，因而词语唇读理解的质量较高；在教育后期，随着教学内容的增长和康复干预的减少，唇读的接触和运用频率逐渐降低，随之带来的结果便是词语唇读理解质量的降低。在加工速度方面，2 年分段与 5 年分段的结论有所不同，这有待在后续实验中再次验证。

（二）不同年级层面的分析

以逐年级为标准，研究发现各年级听障学生的词语唇读理解的质量和加工速度具有相对稳定性；以年级段为标准，研究同样发现小学、初中、高中听障学生的词语唇读理解的质量和加工速度具有相对稳定性。以上两类分类标准的实验结果均说明了年级对听障学生词语唇读理解能力发展的影响不大，即各年级之间、各年级段之间的听障学生的词语唇读理解能力具有相对稳定性。这一结论存在的原因可能是听障学生年级发展与年龄水平不匹配，不同年龄听障学生之间的词语唇读理解结果分散其中，最终平衡了词语唇读理解的差异，导致不同年级之间听障学生的词语唇读理解能力没有明显差异。

二、启示

首先，听障学生词语唇读理解能力随着年龄升高而呈下降趋势，这可能与高年龄阶段听障学生唇读训练的不足和逐渐偏好以手语为主要交流方式有关。因此，教师在听障学生低龄阶段就应培养其良好的唇读习惯，帮助其建立主动唇读的意识和信心，并在中高龄阶段继续与思维训练相结合为其创设良好的唇读环境，使其词语唇读理解能力得以持续性发展。

其次，针对低龄听障学生词语唇读加工速度缓慢的现象，教师可充分利用生活场景帮助学生理解词语含义，结合低龄儿童较强的想象力丰富听障学生的心理词库，注重根据词汇概念的联系如上下位关系进行分类教学，帮助听障学生逐步建立词语间联系，从而较为快速地激活词汇网络，实现词语唇读理解。

最后，听障学生词语唇读理解能力的发展趋势表明听障学生的词语唇读干预训练应秉承全程干预理念，进行差异化、针对性教学，充分发挥低龄听障学生词语唇读理解优势，帮助其建立唇读信心和良好的唇读习惯。同时坚持高龄阶段听障学生词语唇读理解训练，创设能加深学生对词语语义理解的课堂情境，以词语唇读理解为切入点，逐步提高其唇读理解能力。

三、反思

根据已有研究对年龄的划分标准，本实验以 2 年和 5 年为间隔划分出年龄段，以及以逐年级和 3 个年级为间隔划分出年级段，探究了听障学生词语唇读理解能力的发展趋势。但研究中各年龄段听障学生的数量不均匀，男女性别之间人数差异较大，并且有的年龄分段中女生数量少于 15 人。另外，研究中对听障学生的信息介绍主要以性别、听力损失、年龄分段为主，对听障学生的智力特征、主要交流语言等可能会影响词语唇读理解能力发展的因素没有进行深度挖掘。因此，在后续的研究中，可以增加相应年龄段中所需的听障女生被试，并且对被试的信息进行补充，进行深度分析。

第五章 听障学生语句唇读理解能力发展

句子是语言运用的基本单位，由词、短语等构成，用于表达一个完整的意思。Bernstein 等曾考察健听人士和听障人士语句唇读理解能力是否存在差异，发现听障人士表现出更强的语句唇读理解能力[1]。Bernstein 等在另一群组研究中同样发现了类似的结果，在对 112 名听障人士和 220 名健听成人语句唇读理解的比较中发现听障人士正确率达到 43.55%，健听成人仅达到 18.57%[2]。这说明听障人士在语句唇读理解方面有一定的优势，但这种优势能力在不同的发展阶段是否存在一定的规律，有必要从年龄和年级两个视角对听障学生语句唇读理解能力发展情况进行研究，以便丰富完善唇读理论研究体系，并为听障学生语句唇读训练与干预提供理论依据与指导。

第一节 不同年龄听障学生语句唇读理解能力发展

年龄是影响听障学生语句唇读理解能力发展的重要因素，国内外较多研究探究了不同年龄听障学生语句唇读理解能力的发展趋势，但研究结果尚未达成一致。Kyle 等采用新型儿童唇读测试（ToCS）工具，比较了 5—14 岁听障儿童和健听儿童语句唇读能力的发展[3]。结果表明，随着年龄的增长，两类儿童的语句唇读理解正确率均有所提高。但国内学者用自行编制的唇读测验工具，以五年为年龄段划分却未发现听障学生语句唇读理解能力随着年龄的增长发生变化。为深入求证听障学生语句唇读理解发展规律，本节将通过运用口形视频-图片匹配范式，从 2 年段和 5 年段两方面深入探究 5—20 岁听障学生语句唇读理解能力的发展规律，以便为后续教学干预提供理论指导。

---

[1] Bernstein L E, Auer E T, Tucker P E. Enhanced speechreading in deaf adults: can short-term training/practice close the gap for hearing adults?[J]. Journal of Speech, Language, and Hearing Research, 2001,（44）: 5-18.

[2] Bernstein L E, Auer E T, Tucker P E. Enhanced speechreading in deaf adults: can short-term training/practice close the gap for hearing adults?[J]. Journal of Speech, Language, and Hearing Research, 2001,（44）: 5-18.

[3] Kyle F E, Harris M. Longitudinal patterns of emerging literacy in beginning deaf and hearing readers[J]. Journal of Deaf Studies & Deaf Education, 2011, 16(3): 289-304.

一、2 年段发展趋势

(一) 引言

Kyle 和 Harris 通过对听障儿童的追踪研究发现,随着年龄的增加,听障儿童语句唇读能力不断增长,而后出现平稳期[1]。但也有研究发现年龄对听障学生语句唇读理解能力并没有显著影响[2]。那么,听障学生的汉语语句唇读理解能力是否随年龄的发展会产生变化呢?本小节以 2 年段为划分标准深入探究听障学生语句唇读理解能力的发展规律,以期为听障学生语言训练提供参考。

(二) 方法

1. 被试

在武汉市某聋校和某康复中心选取 235 名听障学生作为被试,将所有参与实验的听障学生分为 8 组,具体情况见表 3-1。

2. 实验材料

同第二章第一节汉语语句唇读理解实验材料(见附录三)。

3. 实验设计

采用单因素被试间实验设计,其中年龄段是自变量,包括 8 个阶段,即 5—6 岁、7—8 岁、9—10 岁、11—12 岁、13—14 岁、15—16 岁、17—18 岁、19—20 岁;语句唇读理解的正确率和反应时为因变量。

4. 实验程序

同第二章第一节汉语语句唇读理解实验程序(见附录四)。

(三) 结果

对测试结果使用单因素方差分析探讨不同年龄段(2 年段)听障学生的语句唇读理解能力,表 5-1 呈现了听障学生语句唇读理解正确率和反应时的平均数与标准差。(说明:因 5—6 岁听障幼儿年龄较小,正确答案的选择由主试代为按键,中间可能存在反应时间的误差,故不考虑反应时的差异。)

---

[1] Kyle F E, Harris M. Predictors of reading development in deaf children: a 3-year longitudinal study[J]. Journal of Experimental Child Psychology, 2010, 107(3): 229-243.

[2] Alegria J, Charlier B, Mattys S. The role of lip-reading and cued speech in the processing of phonological information in French-educated deaf children[J]. European Journal of Cognitive Psychology, 1999, 11(4): 451-472.

表 5-1　不同年龄段（2 年段）听障学生语句唇读理解的正确率与反应时（$M\pm SD$）

年龄段	5—6 岁	7—8 岁	9—10 岁	11—12 岁
正确率	0.61±0.04	0.43±0.22	0.55±0.19	0.53±0.22
反应时（s）	—	7.17±2.94	5.84±2.70	6.02±2.99
年龄段	13—14 岁	15—16 岁	17—18 岁	19—20 岁
正确率	0.51±0.23	0.40±0.22	0.37±0.21	0.44±0.22
反应时（s）	6.96±2.60	6.09±1.98	6.24±2.32	6.60±2.62

1. 不同年龄段（2 年段）听障学生语句唇读理解正确率的比较

采用单因素方差分析，比较不同年龄段听障学生语句唇读理解正确率的差异。结果显示，不同年龄段听障学生语句唇读理解有显著性差异，$F(2, 227)=4.12$，$p<0.001$，事后检验（LSD）结果显示，5—6 岁听障学生语句唇读理解能力显著高于 7—8 岁、15—16 岁、17—18 岁、19—20 岁听障学生（表 5-1、图 5-1）。

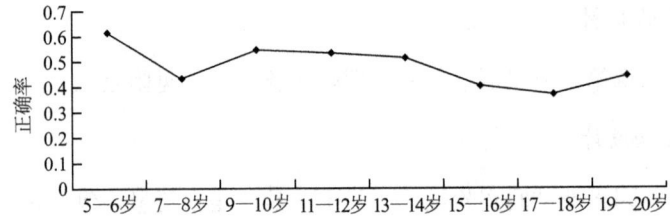

图 5-1　不同年龄段（2 年段）听障学生语句唇读理解正确率的比较

2. 不同年龄段（2 年段）听障学生语句唇读理解反应时的比较

采用单因素方差分析，比较不同年龄段听障学生语句唇读理解反应时的差异。结果显示，年龄段的主效应不显著，不同年龄段听障学生语句唇读理解的反应时无显著性差异，$F(6, 208)=1.05$，$p>0.05$。这表明不同年龄段听障学生语句唇读理解的认知加工速度趋于稳定（表 5-1、图 5-2）。

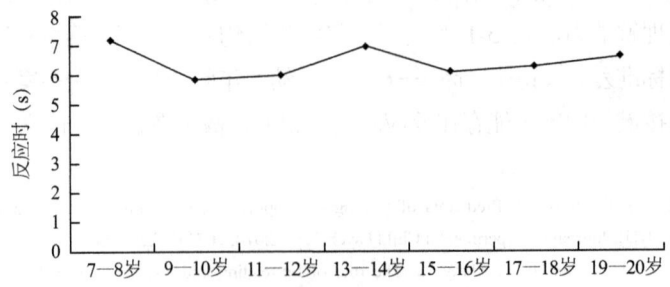

图 5-2　不同年龄段（2 年段）听障学生语句唇读理解反应时的比较

（四）讨论

实验结果发现,5—6岁听障学生语句唇读理解正确率显著高于7—8岁、15—16岁、17—18岁、19—20岁听障学生。这可能与5—6岁听障幼儿及早佩戴合适的助听设备有关[①]。已有研究表明听觉辅助的使用有助于提升听障学生唇读识别效果,听觉辅助的使用在某种程度上弥补了听觉损失,使听障者获得了听觉语言经验,帮助提取口形信息,与头脑中已有信息进行匹配,最终实现口形信息的正确理解。除此之外,听障幼儿及早接受语言训练也有助于语句的唇读理解[②]。正在接受唇读训练的听障幼儿通过不断训练视觉感知语言,逐渐发展提取视觉口形信息的能力,帮助自身建构视觉语言和听觉语言的内在联系。但从反应时来看,不同年龄段（5—6岁除外）听障学生语句唇读理解反应时无显著差异,说明他们的认知加工速度趋于稳定。

（五）结论

年龄段（2年段）影响听障学生语句唇读理解能力,5—6岁听障学生语句唇读理解能力强于7—8岁、15—16岁、17—18岁、19—20岁听障学生；不同年龄段听障学生语句唇读理解的认知加工速度趋于稳定。

（六）启示

听障学生语句唇读理解能力与汉字和词语一样,同样出现低龄优势化现象,再次表明唇读理解发展存在关键期,一方面,医疗康复人员和家长应在适合听障学生需求的情况下尽早为其选择合适的听觉辅助设备,利用残余听力促进听觉皮层对听觉刺激的反应,促进其语音识别和语言理解能力的发展；另一方面,家长和学校需尽可能营造良好的语言环境,巧妙结合生活细节,抓住语言发展关键期,帮助提升听障学生的语句唇读理解能力。此外,可结合听障学生词语唇读理解的优势,从较为形象的词语入手,逐步训练听障学生学会根据已有词汇推断其他遗漏信息,提升其整体语句唇读理解能力。

---

① 雷江华,甘琳琳,方俊明. 助听器对听障学生唇读汉字语音识别的作用[J]. 心理科学, 2006, 29(6): 42-43.
② 徐英. 学前听障儿童语言康复训练的个案研究[J]. 现代特殊教育, 2017, (17): 79-80.

二、5 年段发展趋势

（一）引言

以 2 年进行分段，发现 5—6 岁听障学生语句唇读理解能力显著高于 7—8 岁、15—16 岁、17—18 岁、19—20 岁听障学生；不同年龄段（5—6 岁除外）听障学生语句唇读理解的反应时不存在显著性差异。为进一步探究听障学生语句唇读理解能力发展趋势，本实验试图以 5 年进行分段，探究 5—9 岁、10—14 岁和 15—19 岁三个年龄段听障学生语句唇读理解能力的发展状况。

（二）方法

1. 被试

选取武汉市某聋校 199 名听障学生，男生 112 人，女生 87 人，平均年龄为 12.62±4.34 岁，平均听力损失为 98.42±13.13dB，其中 104 人佩戴助听器，95 人未佩戴助听器。研究参照 Tremblay 等的年龄分布规则，将所有参与实验的听障学生分为 3 组，具体情况见表 3-3。

2. 实验材料

同第二章第一节汉语语句唇读理解实验材料（见附录三）。

3. 实验设计

采用单因素被试间实验设计，其中年龄段是自变量，包括 3 个阶段，即 5—9 岁、10—14 岁、15—19 岁；语句唇读理解正确率和反应时为因变量。

4. 实验程序

同第二章第一节汉语语句唇读理解实验程序（见附录四）。

（三）结果

对测试结果使用单因素方差分析探讨不同年龄段（5 年段）听障学生的语句唇读理解能力，表 5-2 呈现了听障学生语句唇读理解正确率和反应时的平均数与标准差。（说明：因 5—9 岁听障幼儿年龄较小，正确答案的选择由主试代为按键，中间可能存在反应时间的误差，故不考虑反应时的差异。）

表 5-2 不同年龄段（5 年段）听障学生语句唇读理解的正确率与反应时（$M\pm SD$）

年龄段	5—9 岁	10—14 岁	15—19 岁
正确率	0.53±0.03	0.52±0.03	0.40±0.03
反应时（s）	—	6.38±2.74	6.30±2.31

1. 不同年龄段（5 年段）听障学生语句唇读理解正确率的比较

采用单因素方差分析，比较不同年龄段听障学生语句唇读理解正确率的差异。结果显示，不同年龄段听障学生语句唇读理解正确率有显著性差异，$F(2, 196)=7.66$，$p<0.01$，事后检验（LSD）结果显示，15—19 岁听障学生语句唇读理解正确率显著低于 5—9 岁和 10—14 岁听障学生，$p<0.05$，5—9 岁和 10—14 岁听障学生间无显著差异，$p>0.05$（表 5-2、图 5-3）。

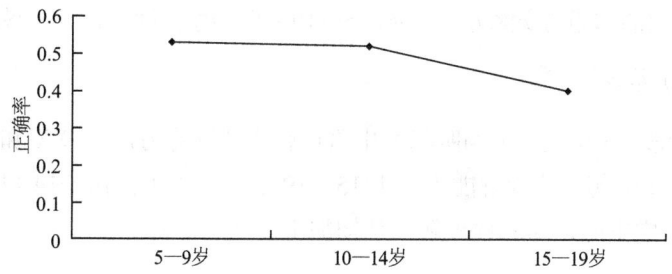

图 5-3 不同年龄段（5 年段）听障学生语句唇读理解正确率的比较

2. 不同年龄段（5 年段）听障学生语句唇读理解反应时的比较

采用独立样本 t 检验比较 10—14 岁和 15—19 岁听障学生语句唇读理解反应时的差异。结果显示，10—14 岁和 15—19 岁听障学生语句唇读理解的反应时无显著性差异，$t(142)=0.19$，$p>0.05$（表 5-2、图 5-4）。

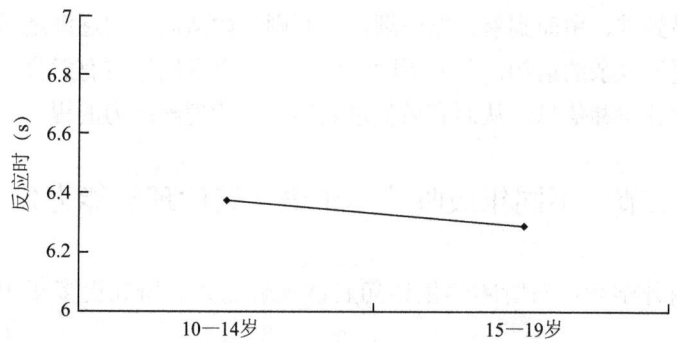

图 5-4 不同年龄段（5 年段）听障学生语句唇读理解反应时的比较

（四）讨论

实验结果发现，15—19 岁听障学生语句唇读理解正确率显著低于 5—9 岁和 10—14 岁听障学生。该研究结果与以往听障学生语音识别发展研究结果一致。这可能与 15—19 岁听障学生唇读训练较少有关，如 2016 年颁布的《聋校义务教育课程标准（2016 年版）》中的沟通与交往课程主要基于 1—3 年级和 4—6 年级。15—19 岁听障学生受聋校课程教学重点的影响[①]，其唇读训练在课堂教学中受重视的程度逐渐降低，更多依赖于个体自身及家庭成员的重视程度。从反应时来看 10—14 岁和 15—19 岁听障学生语句唇读理解的反应时无显著性差异，说明他们的语句唇读理解加工速度基本一致，但 15—19 岁听障学生语句唇读理解的正确率低于 10—14 岁听障学生，这可能与 15—19 岁听障学生所处的环境有关。对这一阶段听障学生的教学更偏重书面阅读，且他们常年寄宿于聋校中，自身所处的聋人文化群体使得手语成为彼此间主要的沟通与交流方式，导致 15—19 岁听障学生缺乏相应的唇读训练。

（五）结论

年龄段（5 年段）影响听障学生语句唇读理解能力，5—9 岁和 10—14 岁听障学生语句唇读理解能力强于 15—19 岁听障学生；10—14 岁和 15—19 岁听障学生的语句唇读理解的认知加工速度趋于稳定。

（六）启示

教师和相关教育工作者应继续坚持聋校沟通与交往课标要求，重视听障学生的语言训练尤其是低中龄段学生的语言训练，根据学生发展需要适当调整教学内容，充分发挥低中龄听障学生语句唇读理解的优势，逐渐与高龄段听障学生的认知发展特点相结合，继续对唇读训练给予一定的关注，以巩固早期语句唇读训练成果。这一过程中应遵循语言发展的内在规律，秉承由易到难、由简到繁、循序渐进的原则，如从简单句逐渐递进为句式或语法更为复杂的语句，帮助听障学生学会将语音归纳成有意义的单元，并推断弥补遗漏信息，从而有效促进其语句唇读理解能力的提升。

第二节 不同年级听障学生语句唇读理解能力发展

国内外学者针对听障学生语句唇读理解能力的研究更多集中于年龄

[①] 王强虹. 聋生看话能力的调查[J]. 中国特殊教育, 1997, (2): 15-19.

发展，较少从年级角度开展。王强虹等通过调查一年级到九年级听障学生的语句唇读理解能力，发现听障学生语句唇读理解成绩随年级的增长逐渐提高，在七年级达到顶峰，而后逐渐下降[①]。为进一步明晰听障学生语句唇读理解能力的年级发展趋势，本节继续采用实验法从逐年级和年级段两方面对听障学生语句唇读理解能力予以深入探究。

一、逐年级发展趋势

（一）引言

目前国内已有研究发现听障学生语句唇读理解能力随年级的增高有所提升，但综观已有研究可发现从年级角度探究听障学生语句唇读理解能力多采用调查法，较少采用实验法细致探究听障学生语句唇读理解能力的逐年级发展趋势。因此，本实验在以往调查结果的基础上，采用相对完善的汉语语句唇读理解测试工具，考察逐年级听障学生汉语语句唇读理解能力的发展趋势。

（二）方法

1. 被试

选取武汉市两所聋校 199 名听障学生，听障男生 115 人，听障女生 84 人，平均年龄为 14.01 ± 4.07 岁，平均听力损失为 $97.82\pm12.65dB$，具体情况见表 3-5。

2. 实验材料

同第二章第一节汉语语句唇读理解实验材料（见附录三）。

3. 实验设计

采用单因素被试间实验设计，其中年级是自变量，包括 12 个年级，即一年级、二年级、三年级、四年级、五年级、六年级、七年级、八年级、九年级、十年级、十一年级、十二年级；语句唇读理解的正确率和反应时为因变量。

4. 实验程序

同第二章第一节汉语语句唇读理解实验程序（见附录四）。

---

① 王强虹. 聋生看话能力的调查[J]. 中国特殊教育, 1997, (2):15-19.

(三)结果

对测试结果使用单因素方差分析探讨逐年级听障学生语句唇读理解能力,表 5-3 呈现了逐年级听障学生语句唇读理解正确率和反应时的平均数与标准差。

表 5-3 逐年级听障学生语句唇读理解的正确率与反应时($M\pm SD$)

年级	一年级	二年级	三年级	四年级	五年级	六年级
正确率	0.42±0.25	0.45±0.22	0.52±0.22	0.49±0.12	0.47±0.23	0.41±0.20
反应时(s)	8.43±2.33	6.54±2.77	5.61±2.97	6.46±2.46	7.24±2.61	6.90±2.74
年级	七年级	八年级	九年级	十年级	十一年级	十二年级
正确率	0.50±0.25	0.41±0.24	0.35±0.19	0.48±0.21	0.45±0.23	0.43±0.25
反应时(s)	2.61±1.55	5.61±1.55	5.65±1.97	6.60±2.60	5.92±2.53	7.54±2.77

1. 逐年级听障学生语句唇读理解正确率的比较

采用单因素方差分析,比较逐年级听障学生语句唇读理解正确率的差异。结果显示,逐年级听障学生语句唇读理解正确率无显著性差异,$F(11, 187)=0.94$,$p>0.05$。这表明听障学生的语句唇读理解能力并没有随着逐年级的升高而明显改变(表 5-3、图 5-5)。

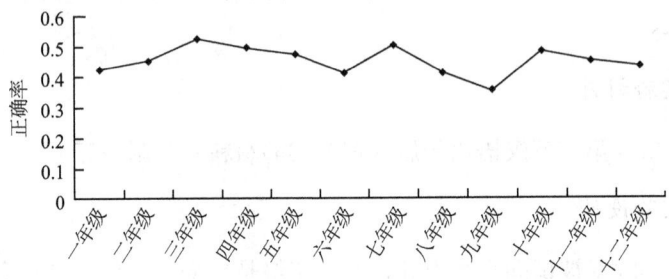

图 5-5 不同年级听障学生语句唇读理解正确率的比较

2. 逐年级听障学生语句唇读理解反应时的比较

采用单因素方差分析,比较逐年级听障学生语句唇读理解反应时的差异。结果显示,逐年级听障学生语句唇读理解反应时无显著性差异,$F(11, 187)=1.57$,$p>0.05$(表 5-3、图 5-6)。

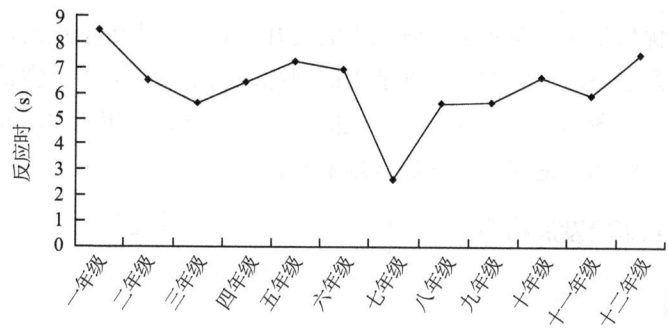

图 5-6　不同年级听障学生语句唇读理解反应时的比较

（四）讨论

实验结果发现，一至十二年级的听障学生，其语句唇读理解正确率无显著性差异，说明一至十二年级听障学生的语句唇读理解能力一直保持平稳发展。这可能与语句唇读理解任务相对较难，所需的认知加工能力较为复杂有关。不同于汉字和词语，语句唇读理解既需要相应的语音感知和词汇识别能力，同时也要求一定的工作记忆和逻辑推理能力。有个案研究显示优秀唇读者完成语句唇读任务是根据视频内容迅速复述、回忆口形，随后尝试识别语音并将其归纳为有意义的语言单位，最后再根据已有的词语推断填充信息遗漏部分的过程[①]。据此可知，相对于汉字、词语，语句唇读理解任务更为复杂，对唇读者的工作记忆、逻辑推理等综合认知能力有着更高的要求，但这些认知能力并非随着年级的增长线性发展，而是受到多种因素的综合作用，所以听障学生在语句唇读理解任务中的表现和加工效率并没有随着年级的增长出现显著变化。

（五）结论

逐年级听障学生的语句唇读理解能力基本一致；唇读语句的加工速度趋于稳定。

（六）启示

不同年级的听障学生尤其是低年级学生同样具备一定的语句唇读理解能力，因而教育干预者在低年级听障学生唇读理解训练中，不仅需要结合汉字和词语等语言级别较低的干预材料，同时也需要灵活组合不同词语，对语句中的重难点词语着重讲解，不断渗透简单句法信息，充分发挥词语

---

① Lyxell B. Skilled speechreading: a single-case study[J]. Scandinavian Journal of Psychology, 1994, (35): 212-219.

唇读理解优势带动语句唇读理解能力的提升。高年级听障学生语句唇读理解能力的发展则需借助相关推理能力的训练，在日常学习中，尝试利用思维导图及流程图等方式培养听障学生的抽象思维能力，使其逐渐养成独立思考、能推断相关遗漏信息的唇读理解能力。

二、年级段发展趋势

（一）引言

视觉信息在言语交流中承载着重要的语音信息，个体可以根据自身需要有效地利用这些信息以提高语音识别能力，并在此基础上进一步理解语言[①]。唇读是听障学生言语知觉的重要方式，听障学生语句唇读理解能力的发展对于干预训练、沟通交流和语言教学起着重要的指导作用。那么听障学生语句唇读理解能力随着年级段的增加会发生显著变化吗？本实验以年级段为依据考察听障学生汉语语句唇读理解能力的发展趋势。

（二）方法

1. 被试

实验选取武汉市两所聋校 196 名听障学生，年龄范围在 7—20 岁，男生 102 名，女生 94 名，平均年龄为 14.49 ± 3.88 岁，平均听力损失为 98.68 ± 12.67 dB，其中 108 人佩戴助听器，88 人未佩戴助听器。研究将 1—12 年级的学生分为 4 组，具体情况见表 3-7。

2. 实验材料

同第二章第一节汉语语句唇读理解实验材料（见附录三）。

3. 实验设计

采用单因素被试间实验设计，其中年级段是自变量，包括 4 个阶段，即 1—3 年级、4—6 年级、7—9 年级、10—12 年级；语句唇读理解的正确率和反应时为因变量。

4. 实验程序

同第二章第一节汉语语句唇读理解实验程序（见附录四）。

---

① Weatherhead D, White K S. Read my lips: visual speech influences word processing in infants[J]. Cognition, 2017, 160: 103-109.

（三）结果

不同年级段听障学生语句唇读理解的正确率和反应时描述性统计见表 5-4。

表 5-4　不同年级段听障学生语句唇读理解的正确率与反应时（$M \pm SD$）

年级段	小学（1—3年级）	小学（4—6年级）	初中（7—9年级）	高中（10—12年级）
正确率	0.51±0.24	0.45±0.19	0.42±0.23	0.44±0.23
反应时（s）	6.57±3.30	6.62±2.57	5.69±1.92	6.71±2.46

1. 不同年级段听障学生语句唇读理解正确率的比较

采用单因素方差分析，比较不同年级段听障学生语句唇读理解正确率的差异。结果显示，不同年级段听障学生语句唇读理解的正确率无显著性差异，$F(3, 192)=1.15$，$p>0.05$（表 5-4、图 5-7）。

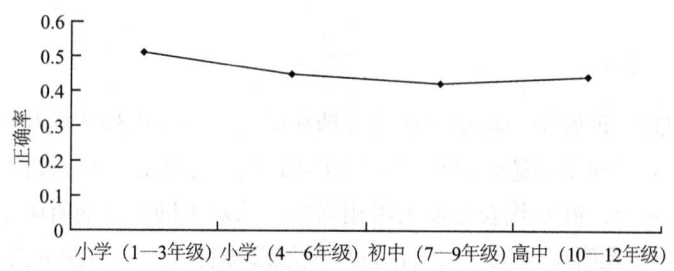

图 5-7　不同年级段听障学生语句唇读理解正确率的比较

2. 不同年级段听障学生语句唇读理解反应时的比较

采用单因素方差分析，比较不同年级段听障学生语句唇读理解反应时的差异。结果显示，不同年级段听障学生语句唇读理解的反应时无显著性差异，$F(3, 192)=1.67$，$p>0.05$（表 5-4、图 5-8）。

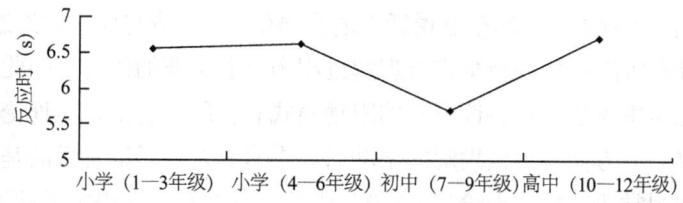

图 5-8　不同年级段听障学生语句唇读理解反应时的比较

（四）讨论

实验结果发现，不同年级段听障学生语句唇读理解能力一直保持平稳发展；同时语句唇读理解的反应时同样也无显著性差异。即年级段的变化对听障学生语句唇读理解能力和其加工速度的发展影响不大，这一结果同逐年级发展趋势相一致。因此不同于从年龄层面发现的低龄听障学生语句唇读理解能力较强的现象，听障学生语句唇读理解能力并没有随着年级段的增长而明显改变，主要是由于同一年级听障学生年龄异质性大，不同年龄的相互作用使得年级水平并不能很好地代表相应的发展水平。同时这一研究结果也与王强虹[1]和赵俊杰等[2]发现的听障学生语句唇读理解能力随着年级的增高而提升的结果不一致，这可能与研究方法的使用、研究材料的选取和评估方式的不同有关。此外，语句唇读理解任务的难度也可能使语句唇读理解能力的表现并没有随年级的增长出现明显的变化。

（五）结论

不同年级段听障学生的语句唇读理解能力和唇读理解加工速度趋于稳定。

（六）启示

语句唇读理解是一种综合的语言理解能力，需要内外环境与自身的相互协调，并非简单的感知过程。不同年级段听障学生语句唇读理解能力不具有明显差异，并不代表可以采用相同的方法对不同年级的听障学生重复训练，而是要在听障学生语句唇读理解发展总体特征上具体探究内部差异，有效联通共性特征和个性需求，整合彼此互利的因素，推进听障学生语句唇读理解能力的发展。

第三节　听障学生语句唇读理解眼动研究

由于听力损伤，大部分听障群体将唇读作为语言信息输入的基本方式之一。听障群体通过唇读获取说话者的言语信息，达成与他人的沟通交流，可见唇读在听障群体的视觉言语理解过程中有着重要的作用。因此，深入探究听障学生汉语语句唇读理解的眼动模式和机制具有重要的理论价值和实践意义。一方面，唇读理解的眼动研究丰富和发展了语言学的基本理论观点以及视觉语言感知理论，为听障学生的语言教育教学提供了理论基础，并进一步完善了唇读认知加工过程的理论。另一方面，唇读训练不但有利

---

[1] 王强虹. 聋生看话能力的调查[J]. 中国特殊教育, 1997, (2): 15-19.
[2] 赵俊杰, 张树一. 聋生看话能力的调查与分析[J]. 现代特殊教育, 2010, (1): 18-22.

于提高听障儿童的语言能力,而且有利于发展他们的思维能力,更有利于他们融合到普通班级接受教育。因此,通过眼动研究来进一步明晰听障学生汉语语句唇读理解的眼动认知加工过程,既可以为听障儿童的语言康复训练(特别是唇读训练)提供实践指导,又可以促进唇读语音识别技术的开发与应用。

一、唇读的眼动研究进展

鉴于视觉信息在言语感知加工、言语习得与发展中的重要性以及不同通道条件对言语感知活动的影响,近年来许多研究者逐渐运用眼动追踪技术深入细致地考察健听人和聋人在视听双通道和单一视觉通道条件下视觉言语感知(唇读)的眼动特征及其差异。已有研究对健听人在视听双通道下的唇读眼动特征尚存分歧,但在单一视觉通道条件下,健听人和聋人的唇读眼动特征则具有一致性;此外,就眼动特征与唇读表现的关系而言,不同研究者给出了"相关"和"无关"两种答案。

(一)唇读眼动特征研究

1. 以健听人为对象的视听双通道整合研究

(1)关注嘴巴区域

健听人在理解他人话语内容时,不仅依赖于听觉信息,而且会用眼睛观察说话者唇形和其他面部区域的变化,以期更准确地把握话语意义[1]。Sumby 和 Pollack 发现在嘈杂的环境中,观看说话者的嘴唇运动能够提高听觉语言的识别能力[2]。从说话者口部和其他面部区域获取的视觉信息在口语感知与理解中至关重要。说话者的嘴唇、颌骨与相邻的面部肌肉运动在视觉言语感知包括声音信息辨别和语言整体理解中均发挥重要作用[3][4]。Barenholtz 等曾考察成人在加工熟悉和陌生语言时对说话者嘴巴周围视听言语线索的利用是否存在差异,发现成人对说话者嘴巴周围视听言语线索

---

[1] Woodhouse L, Hickson L, Dodd B. Review of visual speech perception by hearing and hearing-impaired people: clinical implications[J]. International Journal of Language & Communication Disorders, 2009, 44(3): 253-270.

[2] Sumby, W H, Pollack I. Visual contribution to speech intelligibility in noise[J]. The Journal of the Acoustical Society of America, 1954, 26(2): 212-215.

[3] Dodd B, Mcintosh B, Erdener D, et al. Perception of the auditory-visual illusion in speech perception by children with phonological disorders[J]. Clinical Linguistics & Phonetics, 2009, 22(1): 69-82.

[4] Jordan T R., Sheen M, Abedipour L, et al. Visual speech perception in foveal and extrafoveal vision: further implications for divisions in hemispheric projections[J]. PLoS ONE, 2014, 9(7): e98273.

的利用受到实验任务、语言熟悉度和语言水平等的影响。[1]当明确言语加工任务时，单语和双语者在熟悉和陌生两种语言条件下对嘴巴注视时间均显著高于对眼睛注视时间；且单语者在陌生语言条件下对嘴巴注视时间相较于熟悉语言条件更长，双语者则未出现此种现象。该研究为嘴巴是视听言语信息加工的重要信息来源提供了证据，且更精确地说明了语言熟悉度对唇读视觉信息分配的调控作用，同时也表明唇读过程中对面部信息的视觉注意分配与实验任务密切相关。这与Lansing和McConkie的实验结果[2]类似，该研究发现视听双通道下成人唇读加工中识别情绪性和韵律信息时更关注眼睛；而当任务强调音段信息（segmental information）时，则更关注嘴巴区域，表明唇读者可以根据任务需要将视觉注意分配给最有效的信息来源部位。Buchan等也发现相对于情绪判断任务，语音识别任务使得嘴巴受到了更多的关注[3]。此外，听觉信号的强弱和说话起止（onset-offset）同样影响到唇读者对面部区域的选择性加工[4]。关于说话者性别，目前仅有研究发现其会影响到唇读者对面部区域的整体加工情况。如向18—20岁的16名健听青年呈现男性和女性说话者唇读视频，考察他们在面对不同性别说话者时唇读眼动特征是否具有差异，结果显示唇读者在唇读女性说话者视频时注视频率显著高于在唇读男性说话者视频时的注视频率[5]。

（2）关注眼睛区域

然而，并非所有研究结果均支持健听人在视听双通道条件下集中注视嘴巴区域，有研究发现作为重要社交线索来源的眼睛同样在唇读识别和理解中扮演重要角色。一项眼动研究发现，婴儿和成人在视听双通道条件下，唇读过程中对面部区域的注视并不均匀，主要集中于面部上半区域，即唇

---

[1] Barenholtz E, Mavica L, Lewkowicz D J. Language familiarity modulates relative attention to the eyes and mouth of a talker[J]. Cognition, 2016, 147: 100-105.

[2] Lansing C R, McConkie G W. Attention to facial regions in segmental and prosodic visual speech perception tasks[J]. Journal of Speech, Language, and Hearing Research, 1999, 42(3): 526-539.

[3] Buchan J N, Paré M, Munhall K G. Spatial statistics of gaze fixations during dynamic face processing[J]. Social Neuroscience, 2007, 2(1): 1-13.

[4] Lansing C R, McConkie G W. Word identification and eye fixation locations in visual and visual-plus-auditory presentations of spoken sentences[J]. Percept Psychophys, 2003, 65(4): 536-552.

[5] Lansing C R., McConkie G W. Word identification and eye fixation locations in visual and visual-plus-auditory presentations of spoken sentences[J]. Percept Psychophys, 2003, 65(4): 536-552.

读者更加关注说话者的眼睛而非鼻子和嘴巴[①]。以往研究也发现成年健听人在视听双通道条件下，唇读时会花费大量的时间注视眼睛，在无噪声水平下，眼睛注视时间占比达 65%；即使在高噪声水平下，仍然在眼睛上保持了 45%的注视时间。研究进一步发现唇读者通常表现出一只眼睛（≥70%）比另一只眼睛注视时间更长的情况，并且这种情况会随着噪声水平的升高而有所增加[②]。研究者据此认为唇读者并不能从下颚和嘴唇运动面部模式中完全获取与韵律和语音有关的视觉性信息，眼睛同样提供了重要的唇读信息。

（3）发展性变化

视觉线索对言语感知过程的影响随年龄的发展呈现出不同的变化，如有研究通过跨通道词图匹配任务也发现 5—9 岁儿童相对于 4 岁和 10—14 岁儿童更少受到视觉信息的影响，意味着视觉信息对儿童的言语感知有显著性影响，且随年龄发展呈现出 U 形变化趋势[③]。早期 McGurk 也发现，相对于儿童，视觉言语对成人影响更大[④]。但并非所有研究均给出一致性结论，Thompson 等就曾通过实验表明视觉线索对 9 岁儿童和成年人言语感知的影响并没有显著差异[⑤]。一项以汉语母语者为被试的研究中也发现二年级、五年级小学生和大学生在单音节加工中均受到视觉线索的影响，但并未随年龄的增长表现出发展趋势[⑥]。那么唇读眼动特征是否会因年龄的发展而有所变化呢？Lewkowicz 和 Hansen-Tift 发现拥有双语背景的婴儿在 4 个月时并未更多关注眼睛，但在眼睛和嘴巴注视时间上并无较大差异，表明双语婴儿注视偏好的转移可能发生在更早时期[⑦]，8 个月时则与单语婴儿一样更多关注嘴巴，12 个月时又不同于单语婴儿注视区域受语言熟悉度

---

① Smith N A, Gibilisco C R, Meisinger R E, et al. Asymmetry in infants' selective attention to facial features during visual processing of infant-directed speech[J]. Frontiers in Psychology, 2013, 4: 601.

② Vatikiotis-Bateson E, Eigsti I M, Yano S, et al. Eye movement of perceivers during audiovisual speech perception[J]. Percept Psychophys, 1998, 60(6): 926-940.

③ Jerger S, Damian M F, Spence M J, et al. Developmental shifts in children's sensitivity to visual speech: a new multimodal picture-word task[J]. Journal of Experimental Child Psychology, 2009, 102(1): 40-59.

④ McGurk H, Macdonald J. Hearing lips and seeing voices[J]. Nature, 1976, 264(5588): 746.

⑤ Thompson L A, Driscoll D, Markson L. Memory for visual-spoken language in children and adults[J]. Journal of Nonverbal Behavior, 1998, 22(3): 167-187.

⑥ 李燕芳, 梅磊磊, 董奇. 汉语母语者视听双通道言语知觉的特点及发展研究[J]. 心理发展与教育, 2008, 24(3): 43-47.

⑦ Lewkowicz D J, Hansen-Tift A M. Infants deploy selective attention to the mouth of a talking face when learning speech[J]. Proceedings of the National Academy Sciences, 2012, 109(5): 1431-1436.

的影响，双语婴儿在母语和非母语的唇读视频中都更多关注嘴巴，且两种情况下的嘴巴注视时间都要长于单语婴儿，表明唇读的眼动特征会受到年龄发展和语言经验的双重影响，双语婴儿能够最大限度地有效利用来自嘴巴区域的视听线索构建两个不同的语言系统[1]。就现有研究而言，关于唇读眼动发展性研究较少，且被试多为婴儿群体，以更大年龄的儿童、学生为被试群体的研究和连续性研究相对较少，因此尚无法明确唇读眼动特征是否会在更大年龄发展中呈现出不同的变化。

综观上述研究发现，虽然言语活动涉及整个面部肌肉的精细协调运动，但较之于面部其他区域（眉毛、鼻子、脸颊等），更多研究指出唇读者在视听双通道唇读过程中，更加关注说话者嘴巴和眼睛区域，但具体聚焦于哪一区域，研究结果尚不统一。一方面，唇读者在嘴巴区域的眼动特征受到语言熟练度、实验任务和说话起止等的影响；另一方面，唇读者在眼睛区域的眼动特征则受到噪声水平等的影响。同时，唇读者的眼动特征可能并不固定，随着年龄的发展，在不同的语言和认知能力背景下呈现出阶段性发展特征。

2. 单一视觉通道研究

（1）以健听人士为对象

上述研究已经表明健听人在视听双通道条件下的眼动特征，那么在单一视觉通道下，个体唇读眼动特征是否会发生变化呢？Lansing 和 McConkie 比较了 16 名健听成人在单一视觉和视听（低密度声音）通道条件下唇读的眼动特征，发现在面部整体注视点频率上，单一视觉条件下的注视点更少，唇读分数更低，表明唇读任务越困难可能会导致更少的注视点[2]。在面部区域注视比例上，相对于视听条件，单一视觉条件下注视嘴巴时间更多，表明随着唇读任务难度和获取可视语音信息需求的增加，以嘴巴为导向的信息源吸引效应得到了促进。同时 Hunnius 和 Geuze 也发现婴儿在观看无声视频时，相对于面部其他区域更加关注眼睛和嘴巴，其中嘴巴注视时间多于眼睛[3]。此外，Lansing 进一步根据说话起止将说话过程分为说话前、说话时和说话后三个阶段，发现唇读者在说话前和说话后更

---

[1] Pons F, Bosch L, Lewkowicz D J. Bilingualism modulates infants' selective attention to the mouth of a talking face[J]. Psychological Science, 2015, 26(4): 490-498.

[2] Lansing C R, McConkie G W. Word identification and eye fixation locations in visual and visual-plus-auditory presentations of spoken sentences[J]. Percept Psychophys, 2003, 65(4): 536-552.

[3] Hunnius S, Geuze R H. Developmental changes in visual scanning of dynamic faces and abstract stimuli in infants: a longitudinal study[J]. Infancy, 2004, 6(2): 231-255.

多地关注说话者的眼睛,而在说话时则更多地注意说话者的嘴巴,即被试在唇读过程中形成了类似于"眼-嘴-眼"的眼动模式[1]。

(2) 以听障人士为对象

不同于健听人视觉信息的辅助作用,唇读对于听觉受损或缺失的听障人士而言,是他们口语交流中获取信息的重要途径,也是融入主流社会所必需的能力。国外研究显示,即使植入人工耳蜗获得听觉线索,听障人士仍然比健听人更加依赖视觉语言[2]。国内也有类似发现:听障学生在不同视听条件下唇读语音识别的正确率从高到低依次为视听条件、视觉条件和听觉条件,且存在显著性差异。这一结果不但证实了听障学生视听通道效应的存在,而且表明佩戴助听器的听障学生仍可能主要依赖视觉感知语音信息[3]。这既可能源于知觉补偿作用,也可能是因为听障学生在听觉信号的基础上需进一步吻合唇形才能理解唇读内容。那么听障人士在唇读过程中的眼动特征是否类似于健听人呢?Worster 等通过眼动追踪考察了 33 名 5—8 岁听障儿童和 59 名健听儿童唇读语句理解过程的眼动特征,在事前对听障和健听两组儿童的认知能力进行匹配的基础上,进一步对一部分听障儿童进行口语干预,对另一部分听障儿童进行非语言干预(该研究采用的是数学干预),最终探究三组儿童(接受口语干预的听障儿童、没有接受口语干预的听障儿童、健听儿童)眼动特征的差异。过程中在儿童每看完一个唇读语句视频后,让儿童通过口语或者手语的方式报告唇读内容,并根据单词正确个数计分,此过程中同时记录儿童注视时间和注视比例等眼动指标。结果发现,在嘴巴注视时间上,听障儿童和健听儿童并无显著性差异,但有过口语训练的听障儿童比未受过口语训练的听障儿童更加关注说话者的嘴巴,且两者差异达到显著水平;在"眼-嘴-眼"眼动模式上,所有儿童都在唇读过程中伴随说话起止出现此种模式,这和以上成人唇读眼动特征相似,并且发现听障儿童比健听儿童更常运用这种模式[4]。但此种现象是否会随着年龄的变化而改变,听障成人是否也会出现与听障儿童相似的

---

[1] Lansing C R, McConkie G W. Word identification and eye fixation locations in visual and visual-plus-auditory presentations of spoken sentences[J]. Percept Psychophys, 2003, 65(4): 536-552.

[2] Pimperton H, Ralph-Lewis A, MacSweeney M. Speechreading in deaf adults with cochlear implants: evidence for perceptual compensation[J]. Frontiers in Psychology, 2017, 8:106.

[3] 雷江华, 方俊明, 王伟忠, 等. 听障学生唇读语音识别视听通道效应的实验研究[J]. 心理科学, 2008, 31(2): 312-314.

[4] Worster E, Pimperton H, Ralph-Lewis A, et al. Eye movements during visual speech perception in deaf and hearing children[J]. Language Learning, 2018, 68: 159-179.

眼动特征，不同听觉损失程度、不同唇读能力和不同认知能力的听障人士眼动特征是否存在差异，高唇读能力者有哪些共同的注视偏好仍需进一步探索。

（二）眼动特征与唇读的关系研究

1. 眼动特征与唇读表现相关

个体在视听或单一视觉通道条件下受各因素的影响会表现出不同的面部区域眼动特征。那么这些眼动特征与唇读表现是否相关呢？如果两者不相关，是否意味着唇读者在唇读中的眼动特征并不会影响到自身的唇读表现呢？如果两者之间存在关联，是注视时间越长抑或是注视时间越短，唇读表现就越好呢？为此，许多研究者试图将面部区域与言语信息联系起来。如 Finn 和 Montgomery 曾尝试将与语音信息相关的静态唇形进行量化，以明晰唇部所包含的语音线索[1]。也有研究曾描述了不同面部区域运动之间的相关性，指出在言语感知中使用非唇面部提示的可能性，但最有效的信息提示似乎存在于嘴巴及口腔区域中[2]。Marassa 和 Lansing 曾使用一种限制面部区域的视频技术考察了26名健听大学生和4名双侧感音神经性听力损失的成年人在两种面部暴露条件（全脸和嘴巴加下颌）下唇读识别60个单音节单词的影响，发现两种条件下唇读识别正确率相似，具体而言在嘴巴加下颌暴露条件下识别正确率达56%，而在全脸暴露条件下仅提升至59%，表明仅注视嘴巴区域信息已足以进行单词识别，其他面部区域的增加并不能显著改善唇读表现[3]。其他研究者也发现当整个嘴巴被掩盖时，被试的唇读正确率显著降低[4]。在单一视觉语言、视听一致条件下唇读者仅观察嘴部运动（面部其他区域保持静止）时所改善的听觉言语感知和视听不一致时所损害的听觉言语感知与被试在观察整体面部区域时一样有效[5]。

面部不同区域均对唇读表现有所影响，但阻挡嘴部比掩盖面部其他区

---

[1] Finn K, Montgomery A A. Automatic optically-based recognition of speech[J]. Pattern Recognition Letters, 1988, 8(3): 159-164.

[2] Gurler D, Doyle N, Walker E, et al. A link between individual differences in multisensory speech perception and eye movements[J]. Attention, Perception, & Psychophysics, 2015, 77(4): 1333-1341.

[3] Marassa L K, Lansing C R. Visual word recognition in two facial motion conditions: full face versus lips-plus-mandible. Journal of Speech, Language, and Hearing Research, 1995, 38(6): 1387-1394.

[4] Pimperton H, Ralph-Lewis A, MacSweeney M. Speechreading in deaf adults with cochlear implants: evidence for perceptual compensation[J]. Frontiers in Psychology, 2017, 8:106.

[5] Thomas S M, Jordan T R. Contributions of oral and extraoral facial movement to visual and audiovisual speech perception[J]. Journal of Experimental Psychology: Human Perception and Performance, 2004, 30(5): 873-888.

域更能影响唇读表现，表明嘴巴的注视特征可能与唇读表现更加相关。研究发现 McGurk 效应与嘴巴注视时间显著正相关，即嘴巴注视时间每增加 2%，McGurk 效应频率便提升 10%，越多注视说话者嘴巴的被试越频繁地出现 McGurk 效应。感知 McGurk 效应需要来自说话者口中的视觉信息与来自说话者声音的听觉信息相结合，以产生不同于听觉和视觉刺激的虚幻感知。注视说话者嘴巴更长时间的被试可能从嘴巴区域获取了更为精确的视觉言语信息，从而导致 McGurk 效应的增加[①]。Yi 等则通过三个分实验考察不同信噪比（signal-to-noise ratio）、同时面对单个或两个说话者、注视点距离嘴巴不同角度三种情况对 11 名成人唇读表现的影响，发现在面对单个说话者且无噪声的情况下，注视点偏离嘴巴中心区域 15°内并不会影响唇读者对语句尾词识别的正确率；但伴随噪声的引入和同时呈现两名说话者（同一人）时，则发现注视点在偏离嘴巴中心区域 2.5°时，识别分数便会逐渐降低[②]。这表明当听觉线索受到阻碍时，嘴巴周边区域所提供的视觉信息对唇读表现的作用有所减弱。即在高信噪比条件下，唇读者在注视单个说话者时，可以在更大的范围内移动注视区域而不明显损害言语感知度；在低信噪比条件下，唇读者则通过改变注视模式即注视嘴巴的中心区域以优化语音清晰度。Young 等通过眼动追踪发现婴儿在 6 个月时对嘴巴注视时间越多，在随后 18 个月时表达性语言分数则越优[③]。同时 Worster 等在上述探究听障儿童唇读眼动特征的基础上进一步考察了其与唇读表现的关系，发现所有儿童（健听儿童和听障儿童）都表现出嘴巴注视时间越长，唇读表现越好的现象[④]，而这在以往关于成人的研究中并未出现。在"眼-嘴-眼"眼动模式与唇读表现关系上，唇读中越多使用这种模式的儿童唇读分数越高。这可能是由于高唇读能力的个体更可能综合有效地运用面部不同区域的语言信息，帮助自身识别和理解唇读内容。并且，相对于健听儿童，这种模式更能反映出听障儿童的语言和沟通技能。

[①] Gurler D, Doyle N, Walker E, et al. A link between individual differences in multisensory speech perception and eye movements[J]. Attention, Perception, & Psychophysics, 2015, 77(4): 1333-1341.

[②] Yi A, Wong W, Eizenman M. Gaze patterns and audiovisual speech enhancement[J]. Journal of Speech, Language, and Hearing Research, 2013, 56(2): 471-480.

[③] Young G S, Merin N, Rogers S J, et al. Gaze behavior and affect at 6 months: predicting clinical outcomes and language development in typically developing infants and infants at risk for autism[J]. Developmental Science, 2009, 12(5): 798-814.

[④] Worster E, Pimperton H, Ralph-Lewis A, et al. Eye movements during visual speech perception in deaf and hearing children[J]. Language Learning, 2018, 68: 159-179.

2. 眼动特征与唇读表现无关

然而，并非全部研究均支持眼动特征与唇读表现密切相关。如 Lansing 和 McConkie 则发现唇读语句的正确率和嘴巴注视时间无关，而与语句本身的难度和个体唇读熟练度有关[①]。Lundine 和 McCauley 等也未发现眼动特征与唇读音素识别相关[②]。也有研究通过系列实验考察了眼动特征对视听言语感知的影响，发现并不能根据眼动特征很好地预测 McGurk 效应的感知性，研究者进一步通过操纵被试注视点的位置发现其并没有显著影响视听言语感知[③]。笔者通过比较上述研究发现：研究中的被试数量仅仅在 20 人左右或更少，因此猜想是否过少的被试数量也会对眼动特征和唇读表现之间相关性的结果有所影响。

综上所述，唇读眼动特征和唇读表现的关系研究主要存在两种结论。一方面，唇读眼动特征与唇读表现紧密相关，即唇读者在不同面部区域的眼动差异和整体面部眼动模式会影响其唇读表现；另一方面，唇读眼动特征与唇读表现无直接关联，即个体唇读眼动特征差异对唇读表现无显著影响。现有研究中，对两者关系的探讨多运用相关分析进行，并未直接探究不同唇读能力的个体是否具有不同的唇读眼动模式。

（三）小结

通过对唇读眼动相关研究的梳理，不难发现唇读眼动研究主要集中于视听双通道和单一视觉通道两种条件下对唇读者眼动特征进行探究，并在此基础上开始考察两者关系。从最初明晰面部信息对唇读的重要性，到具体探究唇读者眼动特征，再到进一步厘清眼动特征与唇读表现的关系。其研究对象日益扩大，语言材料日趋丰富，研究内容逐渐多元化，对唇读眼动特征及其与唇读表现关系的认识也更加深化和具体。

第一，在唇读眼动特征研究上，受健听唇读者唇读熟练度的影响，更多研究偏重在视听双通道条件下考察唇读者唇读过程中的眼动特征。视听双通道条件下唇读者眼动注视区域虽不固定，但大部分研究证实其主要聚

---

① Lansing C R, McConkie G W. Word identification and eye fixation locations in visual and visual-plus-auditory presentations of spoken sentences[J]. Percept Psychophys, 2003, 65(4): 536-552.

② Lundine J P, McCauley R J A. Tutorial on expository discourse: structure, development, and disorders in children and adolescents[J]. American Journal of Speech-Language Pathology, 2016, 25(3): 306.

③ Paré M, Richler R C, Ten H M. Gaze behavior in audiovisual speech perception: the influence of ocular fixations on the McGurk effect[J]. Perception & Psychophysics, 2003, 65(4): 553-567.

焦于眼睛和嘴巴区域，具体区域的注视时间或比例受到唇读者年龄、听觉信号强弱、唇读熟练度和唇读任务难度的影响。在感官信息相对缺乏的单一视觉通道条件下，健听唇读者在整体面部区域上表现出更少的注视点，而在嘴巴上呈现出更多的注视时间。同时值得注意的是，听障与健听唇读者伴随说话起止均出现"眼-嘴-眼"的眼动注视模式。

第二，在眼动特征与唇读表现关系研究上，现有研究或指出紧密相关，或认为无直接关联，结论尚未达成一致，这既可能源于唇读者年龄和数量的差异，也可能在一定程度上受唇读任务的影响。关于听障人士唇读眼动研究则发现其眼动特征与唇读表现密切相关，一方面，在部分面部区域中，不同于健听成人，听障儿童嘴巴的时间注视比例与唇读表现呈正相关，即嘴巴注视时间越长，唇读表现越好；另一方面，在整体面部区域中，类似于健听儿童，听障儿童"眼-嘴-眼"眼动注视模式的运用同样与唇读表现呈正相关。同时，相对于健听儿童，此种模式与听障儿童的唇读表现关联更强，更能反映出他们的语言能力。但目前此类研究较为缺乏，没有更充分的证据予以佐证。

第三，在唇读眼动整体研究上，目前唇读眼动研究整体数量偏少，以听障人士等特殊群体为被试的唇读眼动研究则更是微乎其微。在现有唇读眼动研究中，更多集中于眼动特征研究，直接探究眼动特征与唇读表现关系的研究则相对较少。并且，已有研究多以单词和语句为实验材料，缺少在音素层面的研究。同时，大多数研究主要针对不同对象的横向研究，尚缺乏纵向的追踪研究。

（四）启示

根据已有研究进展情况，后续可能还需从如下几个方面进行深入探索。首先，结合汉语材料，从音素层面和语法层面更加深入细致地考察唇读眼动特征。一方面，在唇读识别上，受唇形、开口度和舌位的影响，元音较辅音视素可见性更高，因此唇读过程中也更易被识别。那么唇读眼动特征是否也会受不同音素唇形的圆展、开口度的闭合和舌紧张部位的影响呢？随着语音识别需求的变化，是否以动态的方式实时变化呢？未来可从汉语音素的显著特征出发更加细化唇读眼动研究；另一方面，在唇读理解上，主语、谓语和宾语等不同成分在句子理解中发挥不同作用，个体在唇读语句理解过程中的眼动特征是否在句子不同成分上有不同的表现呢？今后也可通过变换语句长度、句式结构和语义复杂度等方式予以深入探究。

其次，注重纵向发展性追踪研究。近期Kyle等的系列研究表明年龄与听障儿童唇读理解能力密切相关。Kyle 和 Harris 采用追踪法证明听障儿童的唇读能力随年龄的增加不断增长并在 10 岁左右出现平稳期[1]；并在进一步的研究中采用新型儿童唇读测试（ToCS）工具，比较了 5—14 岁听障和健听儿童在单词、句子、篇章三种语言级别上唇读能力的发展。结果指出，随着年龄的增长，健听和听障儿童的唇读测试成绩均有所提高[2]。据此我们是否可以推断不同年龄的儿童在面部整体加工模式和面部不同区域加工模式上也会表现出一定的发展趋势呢？如若眼动特征与唇读表现相关，是否儿童唇读眼动发展特征与自身唇读能力发展趋势相似呢？现存研究尚无法回答此类问题，因此未来可从纵向视角探究唇读眼动发展性特征。

最后，拓展不同听障人士的唇读眼动研究，加强与健听人对照研究。目前大量的行为实验已经证实不同人口学背景或认知能力的听障人士唇读能力存在差异。如已有研究表明有听觉辅助的听障儿童唇读能力显著高于无听觉辅助的听障儿童。那么未来唇读眼动研究是否可以借助已有唇读研究结果继续深入呢？对于健听人而言，通过增加噪声或者降低声音密度从而改变声音信号强弱会影响其唇读眼动特征，那么尚存残余听力或佩戴听觉辅助设备的听障人士在视觉和视听通道条件下的唇读眼动特征是否存在差异呢？听觉损失程度、听觉辅助类型（人工耳蜗或助听器）和家庭交流环境会不会进一步影响听障人士的唇读眼动特征呢？相对于健听人，两者有哪些共同性特征呢？这些相似性和特异性特征是否又和唇读表现有紧密联系呢？此外，除上述人口学变量外，阅读等认知能力也可能与听障人士的唇读眼动特征密切相关。如 Worster 等研究发现听障儿童唇读过程中眼-嘴-眼的扫视次数与单词阅读分数显著相关，但这并不存在于健听儿童中，对此研究者并未给出更深层次的解释。考虑到听障人士阅读能力与唇读能力紧密相关[3][4][5]，未来可进一步具体探讨不同阅读能力的听障人士唇读眼

---

[1] Kyle F E, Harris M. Predictors of reading development in deaf children: a three year longitudinal study[J]. Journal of Experimental Child Psychology, 2010, 107(3): 229-243.

[2] Kyle F E, Campbell R, Mohammed T, et al. Speechreading development in deaf and hearing children: introducing the test of child speechreading[J]. Journal of Speech, Language, and Hearing Research, 2013, 56(2): 416-426.

[3] Kyle F E, Harris M. Concurrent correlates and predictors of reading and spelling achievement in deaf and hearing school children[J]. Journal of Deaf Studies and Deaf Education, 2006, 11(3): 273-288.

[4] Kyle F E, Campbell R, MacSweeney M. The relative contributions of speechreading and vocabulary to deaf and hearing children's reading ability[J]. Research in Developmental Disabilities, 2016, 48: 13-24.

[5] Rodríguez-Ortiz I R, Saldaña D, Moreno-Perez F J. How speechreading contributes to reading in a transparent ortography: the case of Spanish deaf people[J]. Journal of Research in Reading, 40(1): 75-90.

动特征是否存在差异，高阅读能力的听障人士唇读眼动特征是否存在共性等。上述问题的深入探讨有利于明晰听障人士唇读过程中的眼动特征，发现其规律和特点，既可丰富听障学生唇读理论研究体系，也可为听障学生语言干预训练和沟通与交往课程的开展提供一定的指导。

二、不同年龄听障学生语句唇读理解眼动特征的发展

（一）引言

视觉线索对言语感知过程的影响随年龄的发展是否会呈现出不同的变化呢？一方面，有研究通过跨通道词图匹配任务发现5—9岁儿童相对于4岁和10—14岁儿童更少受到视觉信息的影响，意味着视觉信息对儿童的言语感知有显著性影响，且随年龄发展呈现出U形趋势[①]。早期McGurk也发现，相对于儿童，视觉言语对成人影响更大[②]。另一方面，也有实验表明视觉线索对9岁儿童和成年人言语感知的影响并没有显著差异[③]。一项以汉语母语者为被试的研究中发现二年级、五年级小学生和大学生在单音节加工中均受到视觉线索的影响，但并未随年龄的增长表现出发展趋势[④]。国内有研究者发现听障儿童的面孔加工能力与年龄发展有关，9—10岁阶段听障儿童对面孔加工的能力大幅提升，其面孔加工策略的选择不是一成不变的，随年龄增长以及在学校的学习，听障儿童对面孔加工的方式更加多元化[⑤]。那么听障学生唇读眼动模式是否会随年龄的发展而有所变化呢？

（二）方法

1. 被试

选取武汉市两所聋校的120名7—20岁的听障学生为实验被试，进行实验数据分析时，删除16名不合格被试，最终进入正式数据分析的共104名被试。所有被试除听觉障碍外无其他障碍，且视力或矫正视力正常。实

---

① Jerger S, Damian M F, Spence M J, et al. Developmental shifts in children's sensitivity to visual speech: A new multimodal picture–word task[J]. Journal of Experimental Child Psychology, 2009, 102(1): 40-59.

② McGurk H, Macdonald J. Hearing lips and seeing voices. Nature, 1976, 264(5588): 746.

③ Thompson L A, Driscoll D, Markson L. Memory for visual-spoken language in children and adults[J]. Journal of Nonverbal Behavior, 1998, 22(3): 167-187.

④ 李燕芳, 梅磊磊, 董奇. 汉语母语者视听双通道言语知觉的特点及发展研究[J]. 心理发展与教育, 2008, 24(3): 43-47.

⑤ 张云翔. 7-17岁听力障碍儿童面孔加工发展的实验研究[D]. 上海: 华东师范大学硕士学位论文, 2019: 23-37.

验中采用的实验材料均为无声唇读视频,因此可以排除被试的听觉辅助设备因素的影响。最终进入正式数据分析的共 104 名被试,年龄范围在 7—20 岁,研究参照 Kyle 等的年龄分布规则,将参与实验的听障学生分为 7 组,具体情况见表 5-5。χ^2 检验表明,不同年龄段的人数分布无显著性差异,χ^2=3.96,p>0.05。

表 5-5 被试基本情况(M±SD）

年龄段	人数（人）	年龄（岁）	分性别人数（人）（男/女）
7—8 岁	11	7.64±0.51	6/5
9—10 岁	11	9.55±0.52	7/4
11—12 岁	15	11.47±0.52	6/9
13—14 岁	16	13.44±0.51	6/10
15—16 岁	16	15.63±0.50	9/7
17—18 岁	20	17.45±0.51	12/8
19—20 岁	15	19.13±0.35	7/8

进行数据分析前,首先删除由于头部移动和眼睛疲劳等情况眼动仪无法记录到眼动数据的被试;其次剔除不合格试次,即被试在一个试次的注视时间低于唇读视频时间的 50%,该试次将被剔除。最后,剔除完成实验试次数量少于 9 个（共 12 个）的被试。

2. 实验材料

同第二章第一节汉语语句唇读理解实验材料（见附录三）。

3. 实验设计

本实验采用 2（面部区域）×3（说话阶段）×7（年龄段）三因素混合实验设计。面部区域作为被试内变量,有 2 个水平,分别是眼睛和嘴巴;说话阶段作为被试内变量,有 3 个水平,分别是语前、语中和语后阶段;年龄段作为被试间变量,有 7 个水平,分别是 7—8 岁、9—10 岁、11—12 岁、13—14 岁、15—16 岁、17—18 岁和 19—20 岁。语句唇读理解正确率,以及眼睛和嘴巴区域的注视时间比例、注视点比例和平均瞳孔尺寸为因变量。

4. 实验程序

实验使用 Experiment Builder 软件编写实验程序,EyeLink1000Plus 眼

动仪记录眼动和行为数据，实验程序在 19[①]的 Dell 显示器（刷新频率为 60Hz），分辨率为 1024 像素×768 像素，被试距离显示器的距离为 65cm。

实验开始前主试记录被试的人口统计学基本信息，同时给被试呈现指导语（通过手语和书面语），确保每一名学生明白实验过程。开始实验时，首先对被试进行 9 点校准，并要求被试在实验过程中，保持下颌一直放在下颌托上，不得随意移动，以防头部发生较大幅度的运动影响实验数据；然后，被试通过按任意键开始实验，屏幕随即呈现红色的"请注意"字样，时间持续 1000ms，提醒被试开始实验，接着呈现无声的语句口形视频，让被试认真观看视频的内容，视频结束后呈现四幅图片，其中只有一幅图片与视频内容一致，请被试根据口形视频的含义，选取相匹配的图片，并按键反应。每一个被试完成实验过程大约需要 15 分钟，实验结束后给予被试礼物。正式实验之前，有 2 道题作为练习，实验处理时，练习数据不参与分析。

5. 眼动数据的分析指标

注视时间比例（IA Dwell Time %）：指被试在当前兴趣区领域所花费的注视时间占所有刺激总注视时间的比例。本实验注视时间比例指听障学生在眼睛或嘴巴区域所花费的注视时间占 12 个刺激总注视时间的比例。

注视点比例（IA Fixation %）：指被试在当前兴趣区领域落下的注视点占刺激总注视点的比例。本实验注视点比例指听障学生在眼睛或嘴巴区域所落下的注视点个数占 12 个刺激总注视点个数的比例。

平均瞳孔尺寸（Average Fix Pupil Size）：指当前兴趣区内所有注视点的平均瞳孔大小。本实验平均瞳孔尺寸指听障学生在眼睛或嘴巴区域内所有注视点的平均瞳孔大小。

6. 眼动数据剔除与兴趣区划分

所有被试均经过 9 点校准，以确保被试眼动参数的一致性。参照 Worster 等删除数据的标准，首先删除由于头部移动和眼睛疲劳等情况眼动仪无法记录到眼动数据的被试；其次剔除不合格试次，即被试在一个试次的注视时间低于唇读视频时间的 50%，该试次将被剔除；最后剔除完成实验试次数量少于 9 个（共 12 个）的被试。听障学生所剩视频刺激平均为 11（9—12）个。实验数据处理时，研究者主要将说话者的面部区域划分为 2 个兴趣区：眼睛区域和嘴巴区域。每一个视频刺激根据说话起止时间划

---

① 1 inch=2.54cm。

分为三部分：语前、语中和语后。

（三）结果

1. 不同年龄段听障学生语句唇读理解正确率的结果分析

采用单因素方差分析，比较不同年龄段听障学生语句唇读理解正确率的差异。实验结果显示，不同年龄段听障学生语句唇读理解正确率无显著性差异，$F(6, 97)=0.505$，$p>0.05$，即不同年龄段听障学生语句唇读理解能力并无显著性差异。

2. 不同年龄段听障学生注视时间比例的结果分析

不同年龄段听障学生语句唇读理解过程中，语前、语中和语后眼睛和嘴巴注视时间比例见表5-6。

表5-6 听障学生语句唇读理解过程中语前、语中和语后眼睛嘴巴注视时间比例（$M±SD$）

年龄段	语前		语中		语后	
	眼睛	嘴巴	眼睛	嘴巴	眼睛	嘴巴
7—8岁	0.707±0.214	0.084±0.109	0.093±0.070	0.830±0.110	0.522±0.195	0.237±0.174
9—10岁	0.739±0.219	0.054±0.087	0.230±0.158	0.722±0.158	0.586±0.118	0.182±0.122
11—12岁	0.761±0.187	0.064±0.081	0.152±0.111	0.796±0.155	0.662±0.205	0.170±0.158
13—14岁	0.720±0.138	0.092±0.095	0.124±0.102	0.823±0.127	0.626±0.179	0.174±0.127
15—16岁	0.843±0.148	0.047±0.062	0.190±0.184	0.772±0.201	0.655±0.178	0.180±0.153
17—18岁	0.679±0.150	0.135±0.077	0.074±0.083	0.873±0.106	0.464±0.190	0.288±0.162
19—20岁	0.679±0.122	0.082±0.064	0.108±0.080	0.850±0.096	0.620±0.157	0.229±0.147

重复测量方差分析发现，面部区域的主效应极其显著，眼睛注视时间比例显著高于嘴巴，$F(1, 97)=36.140$，$p<0.001$，$\eta_p^2=0.271$；说话阶段的主效应极其显著，$F(2, 194)=59.381$，$p<0.001$，$\eta_p^2=0.380$，对说话阶段进行事后检验发现，语中注视时间比例显著高于语前和语后（$p<0.001$，$p<0.001$），语前和语后间注视时间比例不存在显著性差异（$p>0.05$）；年龄段的主效应不显著（表5-7、图5-9、图5-10）。

面部区域和说话阶段的交互作用极其显著，$F(2, 194)=1150.441$，$p<0.001$，$\eta_p^2=0.922$，控制面部区域进行简单效应分析发现，语前眼睛注视时间比例显著高于语中和语后（$p<0.001$，$p<0.001$），语后眼睛注视时间比例显著高于语中（$p<0.001$）；语中嘴巴注视时间比例显著高于语前和语后（$p<0.001$，$p<0.001$），语后嘴巴注视时间比例显著高于语前（$p<0.001$）。控制说话阶段进行简单效应分析发现，语前阶段，听障学生在眼睛和嘴巴

区域注视时间比例差异极其显著（$p<0.001$），眼睛注视时间比例显著高于嘴巴；语中阶段，嘴巴注视时间比例显著高于眼睛（$p<0.001$）；语后阶段，眼睛注视时间比例显著高于嘴巴（$p<0.001$）。

面部区域和年龄段的交互作用显著，$F(6, 97)=3.321$，$p<0.01$，$\eta_p^2=0.170$，控制面部区域进行简单效应分析发现，15—16 岁听障学生眼睛注视时间比例显著高于 7—8 岁、17—18 岁、19—20 岁听障学生（$p<0.01$，$p<0.001$，$p<0.05$），17—18 岁听障学生眼睛注视时间比例显著低于 9—10 岁、11—12 岁、13—14 岁、15—16 岁听障学生（$p<0.05$，$p<0.01$，$p<0.05$，$p<0.001$）；17—18 岁听障学生嘴巴注视时间比例显著高于 9—10 岁、11—12 岁、13—14 岁、15—16 岁听障学生（$p<0.01$，$p<0.01$，$p<0.05$，$p<0.01$）。控制年龄段进行简单效应分析发现，9—10 岁、11—12 岁、13—14 岁、15—16 岁听障学生眼睛注视时间比例显著高于嘴巴（$p<0.01$，$p<0.01$，$p<0.05$，$p<0.001$），7—8 岁、17—18 岁、19—20 岁听障学生眼睛与嘴巴注视时间比例无显著性差异（$p>0.05$）。说话阶段和年龄段交互作用不显著，三因素交互作用不显著。

表 5-7　2（面部区域）×3（说话阶段）×7（年龄段）听障学生语句唇读理解注视时间比例的方差分析结果

方差来源	F	p	η_p^2
面部区域	36.140***	0.000	0.271
说话阶段	59.381***	0.000	0.380
年龄段	1.626	0.148	0.091
面部区域×说话阶段	1150.441***	0.000	0.922
面部区域×年龄段	3.321**	0.005	0.170
说话阶段×年龄段	1.140	0.334	0.066
面部区域×说话阶段×年龄段	1.059	0.397	0.061

注：*表示 $p<0.05$，**表示 $p<0.01$，***表示 $p<0.001$。下同。

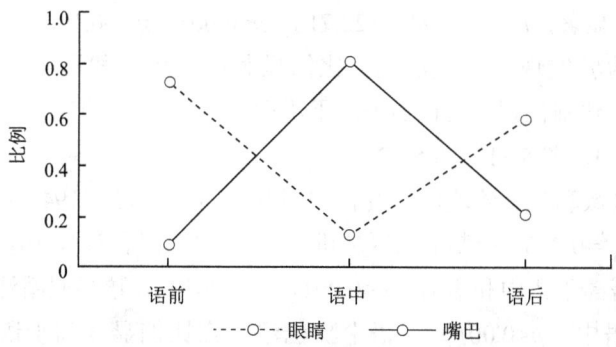

图 5-9　听障学生语句唇读理解不同说话阶段注视时间比例比较

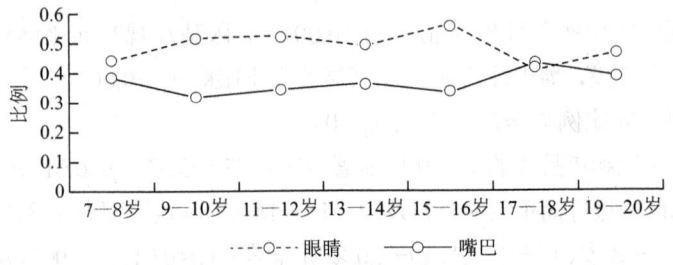

图 5-10 不同年龄段听障学生眼睛嘴巴注视时间比例的比较

3. 不同年龄段听障学生注视点比例的结果分析

不同年龄段听障学生语句唇读理解过程中,语前、语中和语后眼睛和嘴巴注视点比例见表 5-8。

表 5-8 听障学生语句唇读理解过程中语前、语中和语后眼睛嘴巴注视点比例($M\pm SD$)

年龄段	语前		语中		语后	
	眼睛	嘴巴	眼睛	嘴巴	眼睛	嘴巴
7—8 岁	0.660±0.215	0.136±0.150	0.214±0.091	0.609±0.143	0.499±0.178	0.217±0.132
9—10 岁	0.685±0.181	0.100±0.098	0.394±0.142	0.474±0.133	0.553±0.107	0.190±0.118
11—12 岁	0.691±0.213	0.126±0.124	0.325±0.163	0.543±0.191	0.622±0.196	0.159±0.145
13—14 岁	0.657±0.142	0.151±0.127	0.303±0.139	0.529±0.112	0.570±0.179	0.185±0.122
15—16 岁	0.789±0.165	0.102±0.105	0.420±0.156	0.468±0.147	0.659±0.161	0.166±0.121
17—18 岁	0.594±0.141	0.211±0.114	0.210±0.149	0.651±0.168	0.440±0.176	0.292±0.143
19—20 岁	0.618±0.105	0.142±0.105	0.304±0.158	0.582±0.172	0.597±0.147	0.215±0.131

重复测量方差分析发现,面部区域的主效应极其显著,眼睛注视点比例显著高于嘴巴,$F(1, 97)=93.168$,$p<0.001$,$\eta_p^2=0.490$;说话阶段的主效应极其显著,$F(2, 194)=22.718$,$p<0.001$,$\eta_p^2=0.190$,对说话阶段进行事后检验发现,语中注视点比例显著高于语前和语后($p<0.001$,$p<0.001$),语前注视点比例显著高于语后($p<0.05$);年龄段的主效应不显著(表 5-9、图 5-11、图 5-12)。

面部区域和说话阶段的交互作用极其显著,$F(2, 194)=451.319$,$p<0.001$,$\eta_p^2=0.823$,控制面部区域进行简单效应分析发现,语前眼睛注视点比例显著高于语中和语后($p<0.001$,$p<0.001$),语后眼睛注视点比例显著高于语中($p<0.001$);语中嘴巴注视点比例显著高于语前和语后($p<0.001$,$p<0.001$),语后嘴巴注视点比例显著高于语前($p<0.001$)。控

制说话阶段进行简单效应分析发现,语前阶段,听障学生在眼睛和嘴巴区域注视点比例差异极其显著($p<0.001$),眼睛注视点比例显著高于嘴巴;语中阶段,嘴巴注视点比例显著高于眼睛($p<0.001$);语后阶段,眼睛注视点比例显著高于嘴巴($p<0.001$)。

面部区域和年龄段的交互作用显著,$F(6,97)=4.247$,$p<0.01$,$\eta_p^2=0.208$,控制面部区域进行简单效应分析发现,15—16岁听障学生眼睛注视点比例显著高于7—8岁、13—14岁、17—18岁、19—20岁听障学生($p<0.01$,$p<0.05$,$p<0.001$,$p<0.05$),17—18岁听障学生眼睛注视点比例显著低于9—10岁、11—12岁、13—14岁、15—16岁、19—20岁听障学生($p<0.01$,$p<0.01$,$p<0.05$,$p<0.001$,$p<0.05$);17—18岁听障学生嘴巴注视点比例显著高于9—10岁、11—12岁、13—14岁、15—16岁听障学生($p<0.01$,$p<0.01$,$p<0.05$,$p<0.001$)。控制年龄段进行简单效应分析发现,7—8岁、9—10岁、11—12岁、13—14岁、15—16岁、19—20岁听障学生眼睛注视点比例显著高于嘴巴($p<0.05$,$p<0.001$,$p<0.001$,$p<0.001$,$p<0.001$,$p<0.01$),17—18岁听障学生眼睛与嘴巴注视点比例无显著性差异($p>0.05$)。说话阶段和年龄段交互作用不显著,三因素交互作用不显著。

表 5-9 2(面部区域)×3(说话阶段)×7(年龄段)听障学生语句唇读理解注视点比例的方差分析结果

方差来源	F	p	η_p^2
面部区域	93.168***	0.000	0.490
说话阶段	22.718***	0.000	0.190
年龄段	1.772	0.113	0.099
面部区域×说话阶段	451.319***	0.000	0.823
面部区域×年龄段	4.247**	0.001	0.208
说话阶段×年龄段	1.120	0.350	0.066
面部区域×说话阶段×年龄段	1.061	0.395	0.062

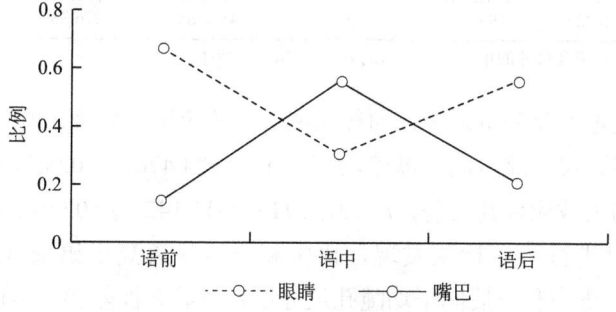

图 5-11 听障学生语句唇读理解不同说话阶段注视点比例比较

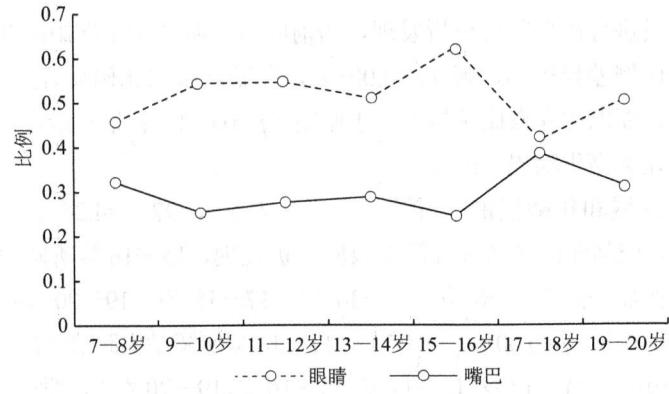

图 5-12 不同年龄段听障学生眼睛嘴巴注视点比例比较

4. 不同年龄段听障学生语句唇读理解平均瞳孔尺寸的结果分析

不同年龄段的听障学生在语句唇读理解过程中,语前、语中和语后注视眼睛和嘴巴平均瞳孔尺寸见表 5-10。

表 5-10 听障学生语句唇读理解过程中语前、语中和语后平均瞳孔尺寸（$M\pm SD$）

年龄段	语前		语中		语后	
	眼睛	嘴巴	眼睛	嘴巴	眼睛	嘴巴
7—8 岁	763.277±358.570	316.045±308.720	762.747±336.156	1232.093±369.620	1122.372±293.337	773.132±340.612
9—10 岁	933.835±271.419	437.420±432.868	1186.116±178.379	1255.075±391.905	1517.347±350.948	886.099±592.512
11—12 岁	862.793±205.035	380.276±291.490	972.330±381.499	1292.812±394.846	1371.517±322.238	744.858±524.659
13—14 岁	835.267±284.540	354.996±296.092	965.884±453.581	1122.949±314.582	1293.452±383.535	847.764±396.635
15—16 岁	800.149±202.726	220.727±184.259	956.651±363.210	1207.835±314.841	1227.431±396.928	786.497±372.691
17—18 岁	759.087±281.887	233.534±201.535	646.290±342.941	1193.346±387.641	1059.424±359.599	799.749±419.985
19—20 岁	692.013±158.822	181.204±199.716	793.788±355.611	1173.107±412.265	1085.514±276.389	853.909±555.449

注：表中平均瞳孔尺寸的单位，是眼动记录时使用的相对单位。

重复测量方差分析发现，面部区域的主效应极其显著，听障学生注视眼睛平均瞳孔尺寸显著高于嘴巴，$F(1, 97)=24.476$，$p<0.001$，$\eta_p^2=0.201$；说话阶段的主效应极其显著，$F(2, 194)=311.142$，$p<0.001$，$\eta_p^2=0.762$，对说话阶段进行事后检验发现，语中和语后显著高于语前（$p<0.001$，$p<0.001$），语中和语后间平均瞳孔尺寸不存在显著性差异（$p>0.05$）；年龄段的主效应显著，$F(1, 97)=2.509$，$p<0.05$，$\eta_p^2=0.134$，对年龄段进行事后检验发现，9—10 岁听障学生显著高于 7—8 岁、15—16 岁、17—18 岁和 19—20 岁听障学生（$p<0.05$，$p<0.05$，$p<0.01$，$p<0.01$）（表 5-11、图 5-13）。

面部区域和说话阶段的交互作用极其显著，$F(2, 194)=167.147$，$p<0.001$，$\eta_p^2=0.633$，控制面部区域进行简单效应分析发现，语后眼睛平均瞳孔尺寸显著高于语前和语中（$p<0.001$，$p<0.001$），语中眼睛平均瞳孔尺寸显著高于语前（$p<0.01$）；语中嘴巴平均瞳孔尺寸显著高于语前和语后（$p<0.001$，$p<0.001$），语后嘴巴平均瞳孔尺寸显著高于语前（$p<0.001$）。控制说话阶段进行简单效应分析发现，在语前阶段，听障学生在眼睛和嘴巴区域平均瞳孔尺寸差异极其显著（$p<0.001$），眼睛平均瞳孔尺寸显著高于嘴巴；语中阶段，嘴巴平均瞳孔尺寸显著高于眼睛（$p<0.001$）；语后阶段，眼睛平均瞳孔尺寸显著高于嘴巴（$p<0.001$）。面部区域和年龄段的交互作用不显著，说话阶段和年龄段的交互作用不显著，三因素交互作用不显著。

表 5-11 2（面部区域）×3（说话阶段）×7（年龄段）听障学生语句唇读理解平均瞳孔尺寸的方差分析结果

方差来源	F	p	η_p^2
面部区域	24.476***	0.000	0.201
说话阶段	311.142***	0.000	0.762
年龄段	2.509*	0.027	0.134
面部区域×说话阶段	167.147***	0.000	0.633
面部区域×年龄段	0.864	0.524	0.051
说话阶段×年龄段	0.703	0.748	0.042
面部区域×说话阶段×年龄段	1.534	0.115	0.087

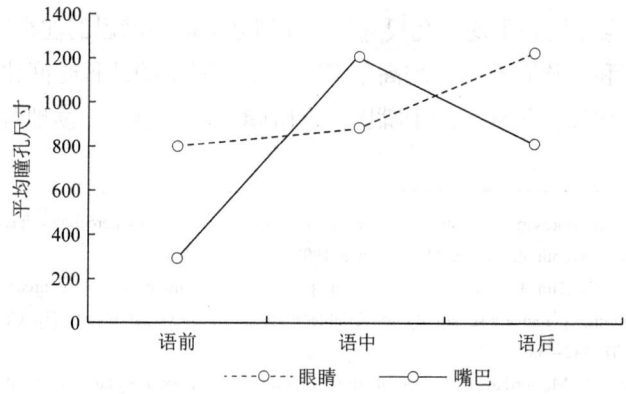

图 5-13 听障学生语句唇读理解不同说话阶段平均瞳孔尺寸比较

(四)讨论

1. 听障学生语句唇读理解在不同面部区域的眼动模式

不同年龄的听障学生在语句唇读理解中对眼睛和嘴巴面部区域的注视时间比例、注视点比例和平均瞳孔尺寸上均存在极其显著的差异,眼睛显著高于嘴巴,这说明眼睛在不同年龄听障学生整体语句唇读理解中都发挥重要的作用。这一结果也与Vatikiotis-Bateson等的研究结果保持一致[1],其在健听人士唇读眼动研究中发现即使在高噪声水平下,被试仍然花费大量的时间注视眼睛,眼睛注视时间占比达45%。眼神的接触与碰撞或相互凝视可以为人类语言或非语言形式的社会沟通提供关键性信号。尽管在不同的社会文化内,沟通与交往过程中对眼睛的注视时间和频率有不同的规范,但不可否认,说话者的眼睛是面部区域中的一个重要元素,包含情感、认知和语用的综合功能。听障学生在唇读理解过程中可以通过说话者眼睛区域的运动来获取会话的开始或结束、新一轮会话的转向、语调的起伏、重点信息或者情绪状态等有效信息,进而帮助他们更好地理解话语内容。Cvejic等发现面部上半部分与短语的韵律判断有关,即在仅提供面部上半部分情况下,被试可以较为准确地区分不同韵律的语句[2]。此前也有研究者发现眨眼与韵律信息具有强烈相关性,因此认为唇读者并不能从仅有下颌与双唇运动的相关面部变形模式中完全获取唇读所需要的所有信息[3]。句子的韵律结构和句法结构存在系统的映射关系,听障学生在语句唇读理解过程中,可能通过眼睛区域检索出与韵律和语音相关的视觉性信息,从而为语音合成的自然度和可懂度提供重要信息。

不同年龄的听障学生在语句唇读理解中在面部区域的眼动模式并不固定,受到说话阶段的影响。具体而言,听障学生在语前眼睛的注视时间比例、注视点比例和平均瞳孔尺寸均高于嘴巴,语中嘴巴的注视时间比例、注视点比例和平均瞳孔尺寸均高于眼睛,语后眼睛的注视时间比例、注视点比例和平均瞳孔尺寸均高于嘴巴,即听障学生在语句唇读理解中表现出

---

[1] Vatikiotis-Bateson E, Eigsti I M, Yano S, et al. Eye movement of perceivers during audiovisual speech perception[J]. Percept Psychophys, 1998, 60(6): 926-940.

[2] Cvejic E, Kim J, Davis C. Recognizing prosody across modalities, face areas and speakers: examining perceivers' sensitivity to variable realizations of visual prosody[J]. Cognition, 2012, 122(3): 442-453.

[3] Thomas S M, Jordan T R. Contributions of oral and extraoral facial movement to visual and audiovisual speech perception[J]. Journal of Experimental Psychology: Human Perception and Performance, 2004, 30(5): 873-888.

"眼睛-嘴巴-眼睛"的注视模式。这一结果与 Lansing 等关于健听成人语句唇读眼动研究结果保持一致[①]，并且该团队进一步提出此种注视模式出现的内在机制可能与"凝视假说"有关。凝视假说指出个体注视特定区域存在三个基础，首先面部某些特征可以迅速吸引眼睛，包括器官突然性的运动、局部视觉运动或高对比性刺激；其次采用的眼动策略会导致序列化的扫视活动；最后，实验任务可能驱使唇读者对面部某些特征较为敏感。基于凝视假说，本实验中听障学生在唇读语句理解中眼睛首要效应的出现，可能存在三种原因：第一，眼睛区域既是一个高对比性刺激区域，即瞳孔、虹膜、巩膜和睫毛等与周围的皮肤形成鲜明对比，又是面部最活跃的部位之一，即眼睛的运动频率和程度相对面部其他区域更高，因此听障学生在唇读理解中可能由于说话者眼睛区域的高对比性而首先注视眼睛，但本实验认为眼睛本身的物理性特征并不能成为眼睛首要效应出现的唯一原因。第二，听障学生受手语语言经验的影响，在眼动策略的采取上也会导致眼睛首要效应的出现。Emmorey 等通过一组追踪实验发现，相对于能熟练使用手语的健听人而言，听障人士则更倾向于注视说话者的眼睛或眼睛附近区域[②]。第三，与健听学生类似，听障学生在日常沟通与交往中同样存在注视说话者眼睛的偏好，在语前和语后试图从说话者的眼睛中获取策略性、人际交往和情感等信息，以此对说话者进行综合判定，实现眼睛作为信息源和社交互动信号源的集合功能。同样，语中过程中以嘴巴为导向的信息源吸引效应的出现，首先可能由于语中过程中嘴巴区域运动时存在刺激运动和刺激对比，导致语中过程中嘴巴注视时间比例与注视点比例增高和平均瞳孔尺寸的增加；其次，较之于语前和语后，语中过程可能会驱使听障学生采取与语音相关的眼动扫描策略，将眼动模式聚焦于嘴巴区域；最后，因为视网膜解析高空间频率的区域有限，人们倾向于将他们的视线引导到当前或预期的感兴趣区域以获得期望信息，因此注视区域也可能与唇读者本身的经验与信念相关[③]。听障学生受常识性或口语训练经验即嘴巴区域是任务所需视觉信息主要来源的影响，在语中过程将注视区域移动到自身

---

① Lansing C R, McConkie G W. Word identification and eye fixation locations in visual and visual-plus-auditory presentations of spoken sentences[J]. Percept Psychophys, 2003, 65(4): 536-552.

② Emmorey K, Thompson R, Colvin R. Eye gaze during comprehension of American sign language by native and Beginning signers[J]. Journal of Deaf Studies & Deaf Education, 2009, 14(2): 237.

③ Lansing C R, McConkie G W. Word identification and eye fixation locations in visual and visual-plus-auditory presentations of spoken sentences[J]. Percept Psychophys, 2003, 65(4): 536-552.

认为最有可能提供信息的新位置，以更有效地理解唇读信息。

2. 听障学生语句唇读理解在不同说话阶段的眼动模式

听障学生语句唇读理解中语中注视时间比例和注视点比例显著高于语前和语后，语中过程中听障学生平均瞳孔尺寸显著高于语前和语后。语中听障学生平均瞳孔尺寸的增大表明，听障学生对于语句理解的关键之处心理负荷增大，认知加工紧张程度增加，从而导致听障学生在不同说话阶段瞳孔尺寸发生了变化。语中阶段平均瞳孔尺寸的增加也体现出听障学生对实现唇读理解任务的关键阶段给予了更多的关注，投入了更多的心理资源。

3. 不同年龄段听障学生语句唇读理解眼动模式

研究结果表明，不同年龄段的听障学生在语句唇读理解中均呈现出"眼睛-嘴巴-眼睛"的整体注视模式，但15—16岁和17—18岁听障学生相对于7—8岁、9—10岁、11—12岁和13—14岁听障学生，在眼睛或嘴巴上的注视时间比例和注视点比例存在显著性差异。注视时间比例和注视点比例反映了听障学生对整个语句进行整合和理解的过程，即15—16岁和17—18岁听障学生语句加工过程与低年龄的听障学生存在差异。以往研究显示，视觉线索对言语感知和理解的影响随年龄的发展呈现出不同的变化。Thompson等的研究也显示从儿童到少年再到成年人，视觉言语的作用逐步增强[①]。本实验中，15—16岁和17—18岁听障学生比7—14岁听障学生更加关注眼睛或嘴巴面部区域，一方面，可能源于不同年龄段的学生对视觉言语利用的程度和注视偏好不同，7—14岁听障学生受本身年龄段知识水平的限制和学龄前语言训练的影响，对视觉言语的利用可能更多地集中于语音、单字和词汇阶段，在语句唇读理解中整体差异相对较小，而15—16岁、17—18岁听障学生随着对科学知识的系统性学习，个体语文知识如句法结构等语法性知识逐步积淀，使其在语句唇读理解中不仅限于从视觉信息中获取词汇等简单性信息，还可能试图从面部获得语法性信息和说话者情绪性信息，以此进行综合理解和判断。另一方面，唇读眼动模式受到自身语言知识经验和认知能力的调节[②]，听障学生虽然听觉受损，但伴随年龄增长，社交范围的进一步拓展，语言知识和沟通技能日益提升，高龄

---

① Thompson L A, Driscoll D, Markson L. Memory for visual-spoken language in children and adults[J]. Journal of Nonverbal Behavior, 1998, 22(3): 167-187.

② Lewkowicz D J, Hansen-Tift A M. Infants deploy selective attention to the mouth of a talking face when learning speech[J]. Proceedings of the National Academy Sciences, 2012, 109(5): 1431-1436.

听障学生在唇读眼动模式中更易展现自身的注意偏好。同时，高龄听障学生虽然眼睛等生理机制已基本发展成熟，但认知能力并未停滞不前，那么高龄听障学生出现的唇读眼动差异是否与自身认知能力如工作记忆系统的发展有关呢？以往关于歧义句眼动研究表明，工作记忆与句法分析具有一定的关系。高工作记忆容量者的注视次数和加工次数少于低工作记忆容量者，即高工作记忆容量者对语句的加工更容易[①]。这一现象同样可以推移到语句唇读研究中，高工作记忆容量被试通常注视次数少、眼跳幅度更大。但目前关于工作记忆与眼动模式关系研究多集中于书面阅读领域，因此不同年龄段听障学生认知能力的差异如工作记忆各个子成分的差异等是否影响唇读理解眼动模式，仍需更深入地研究探讨。

（五）结论

听障学生语句唇读理解中不同面部区域的眼动模式具有差异，即注视时间比例、注视点比例和平均瞳孔尺寸均存在显著差异，眼睛区域显著高于嘴巴区域，表现出眼睛在整体语句唇读理解中扮演着重要角色，但听障学生不同面部区域的眼动模式受到说话阶段的影响，语前眼睛的注视时间比例、注视点比例和平均瞳孔尺寸均高于嘴巴，语中嘴巴的注视时间比例、注视点比例和平均瞳孔尺寸均高于眼睛，语后眼睛的注视时间比例、注视点比例和平均瞳孔尺寸均高于嘴巴，即听障学生在语句唇读理解中表现出"眼睛-嘴巴-眼睛"的眼动模式。

听障学生在不同说话阶段注视时间比例、注视点比例和平均瞳孔尺寸均存在显著差异。语前眼睛的注视时间比例、注视点比例高于语后和语中，语中嘴巴注视时间比例、注视点比例高于语后和语前。同时语中阶段嘴巴的平均瞳孔尺寸显著高于语前和语后，表明听障学生在语句唇读理解的关键区域即语中阶段的嘴巴区域投入了更多的心理资源。

不同年龄段的听障学生语句唇读理解正确率无显著差异，在语句唇读理解中呈现出整体一致的"眼睛-嘴巴-眼睛"的眼动模式，但在眼睛和嘴巴不同面部区域的注视上存在差异。高龄听障学生相对于低龄听障学生在眼睛或嘴巴上的注视时间和注视点比例存在显著性差异，高龄听障学生比低龄听障学生更多地关注眼睛或嘴巴区域。因此，年龄的发展并不改变听障学生语句唇读理解整体眼动模式，而影响其在具体面部区域的眼动模式。

[①] 阎国利, 田宏杰, 白学军. 工作记忆与汉语歧义句加工的眼动研究[J]. 心理与行为研究, 2004, 2(3): 524-528.

(六)启示

探究不同年龄听障学生语句唇读理解的眼动模式,对于听障学生唇读训练和沟通与交往具有一定的借鉴意义。首先,根据听障学生在语句唇读理解中形成的"眼睛-嘴巴-眼睛"模式的结论,建议在对听障学生进行唇读训练时,不能一味地只要求学生注视嘴巴,忽略眼睛传达信息的重要性,应努力培养听障学生协调整体面部区域信息的能力。其次,语中阶段听障学生平均瞳孔尺寸增大,表明其认知负荷增大,因此教师或相关训练师进行唇读训练时,起初速度不宜过快,应尽量保持唇形标准且缓慢,并根据听障学生的实际需要逐渐加快速度,增强听障学生提取口形信息的能力。最后,不同年龄段的听障学生在面部具体区域的眼动模式上存在差异,可能与听障学生的认知能力发展有关,如是否能快速地从长时记忆中提取相匹配的信息,并基于此进行进一步的推断。因此,听障学生唇读理解能力的发展不仅以相应的唇读训练为基础,而且依赖于合理有效的思维训练。

三、不同年级听障学生语句唇读理解眼动特征的发展

(一)引言

Lewkowicz 和 Hansen-Tift 通过眼动技术追踪记录了单语婴儿在观看和聆听一位女性以婴儿母语(英语)和非母语(西班牙语)独白视频时的眼动轨迹,发现婴儿唇读过程中对面部特定区域的注视偏好并未保持固定,而是随着年龄的变化而改变[①]。婴儿在 4 个月时主要关注说话者的眼睛,在 8—10 个月时则主要关注说话者的嘴巴,即在 4—10 个月中,婴儿在唇读过程中对面部区域的注视偏好发生了转移,并且这种转移不受语言熟悉度的影响;在 12 个月时,当呈现母语视频时,婴儿则不再主要关注说话者的嘴巴,而重新将注视区域转移到眼睛。但当呈现非母语视频时,婴儿依然更多地关注嘴巴。研究者将第一次注视的转移归因于其能够帮助婴儿从嘴巴周围获取视听言语线索,以便促进自身母语学习;第二次注视的转移则可能由于日益丰富的母语知识使得婴儿开始有更多的时间通过注视眼睛以获取进一步的社交线索。就现有研究而言,关于唇读眼动发展性研究较少,因此本实验重在考察不同年级听障学生语句唇读理解眼动模式的发展变化。

---

① Lewkowicz D J, Hansen-Tift A M. Infants deploy selective attention to the mouth of a talking face when learning speech. Proceedings of the National Academy Sciences, 2012, 109(5): 1431-1436.

（二）方法

1. 被试

选取武汉市某两所聋校 136 名听障学生为实验被试。首先剔除由于头部移动和眼睛疲劳等情况眼动仪无法记录到眼动数据的被试，其次剔除被试在一个试次的注视时间低于唇读视频时间的 50% 的试次，最后剔除完成实验试次数量少于 9 个的被试，保留 119 名有效被试。研究参照 Chen 和 Lei 的年级分布[①]，将 119 名听障学生分为小学组、初中组、高中组：小学组 40 人（女 18 人，男 22 人，平均年龄为 10.35±1.90 岁，平均听力损失为 104.88±9.56dB），初中组 43 人（女 20 人，男 23 人，平均年龄为 16.33±2.09 岁，平均听力损失为 107.01±9.87dB），高中组 36 人（女 18 人，男 18 人，平均年龄为 19.03±1.68 岁，平均听力损失为 106.10±9.20dB）（表 5-12）。三组被试年龄有显著性差异，$F(2, 118)=208.48$，$p<0.001$，平均听力损失无显著性差异，$F(2, 118)=0.52$，$p=0.89$，性别分布无显著性差异，$\chi^2=0.20$，$p=0.91$。所有被试除听觉障碍外，无其他障碍。

表 5-12　被试基本情况

年级段	人数（人）	年龄（岁）（$M\pm SD$）	分性别人数（人）（男/女）
小学	40	10.35±1.90	22/18
初中	43	16.33±2.09	23/20
高中	36	19.03±1.68	18/18

2. 实验材料

同第二章第一节汉语语句唇读理解实验材料（见附录三）。

3. 实验设计

该实验采用 2（面部区域）×3（说话阶段）×3（年级段）三因素混合实验设计。面部区域作为被试内变量，有 2 个水平，分别是眼睛和嘴巴；说话阶段作为被试内变量，有 3 个水平，分别是语前、语中和语后阶段；年级段作为被试间变量，有 3 个水平，分别为小学、初中和高中。语句唇读理解正确率，以及眼睛和嘴巴区域的注视时间比例、注视点比例和平均瞳孔尺寸为因变量。

---

① Chen L, Lei J. The development of visual speech perception in mandarin Chinese-speaking children. Clinical Linguistics & Phonetics, 2017, 31(7-9): 514-525.

4. 实验程序

同本节第二部分"不同年龄听障学生语句唇读理解眼动特征的发展"的实验程序。

5. 眼动数据的分析指标

同本节第二部分"不同年龄听障学生语句唇读理解眼动特征的发展"的眼动数据的分析指标。

6. 眼动数据剔除与兴趣区划分

同本节第二部分"不同年龄听障学生语句唇读理解眼动特征的发展"的眼动数据剔除与兴趣区划分。

(三)结果

1. 不同年级段听障学生语句唇读理解正确率的结果分析

采用单因素方差分析,比较不同年级段听障学生语句唇读理解正确率的差异。结果显示(表5-13),不同年级段听障学生语句唇读理解正确率有显著性差异,$F(2, 118)=4.48$,$p=0.01$,事后检验(LSD)结果显示,高中阶段听障学生语句唇读理解正确率显著低于小学和初中阶段($p=0.004$,$p=0.04$)。

表5-13 不同年级段听障学生语句唇读理解正确率($M\pm SD$)

年级段	人数(人)	正确率
小学	40	0.57±0.23
初中	43	0.52±0.25
高中	36	0.41±0.23

2. 不同年级段听障学生注视时间比例的结果分析

不同年级段听障学生在语前、语中、语后阶段眼睛和嘴巴区域注视时间比例见表5-14。

表5-14 听障学生语句唇读理解过程中语前、语中和语后眼睛嘴巴注视时间比例($M\pm SD$)

年级段	语前		语中		语后	
	眼睛	嘴巴	眼睛	嘴巴	眼睛	嘴巴
小学	0.74±0.20	0.07±0.09	0.14±0.11	0.80±0.14	0.67±0.16	0.15±0.12
初中	0.78±0.14	0.08±0.07	0.13±0.14	0.83±0.16	0.66±0.20	0.18±0.16
高中	0.68±0.16	0.10±0.08	0.10±0.10	0.85±0.12	0.56±0.20	0.26±0.17

重复测量方差分析发现，面部区域的主效应极其显著，眼睛注视时间比例显著高于嘴巴，$F(1, 116)=42.05$，$p<0.001$，$\eta_p^2=0.27$；说话阶段的主效应极其显著，$F(2, 232)=57.85$，$p<0.001$，$\eta_p^2=0.33$，对说话阶段进行事后检验发现，语中注视时间比例显著高于语前和语后（$ps<0.001$），语前和语后注视时间比例不存在显著性差异（$p=0.44$）；年级段的主效应不显著（$p=0.07$）。

面部区域和说话阶段的交互作用极其显著，$F(2, 238)=1475.53$，$p<0.001$，$\eta_p^2=0.93$，控制面部区域进行简单效应分析发现，语前眼睛注视时间比例显著高于语中和语后（$ps<0.001$），语后眼睛注视时间比例显著高于语中（$p<0.001$）；语中嘴巴注视时间比例显著高于语前和语后（$ps<0.001$），语后嘴巴注视时间比例显著高于语前（$p<0.001$）。控制说话阶段进行简单效应分析发现，语前阶段，听障学生在眼睛和嘴巴区域注视时间比例差异极其显著（$p<0.001$），眼睛注视时间比例显著高于嘴巴；语中阶段，嘴巴注视时间比例显著高于眼睛（$p<0.001$）；语后阶段，眼睛注视时间比例显著高于嘴巴（$p<0.001$）。

面部区域和年级段的交互作用显著，$F(2,116)=4.43$，$p=0.01$，$\eta_p^2=0.07$，控制面部区域进行简单效应分析发现，高中段眼睛注视时间比例显著低于小学和初中段（$ps=0.01$）；高中段嘴巴注视时间比例显著高于小学段（$p=0.01$）。控制年级段进行简单效应分析发现，小学段和初中段眼睛注视时间比例显著高于嘴巴（$ps<0.001$），高中段眼睛与嘴巴注视时间比例无显著性差异（$p=0.23$）。说话阶段和年级段的交互作用不显著（$p=0.17$），三因素交互作用不显著（$p=0.15$）。

3. 不同年级段听障学生注视点比例的结果分析

不同年级段听障学生在语前、语中、语后阶段眼睛和嘴巴区域注视点比例见表 5-15。

表 5-15　听障学生语句唇读理解过程中语前、语中和语后眼睛嘴巴注视点比例（$M±SD$）

年级段	语前		语中		语后	
	眼睛	嘴巴	眼睛	嘴巴	眼睛	嘴巴
小学	0.69±0.21	0.13±0.13	0.33±0.15	0.52±0.15	0.62±0.16	0.15±0.11
初中	0.71±0.15	0.14±0.10	0.33±0.17	0.56±0.16	0.64±0.20	0.18±0.13
高中	0.61±0.16	0.17±0.12	0.26±0.16	0.60±0.18	0.54±0.17	0.25±0.15

重复测量方差分析发现，面部区域的主效应极其显著，眼睛注视点比

例显著高于嘴巴，$F(1, 116)=99.77$，$p<0.001$，$\eta_p^2=0.46$；说话阶段的主效应极其显著，$F(2, 232)=19.76$，$p<0.001$，$\eta_p^2=0.15$，对说话阶段进行事后检验发现，语中注视点比例显著高于语前和语后（$ps<0.001$）；年级段的主效应不显著（$p=0.05$）。

面部区域和说话阶段的交互作用极其显著，$F(2, 232)=554.36$，$p<0.001$，$\eta_p^2=0.83$，控制面部区域进行简单效应分析发现，语前眼睛注视点比例显著高于语中和语后（$ps<0.001$），语后眼睛注视点比例显著高于语中（$p<0.001$）；语中嘴巴注视点比例显著高于语前和语后（$ps<0.001$），语后嘴巴注视点比例显著高于语前（$p<0.001$）。控制说话阶段进行简单效应分析发现，语前阶段，听障学生在眼睛和嘴巴区域注视点比例差异极其显著（$p<0.001$），眼睛注视点比例显著高于嘴巴；语中阶段，嘴巴注视点比例显著高于眼睛（$p<0.001$）；语后阶段，眼睛注视点比例显著高于嘴巴（$p<0.001$）。

面部区域和年级段交互作用显著，$F(5, 84)=4.82$，$p=0.001$，$\eta_p^2=0.22$，控制面部区域进行简单效应分析发现，高中段眼睛注视点比例显著低于小学和初中段（$p=0.02$，$p=0.008$）；高中段嘴巴注视点比例显著高于小学段（$p=0.01$）。控制年级段进行简单效应分析发现，小学、初中、高中阶段眼睛注视点比例显著高于嘴巴（$ps<0.001$）。说话阶段和年级段交互作用不显著（$p=0.24$），三因素交互作用不显著（$p=0.72$）。

4. 不同年级段听障学生平均瞳孔尺寸的结果分析

不同年级段听障学生在语前、语中、语后阶段眼睛和嘴巴区域平均瞳孔尺寸见表5-16。

表5-16 听障学生语句唇读理解过程中语前、语中和语后平均瞳孔尺寸（$M\pm SD$）

年级段	语前		语中		语后	
	眼睛	嘴巴	眼睛	嘴巴	眼睛	嘴巴
小学	825.79±267.32	371.72±325.46	1022.13±416.10	1264.02±391.02	1345.82±355.72	785.84±465.53
初中	832.92±216.03	291.01±260.70	948.66±353.39	1137.84±355.76	1306.46±358.95	830.52±400.52
高中	684.86±199.00	270.56±237.80	658.27±342.62	1268.68±328.60	1007.01±313.40	777.00±434.85

重复测量方差分析发现，面部区域的主效应极其显著，听障学生注视眼睛平均瞳孔尺寸显著高于嘴巴，$F(1, 116)=23.40$，$p<0.001$，$\eta_p^2=0.17$；说话阶段的主效应极其显著，$F(2, 232)=358.80$，$p<0.001$，$\eta_p^2=0.76$，

对说话阶段进行事后检验发现，语中和语后显著高于语前（$ps<0.001$），语中和语后间平均瞳孔尺寸不存在显著性差异（$p=0.06$）；年级段的主效应显著，$F(2, 116)=6.42$，$p=0.002$，$\eta_p^2=0.10$，对年级段进行事后检验发现，高中段显著低于小学段和初中段（$p=0.001$，$p=0.01$）。

面部区域和说话阶段的交互作用极其显著，$F(2, 232)=209.27$，$p<0.001$，$\eta_p^2=0.64$，控制面部区域进行简单效应分析发现，语后眼睛平均瞳孔尺寸显著高于语前和语中（$ps<0.001$），语中眼睛平均瞳孔尺寸显著高于语前（$p=0.002$）；语中嘴巴平均瞳孔尺寸显著高于语前和语后（$ps<0.001$），语后嘴巴平均瞳孔尺寸显著高于语前（$p<0.001$）。控制说话阶段进行简单效应分析发现，语前阶段，听障学生在眼睛和嘴巴区域平均瞳孔尺寸差异极其显著（$p<0.001$），眼睛平均瞳孔尺寸显著高于嘴巴；语中阶段，嘴巴平均瞳孔尺寸显著高于眼睛（$p<0.001$）；语后阶段，眼睛平均瞳孔尺寸显著高于嘴巴（$p<0.001$）。说话阶段和年级段交互作用不显著（$p=0.14$）。

面部区域和年级段交互作用显著，$F(2, 116)=4.95$，$p=0.009$，$\eta_p^2=0.08$，控制面部区域进行简单效应分析发现，高中段眼睛平均瞳孔尺寸显著低于小学和初中段（$ps<0.001$）。控制年级段进行简单效应分析发现，小学和初中段眼睛平均瞳孔尺寸显著高于嘴巴（$ps<0.001$），高中段眼睛和嘴巴平均瞳孔尺寸无显著差异（$p=0.87$）。

面部区域、说话阶段、年级段三因素交互作用显著，$F(4, 232)=3.34$，$p=0.01$，$\eta_p^2=0.05$，进行简单效应分析发现，高中段语前、语中、语后眼睛平均瞳孔尺寸均显著低于小学段（$p=0.009$，$ps<0.001$）和初中段（$p=0.005$，$p=0.001$，$p<0.001$），小学和初中段语前、语中、语后眼睛平均瞳孔尺寸不具有显著差异（$p=0.89$，$p=0.37$，$p=0.60$）。

（四）讨论

1. 听障学生语句唇读理解在不同面部区域的眼动模式

不同年级段听障学生语前在眼睛区域的注视时间比例、注视点比例和平均瞳孔尺寸显著高于嘴巴区域，语中嘴巴区域显著高于眼睛区域，语后眼睛区域显著高于嘴巴区域，即不同年级段听障学生在语句唇读理解中均呈现出"眼睛-嘴巴-眼睛"眼动模式。这一结果与 Worster 等的研究结果保持一致[1]，该研究同样发现听障幼儿在语句唇读理解中呈现该眼动模式，

---

[1] Worster E, Pimperton H, Ralph-Lewis A, et al. Eye movements during visual speech perception in deaf and hearing children[J]. Language Learning, 2018, 68: 159-179.

并将其称为"社会协调模式"。面部分布式加工神经系统模型认为①，人脑面部信息加工包括负责面部视觉信息加工的核心系统（core system）和负责处理其他信息的扩展系统（extended system），其中核心系统中的颞上回（superior temporal gyrus）区域主要负责唇语、表情等面部可变性信息，但唇读信息的有效加工并不全部依赖于单个区域，而需激活大脑的视觉中枢、运动中枢、听觉中枢和语言中枢②。同时唇读作为一种视觉语言的加工技能，需要整合唇形和其他面部区域信息，这不仅依赖右脑提取面部信息，而且需要左脑分析言语信息，因此听障学生在唇读理解过程中，处理视觉面部信息时多为分布式加工。说话者面部视觉信息投射到唇读者大脑半球方式的基本条件是人类视觉系统的解剖安排，其导致视觉半区域单侧投射到对侧半球。因此除面部区域本身传递的功能性信息作用外，唇读理解任务的有效实现也需要听障学生整合面部区域信息，不仅仅是将目光聚焦于与语音高度相关的口形区域。本实验中虽只涉及眼部和口形区域，但也有研究表明当语音的可懂度随着声学噪声的增加而降低时，唇读者在鼻子区域的注视时间会增多，眼跳数量减少。相对于口形和眼部区域而言，鼻子区域并不具有明显的表达性，本身无法提供大量的语音信息。但鼻子位于面部中心位置，以鼻子作为注视点的知觉广度足以覆盖整个面部，可以在短时间内快速整合、平衡所有的面部加工信息③。因此推测唇读者可能在听觉条件降低时，采取中心化策略，即选择注视说话者面部中心区域，以根据需要尽快将中心视力聚焦于口形或眼部区域，从而最优化地处理视觉信息。因此未来研究可基于不同的唇读理解任务，更加全面地探究面部区域在听障学生唇读理解中的作用。

2. 听障学生语句唇读理解在不同说话阶段的眼动模式

听障学生语句唇读理解中语中注视时间比例、注视点比例和平均瞳孔尺寸显著高于语前和语后。瞳孔尺寸既可以体现眼睛对光线摄入量的调节，又可以反映人们对外界刺激的关注程度，说明心理负荷的大小。语中听障学生平均瞳孔尺寸的增大表明，说话者面部运动时所包含的社交和言语性信息总量高于面部静止时，因此听障学生在对语句理解的关键之处心理负荷增大，认知加工紧张程度增加，从而导致听障学生在不同说话阶

---

① 朱千，寇慧，毕泰勇. 面孔社会性线索的加工机制[J]. 生理学报, 2019, (1): 1-13.
② 汪斯斯，雷江华. 唇读大脑机制的功能性核磁共振研究[J]. 中国特殊教育, 2010, (7): 39-43.
③ 郭英，张榆敏. 大学生面孔识别中不同兴趣区及被试性别的差异研究[J]. 四川师范大学学报（自然科学版）, 2016, 39(3): 461-466.

段瞳孔尺寸发生了变化。语中阶段平均瞳孔尺寸的增加也体现出听障学生对实现唇读理解任务的关键阶段给予了更多的关注,投入了更多的心理资源。

同时研究显示语前眼睛注视时间比例和注视点比例高于语后和语中,语中嘴巴注视时间比例和注视点比例高于语后和语前。此结论与 Worster 得出的注视排序基本一致。由于眼睛在言语交际中扮演着重要的社会角色,在最初呈现唇读视频时,听障学生通过注视说话者的眼睛明确说话对象,以及说话者的情绪、态度和社交等相关信息,而后伴随话语内容的开始,听障学生更多地将注视点聚焦于说话者的嘴巴。唇读者对面部信息的选择性视觉处理受到实验任务的影响,不同的面部区域对完成不同任务的贡献大小存在差异。通常情况下,当任务强调言语线索时,尤其在噪声强度增加导致听觉信号受损时,嘴巴更受关注,当任务强调情绪和社交等社会性线索时,眼睛则更受关注。Buchan 就在运用同一刺激给予被试语音识别和情绪判断不同的任务时,发现被试在眼睛和嘴巴上的注视时间存在很大差异[①]。本实验中实验任务要求听障学生根据唇读视频的内容选择图片,任务指向偏向于言语线索,语中过程对嘴巴区域注视的增多一方面可能由于嘴巴的可量化运动与言语时间和声学特征密切相关,虽然面部口外区域(如下巴和脸颊)的运动也与口腔咬合器的运动高度相关,可能在视觉言语感知和理解中发挥作用,但不可否认嘴巴作为直接的发音器官和视觉语音重要且有效的传送器,是语句理解任务的关键部位;另一方面则可能受到听障学生自身语言经验和早期语言训练的影响,已有研究也显示语言训练也是影响听障学生唇读眼动模式的重要因素[②]。

3. 不同年级段听障学生语句唇读理解眼动模式

所有年级段听障学生在语前眼睛区域的注视时间比例、注视点比例和平均瞳孔尺寸均高于嘴巴,语中嘴巴区域高于眼睛区域,语后眼睛区域高于嘴巴区域,即听障学生语句唇读理解整体眼动模式并不随年级的发展有所变化,所有年级段的听障学生均呈现"眼睛-嘴巴-眼睛"的眼动模式。同时所有年级段听障学生在语后注视眼睛的平均瞳孔尺寸最高,语中注视嘴巴的平均瞳孔尺寸最高。瞳孔尺寸变化幅度的大小与进行信息加工时的

---

① Buchan J N, Paré M, Munhall K G. Spatial statistics of gaze fixations during dynamic face processing. Social Neuroscience, 2007, 2(1): 1-13.
② Worster E, Pimperton H, Ralph-Lewis A, et al. Eye movements during visual speech perception in deaf and hearing children[J]. Language Learning, 2018, 68: 159-179.

心理努力程度有密切联系[1]。听障学生在不同说话阶段注视不同面部区域的平均瞳孔尺寸存在差异，表明不同说话阶段对不同面部区域心理加工程度不同。唇读理解的有效实现主要涉及三种信息加工能力，一是从口形中提取信息的编码能力，二是从长时记忆中提取相关编码以进行合理匹配的能力，三是在有限的时间内进行推断的能力[2]。听障学生在语句唇读理解中首先需要根据说话者的口形提取相关信息，以进行后续的语音编码和字词编码等，因此不同年级的听障学生都在语中过程对嘴巴区域投入了更多的心理资源，试图通过语音可见性获得更多的视觉语音信息。但听障学生随后需进一步将从口形中获取的信息与长时记忆中提取的编码相互匹配，而长时记忆包含言语编码和表象编码，其中表象编码是利用视觉形象、声音和触觉形象组织材料帮助记忆。Rönnberg 等曾报告一名优秀的听障唇读者可以通过触觉辅助唇读，甚至在黑暗条件下（不看口形），也可以通过手部触摸肩膀或者口形，正确感知一些简单的单词和语句[3]。因此听障学生在从长时记忆中提取编码信息时并不仅仅单纯依赖口形，还要和自身的视知觉、情境、语言环境甚至情绪等多重背景信息相联系。有研究者在考察口部及非口部面部区域运动对视觉言语感知影响时发现，即使嘴巴保持静止或不存在时，唇读者也可以从面部框架中获得用于视觉语音识别的有用信息[4]。听障学生语后对眼睛区域认知负荷的加大可能不仅将眼睛视为沟通与交往中重要的社交表征，而且也期望从眼睛区域获取更多的信息帮助自身从长时记忆中提取匹配信息，提取信息的增多可以促使之后推断精确性更高，进而更好地促进语句唇读理解的实现。

不同年级段听障学生唇读理解眼动模式不仅具有相似性，也具有差异性。高中听障学生在眼睛区域的注视时间比例、注视点比例和平均瞳孔尺寸均低于小学和初中阶段，在嘴巴区域的注视时间比例和注视点比例高于小学阶段，表明相对于小学段听障学生，高中听障学生在语句唇读理解中，更多地关注嘴巴区域，且投入了更多的心理资源。McGurk 等曾对健听人

---

[1] 冯佳. 译入/译出认知负荷比较研究——来自眼动追踪的证据[J]. 中国外语, 2017, 14(4): 79-91.

[2] Rönnberg J, Andersson J, Samuelsson S. A speechreading expert: the case of MM[J]. Journal of Speech, Language, and Hearing Research, 1999, 42(1): 5-20.

[3] Rönnberg J. Cognitive characteristics of skilled tactiling: the case of GS[J]. Journal of Cognitive Psychology, 1993, 5(1): 19-33.

[4] Thomas S M, Jordan T R. Contributions of oral and extraoral facial movement to visual and audiovisual speech perception[J]. Journal of Experimental Psychology: Human Perception and Performance, 2004, 30(5): 873-888.

的视听双通道言语知觉能力的发展趋势进行研究，发现成人更易受到视觉言语的影响，而学前和小学儿童间并没有显著性差异[①]。

（五）结论

不同年级段听障学生语句唇读理解中不同面部区域的眼动模式具有差异，即注视时间比例、注视点比例和平均瞳孔尺寸均存在显著差异，眼睛区域显著高于嘴巴区域，表现出眼睛在整体语句唇读理解中扮演着重要角色，但听障学生不同面部区域的眼动模式受到说话阶段的影响，语前眼睛的注视时间比例、注视点比例和平均瞳孔尺寸均高于嘴巴，语中嘴巴的注视时间比例、注视点比例和平均瞳孔尺寸均高于眼睛，语后眼睛的注视时间比例、注视点比例和平均瞳孔尺寸均高于嘴巴，即听障学生在语句唇读理解中表现出"眼睛-嘴巴-眼睛"的眼动模式。

听障学生在不同说话阶段注视时间比例、注视点比例和平均瞳孔尺寸均存在显著差异，语中阶段注视时间比例和注视点比例高于语前和语后阶段。语前眼睛注视时间比例和注视点比例高于语后和语中，语中嘴巴注视时间比例和注视点比例高于语后和语前。同时语中阶段嘴巴注视平均瞳孔尺寸显著高于语前和语后，表明听障学生对语句唇读理解的关键区域即语中阶段的嘴巴区域投入了更多的资源。

不同年级段听障学生在语句唇读理解中呈现出整体一致的"眼睛-嘴巴-眼睛"的眼动模式，但在眼睛和嘴巴不同面部区域的注视上存在差异。高中听障学生在眼睛区域的注视时间比例、注视点比例和平均瞳孔尺寸均低于小学和初中阶段，在嘴巴区域的注视时间比例和注视点比例高于小学阶段。因此，年级的发展并不改变听障学生语句唇读理解整体眼动模式，而是影响其在具体面部区域的眼动模式。

（六）启示

探究不同年级听障学生语句唇读理解的眼动模式，对于听障学生语言训练特别是唇读训练具有重要意义。首先，根据所有年级听障学生在语句唇读理解中均呈现出的"眼睛-嘴巴-眼睛"模式的结论，建议相关教育训练人员在进行唇读训练时，尽力培养听障学生综合运用整体面部区域信息的能力。其次，语中阶段嘴巴平均瞳孔尺寸的增大，要求教师需保持口形准确，并逐渐加快速度，增强听障学生提取口形信息的能力。语后眼睛区

---

① McGurk H, Macdonald J. Hearing lips and seeing voices[J]. Nature, 1976, 264(5588): 746.

域瞳孔尺寸的增大要求教师说话结束后，不应立即询问听障学生，而应给予适当的缓冲时间，以便让听障学生获得面部完整的信息。最后，高中段听障学生语句唇读理解能力的训练模式应与小学和初中段有所差异，结合高中学生的认知特点，巧妙融合思维训练，进而提升听障学生的语句唇读理解能力。

第四节 总结、启示与反思

目前国内外学者对听障学生语句唇读理解能力的发展研究结果并不一致，为深入探究听障学生语句唇读理解能力的发展，本研究采用口形视频-图片匹配范式,从年龄和年级两个层面探究了听障学生语句唇读理解能力和眼动模式的发展性变化。具体而言，在探究听障学生语句唇读理解能力发展上，不同年龄分别按照 2 年发展趋势和 5 年发展趋势进行分析，不同年级分别按照逐年级发展趋势和年级段发展趋势进行分析；在探究听障学生语句唇读理解眼动模式的发展上，不同年龄段按照 2 年发展趋势进行分析，不同年级段按照小学、初中和高中三个年级段发展趋势进行分析。

一、总结

（一）不同年龄层面的分析

以 2 年进行分段，不同年龄段听障学生的语句唇读理解正确率有显著性差异，5—6 岁听障学生语句唇读理解正确率显著高于 7—8 岁、15—16 岁、17—18 岁、19—20 岁听障学生；不同年龄段（5—6 岁除外）听障学生语句唇读理解反应时不存在显著性差异。以 5 年进行分段，不同年龄段听障学生语句唇读理解正确率有显著性差异，其中 15—19 岁听障学生语句唇读理解正确率显著低于 5—9 岁和 10—14 岁听障学生，10—14 岁和 15—19 岁听障学生语句唇读理解的反应时没有显著差异。不同年龄听障学生均呈现出"眼睛-嘴巴-眼睛"的眼动模式，且语中过程对嘴巴区域的关注度和心理负荷最高。不同年龄听障学生在不同面部区域的眼动模式上存在差异，15—16 岁、17—18 岁听障学生相对于 7—14 岁听障学生在眼睛或嘴巴上的注视时间和注视点比例存在显著性差异，前者更多关注眼睛或嘴巴区域。可见，年龄的发展并不改变听障学生语句唇读理解的整体眼动模式，而是影响其在具体面部区域的眼动模式。

（二）不同年级层面的分析

逐年级的分析结果显示，听障学生语句唇读理解的正确率和反应时均没有显著差异；以 3 年为年级分段，发现不同年级段听障学生的语句唇读理解正确率和反应时也没有显著性差异。但在眼动研究中，以年级段为年级分段，发现小学段和初中段听障学生语句唇读理解能力高于高中段，因此未来研究需结合更精细的研究设计考察听障学生语句唇读理解能力的发展。在眼动指标上，不同年级段听障学生均呈现出"眼睛-嘴巴-眼睛"的眼动模式，且语中过程对嘴巴区域的关注度和心理负荷最高。高中听障学生在眼睛区域注视时间比例、注视点比例和平均瞳孔尺寸均低于小学和初中阶段，在嘴巴区域的注视时间比例和注视点比例均高于小学阶段。可见，年级的发展并不改变听障学生语句唇读理解的整体眼动模式，而是影响其在具体面部区域的眼动模式。

综上所述，首先，从不同年龄层面进行分析，5—6 岁（以 2 年分段）或 5—9 岁和 10—14 岁（以 5 年分段）听障学生语句唇读理解正确率均高于高年龄段听障学生，从不同年级层面进行分析，逐年级听障学生语句唇读理解正确率没有显著差异。其次，在听障学生语句唇读理解反应时方面，在分年级段和分年龄段两个层面上均无显著性差异，表明年级段或年龄段的增长对听障学生语句唇读理解认知加工速度并没有多大影响。最后，在听障学生语句唇读理解眼动模式方面，所有听障学生均出现"眼睛-嘴巴-眼睛"的眼动模式，但年龄段或年级段的发展影响听障学生在具体面部区域的眼动模式。

二、启示

首先，听障学生语句唇读理解能力随着年龄的发展呈现出下降趋势，这可能与高年龄听障学生唇读训练不足和逐渐偏好以手语为主要交流方式有关，此外语句唇读任务的难度也会对其有所影响。语句唇读理解不仅需要视觉口形信息提取能力，也需要工作记忆和逻辑推理能力的参与，以根据已获得的词汇信息弥补遗漏信息。高年龄听障学生在唇读训练不足的情况下很难完成较难的语句唇读理解任务。因此，在继续坚持培养低龄段听障学生良好唇读习惯的同时，应注重结合思维训练促进高年龄段听障学生唇读理解能力的发展。

其次，不同年级听障学生均拥有一定程度的语句唇读理解能力。因此，学校和家庭要在正视语句唇读理解任务难度的基础上，遵循各个年级段听障学生不同的身心发展特点,抓住每个年级段语句唇读能力发展的主要矛盾,具体制定合理的训练计划和方案,逐步提升听障学生语句唇读理解能力。

最后,听障学生在语句唇读理解中普遍呈现出"眼睛-嘴巴-眼睛"的眼动模式,建议在对听障学生进行唇读理解训练时,既要保持唇形标准且缓慢,帮助听障学生逐渐掌握提取口形信息的能力,又需结合注意资源分配训练任务培养听障学生整合全面部信息的能力,进行全"面"干预。不同年龄段和年级段听障学生在语句唇读理解中对面部区域眼动模式存在差异,建议结合听障学生各年龄段或年级段具体面部知觉加工方式予以干预。如针对11—16岁听障学生较强的面部整体加工能力,可适当培养其口形和眼部等局部区域的信息提取能力,以弥补局部加工弱势。针对17—18岁听障学生,应结合整体知觉和注意定向功能训练,提升其整体面部区域加工能力。

三、反思

首先,在实验研究层面,研究对象可扩增至听障大学生,实验材料不断进行完善与补充。语句唇读能力发展的研究对象并未涉及听障大学生,听障大学生步入大学后,学习与生活环境都会发生变化。沟通交流对象的多元化与复杂化无疑给听障大学生带来新一轮的挑战。这一过程中听障大学生的语句唇读理解能力在年龄段与年级段的划分上,唇读理解正确率与反应时发展如何仍需要后续实验的探究。相应地,实验材料也需要不断进行补充以与实验对象的发展水平相契合,反映出其发展特点。其次,在教育教学层面,特殊教育工作者要正视唇读对于听障学生的重要作用。利用视听通道效应,强调听觉语言训练和唇读训练相结合来提高听障学生的唇读技能,让听障学生能协调听觉和视觉来感知语言;同时应思考自己的教学设计、课堂授课是否符合听障学生"眼睛-嘴巴-眼睛"的眼动模式,能否结合听障学生唇读理解的眼动模式调整相关干预方案。听障学生呈现的共性与个性特征正是特殊教育工作者进行教育教学的关键,在抓住共性特征的基础上灵活把握个性特征,才能激发学生潜能,促进个体发展。最后,在未来研究层面,对语句的唇读理解是否可进行更加细致的研究呢?语句按照语气划分可分为陈述句、疑问句、感叹句等;按照句子成分划分可以分为主谓句和主谓宾句等;这些分类又可以相互交叉,形成新的语句类型。由此可见,汉语语句呈现出复杂性和多样性特点,在未来的探索中,能否针对某种组合句型进行研究值得我们深入思考。

第六章 听障人士汉语唇读理解能力的影响因素

唇读对言语知觉的影响逐渐受到关注，许多研究者开始注重探究个体唇读差异的比较研究以及唇读的影响因素研究。Jeffers 和 Barrley 将影响唇读发展的因素分为主要因素和次要因素，主要因素包括视觉熟练程度、综合能力和灵活应变能力，次要因素则包括培训、语言理解水平以及情感态度或状态[1]。国内对汉语唇读理解影响因素的实验研究相对较少。汤盛钦等认为影响唇读的因素包括说话者、看话者、语言特征、环境因素等，其中看话者因素包括年龄、智力、个性特点、视敏度、视知觉等[2]。尽管研究者们对唇读理解的影响因素进行了系列探究，但并未达成一致。雷江华通过对小学和中学阶段的听障青少年进行一系列的实验研究发现，实验任务（汉字、词语、语句）、与说话者的熟悉程度、测试条件（人测与机测）、是否佩戴助听器、口语教学、音素可见性等都与汉语唇读理解能力相关[3]，但由于被试选取的范围较小，因此还需要进一步验证。本章将主要探究听力损失、听觉辅助、语言训练经历、家庭交流环境以及其他因素对听障人士汉语唇读理解能力的影响。

第一节 听力损失对听障人士汉语唇读理解能力的影响

听障人士的听力损失是否必然导致其利用视觉进行唇读技能的提升是值得深入研究的问题。听力状态（听障人士和健听人士）、听力损失发生时间、听力损失程度都可能对汉语唇读理解能力具有影响，探究这些因素对听障人士汉语唇读理解能力的影响，对促进听障人士语言理解能力的发展和沟通与交往具有积极意义。

---

[1] Jeffers J, Barrley M. Speechreading[M]. Springfield: Bannerstone House, 1976: 22-23.
[2] 汤盛钦, 曾凡林, 刘春玲. 教育听力学[M]. 上海: 华东师范大学出版社, 2007: 169-172.
[3] 雷江华. 听觉障碍学生唇读的认知研究[M]. 北京: 中国社会科学出版社, 2009: 80-171.

一、听力状态对听障成年人汉语唇读理解能力的影响[①]

(一) 引言

相对于健听人来说,先天或语前听力损失的听障人士经常被认为是不太熟练的唇读者,听觉语言经验能够辅助视觉语言的识别,因此健听人比听障人士更能胜任唇读[②]。然而,国外已有不少研究发现,与健听人相比,听障人士是更好的唇读者。例如,Bernstein 等以 72 名听障大学生和 96 名健听大学生为被试,得出听障大学生在唇读理解中占优势的结论,并认为听障发生时间早有利于培养个体唇读理解的意识和能力[③];Mohammed 等以相同的实验范式对 29 名听障成人和 29 名健听成人进行了实验,结果发现听障成人的唇读理解成绩较健听成人略胜一筹[④]。这些研究表明,听障人士的唇读理解能力较健听人更优。但这些研究的实验材料均为英语材料,以汉语作为实验材料是否会有不一样的结论?因此,本章将试图探究个体的听力状态对其汉语唇读理解能力的影响,以进一步明晰听障人士汉语唇读理解能力的发展机制,尝试回答究竟是听觉语言经验加强了视觉语言的识别,还是早期听力损伤导致的对视觉语言的依赖有利于唇读理解能力的提高等问题。

(二) 方法

1. 被试

在武汉市某聋校的教师中邀请 24 名听障成年人参与实验,根据听障教师的年龄、学段选取与之配对的健听成年人被试。最终有 15 名听障成人、16 名健听成人作为有效被试完成实验(表 6-1),其中男性 11 人,女性 20 人。两组被试年龄均在 28—56 岁,学历为大专或本科。其中,听障成人的平均年龄为 42.13±7.65 岁,平均听力损失为 102.35±20.78dB,4 名被试佩戴助听器且佩戴时间超过 3 年,11 名被试未佩戴助听器,并且所有被

[①] 雷江华,杨雪,梁璐,等. 聋校听障教师与健听教师汉语唇读理解能力比较[J]. 岭南师范学院学报,2019,40(3):20-27.

[②] Mogfoord K. Lipreading in the prelingually deaf[C]. In B. Dodd, R. Campbell. Hearing by Eye: The Psychology of Lip-reading. Hove, UK: Lawrence Erlbaum Associates Ltd., 1987: 191-211.

[③] Bernstein L E, Demorest M E, Tucker P E. Speech perception without hearing[J]. Perception and Psychophysics, 2000, (2): 233-252.

[④] Mohammed T, Campbell R, MacSweeney M, et al. Speechreading and its association with reading among deaf, hearing and dyslexic individuals[J]. Clinical Linguistics and Phonetics, 2006(7-8): 621-630.

试均为语前致聋。健听成人中,男性 5 名,女性 11 名,平均年龄为 43.31±5.92 岁。听障被试在聋校中以教授美术、计算机课程为主;健听被试在聋校中以教授语文、数学课程为主。对两组被试的性别进行 χ^2 检验,发现两组被试在性别分布上无显著差异($p>0.05$);对两组被试的年龄进行独立样本 t 检验发现,两组被试的年龄差异不显著($p>0.05$)。两组被试的智力、视力或矫正后视力正常,听障被试除听力障碍外无其他障碍;被试均自愿参与实验,实验结束后赠送小礼品。为减少助听器对实验数据带来的影响,实验要求所有被试均在未佩戴助听器的情况下完成测试。

表 6-1 被试基本信息表

实验组别	人数(人)	分性别人数(人)		平均年龄(岁)
		男	女	
听障成人	15	6	9	42.13±7.65
健听成人	16	5	11	43.31±5.92

2. 实验材料

同第二章第一节的实验材料(见附录一、附录二、附录三)。

3. 实验设计

采用 2(被试类型:听障成人、健听成人)×3(语言级别:汉字、词语、语句)两因素混合实验设计。语言级别是被试内变量,被试类型是被试间变量。因变量为每组被试在汉字、词语、语句三个语言级别的正确率和反应时。

4. 实验程序

同第二章第一节唇读理解实验程序(见附录四)。

(三)结果与分析

实验所得数据(正确率与反应时)均在±3 个标准差之内,因此全部用于统计分析。表 6-2 呈现了不同类型被试在汉语唇读理解测试中的平均正确率和反应时。

表 6-2 不同听力状态成年人汉语唇读理解测试的正确率和反应时

被试类型	汉字		词语		语句	
	正确率	反应时(s)	正确率	反应时(s)	正确率	反应时(s)
听障成人	0.54±0.20	7.31±3.30	0.65±0.20	6.69±3.07	0.59±0.28	8.98±3.94
健听成人	0.72±0.12	7.03±3.22	0.85±0.13	5.07±2.51	0.74±0.16	6.76±2.95

1. 不同听力状态成年人汉语唇读理解测试正确率的结果分析

对正确率进行重复测量方差分析,结果发现被试类型的主效应显著,$F(1, 29)=9.39$,$p<0.01$,$\eta_p^2=0.25$,健听成人的正确率显著高于听障成人;语言级别的主效应显著,$F(2, 58)=7.32$,$p<0.01$,$\eta_p^2=0.20$,事后检验发现,词语的正确率显著高于汉字($p<0.01$)和语句($p<0.05$),语句与汉字间的差异不显著($p>0.05$);被试类型与语言级别的交互作用不显著,$F(2, 58)=0.31$,$p>0.05$。

2. 不同听力状态成年人汉语唇读理解测试反应时的结果分析

对反应时进行重复测量方差分析,结果发现被试类型的主效应不显著,$F(1, 29)=2.01$,$p>0.05$,即听障成人与健听成人的反应时差异不显著;语言级别的主效应显著,$F(2, 58)=8.86$,$p<0.001$,$\eta_p^2=0.23$,事后检验发现,词语的反应速度显著快于汉字($p<0.01$)和语句($p<0.01$),汉字与语句的反应时差异不显著($p>0.05$);被试类型与语言级别的交互作用不显著,$F(2, 58)=296$,$p>0.05$。

(四)讨论

1. 听力状态对成年人汉语唇读理解能力的影响

从听障成人汉语唇读理解的正确率来看,听障成人的汉语唇读理解正确率显著低于健听成人,即与健听成人相比,听障成人并非更好的唇读者。这与听障成人的认知加工特点有关[1],听障成人仅依靠单一视觉补偿作用通过唇读实现对语言的理解,而单一视觉补偿发挥的作用有限,不能完整地感知信息。健听成人并不完全依赖视觉信息,他们知觉信息加工的整体性和理解性在唇读理解中起到了促进作用。其次,听障成人汉语唇读理解正确率低可能与工作记忆负荷有关。汉语唇读理解属于视知觉加工,已有研究表明在高工作记忆负荷下,听障群体的视知觉加工能力略低于健听者[2],听障成人须在同一时间段内完成汉字、词语和语句的汉语唇读理解测试,对于听障成人来说,这属于高工作记忆负荷,因此在同等条件或标准下,听障成人的汉语唇读理解正确率较低。听障成人的汉语唇读理解与健听成人在反应时上没有显著性差异,这说明听障成人与健听成人具有

---

[1] Rönnberg J, Lunner T, Zekveld A, et al. The ease of language understanding (ELU) model: theoretical, empirical, and clinical advances[J]. Frontiers Systems Neuroscience, 2013, (7): 31.

[2] 杨娟. 不同视野位置下聋人注意捕获的眼动研究[D]. 西安: 陕西师范大学硕士学位论文, 2012.

相似的加工速度。由此可见,听力障碍并不会对汉语唇读理解加工速度产生影响,但制约着唇读理解的正确率。

2. 语言级别对听障成人汉语唇读理解能力的影响

从正确率来看,听障成人和健听成人两类成年人汉语唇读理解的正确率由高到低依次为词语、语句、汉字。唇读理解词语的正确率显著高于汉字与语句。从反应时来看,听障成人和健听成人两类成年人词语唇读理解的反应速度显著快于汉字和语句。正确率与反应时结果均表明了听障和健听成人存在汉语唇读理解词语的优势,说明听障成人与听障青少年具有相似的语言理解特点及他们的唇读理解受工作记忆影响。此外,听障成人汉语唇读理解词语又快又准可能与词语的特征有关。前文已经指出词语作为语言符号,是由语素组成的能自由运用的语言单位。现代汉语词汇的发展表现出"双音节化"的特质[①],符合汉语日常口语的习惯用法,因此比较容易被听障成人理解。另外,听障成人汉语唇读理解语句与汉字正确率的差异不显著,汉语唇读理解语句的正确率高于汉字。这与汉语语言的特征有关,汉语语句具有一定的语境,而语境作为一种线索,能够帮助人们进行语言理解,从而提升唇读理解的正确率。听障成人汉语唇读理解汉字正确率最低,这与汉字的主要特征有关,同一拼音对应的汉字数量丰富[②],且单一的汉字理解缺乏语境,导致唇读理解过程抽象性强,因此正确率不高。

再从反应时来看,首先,听障成人存在汉语唇读理解词语的优势,除了研究中提出的唇读理解能力受视觉信息接收容量的影响外,词语被快速理解还可能与词语的特征有关。实验中所用词语属于合成词,具有稳固性、限定性与有限性,因此在理解中不需要过多的时间[③]。其次,汉语唇读理解语句反应时最长的结果再次验证了汉语唇读理解中"深层编码"的存在,即相对于汉字和词语来说,语句实现由表及里的理解需要更长的时间。

(五)结论

本实验得出结论如下:听障成人汉语唇读理解能力与健听成人不同,听障成人的汉语唇读理解能力显著低于健听成人。听障成人的汉语唇读理解能力受语言级别的影响明显,具有汉语唇读理解词语的优势。

---

① 邵敬敏. 现代汉语通论精编[M]. 上海: 上海教育出版社, 2012: 84-153.
② 邢福义, 吴振国. 语言学概论(第二版)[M]. 武汉: 华中师范大学出版社, 2010: 14-15.
③ 邢福义, 吴振国主编. 语言学概论(第二版)[M]. 武汉: 华中师范大学出版社, 2010: 14-15.

（六）启示

探究听障成人的汉语唇读理解能力与发展趋势，对听障成人的沟通与交往具有一定的参考价值。首先，听障成人均具有一定的汉语唇读理解能力，因此应将唇读理解能力视为一种实现良好沟通的重要工具，同时注重与手语、书面语等交流方式的结合使用，实现听障人士的深度互动和交往。其次，健听成人的汉语唇读理解能力优于听障成人，说明健听成人的唇读理解技能更佳，因此应发挥健听成人汉语唇读理解的优势并通过唇读理解实现与听障成人的沟通与交往。尤其是在日常生活中，健听成人可以帮助听障成人加强唇读理解的训练和对话，努力提升听障成人的汉语唇读理解能力。最后，听障成人具有汉语唇读理解词语的优势，应以词语为桥梁，实现由语句到词语、由汉字到词语的转化，尽量通过词语的方式进行表达，逐步提升汉语其他语言级别的唇读理解能力。

二、听力损失发生时间对听障青少年汉语唇读理解能力的影响

（一）引言

目前有关听力损失发生时间对听障青少年唇读能力影响的研究并未达成一致。Geers 等发现，语后发生听力损失的听障人士的唇读水平高于语前发生听力损失的听障人士[1]。国内研究者从唇读识别的角度进行研究，发现语前发生听力损失与语后发生听力损失的听障青少年在唇读汉语元音识别的正确率上差异显著[2]。然而，雷江华发现语前与语后发生听力损失的青少年唇读语音识别的正确率与反应时并没有显著性差异[3]。那么，不同听力损失发生时间的听障青少年，其汉语唇读理解能力是否存在差异？据此，采用口形视频-图片匹配范式，考察语前发生听力损失与语后发生听力损失的听障青少年唇读理解汉字、词语和语句的差异。

（二）方法

1. 被试

选取武汉市某聋校 40 名听障青少年，男生 24 人，女生 16 人，平均

---

[1] Geers A, Moog J. Factors predictive of the development of literacy in profoundly hearing-impaired adolescents[J]. The Volta Review, 1989(91): 69-86.
[2] 汪斯斯. 语音编码在听障大学生唇读不同形态汉语元音识别中的作用[D]. 武汉: 华中师范大学硕士学位论文, 2011.
[3] 雷江华. 听觉障碍学生唇读的认知研究[M]. 北京: 中国社会科学出版社, 2009: 116-122.

年龄为 14.00±2.31 岁，平均听力损失为 100.17±8.93dB，佩戴助听器的有 14 人，无助听器的有 26 人（表 6-3）。其中，语前（3 岁前）发生听力损失的听障青少年 21 人，佩戴助听器的有 8 人，未佩戴助听器的有 13 人；语后（3 岁后）发生听力损失的听障青少年 19 人，佩戴助听器的有 6 人，未佩戴助听器的有 13 人。两组被试年龄无显著性差异，$t(38)=-1.99$，$p>0.05$；两组被试听力损失程度无显著性差异，$t(38)=1.31$，$p>0.05$。两组被试在性别分布上无显著性差异，$\chi^2=1.6$，$p>0.05$；有无听觉辅助设备之间无显著性差异，$\chi^2=3.6$，$p>0.05$。所有被试听力损失都大于 90dB，均为极重度听障青少年，视力或矫正视力均属正常，除了听觉障碍外无其他障碍。

表 6-3 被试基本信息

组别	人数（人）	分性别人数（人）		平均年龄（岁）	平均听力损失（dB）
		男	女		
语前发生听力损失	21	11	10	13.33±2.27	101.91±9.25
语后发生听力损失	19	13	6	14.74±2.18	98.24±8.38

2. 实验材料

实验材料同第二章第一节的汉语唇读理解实验材料（见附录一、二、三）。

3. 实验设计

采用 2（听力损失发生时间：语前、语后）×3（语言级别：汉字、词语、语句）两因素混合实验设计，其中听力损失发生时间是被试间变量，语言级别为被试内变量。唇读理解汉字、词语及语句的正确率和反应时为因变量。

4. 实验程序

实验程序同第二章第一节的汉语唇读理解实验程序（见附录四）。

（三）结果

语前发生听力损失与语后发生听力损失的听障青少年汉语唇读理解（汉字、词语、语句）的正确率和反应时描述性统计见表 6-4。

表 6-4 不同听力损失发生时间听障青少年汉语唇读理解的正确率与反应时（$M\pm SD$）

致聋时间	人数（人）	汉字		词语		语句	
		正确率	反应时（s）	正确率	反应时（s）	正确率	反应时（s）
语前	21	0.46±0.18	6.02±2.64	0.64±0.21	5.06±2.77	0.51±0.24	6.86±3.33
语后	19	0.47±0.19	6.10±1.85	0.54±0.19	6.05±3.44	0.36±0.20	6.70±2.97

1. 不同听力损失发生时间听障青少年汉语唇读理解正确率比较

对听力损失发生时间和语言级别的正确率进行重复测量方差分析，结果显示，语言级别的正确率主效应显著，不同语言级别的唇读理解正确率存在显著性差异，$F(2, 76)=14.94$，$p<0.001$，$\eta_p^2=0.28$，事后检验（LSD）结果显示，词语唇读理解的正确率显著高于语句和汉字（$ps<0.01$）。听力损失发生时间的主效应不显著，不同听力损失发生时间的听障青少年的唇读理解正确率无显著性差异，$F(1, 38)=2.19$，$p>0.05$。语言级别与听力损失发生时间的交互作用显著，$F(2, 76)=3.7$，$p<0.05$，$\eta_p^2=0.09$。简单效应分析结果显示，在汉字和词语条件下，语前和语后发生听力损失的听障青少年的唇读理解均无显著性差异（$p>0.05$）；在语句条件下，语前发生听力损失的听障青少年唇读理解正确率显著高于语后发生听力损失的听障青少年（$p<0.05$）（图6-1）。

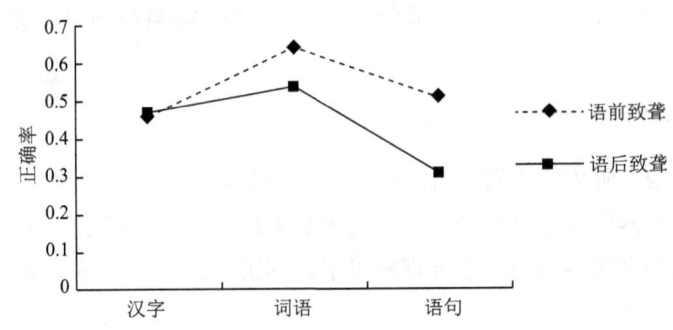

图 6-1 不同听力损失发生时间下听障青少年汉语唇读理解的正确率比较

2. 不同听力损失发生时间听障青少年汉语唇读理解反应时比较

对语言级别和听力损失发生时间的反应时进行重复测量方差分析，实验结果显示，语言级别的主效应显著，不同语言级别的唇读理解反应时存在显著性差异，$F(2, 76)=8.12$，$p<0.001$，$\eta_p^2=0.18$，事后检验（LSD）结果显示，语句的反应时显著高于汉字和词语（$ps<0.01$）。不同听力损失发生时间的主效应不显著，语前和语后发生听力损失的听障青少年，其唇

读理解反应时无显著性差异，$F(1, 38)=0.04$，$p>0.05$。语言级别与听力损失发生时间的交互作用不显著，$F(2, 76)=2.48$，$p>0.05$（图6-2）。

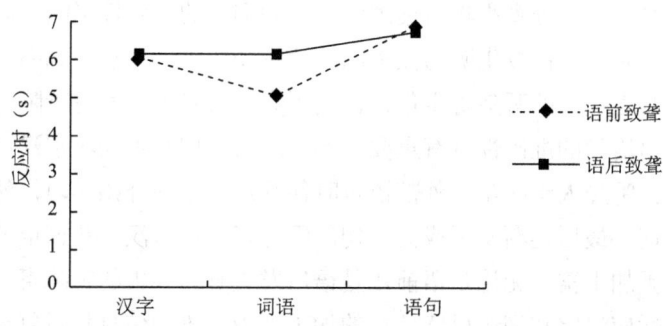

图6-2　不同听力损失发生时间下听障青少年汉语唇读理解的反应时比较

（四）讨论

1. 听力损失发生时间对听障青少年汉语唇读理解的影响

从整体上看，听力损失发生时间对听障青少年汉语唇读理解的正确率和反应时无显著影响，语前发生听力损失的听障青少年与语后发生听力损失的听障青少年在唇读理解的正确率和反应时上无显著差异。研究结果与雷江华的研究结果类似[①]，其研究指出，语前和语后发生听力损失的听障青少年唇读语音识别的正确率和反应时无显著性差异，即听力损失发生时间并不会影响听障青少年的唇读识别能力。本实验进一步从汉语唇读理解的层面对不同听力损失发生时间的听障青少年进行研究，并且发现其汉语唇读理解和唇读识别表现出了一致的特点，说明听障青少年唇读识别与唇读理解可能存在类似的认知加工机制。但该结果与Geers等的研究结果不一致，其研究发现语前发生听力损失的听障人士在唇读的过程中更具优势[②]，造成研究结果不一致的原因可能与二者的研究材料和被试母语的不同有一定关系。Geers等的研究以拼音文字材料作为实验材料，并且被试的母语以拼音文字为主，本实验的实验材料是中文材料，所有被试的母语都是汉语，由于拼音文字和汉语在加工机制上本身存在一定的差异，所以两研究中的听障人士在唇读的过程中也表现出了不同的特点。研究还发现，在唇读理解的正确率上，听力损失发生时间与语言级别存在显著的

---

① 雷江华. 听觉障碍学生唇读的认知研究[M]. 北京: 中国社会科学出版社, 2009: 116-122.
② Geers A, Moog J. Factors predictive of the development of literacy in profoundly hearing-impaired adolescents[J]. Volta Review, 1989, 91(2): 69-86.

交互作用。在唇读理解词语和汉字时，语前发生听力损失的听障青少年唇读理解正确率和语后发生听力损失的听障青少年无显著差异，这表明听力损失发生时间对听障青少年唇读理解汉字和词语的准确性影响有限；在唇读理解语句时，语前发生听力损失的听障青少年唇读理解正确率显著高于语后发生听力损失的听障青少年，说明听力损失发生时间对听障青少年唇读理解汉语语句的准确性具有重要影响。这与他们对不同级别汉语的学习经验相关，听障人士在学习外部语言时往往从一个词开始学习，然后连接成更多的词，最后逐渐发展成简单句。听障青少年对汉字和词语的学习经验比语句更加丰富，无论是语前还是语后发生听力损失的听障青少年都能够较好地适应汉字和词语唇读信息的加工处理。语句信息相对复杂，听障人士对语句的学习时间较晚，语前发生听力损失的听障青少年由于最开始接触语言信息时便以视觉通道的输入为主，唇读语句的经验更加丰富，而语后发生听力损失的听障青少年由于早期具备一定的听力语言经验，在实现听觉-视觉信息的有效转换时存在一定困难，所以相较于语后发生听力损失的听障青少年来说，语前发生听力损失的听障青少年更能适应视觉唇读语句信息的加工与处理，长期的无声唇读经验在听障青少年的唇读理解语句中发挥了重要作用。

2. 语言级别对听障青少年汉语唇读理解的影响

研究结果发现，语言级别在听障青少年汉语唇读理解过程中发挥着重要作用。无论是语前发生听力损失的听障青少年，还是语后发生听力损失的听障青少年，其词语唇读理解的正确率都显著高于汉字和语句，反应时都显著低于汉字和语句。该结果与 Lyxell 和 Holmberg 的研究[①]不完全一致，Lyxell 和 Holmberg 的研究结果表明听障青少年唇读理解的正确率高低依次是单个单词、词组、语句。主要原因在于较汉语而言，英语音节结构复杂多样，语音信息的复杂性增加了提取信息的难度，而研究表明容易区分的音节才能提供清晰的口形特征[②]。另外，听障青少年在唇读理解过程中受到视觉信息容量的影响，汉字口形呈现过程中的信息容量少、时间短，所包含的信息不足以进行精确的编码分析；语句口形呈现时，信息容量大、

---

① Lyxell B, Holmberg I. Visual speechreading and cognitive performance in hearing-impaired and normal hearing children (11-14 years)[J]. British Journal of Educational Psychology, 2000, 70(4): 505-518.

② Sekiyama K, Burnham D. Impact of language on development of auditory-visual speech perception[J]. Developmental Science, 2008, 11(2): 306-320.

时间长，听障青少年没有足够的时间对视觉信息进行提取、编码及理解，而词语理解能够得到听障青少年的及时推理和判断，即词语在听障青少年的唇读理解中存在优势效应。

（五）结论

总体来看，听力损失发生时间对听障青少年唇读理解能力的影响有限，语前发生听力损失和语后发生听力损失的听障青少年唇读理解的准确率和速度基本一致，但在唇读理解语句时，语前发生听力损失的听障青少年唇读理解能力更强；语言级别影响听障青少年的汉语唇读理解能力，与汉字和语句相比，听障青少年唇读理解词语更具优势。

（六）启示

尽管不同听力损失发生时间的听障青少年的汉语唇读理解能力不存在显著差异，但在听障青少年的唇读训练中，既要保持基本的训练要求，又要针对个体听力损失发生时间的差异，采取适宜的训练策略，以进一步提高其唇读理解能力。无论是语前还是语后发生听力损失的听障青少年，在进行唇读训练时，都要继续巩固对汉字和词语的唇读训练，尤其是要注重高频词语的口形训练，以唇读理解词语为切入点来带动汉字和语句的学习。同时，针对语后发生听力损失的听障青少年，尤其要加强其语句的唇读训练，并充分强调语句理解的重要性，以提高其语句唇读理解能力。

三、听力损失程度对听障青少年汉语唇读理解能力的影响

（一）引言

听力损失程度是否会对听障青少年的唇读理解能力产生影响？国外研究者进行了一些实验，Costello 通过比较全聋与中重度听障学生的唇读能力，两组被试在年龄、智力、视力和听力损失发生时间上进行了匹配，发现听力损失程度与唇读能力存在关联，听力损失程度更高的全聋学生是更优秀的唇读者[1]。同样 Conrad 通过研究 15—16 岁的语前致聋青少年的唇读能力发现，不同听力损失程度的听障青少年唇读理解正确率存在显著差异[2]。但这些研究的实验材料都是拼音文字的实验材料，在汉语材料下，

---

[1] Costello M. A study of speech reading as a developing language process in deaf and in hard of hearing children[D]. Northwestern University, 1971: 289.

[2] Conrad R A. Lipreading by deaf and hearing children[J]. British Journal of Educational Psychology, 1977, (47): 60-65.

不同听力损失程度的听障青少年其唇读理解能力是否也存在差异？据此，本研究采用口形视频-图片匹配范式，从汉字、词语、语句三种语言级别考察听障青少年汉语唇读理解的特点和规律，以期为听障青少年语言理解发展和沟通交往指导提供借鉴。

(二) 方法

1. 被试

选取武汉市某聋校高中阶段 88 名听障青少年，按照世界卫生组织关于听觉障碍的分级标准，将被试的听力损失程度划分为重度听力障碍、极重度听力障碍、全聋三组，具体情况见表 6-5。对三组被试的性别进行 χ^2 检验，发现三组被试在性别分布上无显著差异（$p>0.05$）；三组被试的年龄无显著性差异，$F(2, 85)=2.58$, $p>0.05$。所有被试视力或矫正视力均正常，除了听觉障碍外无其他障碍。

表 6-5 被试基本信息

实验组别	人数（人）	分性别人数（人）		年龄（岁）（$M\pm SD$）	听力损失（dB）（$M\pm SD$）
		男	女		
重度听障青少年	27	18	9	17.26±2.03	83.70±6.12
极重度听障青少年	34	20	14	15.74±3.18	99.51±5.20
全聋青少年	27	12	15	15.70±3.33	116.18±1.12

2. 实验材料

实验材料同第二章第一节的汉语唇读理解实验材料（见附录一、二、三）。

3. 实验设计

采用 3 (听力损失程度：重度、极重度、全聋) ×3 (语言级别：汉字、词语、语句) 两因素混合实验设计，其中听力损失程度是被试间变量，语言级别为被试内变量。听障被试唇读理解汉字、词语及语句的正确率和反应时为因变量。

4. 实验程序

实验程序同第二章第一节的汉语唇读理解实验程序（见附录四）。

(三) 结果

听障青少年在不同语言级别下汉语唇读理解（汉字、词语、语句）的正确率和反应时描述性统计见表6-6。

表 6-6 不同听力损失程度听障青少年汉语唇读理解的正确率与反应时（$M±SD$）

听力损失程度	人数（人）	汉字		词语		语句	
		正确率	反应时（s）	正确率	反应时（s）	正确率	反应时（s）
重度	27	0.45±0.20	5.19±2.03	0.58±0.22	5.18±2.96	0.47±0.24	6.37±1.90
极重度	34	0.40±0.16	5.52±1.92	0.47±0.19	6.03±2.30	0.34±0.18	6.75±2.90
全聋	27	0.35±0.10	6.07±2.69	0.45±0.26	5.32±2.03	0.31±0.21	6.23±2.82

1. 不同听力损失程度听障青少年汉语唇读理解正确率比较

对听力损失程度和语言级别的正确率进行重复测量方差分析，结果显示，语言级别的主效应显著，不同语言级别的唇读理解正确率存在显著性差异，$F(2, 170)=24.05$，$p<0.001$，$\eta_p^2=0.22$，事后检验（LSD）结果显示，词语唇读理解的正确率显著高于汉字和语句，$ps<0.01$。听力损失程度主效应显著，$F(2, 85)=3.93$，$p<0.05$，$\eta_p^2=0.09$，事后检验（LSD）结果显示，极重度听障青少年和全聋青少年唇读理解正确率显著高于重度听障青少年（$p<0.05$）。听力损失程度和语言级别的交互作用不显著（$p>0.05$）。

2. 不同听力损失程度听障青少年汉语唇读理解反应时比较

对听力损失程度和语言级别的反应时进行重复测量方差分析，结果显示，语言级别的主效应显著，不同语言级别的唇读理解反应时存在显著性差异，$F(2, 170)=10.06$，$p<0.001$，$\eta_p^2=0.11$，事后检验（LSD）结果显示，语句唇读理解的反应时显著高于汉字和词语，$ps<0.05$。听力损失程度主效应不显著，不同听力损失程度听障青少年的唇读理解反应时无显著性差异，$F(2, 85)=0.56$，$p>0.05$。听力损失程度和语言级别的交互作用不显著（$p>0.05$）。

（四）讨论

1. 听力损失程度对听障青少年汉语唇读理解的影响

实验结果指出，极重度听障青少年和全聋青少年的唇读理解正确率显著高于重度听障青少年。该结果与 Bernstein 等的研究结果[1]不一致，他们对72位年龄在18岁到42岁之间的听障人士进行唇读测试发现，听力损失

---

[1] Bernstein L, Demorest M, Tucker P. Speech perception without hearing[J]. Perception and Psychophysics, 2000, 62(2): 233-252.

程度对唇读水平的作用较为有限。研究结果产生差异的原因主要在于被试的年龄、听力辅助设备、听力语言环境等存在差异。另外，极重度听障青少年和全聋青少年长期的无声唇读经验在其唇读理解能力发展中发挥了重要作用，相对于重度听障青少年而言，他们更能适应视觉唇读信息的加工与处理，在唇读理解能力上更具优势。

2. 语言级别对听障青少年汉语唇读理解的影响

语言级别在听障青少年汉语唇读理解过程中发挥着重要作用。无论是重度、极重度还是全聋青少年，其唇读理解词语的正确率都显著高于汉字和语句，反应时显著低于汉字和语句。这是由于听障青少年的汉语唇读理解受到视觉信息容量的影响，汉字口形呈现过程中，信息容量少且时间短，所包含信息不足以进行精确的编码分析；语句口形呈现时，信息容量大且时间长，听障青少年没有足够的时间对视觉信息进行提取、编码及理解，但词语理解能够得到听障青少年的及时推理和判断，所以在唇读理解词语时更具优势。

（五）结论

不同听力损失程度影响着听障青少年的汉语唇读理解能力，极重度听障青少年和全聋青少年唇读理解能力较重度听障青少年更优。同时，语言级别也是影响听障青少年唇读理解能力的重要因素，听障青少年唇读理解词语较汉字和语句更具优势。

（六）启示

探究不同听力损失程度听障青少年的汉语唇读理解能力对于把握听障青少年汉语唇读理解能力发展特征，促进其唇读理解具有积极意义。根据研究结果，极重度听障青少年和全聋青少年的汉语唇读理解能力比重度听障青少年更高，所以在日常生活和教学活动中，要充分发掘并不断巩固和提高极重度听障青少年和全聋青少年的唇读理解能力。对于重度听障青少年而言，要采取适合他们的教学策略，在与他们沟通交往的过程中，更加注重口形的清晰性和准确性，帮助他们提高唇读理解能力，促进他们更好地发展言语理解能力。同时，研究表明听障青少年唇读理解词语的能力优于汉字和语句，这说明语言教学要充分发挥词语的优势作用，注重字在词中学，词在句中教，采用有效的语言教学策略，促进听障青少年唇读理解各个语言级别汉语能力的提高。

第二节　听觉辅助对听障人士汉语唇读理解能力的影响

听障人士因听觉损失而在接收听觉语言信息时存在不同程度的困难，从而影响到其语言的发展。有研究者指出，听障人士如果缺少利用听觉的经验，听力残疾会更加严重[①]。由此可推断出，听觉辅助设备的使用在一定程度上有利于听障人士语言的发展。那么，听觉辅助是否会对听障人士的汉语唇读理解能力产生影响？因此，本研究将探究听觉辅助对不同年龄阶段听障人士汉语唇读理解能力的影响。

一、听觉辅助对听障幼儿汉语唇读理解能力的影响

（一）引言

听障幼儿的唇读能力不仅受到个体认知能力的影响，而且受到听觉辅助设备类型的影响。研究表明，佩戴人工耳蜗的听障幼儿比佩戴助听器的听障幼儿在语言理解上表现得更为突出[②]，乌兰的研究结果发现植入人工耳蜗后对侧耳继续佩戴助听器的听障幼儿，与佩戴助听器的听障幼儿在言语矫治效果、语言学习能力、听觉理解能力、声调学习能力及发音水平等方面都有明显的差别[③]。

因此，本实验选取双耳佩戴助听器与单耳植入人工耳蜗对侧耳佩戴助听器的听障幼儿进行对比，探求不同听觉辅助对听障幼儿唇读理解的影响，以期为听障幼儿的早期干预和语言康复训练提供借鉴。

（二）方法

1. 被试

选取武汉市某聋儿康复中心 4—6 岁的 55 名语前听障幼儿为实验被试。被试为佩戴双耳助听器或单耳植入人工耳蜗对侧耳佩戴助听器的听障幼儿，佩戴助听器或植入人工耳蜗时长均在 1 年以上。所有被试中，男生 25 人，女生 30 人，平均年龄为 4.89±0.83 岁。根据听觉辅助的不同，将被试分为两组，具体情况见表 6-7。对两组被试的性别进行 χ^2 检验，结果表

[①] 季佩玉, 简栋梁, 程益基. 聋教育教师培训教材[M]. 北京: 中国盲文出版社, 2000: 18.
[②] Most T, Rothem H, Luntz M. Auditory, visual, and auditory-visual speech perception by individuals with cochlear implants versus individuals with hearing aids[J]. American Annals of the hearing impaired, 2009, 154(3): 284-292.
[③] 乌兰. 植入人工耳蜗另侧配戴助听器个案研究[J]. 中国听力语言康复科学杂志, 2007(5): 52-53.

明两组在性别分布上无显著性差异（$p>0.05$）。独立样本 t 检验显示，两组被试补偿前听力损失差异不显著（$p>0.05$），两组被试补偿后听力损失差异不显著（$p>0.05$）。所有被试均智力正常，除了听觉障碍外无其他障碍。

表 6-7 被试基本信息

实验组别	人数（人）	分性别人数（人）		年龄（岁）（$M\pm SD$）	补偿前听力损失（dB）（$M\pm SD$）	补偿后听力损失（dB）（$M\pm SD$）
		男	女			
双耳助听器组	21	12	9	5.00±0.89	94.43±9.41	40.30±9.07
单耳人工耳蜗对侧耳助听器组	34	13	21	4.82±0.80	95.04±12.90	39.00±9.08

2. 实验材料

实验材料同第二章第一节汉语唇读理解实验材料（见附录一、二、三）。

3. 实验设计

采用 3（语言级别：汉字、词语、语句）×2（听觉辅助：双耳助听器、单耳人工耳蜗对侧耳助听器）两因素混合实验设计。语言级别为被试内变量，听觉辅助为被试间变量。

4. 实验程序

实验程序同第二章第一节汉语唇读理解实验程序（见附录四）。考虑到被试年龄较小，正确答案的选择由主试代为按键，中间可能存在反应时间的误差，故不考虑反应时的差异。

（三）结果与分析

对测试结果使用多元方差分析探讨不同听觉辅助情况听障幼儿汉语唇读汉字、词语、语句理解能力，表 6-8 呈现了被试在汉语唇读理解中的正确率的平均数与标准差。

表 6-8 不同听觉辅助听障幼儿汉语唇读理解测试正确率（$M\pm SD$）

组别	汉字正确率	词语正确率	语句正确率
双耳助听器组	0.56±0.23	0.66±0.22	0.59±0.24
单耳人工耳蜗对侧耳助听器组	0.57±0.21	0.65±0.19	0.56±0.19

对正确率进行多元方差分析发现，语言级别的主效应极其显著，不同

语言级别唇读理解的正确率具有显著差异，$F(2, 53)=9.50$，$p<0.001$，$\eta_p^2=0.15$，事后检验发现，唇读理解词语的正确率显著高于汉字和语句（$p<0.05$，$p<0.001$），唇读理解汉字与语句的正确率差异不显著（$p>0.05$）。听觉辅助的主效应不显著，$F(1, 53)=0.03$，$p>0.05$，语言级别和听觉辅助的交互作用不显著。

（四）讨论

1. 语言级别对听障幼儿汉语唇读理解的影响

听障幼儿汉语唇读理解词语的正确率显著高于语句和汉字，唇读理解汉字、语句的正确率无显著差异。这反映了唇读理解的词语优势效应。这是由于词语提供的唇读口形较单个汉字而言更加具体，听障幼儿在对这些词语给定的信息进行加工匹配时，会对其中的语义进行反复加工、组合，最后形成自己的理解。单个汉字提供的信息较少，并且缺乏相应的语境和语言经验，听障幼儿难以通过其他信息进行推断，所以唇读理解起来较为抽象。这些因素都导致听障幼儿唇读理解词语的正确率高于单一的汉字。虽然语句给定的语境信息比词语更为详细，但由于语句较长，受到短时工作记忆容量[①]的影响，听障幼儿难以对整句话的信息完全加工，往往选择提取其熟悉的词或者句首词进行理解判断，导致以偏概全或者产生歧义，对语句的唇读理解正确率反而显著低于词语。

2. 听觉辅助对听障幼儿汉语唇读理解的影响

实验结果表明，双耳佩戴助听器与单耳佩戴助听器对侧耳植入人工耳蜗的听障幼儿在汉语唇读理解正确率上没有显著性差异，说明听觉辅助对听障幼儿汉语唇读理解的影响有限。尽管根据已有研究，单耳植入人工耳蜗对侧耳佩戴助听器的双耳双模式聆听[②]相对于双耳助听器来说具有很大的优势，但从结果来看并未达到显著性差异，这说明对听障幼儿来说听觉辅助设备在其视觉编码中的作用有限。另外，这与听障幼儿在康复机构接受的语言训练（包括唇读训练）密不可分。4—5岁是幼儿听觉器官和言语器官发育成熟的关键期[③]，也是进行语言训练的黄金时期。这一阶段的幼

---

① Feld J E, Sommers M S. Lipreading, processing speed, and working memory in younger and older adults[J]. Journal of Speech, Language, and Hearing Research, 2009, 52(6): 1555-1565.
② 钟梅, 邱建新. 双耳双模式聆听的优势及目前存在的问题[J]. 国际耳鼻喉头颈外科杂志, 2017, 41(4): 237-239.
③ 刘全礼. 残障儿童的早期干预概论[M]. 天津: 天津教育出版社, 2007: 118.

儿大多在接受康复训练，处在适应助听器或者人工耳蜗的阶段，主要训练他们利用听觉来感知信息的能力。因此，听觉辅助对听障幼儿的唇读理解能力的影响有限。

（五）结论

语言级别对听障幼儿唇读理解能力具有重要影响，听障幼儿唇读理解词语较汉字和语句来说具有优势。但听觉辅助对听障幼儿汉语唇读理解的影响有限，这与他们平时的康复训练和口语教学密切相关。

（六）启示

探究不同听觉辅助设备对听障幼儿汉语唇读理解的影响，对听障幼儿的听力言语发展及教育具有一定的借鉴价值。4—5岁是抓住听障幼儿听力言语康复的关键期，也是其唇读发展较为迅速的阶段，在这个阶段要采取有效的、适合的听觉补偿方式，注重唇读训练与听力训练有机统一。听障幼儿汉语唇读理解词语的能力较好，因此在对听障幼儿进行语言训练时应着重训练词语的口形理解，同时做到字在词中教、词在句中学，以唇读理解词语带动其他语言级别唇读理解能力的发展。

二、听觉辅助对听障青少年汉语唇读理解能力的影响[①]

（一）引言

Bernstein等的研究发现，听觉辅助设备的使用时间和频率与唇读技能有着密切的联系，经常使用听觉辅助设备的听障人士拥有较好的唇读能力[②]。国内有关唇读识别的系列研究发现，助听器辅助唇读语音的作用在单韵母、复韵母识别过程中得到了明显的体现[③]，但佩戴助听器和未佩戴助听器的听障青少年在唇读汉语元音识别中的正确率和反应时均不存在显著差异[④]，以上关于听觉辅助在听障青少年汉语识别中的作用的研究结果并不一致，而听觉辅助对听障青少年的唇读理解是否有影响，仍有待

---

① 雷江华, 宫慧娜, 贾玲, 等. 听觉辅助在听障学生汉语唇读理解中的作用[J]. 中国特殊教育, 2017, (10): 30-36.
② Bernstein L E, Demorest M E, Tucker P E. Speech perception without hearing[J]. Perception and Psychophysics. 2000, 62(2): 233-252.
③ 雷江华, 甘琳琳, 方俊明. 助听器对听障学生唇读汉字语音识别的作用[J]. 心理科学, 2006, 29(6): 42-43.
④ 汪斯斯. 语音编码在听障大学生唇读不同形态汉语元音识别中的作用[D].武汉: 华中师范大学硕士学位论文, 2011.

进一步探究。因此，结合汉语的语言特征，本研究将从汉字、词语、语句三个语言级别来探究听觉辅助对听障青少年汉语唇读理解的影响，以期进一步丰富汉语唇读的实验研究，并为听障青少年的唇读康复训练提供指导。

（二）方法

1. 被试

研究选取武汉市两所聋校 12—15 岁的 60 名听障青少年为实验被试，其中男生 30 人，女生 30 人。经与被试及其教师核实，目前佩戴助听器且连续佩戴助听器超过 1 年的 24 名被试归为有听觉辅助组，未佩戴（33 名）和曾短期间断佩戴（不超过 1 个月）但因补偿效果不理想放弃佩戴（3 名）的 36 名被试归为无听觉辅助组，具体情况见表 6-9。对两组被试的性别进行 χ^2 检验，结果表明两组在性别分布上无显著性差异（$p>0.05$）；两组年龄不存在显著性差异（$t=0.054$，$p>0.05$）；两组的听力损失情况进行独立样本 t 检验发现差异显著（$t=2.567$，$p<0.001$）。所有被试除听觉障碍外，无其他障碍。实验时，由于实验程序均采用无声唇读视频，因此可以排除被试听觉辅助设备因素的影响。

表 6-9 被试基本信息

实验组别	人数（人）	年龄（岁）（$M\pm SD$）	听力损失（dB）（$M\pm SD$）
有听觉辅助组	24	13.71±0.96	95.76±12.76
无听觉辅助组	36	13.72±1.00	103.11±9.38

2. 实验材料

实验材料同第二章第一节汉语唇读理解实验材料（见附录一、二、三）。

3. 实验设计

研究采用 3（语言级别：汉字、词语、语句）×2（听觉辅助：有听觉辅助、无听觉辅助）两因素混合实验设计。语言级别作为被试内变量，听觉辅助作为被试间变量。

4. 实验程序

实验程序同第二章第一节汉语唇读理解实验程序（见附录四）。

（三）结果与分析

剔除反应时超出各项测试反应时 3 个标准差的数据（仅 1 人），剩余所有被试的实验数据均进入统计分析。研究运用重复测量方差分析探讨听觉辅助对不同年龄段听障青少年的汉语唇读理解能力的影响，表 6-10 呈现了被试在汉语唇读理解测试中的正确率和反应时的平均数与标准差。

表 6-10　不同听觉辅助条件下听障青少年汉语唇读理解测试的正确率和反应时（$M\pm SD$）

被试类型	汉字		词语		语句	
	正确率	反应时（s）	正确率	反应时（s）	正确率	反应时（s）
有听辅组	0.57±0.22	5.52±2.20	0.67±0.19	5.37±2.54	0.59±0.23	6.71±2.53
无听辅组	0.34±0.17	5.80±2.69	0.58±0.22	5.56±2.61	0.41±0.20	7.38±2.73

1. 不同听觉辅助条件下的听障青少年汉语唇读理解正确率的结果分析

重复测量方差分析发现，听觉辅助的主效应显著，$F(1, 58)=8.433$，$p<0.005$，$\eta_p^2=0.13$，有听觉辅助条件下的正确率显著高于无听觉辅助条件下的正确率（$p<0.01$）；语言级别的主效应显著，$F(2, 116)=20.785$，$p<0.001$，$\eta_p^2=0.26$；对语言级别进行事后检验发现，词语正确率显著高于汉字（$p<0.001$），词语正确率显著高于语句（$p<0.001$），汉字与语句间差异不显著（$p>0.05$）；听觉辅助与语言级别间的交互作用不显著，$F(2, 116)=2.347$，$p>0.05$。

2. 不同听觉辅助条件下的听障青少年汉语唇读理解反应时的结果分析

重复测量方差分析发现，听觉辅助的主效应不显著，$F(1, 58)=0.405$，$p>0.05$，语言级别的主效应显著，$F(2, 116)=18.509$，$p<0.001$，$\eta_p^2=0.24$；对语言级别进行事后检验发现，语句的反应时显著长于汉字、词语（$p<0.05$，$p<0.001$）；汉字与词语间不存在显著差异（$p>0.05$）。语言级别与听觉辅助的交互作用不显著，$F(2, 116)=0.401$，$p>0.05$，$\eta_p^2=0.24$。

（四）讨论

1. 听觉辅助在听障青少年汉语唇读理解中的作用

有听觉辅助组的听障青少年的汉语唇读理解正确率显著高于无听觉辅助组，说明听觉辅助在听障青少年的汉语唇读理解中发挥了重要作用。已有研究证实助听器的使用对听障青少年唇读语言识别的影响是存在的，助听器辅助唇读语音的作用在单韵母、复韵母识别过程中得到了明显体现[①]，本

---

① 雷江华, 甘琳琳, 方俊明. 助听器对听障学生唇读汉字语音识别的作用[J]. 心理科学, 2006, 29 (6)：42-43.

实验的实验结果进一步证实了听觉辅助对听障青少年汉语唇读理解的辅助作用。有听觉辅助的听障青少年在一定程度上弥补了听觉损失，获得了听觉语言经验，在日常的沟通与交往中能够对视觉信息与听觉信息进行整合和匹配，更易准确地提取与储存口形、语音等特征，在汉语唇读理解测试中，能够较为准确地将视觉口形信息与头脑中已有的语言表征相匹配，最终实现正确理解口形信息。无听觉辅助的听障青少年缺乏对视觉口形信息与听觉信息的综合表征，因此在唇读理解汉语时，表现出更多的困难。

2. 语言级别对听障青少年汉语唇读理解的影响

听障青少年唇读理解不同语言级别的汉语正确率差异显著，唇读理解正确率从高到低依次为词语、汉字、语句，听障青少年唇读理解词语的正确率显著高于汉字、语句，汉字和语句间无显著差异。这说明，在唇读理解不同级别的汉语时，听障青少年在唇读理解词语方面占优势。

听障青少年唇读理解不同级别的汉语的反应时也存在显著差异，反应速度从快到慢依次为词语、汉字、语句，唇读理解语句的反应时显著长于汉字、词语，这在一定程度上验证了听障青少年的唇读理解能力受到其视觉信息接收容量的限制，听障青少年在唇读理解超出其短时工作记忆容量的语句信息时，需要较长时间对视觉信息进行提取并加工理解。此外，听障青少年唇读理解汉字的正确率高于语句，但并未达到显著水平，但汉字唇读理解的反应时显著短于语句，这说明较少的语言特征计数与短时工作记忆容量等都可能对听障青少年的唇读理解产生影响，但后者对唇读理解的制约作用可能高于前者。听障青少年唇读理解词语的正确率显著高于汉字，在反应时上尽管词语反应时短于汉字，但并未达到显著水平，说明在字词条件下，听障青少年所接收的视觉特征计数对其唇读理解准确度的影响明显，但对唇读理解反应速度的作用有限。

（五）结论

听觉辅助对听障青少年唇读理解汉语具有积极作用，其辅助作用主要体现为提升唇读理解汉语的准确度；听障青少年在唇读理解汉语时的能力由高到低依次为词语、汉字、语句，这反映了听障青少年唇读理解的词语优势效应。

（六）启示

探究听觉辅助在听障青少年汉语唇读理解中的作用及唇读理解能力

的发展特点,对听障青少年的语言教育与发展具有一定的借鉴价值。一方面,听觉辅助对听障青少年的汉语唇读理解具有显著的促进作用,在听障青少年的语言康复与训练中,应秉承多通道的语言训练理念,不仅注重以"看"辅"听",也应关注以"听"促"看",提升听障青少年整合利用多通道语言信息的能力;另一方面,听障青少年唇读理解词语的能力较强,因此在听障青少年的唇读训练中应注重对词语口形的理解训练,在设计聋校"沟通与交往"校本课程时,建议关注日常高频词语的唇读训练,以提升词语唇读理解能力为切入点,逐步提升对其他语言级别的唇读理解能力。

三、听觉辅助对听障成人汉语唇读理解能力的影响

(一)引言

在利用听觉辅助之后,扩增的听觉刺激信息有利于听障人士进行视觉语音感知,从而使其在日常生活中更可能使用唇读[①]。国外有关唇读理解的研究发现,利用听觉辅助的听障成人的唇读能力优于未利用听觉辅助的听障成人,利用人工耳蜗的听障成人在词语理解方面的能力显著高于健听人,但未对其原因及语言级别的差异进行深入探讨[②]。国外相关研究表明,佩戴助听器与未佩戴助听器的听障学生在唇读汉语理解正确率和反应时上均有显著性差异[③]。但听障成人的唇读理解能力如何,听觉辅助是否对听障成人的唇读理解能力具有持续性影响仍然有待深入研究。因此,本研究将考察听觉辅助对听障成人汉语唇读理解的影响,进一步丰富听障成人的汉语唇读理解研究,并为听障成人更好地融入社会生活提供指导性意见。

(二)方法

1. 被试

本实验在武汉市采用目的抽样及滚雪球抽样的方式抽取 34 名听障成人为实验被试,其中 16 名听障成人为有听觉辅助组,其连续佩戴助听器的时间均超过 1 年,18 名听障成人为无听觉辅助组,具体情况见表 6-11。经

---

① Mohammed T, Macsweeney M, Dodd B. A new study adult speechreading: the deaf really can be better speechreaders[J]. Audiovisual Speech Processing Workshop, 2001: 12-17.
② Mohammed T. An investigation of speechreading in profoundly congenitally deaf British adults[D]. University of London, 2007: 182-183.
③ Strelnikov K, Rouger J, Barone P. Role of speechreading in audiovisual interactions during the recovery of speech comprehension in deaf adults with cochlear implants[J]. Scandinavian Journal of Psychology, 2009, 50(5): 437-444.

过独立样本 t 检验发现，两组被试年龄不存在显著性差异（$p>0.05$）。对两组被试的性别进行 χ^2 检验发现，两组在性别分布上无显著性差异（$p>0.05$）。所有被试除听觉障碍外不存在其他障碍，且所有被试均智力正常。

表 6-11　被试基本信息

实验组别	人数（人）	分性别人数（人）		年龄（岁）（$M\pm SD$）	听力损失（dB）（$M\pm SD$）
		男	女		
有听觉辅助组	16	10	6	38.06±9.16	97.65±22.44
无听觉辅助组	18	7	11	42.44±6.79	97.39±12.19

2. 实验材料

实验材料同第二章第一节汉语唇读理解实验材料（见附录一、二、三）。

3. 实验设计

该实验采用 3（语言级别：汉字、词语、语句）×2（听觉辅助：有听觉辅助、无听觉辅助）两因素混合实验设计。其中语言级别为被试内变量，听觉辅助为被试间变量。

4. 实验程序

实验程序同第二章第一节汉语唇读理解实验程序（见附录四）。

（三）结果

实验数据由 E-Prime2.0 记录，并使用 SPSS22.0 进行统计分析。在分析的过程中，剔除了 1 个唇读正确率在 3 个标准差以外的数据。使用重复测量方差分析探讨听觉辅助在听障成人汉语唇读理解中的作用，听障成人的唇读理解测试正确率及反应时的平均数与标准差如表 6-12 所示。

表 6-12　听障成人唇读理解测试正确率与反应时

被试类型	汉字		词语		语句	
	正确率	反应时（s）	正确率	反应时（s）	正确率	反应时（s）
有听觉辅助组	0.62±0.20	6.44±3.02	0.75±0.16	5.71±2.80	0.72±0.26	6.16±2.47
无听觉辅助组	0.43±0.21	5.80±2.00	0.46±0.23	6.20±2.85	0.40±0.25	7.06±3.20

1. 听障成人汉语唇读理解测试正确率的结果分析

听觉辅助与语言级别的混合重复测量方差分析结果显示，听觉辅助的主效应显著，$F(1, 32)=16.29$，$p<0.001$，$\eta_p^2=0.34$，利用听觉辅助的听障成人唇读理解正确率显著高于未利用听觉辅助的听障成人；语言级别主效应显著，$F(2, 64)=3.33$，$p<0.05$，$\eta_p^2=0.09$，词语的正确率显著高于汉字的正确率（$p<0.05$），词语与语句之间的差异不显著（$p>0.05$），汉字与语句之间的差异不显著（$p>0.05$）；听觉辅助与语言级别的交互作用不显著，$F(2, 64)=1.98$，$p>0.05$。

2. 听障成人汉语唇读理解测试反应时的结果分析

对反应时数据进行重复测量方差分析结果显示，听觉辅助的主效应不显著，$F(1, 32)=0.09$，$p>0.05$；语言级别的主效应不显著，$F(2, 64)=1.27$，$p>0.05$；听觉辅助与语言级别的交互作用不显著，$F(2, 64)=1.75$，$p>0.05$。

（四）讨论

1. 听觉辅助在听障成人汉语唇读理解中的作用

有听觉辅助组的听障成人汉语唇读理解的正确率显著高于无听觉辅助组，证明听觉辅助对听障成人汉语唇读理解能力的提升有重要作用。无论听障成人的唇读能力如何，都是通过一个类似于听觉的过程来识别口语，这个过程可分解为：物理刺激的编码—单词识别—解码预期信息[1]。当视觉线索的物理刺激不足时，听觉刺激能够在言语理解上提供实质性帮助。听觉辅助能够使唇读能力与听觉感官体验之间产生互动，对听觉信息和来自视觉的推测信息平行进行分析，佩戴听觉辅助设备的听障成人能够从两种信息的认知整合中获益，从而得到最佳表现[2]。无听觉辅助的听障成人缺乏听觉语言经验，难以与视觉信息的表征相结合进行分析，因此在唇读理解时表现出更多的困难。

2. 语言级别对听障成人汉语唇读理解的影响

研究结果显示，语言级别对听障成人汉语唇读理解正确率的影响显著，其正确率从高到低依次为词语、语句、汉字。同时，听障成人唇读理解词语的正确率显著高于汉字，而与语句间无显著差异，语句和汉字无显

---

[1] Auer E T. Investigating speechreading and deafness[J]. Journal of the American Academy of Audiolody, 2010, 21(3): 163-168.

[2] Strelnikov K, Rouger J, Barone P. Role of speechreading in audiovisual interactions during the recovery of speech comprehension in deaf adults with cochlear implants[J]. Scandinavian Journal of Psychology, 2009, 50(5): 437-444.

著差异。这表明听障成人在汉语唇读理解方面呈现出词语优势。

（五）结论

汉语语言级别是影响听障成人汉语唇读理解的重要因素，听障成人汉语唇读理解能力从高到低依次为词语、语句、汉字；听觉辅助对听障成人汉语唇读理解的重要作用主要体现在提升汉语唇读理解的正确率，而对唇读理解的反应速度影响有限。

（六）启示

探究听障成人的唇读理解能力的发展及听觉辅助对其唇读理解能力的影响，对听障成人的语训康复及社会融合具有重要的意义。首先，听觉辅助对听障人的唇读理解正确率的提升具有显著作用。因此在听障成人语训康复过程中，应强调多感觉通道的综合运用，着重训练其视听信息的认知整合能力，有效利用助听器对其唇读理解能力的促进功能，并科学地看待唇读在听障成人语训康复及社会融合中的重要作用。其次，听障成人的唇读理解能力具有明显的词语优势，因此在听障成人的语训康复中，应以其词语优势为中心开展康复训练，提高其唇读理解能力，促进其更好地与健听人进行沟通融入社会生活。

第三节　家庭交流环境对听障人士汉语唇读理解能力的影响

基于人类发展生态系统理论，家庭环境是一个重要的微观系统，它为听障人士的语用能力提供了丰富且安全的情景。基于该理论的推测与指向，良好的家庭交流能够有效地保护和培养听障人士发展口头语言的积极性[①]。那么，家庭交流环境对听障人士的汉语唇读理解能力是否会产生影响？因此，本研究将关注听障青少年及听障成人两个群体，分别探究家庭交流环境对其汉语唇读理解能力的影响。

一、家庭交流环境对听障青少年汉语唇读理解能力的影响[②]

（一）引言

有研究者发现，处于口语家庭交流环境下的听障人士表现出更为熟练

---

① 郭玉祺. 听障幼儿家庭语言康复误区及对策研究[J]. 绥化学院学报, 2015, (1): 63-66.
② 雷江华, 张奋, 宫慧娜, 等. 高中阶段听障学生汉语唇读理解能力的发展研究[J]. 海南师范大学学报(社会科学版), 2019, 32(2): 124-129.

的唇读技能，而处于非口语（如手语）家庭交流环境下的听障人士表现出较低的唇读技能[1]。Kanto 等对比了口语家庭交流环境和手语家庭交流环境下听障人士的语言发展特征，同样认为口语交流环境下听障学生的语言发展具备更加明显的优势[2]。国内研究中，雷江华从不同音素水平上研究家庭交流环境对听障青少年唇读汉字语音识别的影响，发现口语交流环境的听障学生虽然在识别单韵母、复韵母的正确率上高于手语交流环境的听障青少年，但差异并不显著[3]。那么，对于汉语的唇读理解能力，在口语家庭交流环境中的听障青少年是否较手语家庭交流环境中的听障青少年更高呢？据此，基于口形视频—图片匹配范式，研究家庭交流环境对听障青少年唇读汉字、词语和语句的影响，对听障青少年的语言康复和语言交流具有重要的意义。

（二）方法

1. 被试

选取武汉市某聋校 37 名 13—20 岁的听障青少年，收集数据时，被试自我报告其在家庭中的主要交流方式。家庭交流环境中以口语为主、手语为辅组共 17 人（表 6-13），其中 6 人未佩戴助听器，11 人佩戴助听器，其补偿后的平均听力损失为 68.42±6.37dB；其父母健听的 15 人，存在听觉障碍的 2 人。手语为主、口语为辅组共 20 人，其中 14 人无助听器，6 人佩戴助听器，其补偿后的平均听力损失为 65.28±13.04dB；其父母健听的 13 人，存在听觉障碍的 7 人。两组被试年龄无显著性差异，t（35）=−1.94，$p>0.05$；两组被试在性别分布上无显著性差异，$\chi^2=0.03$，$p>0.05$；有无听觉辅助设备之间无显著性差异，$\chi^2=0.24$，$p>0.05$；两组被试的听力损失无显著性差异，t（35）=−1.34，$p>0.05$。所有被试听力损失都大于 90dB，除了听觉障碍外无其他障碍，视力或矫正视力均属正常。

---

[1] Mogford K. Lip-reading in the prelingually deaf. In B. Dodd, R. Campbell. Hearing by Eye: The Psychology of Lip-reading[M]. Hove, UK: Lawrence Erlbaum Associates Ltd, 1987: 197.

[2] Kanto L, Huttunen K, Laakso M. Relationship between the linguistic environments and early bilingual language development of hearing children in deaf-parented families[J]. Journal of Deaf Studies and Deaf Education, 2013, 18(2): 242-260.

[3] 雷江华. 听觉障碍学生唇读的认知研究[M]. 北京：中国科学出版社，2009: 156-162.

表 6-13 被试基本信息

家庭交流环境	人数（人）	分性别人数（人）		年龄（岁）（M±SD）	听力损失（dB）（M±SD）
		男	女		
口语为主、手语为辅组	17	8	9	16.00±2.06	96.28±4.81
手语为主、口语为辅组	20	10	10	17.10±1.34	99.08±7.77

2. 实验材料

实验材料同第二章第一节的汉语唇读理解实验材料（见附录一、二、三）。

3. 实验设计

采用 2（家庭交流环境：口语为主、手语为辅，手语为主、口语为辅）×3（语言级别：汉字、词语、语句）两因素混合实验设计，其中家庭交流环境是被试间变量，语言级别为被试内变量。

4. 实验程序

实验程序同第二章第一节的汉语唇读理解实验程序（见附录四）。

（三）结果

听障青少年在不同家庭交流环境下唇读理解（汉字、词语、语句）的正确率和反应时描述性统计见表 6-14。

表 6-14 不同家庭交流环境下听障青少年汉语唇读理解的正确率与反应时（M±SD）

家庭交流环境	人数（人）	汉字		词语		语句	
		正确率	反应时（s）	正确率	反应时（s）	正确率	反应时（s）
口语为主、手语为辅组	17	0.55±0.21	5.55±1.88	0.71±0.23	4.88±1.82	0.62±0.17	6.59±2.11
手语为主、口语为辅组	20	0.38±0.13	6.10±1.85	0.54±0.16	6.15±2.42	0.44±0.15	7.11±2.54

1. 不同家庭交流环境下听障青少年汉语唇读理解正确率比较

比较不同家庭交流环境下，听障青少年不同语言级别汉语唇读理解的正确率差异（表 6-14、图 6-3）。对语言级别和家庭交流环境的正确率进行重复测量方差分析，结果显示，语言级别的正确率主效应显著，不同语言级别的唇读理解正确率存在显著性差异，$F(2, 70)=20.61$，$p<0.001$，$\eta_p^2=0.37$，事后检验（LSD）结果显示，词语唇读理解的正确率显著高于语

句和汉字（$p<0.05$，$p<0.001$）；家庭交流环境的正确率主效应显著，在口语为主、手语为辅环境下的听障青少年，其唇读理解正确率显著高于手语为主、口语为辅环境下的听障青少年，$F(1, 35)=12.02$，$p<0.001$，$\eta_p^2=0.26$；语言级别与家庭交流环境的交互作用不显著，$F(2, 70)=0.06$，$p>0.05$。

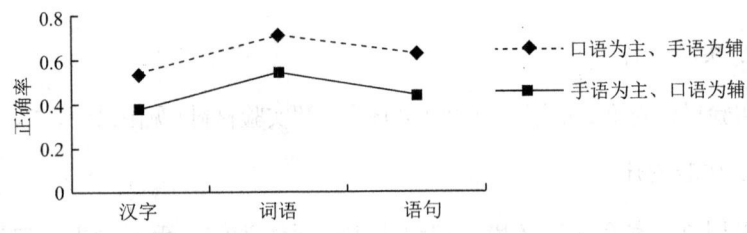

图 6-3 不同家庭交流环境下听障青少年汉语唇读理解的正确率比较

2. 不同家庭交流环境下听障青少年汉语唇读理解反应时比较

比较不同家庭交流环境下，听障青少年不同语言级别汉语唇读理解的反应时差异（表 6-14、图 6-4）。对语言级别和家庭交流环境的反应时进行重复测量方差分析，结果显示，语言级别的反应时主效应显著，$F(2, 70)=11.61$，$p<0.001$，$\eta_p^2=0.25$，事后检验（LSD）结果显示，语句的反应时显著高于汉字和词语（$ps<0.01$）；家庭交流环境的反应时主效应不显著，$F(1, 35)=1.58$，$p>0.05$；语言级别与家庭交流环境的交互作用不显著，$F(2, 70)=1.07$，$p>0.05$。

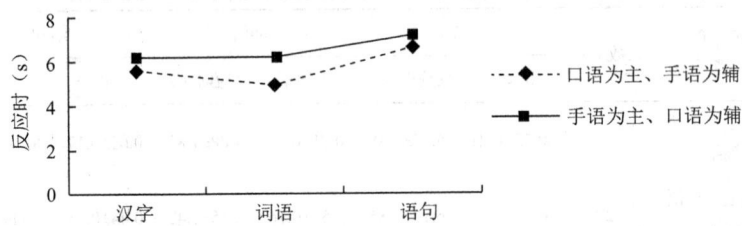

图 6-4 不同家庭交流环境下听障青少年汉语唇读理解的反应时比较

（四）讨论

1. 家庭交流环境对听障青少年汉语唇读理解的影响

研究发现，在口语为主、手语为辅的家庭交流环境下的听障青少年的唇读理解正确率比手语为主、口语为辅的家庭交流环境下的听障青少年更高，这一发现与雷江华的汉语唇读语音识别的研究结果相似，与手语教学相比，在口语教学中，听障青少年汉语唇读语音识别的正确率显著更高[①]。这说明口语交流环境对听障青少年汉语唇读理解的准确性具有促进作用。早期研究得出了相似的观点，在家庭环境中，偏爱手语的父母，其听觉障碍子女不善于唇读；但偏爱口语的父母，其听觉障碍子女的唇读水平更高[②]。但研究结果还发现，在两种家庭交流环境下的听障青少年唇读理解的反应速度基本一致，差异不大，可见家庭交流环境对唇读理解的反应速度影响有限。因此，家庭口语交流有助于听障青少年汉语唇读理解能力的提高。

2. 语言级别对听障青少年汉语唇读理解的影响

语言级别在听障青少年汉语唇读理解过程中发挥着重要作用。无论是口语家庭交流环境，还是手语家庭交流环境，听障青少年词语唇读理解的正确率都显著高于汉字和语句，语句唇读理解反应时显著高于汉字和词语。这说明听障青少年汉语唇读理解词语较汉字和语句更具优势。

（五）结论

家庭交流环境影响听障青少年的汉语唇读理解能力，口语交流环境能够促进提高听障青少年的汉语唇读理解的准确性；语言级别影响听障青少年的汉语唇读理解能力，其汉语唇读理解能力从高到低依次是词语、汉字、语句。

（六）启示

探究家庭交流环境在听障青少年汉语唇读理解中的作用，对听障青少年的语言训练与发展具有一定的参考价值。首先，家庭口语交流环境对听障青少年的汉语唇读理解有积极作用，听障青少年家长应对此提高重视程度，在家庭中营造口语为主的交流环境，以提升听障青少年的汉语唇读理解能力，帮助其更有效地参与沟通、融入社会。其次，听障青少年唇读理解词语的能力较强，因此在听障青少年的唇读训练中，应加强日常高频词语的唇读训练，以提升其词语唇读理解能力为突破口，逐步加强其整体唇读理解能力。

二、家庭交流环境对听障成人汉语唇读理解能力的影响

（一）引言

家庭是听障人士成长、交流的主要场所之一，家庭的交流方式、交流

---

① 雷江华. 听觉障碍学生唇读的认知研究[M]. 北京：中国社会科学出版社，2009: 156-162.
② Jeffers J, Barrley M. Speechreading[M]. Springfield: Bannerstone House, 1976: 22-79.

习惯等对听障人士的发展可能产生潜移默化的影响[①]。此外,听障成人离开学校进入家庭与社会,其交往对象往往局限在父母、子女等家庭成员间,因此听障成人的家庭交流环境对他们的语言发展更可能有着不容忽视的影响。目前,关于家庭交流环境的唇读研究多以听障青少年为研究对象,缺乏对听障成人的关注,并且仅从单一语言环境角度(手语或口语)探究家庭交流环境对听障人士唇读的影响,未曾兼顾对双语环境(手语+口语)的探索。因此,本研究将主要探究家庭交流环境对听障成人汉语唇读理解能力的影响,进一步丰富汉语唇读理解的相关研究成果。

(二)研究方法

1. 被试

本实验选取武汉市内手语角的 60 名听障成人为实验被试。所有被试除听觉障碍外,无其他障碍。根据被试自我报告的结果,家庭交流环境可划分为两种类型,即手语家庭交流环境(以手语为主、口语为辅的家庭交流环境)和口语家庭交流环境(以口语为主、手语为辅的家庭交流环境)。表 6-15 呈现了被试的基本情况。对两组被试的性别进行 χ^2 检验,结果表明两组被试在性别分布上无显著性差异($p>0.05$);对两组被试的年龄、听力损失值进行独立样本 t 检验分析,结果表明两组被试的年龄无显著性差异($F=1.988$, $p>0.05$),听力损失也无显著性差异($F=0.065$, $p>0.05$)。

表 6-15 被试基本信息

实验组别	人数(人)	分性别人数(人)		年龄($M\pm SD$)	听力损失(dB)($M\pm SD$)
		男	女		
手语家庭交流组	33	14	19	50.76±11.91	100.24±16.97
口语家庭交流组	27	14	13	46.85±14.43	98.44±17.55

2. 实验材料

实验材料同第二章第一节的汉语唇读理解实验材料(见附录一、二、三)。

3. 实验设计

采用 3(语言级别:汉字、词语、语句)×2(家庭交流环境:手语为

[①] 宫慧娜. 听障学生汉语唇读理解能力的实验研究[D]. 武汉:华中师范大学硕士学位论文, 2016.

主、口语为辅,口语为主、手语为辅)两因素混合实验设计。语言级别为被试内变量,家庭交流环境为被试间变量。

4. 实验程序

实验程序同第二章第一节的汉语唇读理解实验程序(见附录四)。

(三)结果

剔除正确率、反应时超出各项测试正确率、反应时 3 个标准差的数据(3 人)及正确率均处于随机水平、各项测试反应时一致的数据(2 人),剩余所有被试的实验数据均纳入统计分析。使用重复测量方差分析探讨家庭交流环境对听障成人汉语唇读理解能力的影响,表 6-16 呈现了被试在汉语唇读理解测试中正确率和反应时的平均数与标准差。

表 6-16　不同家庭交流环境下听障成人汉语唇读理解测试正确率和反应时($M\pm SD$)

实验组别	汉字		词语		语句	
	正确率	反应时(s)	正确率	反应时(s)	正确率	反应时(s)
手语家庭交流组	0.38±0.20	5.63±1.80	0.44±0.20	5.99±2.46	0.39±0.21	6.69±2.89
口语家庭交流组	0.57±0.23	5.59±2.00	0.65±0.27	5.36±2.21	0.59±0.28	6.85±2.45

1. 不同家庭交流环境下听障成人汉语唇读理解测试正确率结果分析

对正确率数据进行重复测量方差分析发现,家庭交流环境的主效应显著,$F(1, 53)=13.30$,$p=0.001<0.05$,$\eta_p^2=0.201$,口语家庭交流组的正确率显著高于手语家庭交流组;语言级别的主效应显著,$F(2, 106)=4.38$,$p=0.015<0.05$,$\eta_p^2=0.076$,词语的正确率显著高于汉字($p=0.016$)与语句($p=0.017$),汉字与语句间的差异不显著($p>0.05$);家庭交流环境与语言级别的交互作用不显著($p>0.05$)。

2. 不同家庭交流环境下听障成人汉语唇读理解测试反应时结果分析

对反应时数据进行重复测量方差分析发现,语言级别的主效应显著,$F(2, 106)=7.15$,$p=0.001<0.05$,$\eta_p^2=0.119$,语句的反应时显著长于汉字($p=0.001$)与词语($p=0.004$),汉字与词语反应时之间不存在显著性差异($p>0.05$);家庭交流环境的主效应不显著,$F(1, 53)=0.12$,$p>0.05$,不同家庭交流环境条件下的反应时无显著差异;家庭交流环境与语言级别的交互作用不显著($p>0.05$)。

（四）讨论

1. 家庭交流环境影响听障成人汉语唇读理解

从正确率来看，不同家庭交流环境条件下听障成人汉语唇读理解的正确率差异显著，口语家庭交流组的汉语唇读理解正确率显著高于手语家庭交流组，说明口语交流环境在听障成人的汉语唇读理解中发挥了积极作用。Brasel 和 Quigley 的研究也发现家庭口语交流环境有助于促进听障学生语言理解的发展，表现为在家庭中使用口语的听障学生涉及词汇理解的测验分数要比家庭中使用手语的听障学生的分数高[1]。可见，口语家庭交流环境对听障人士的语言发展、唇读理解能力的发展都有着积极作用。首先，口语家庭交流环境为听障成人提供了更多口形模仿的机会，他们能够有意识地培养自身口形模仿的习惯，并通过日常直观的唇读锻炼，对汉语发音的口形进行表征及有意识的记忆，因此在唇读中能够对汉语信息进行更为准确的识别和理解。其次，口语家庭交流环境中听障成人的语音、语义等语言学方面的知识储备更为丰富，运用也更加频繁。唇读的运用是一个系统工程，听障成人在唇读过程中，头脑就像一个信息加工中心，不断地将外界输入的信息与头脑中储存的心理表征进行匹配，从而达到语言理解的目的[2]。听障成人与家人之间口语交流互动越多，头脑中有关语言学方面的语义学知识、表音法知识、句法知识等就越充实，相应地其唇读技能就会越好。已有研究证实使用口语可以促进听障人士唇读技能的发展，尤其是在唇读语音识别单韵母、复韵母的过程中体现得极为明显，Lichtenstein[3]通过研究发现在家庭中经常使用口语的听障人士比主要使用手语者表现出更好的唇读技能；并且，口语家庭交流环境下听障成人的语言经验更加丰富[4]，认知灵活性、注意转移等认知能力也更为突出[5]，相应地在唇读理解

---

[1] Brasel K E, Quigley S P. Influence of certain language and communication environments in early childhood on the development of language in deaf individuals[J]. Journal of Speech and Hearing Research, 1977, 20(1): 95-107.

[2] 刘轶，雷江华. 口形模仿在听障幼儿双语唇读语音训练中的作用[J]. 中国特殊教育，2012, (11): 30-35.

[3] Lichtenstein E. The relationships between reading processes and English skills of deaf college students[J]. Journal of Deaf Studies & Deaf Education, 1998, 3(2): 80-134.

[4] Wang Q, Andrews J, Liu H T, et al. Case studies of multilingual/multicultural Asian deaf adults: strategies for success[J]. Am Ann Deaf, 2016, 161(1): 67-88.

[5] Kushalnagar P, Hannay H J, Hernandez A E. Bilingualism and attention: a study of balanced and unbalanced bilingual deaf users of American sign language and English[J]. Journal of Deaf Studies & Deaf Education, 2010, 15(3): 263-273.

能力测试中的表现也更好。处于手语家庭交流环境中的听障成人,在对语言进行表征时更多地倾向于使用手语、书面语等非口形信息,在汉语唇读理解时难以将接收到的口形特征信息与已有的非口形表征相匹配,因此其唇读理解汉语的正确率较低。在汉语唇读理解的反应时上,两组之间的差异不显著,说明口语家庭交流环境并不能够帮助听障成人较快地完成唇读理解任务。

2. 语言级别影响听障成人汉语唇读理解

听障成人唇读理解不同语言级别的汉语正确率差异显著,从高到低依次为词语、语句、汉字,唇读理解词语的正确率显著高于语句、汉字,语句和汉字间无显著性差异。这说明,在唇读理解不同级别的汉语时,听障成人在唇读理解词语方面具有优势。

(五)结论

家庭交流环境对听障成人的汉语唇读理解能力具有重要意义,口语家庭交流环境在听障成人的汉语唇读理解中发挥了积极作用,有利于促进听障成人汉语唇读理解能力的提升;听障成人唇读理解不同语言级别汉语的能力也具有差异,汉语唇读理解能力从高到低依次为词语、语句、汉字,听障成人具有唇读理解词语的优势。

(六)启示

口语家庭交流环境对听障人士的语言发展、唇读理解能力的发展都有积极作用,因此听障人士家庭应尽可能地在家庭中营造口语为主的交流环境,以提升听障成人汉语唇读理解能力,帮助其更有效地参与沟通、融入社会。其次,听障人士唇读理解词语的能力较强,因此在听障人士的唇读训练中,应加强日常高频词语的唇读训练,以提升其词语唇读理解能力为突破口,逐步加强其整体唇读理解能力。

第四节 其他因素对听障人士汉语唇读理解能力的影响

有研究表明,唇读能力受到个体的认知能力(工作记忆、语音编码水平、视觉加工能力等)、情景因素(语句长短、谈话情景、语速等)、语言经验(听觉损失程度、听觉辅助等)、音素的可见性程度等方面的影响。[①]

---

① 雷江华,邓猛. 听觉障碍儿童融合教育语言教学模式论析[J]. 中国特殊教育,2007,(2):13-18.

然而,目前有关对汉语唇读理解能力可能产生影响的认知因素的探究较少,因此本研究将主要探讨语训经历、认知风格、视听条件、安置方式、熟悉效应等对听障人士汉语唇读理解能力的影响。

一、认知风格对听障幼儿汉语唇读理解的影响[①]

(一)引言

听障幼儿由于听觉障碍,在接收语言信息时面临较多困难,故影响其语言理解能力。已有研究指出,听障幼儿非语言认知过程(如注意力、记忆力)与其阅读理解能力之间显著相关,表明非语言认知过程可能对听障幼儿阅读理解发展尤为重要[②],而认知风格作为非语言认知过程中的一种类型,在一定程度上影响着听障幼儿对语言信息的理解。认知风格是指个体在感知、记忆、思维和问题解决过程中所偏爱的、习惯化了的态度和方式,包含场独立和场依存两种类型,其差异主要表现为个体对外部环境("场")的不同依赖程度[③]。现有研究表明,认知风格影响儿童的看图叙事能力,场独立型儿童在看图叙事中逻辑性、结构性更强,所用时间明显少于场依存型儿童,而场依存型儿童在社会性发展、移情能力上略优于场独立型儿童[④]。认知与语言的关系是认知语言学研究的一个重点[⑤],但基于个体自身差异,探讨认知风格对听障幼儿语言理解是否存在影响的实验研究尚少,仍需深入研究。

因此,本研究将基于个体认知风格差异,试图从汉字、词语、语句三个语言级别来探讨认知风格在听障幼儿汉语唇读理解中的作用,以进一步丰富有关听障幼儿汉语唇读理解的实验研究,为其语言康复训练提供指导。

(二)方法

1. 被试

选取武汉市三所语言康复中心 4—6 岁听障幼儿为实验被试。常用于

---

① 高利, 高雅倩, 习妮, 等. 认知风格、视听条件和语言级别在学前听障儿童视听语言理解中的作用[J]. 中国特殊教育, 2019, (5): 16-22.
② Daza M T, Phillips-Silver J, Ruiz-Cuadra M M. Language skills and nonverbal cognitive processes associated with reading comprehension in deaf children[J]. Research in Developmental Disabilities, 2014, 35(12): 3526-3533.
③ 沃建中, 闻莉, 周少贤. 认知风格理论研究的进展[J]. 心理与行为研究, 2004, (4): 597-602.
④ 唐超. 不同认知风格幼儿看图叙事研究[D]. 西安: 陕西师范大学硕士学位论文, 2011.
⑤ 唐超. 不同认知风格幼儿看图叙事研究[D]. 西安: 陕西师范大学硕士学位论文, 2011.

区分个体认知风格类型的测验主要有认知风格镶嵌图形测验、棒框测试等，但这些测验并不直接适用于4—6岁低龄儿童。故本实验采用唐超等编制的《幼儿认知风格问卷》[①]测量被试认知风格类型，该问卷首先结合Saracho和国内一些学者对场独立型和场依存型个体行为表现的特征描述进行初步编制，随后由10名专家对问卷项目进行评定，最终筛选出易于学前教育教师区分学前儿童认知风格的9项内容编制成最终问卷（附录五）。三所语言康复中心共挑选63名4—6岁听障幼儿，《幼儿认知风格问卷》由每所听障幼儿康复中心最熟悉该中心听障幼儿行为表现的三位教师填写，若三位教师一致判断某听障幼儿属于场独立型认知风格，则判定其为场独立型被试；若三位教师一致认为某听障幼儿属于场依存型认知风格，则判定其为场依存型被试；若三位教师对某听障幼儿认知风格类型的判定存在分歧，则剔除此被试。经过筛选，最终从武汉市三所康复中心挑选37名4—6岁听障幼儿作为实验被试。其中，场独立型被试18名，场依存型被试19名。表6-17呈现了两组被试的基本情况，场独立型被试中，男生9人，女生9人；4岁5人，5岁5人，6岁8人；目前佩戴的听觉辅助设备为双耳助听器的5人，仅佩戴人工耳蜗者3人，同时佩戴助听器和人工耳蜗的10人；被试佩戴听觉辅助设备时长均超过一年，且佩戴听觉辅助设备平均时长为43.53±15.12个月；被试术前听力损失均达到70dB或以上，属于重度或极重度听力损失，其术前平均听力损失为92.89±10.65dB；被试佩戴听觉辅助设备补偿后的平均听力损失为39.65±6.08dB。场依存型被试中，男生9人，女生10人；4岁7人，5岁6人，6岁6人；目前佩戴的听觉辅助设备为双耳助听器的4人，仅佩戴人工耳蜗者6人，同时佩戴助听器和人工耳蜗的9人；被试佩戴听觉辅助设备时长均超过一年，且佩戴听觉辅助设备平均时长为44.97±8.14个月；被试术前听力损失均达到70dB或以上，属于重度或极重度听力损失，其术前平均听力损失为95.50±9.43dB；被试佩戴听觉辅助设备补偿后的平均听力损失为36.25±6.64dB。两组被试均视力正常，智力正常，除听觉障碍外无其他障碍。对两组被试的性别、年龄、佩戴听觉辅助设备类型进行χ^2检验，结果表明两组被试在性别、年龄、佩戴听觉辅助设备类型分布上无显著性差异（$ps>0.05$）；同时对两组被试佩戴听觉辅助设备时长、术前听力损失、佩戴听觉辅助设备补偿后的听力损失进行独立样本t检验，发现两组被试的听觉辅助设备佩戴时长、术前听力损失、佩戴听觉辅助设备补偿后的听力损失无显著性差异（$ps>0.05$）。

---

① 唐超. 不同认知风格幼儿看图叙事研究[D]. 西安: 陕西师范大学硕士学位论文, 2011.

表 6-17 被试基本情况

组别	人数（人）（女生）	分年龄人数（人）			听力损失（dB）		佩戴听觉辅助设备时长（月）($M\pm SD$)
		4 岁	5 岁	6 岁	术前听力损失（$M\pm SD$）	补偿后听力损失（$M\pm SD$）	
场独立型	18（9）	5	5	8	92.89±10.65	39.65±6.08	43.53±15.12
场依存型	19（10）	7	6	6	95.50±9.43	36.25±6.64	44.97±8.14

2. 实验材料

实验材料选取第二章第一节的汉语唇读理解实验材料（见附录一、二、三）。为确保该测试材料在 4—6 岁听障幼儿理解范围之内，实验开始前一周，请 37 名参与实验的听障幼儿对测试中出现的 52 幅图片进行熟悉度评定（1=认识；0=不认识），主试将纸质图片逐一呈现给被试，并记录其认识或不认识的情况。37 名被试熟悉度评定平均分数为 0.85±0.05（$M\pm SD$），其中场独立型被试熟悉度评定分数是 0.86±0.06（$M\pm SD$），场依存型被试熟悉度评定分数为 0.84±0.05（$M\pm SD$），独立样本 t 检验发现，两组被试对测试材料的熟悉度无显著性差异（$p>0.05$），表明两类被试对该测试材料具备相同的熟悉程度。本次实验中，测试程序的 Cronbach'α 系数为 0.923，说明该实验测试材料在本实验中具有良好的信度。

3. 实验设计

采用 2（认知风格：场独立型、场依存型）×3（语言级别：汉字、词语、语句）两因素混合实验设计。认知风格为被试间变量，语言级别为被试内变量。

4. 实验程序

实验程序同第二章第一节的汉语唇读理解实验程序（见附录四）。为排除测试顺序对被试的干扰，避免练习效应，采用拉丁方设计对被试的实验顺序进行平衡。以场独立型被试为例，将被试随机分为三组，分别标记为 A 组、B 组、C 组，主试对 A 组按照汉字、词语、语句的测试顺序进行，对 B 组按照词语、语句、汉字的顺序进行，对 C 组按照语句、词语、汉字的顺序进行测试。场依存型被试亦按照该设计规则完成测试。

（三）结果

37 名被试语言理解的正确率均在 3 个标准差之内，所有实验数据均进入统计分析。使用重复测量方差分析探讨认知风格对 4—6 岁听障幼儿不同级别语言唇读理解的影响。表 6-18 呈现了不同认知风格类型的听障幼儿在唇读理解测试中的平均正确率与标准差。对正确率数据进行重复测量方差分析发现，认知风格的主效应显著，$F(1, 35)=4.287$，$p<0.05$，$\eta_p^2=0.123$，场独立型被试唇读理解正确率显著高于场依存型被试；语言级别的主效应显著，$F(2, 70)=4.019$，$p<0.05$，$\eta_p^2=0.115$，通过事后检验发现，词语唇读理解正确率显著高于汉字（$p<0.05$）、语句（$p<0.05$），汉字与语句唇读理解正确率间差异不显著（$p>0.05$）。认知风格与语言级别的交互作用均不显著（$ps>0.05$）。

表 6-18 不同认知风格听障幼儿唇读理解的正确率（$M \pm SD$）

认知风格	汉字	词语	语句
场独立型	0.59±0.21	0.70±0.22	0.61±0.25
场依存型	0.48±0.21	0.53±0.19	0.50±0.19

（四）讨论

1. 认知风格在听障幼儿语言理解中的作用

场独立型听障幼儿语言理解正确率显著高于场依存型，这表明认知风格在听障幼儿语言理解中具有重要作用。认知风格是一种基础的、相对稳定的个体认知差异，这种差异表现在知觉、记忆、思维、问题解决等多个认知过程中，并在一定程度上受到外在环境和需求的调节[1]。场独立型个体倾向于依赖内部线索，在抽象、分析的基础上对信息进行加工，较少受环境因素的影响；场依存型个体更多以外在参照作为信息加工的依据，较容易受环境因素或他人的影响[2]。已有研究证实了这一结论，张厚粲等关于认知风格对学习和图形后效影响的研究表明，场依存型强的人由于在知觉活动中易于从环境因素中汲取信息，附加参照物对于他们的斜线图形后效有显著影响，而场独立性强的人在图形后效中不因附加参照物的出现发生显著变化[3]；李寿欣等的研究显示，场独立型个体在语篇阅读中抑制外部干扰的能力优于场依存型个体[4]。本实验的实验结果进一步表明认知风

---

[1] 王蓓蕾. 不同认知风格个体的刻板印象特性探讨[D]. 杭州：浙江大学硕士学位论文, 2018.
[2] 凌辉, 黄希庭. 场依存-独立性认知方式与儿童自立水平的关系[J]. 中国临床心理学杂志, 2008, (4): 384-386.
[3] 张厚粲, 孟庆茂, 郑日昌. 关于认知方式的实验研究——场依存性特征对学习和图形后效的影响[J]. 心理学报, 1981, (3): 299-304.
[4] 李寿欣, 徐增杰, 陈慧媛. 不同认知方式个体在语篇阅读中抑制外部干扰的眼动研究[J]. 心理学报, 2010, 42(5): 539-546.

格对听障幼儿的语言理解具有显著影响，即场独立型听障幼儿语言理解正确率显著高于场依存型听障幼儿。首先，场依存型听障幼儿对外部环境依赖程度高，测试过程中对实验材料所提供的信息依赖性强，可能需要明确的线索提示，因而影响其对所接收的语言信息的提取、储存、加工，故在语言理解测试中，表现出更多的困难，相较而言，场独立型听障幼儿倾向于依赖自身内部线索进行语言理解。其次，场独立型幼儿与场依存型幼儿的信息处理方式存在差异，场独立型幼儿能摆脱对整个场的依赖进行局部分析加工，擅于从整体信息中分离出目标，从整体中的某一细节进行分析，而场依存型幼儿倾向于采用整体线索组织加工[1]，这种信息加工方式的差异使得场独立型幼儿更容易抓住测试材料中的关键信息，并对信息进行改组与深加工达到语义理解的目的。再次，不同认知风格幼儿抑制干扰信息的能力有所差异，场独立型幼儿对干扰信息的抑制能力强，能有效抑制或排除与目标信息无关的干扰刺激，而场依存型幼儿抑制干扰信息的能力较低，较难排除无关信息的干扰[2]，实验测试中，场依存型听障幼儿可能容易受到测试材料中图片颜色、顺序、大小等无关刺激的影响，从而影响其语言理解正确率，而场独立型听障幼儿抑制干扰信息能力强，更关注测试所提供的目标信息（如口形、语音），因此其语言理解正确率较高。最后，有研究表明，场独立型个体的工作记忆容量大于场依存型个体[3]，面对目标信息的呈现，工作记忆容量较大的场独立型儿童能接收、存储更多的语言信息，以便提取加工，且工作记忆的作用不仅在于加工和存贮信息，也能抑制无关信息的激活，工作记忆容量越高，则抑制干扰信息的效率越高[4]，这使得场独立型学前听障儿童的语言理解正确率高于场依存型学前听障儿童。

2. 语言级别对听障幼儿语言理解的影响

听障幼儿唇读理解不同级别语言的正确率差异显著，具体表现为唇读理解词语的正确率显著高于语句、汉字，但语句与汉字的正确率之间无显

---

[1] 宋广文，韩树杰. 场依存—独立认知方式干扰抑制的比较[J]. 心理与行为研究，2007，(2)：100-104.

[2] 宋广文，韩树杰. 场依存—独立认知方式干扰抑制的比较[J]. 心理与行为研究，2007，(2)：100-104.

[3] Cochran K F, Davis J K. Individual difference in inference processes[J]. Journal of Research in Personality, 1987, (21): 197-210.

[4] 李寿欣，徐增杰，陈慧媛. 不同认知方式个体在语篇阅读中抑制外部干扰的眼动研究[J]. 心理学报，2010，42(5)：539-546.

著差异。这说明，听障幼儿在理解不同级别的语言时，词语理解占优势。另外，研究结果显示，听障幼儿语句与汉字理解正确率无显著差异，但语句理解正确率略高于汉字。在实验观察记录中发现，听障幼儿理解语句信息时更倾向于采用"关键词"策略，即提取该语句信息中的关键词并对其进行加工（通常为主语或宾语，如爸爸、白菜），生成对完整语句信息的理解。与单一汉字所提供的信息相比，这一策略有助于学前听障儿童理解语句信息，所以语句理解水平略高于汉字。

（五）结论

听障幼儿唇读理解不同汉语级别语言信息的能力差异显著，词语唇读理解能力最强，其次为语句与汉字。认知风格显著影响听障幼儿的汉语唇读理解水平，场独立型听障幼儿唇读理解水平较场依存型听障幼儿更高。

（六）启示

基于听障幼儿个体认知方式的差异，探究认知风格对听障幼儿语言理解的影响，对听障幼儿语言康复训练具有一定借鉴意义。首先，听障幼儿词语理解能力更强，因此在听障幼儿语言康复训练中应扬长避短，充分发挥其词语理解能力优势，通过词语学习汉字、语句等，以有效提高听障幼儿理解不同级别语言的能力。其次，认知风格显著影响听障幼儿语言理解水平，场独立型听障幼儿语言理解水平显著高于场依存型听障幼儿，其主要原因在于场独立型个体更多依据内部线索，较少受环境因素影响，独立解决问题，而场依存型个体倾向于依赖外部线索，受环境因素影响较大。故在听障幼儿语言康复训练中，应基于个体认知风格差异采取针对性措施，根据场依存型听障幼儿依赖外部线索、易受环境因素影响的认知特点，可在其语言康复训练中添加适量的线索提示，并对其反应积极给予反馈，以帮助其理解语言信息；场独立型听障幼儿更多依赖内部线索，应为其提供独立思考、解决问题的空间，排除过多干扰，从而提升其语言理解能力，使语言康复训练效果最大化。

二、视听条件对听障幼儿汉语唇读理解的影响

（一）引言

听觉是人接收外界信息的主要感觉通道，但听障幼儿因听觉受损或缺陷，无法完全通过听觉通道接收信息，唇读成了他们语言交流的重要方式[①]。Eisenberg 等对 2—8 岁听障幼儿的言语感知能力进行研究，发现使用助听器或人工耳蜗的听障幼儿在视听条件下的言语感知正确率高于单一听觉条件下的正确率，说明言语感知的多通道特征对听障幼儿的言语知觉产生了显著效果[②③]。雷江华前期对不同视听条件下听障青少年的唇读语音识别能力进行研究，发现唇读语音识别的正确率从高到低依次为视听条件、视觉条件、听觉条件，且三者差异显著，这说明了唇读语音识别过程中视听通道效应的存在[④]。对于唇读理解过程中视听通道效应是否存在，Campbell 等发现唇读是视觉言语信息的重要获取途径[⑤]，在听觉信息受损情况下，视觉言语信息的即时呈现可以显著提升言语理解效果[⑥]。Leahy 和 Sweller 的研究发现，在学习较短的材料时，视听条件下的理解效果比单一视觉条件下的效果好；但将同样的材料延长时间后，视听通道效应消失[⑦]。然而，这些关于唇读理解的实验材料主要是英语材料，视听通道效应在唇读理解汉语材料中是否同样存在，仍有待进一步探究。

因此，本研究将探究单一视觉、单一听觉、视听结合三种视听条件下4—6 岁听障幼儿的汉语唇读理解水平和特征，考察视听条件对听障幼儿汉语唇读理解的作用，为听障幼儿的语言康复训练和教育提供借鉴。

（二）方法

1. 被试

研究选取武汉市某聋儿康复中心 4—6 岁的 72 名语前致聋听障幼儿为实验被试。被试均佩戴有助听器或植入人工耳蜗，佩戴助听器或植入人工耳蜗时长均在 1 年以上。所有被试中，男生 30 人，女生 42 人，平均年龄

---

① 雷江华. 听觉障碍学生唇读的认知研究[M]. 北京：中国社会科学出版社, 2009: 150-156.

② Eisenberg L S, Martinez A S, Boothroyd A. Auditoryvisual and auditory-only perception of phonetic contrasts in children[J]. The Volta Review, 2004, 103(4): 327-346.

③ Payton K L. Intelligibility of conversational and clear speech in noise and reverberation for listeners with normal and impaired hearing[J]. The Journal of the Acoustical Society of America, 1994, 95(3):1581-1592.

④ 雷江华, 方俊明, 王伟忠, 等. 听障学生唇读语音识别视听通道效应的实验研究[J]. 心理科学, 2008, 31(2): 312-314.

⑤ Campbell R. The processing of audio-visual speech: empirical and neural bases[J]. Philosophical Transactions Biological Sciences, 2008, 363(1493): 1001-1010.

⑥ Rosenblum L D, Johnson J A, Saldana H M. Point-light facial displays enhance comprehension of speech in noise[J]. Journal of Speech and Hearing Research, 1996, 39(6): 1159-1170.

⑦ Leahy W, Sweller J. Cognitive load theory, modality of presentation and the transient information effect[J]. Applied Cognitive Psychology, 2011, 25(6): 943-951.

为 4.98±0.85 岁。对被试的性别进行 χ^2 检验，结果表明被试在性别分布上无显著性差异（$p>0.05$）。被试补偿前听力损失为 93.98±11.60dB，补偿后听力损失为 38.66±9.34dB。所有被试均智力正常，除了听觉障碍外无其他障碍。

2. 实验材料

实验材料选用第二章第一节的汉语唇读理解实验材料（见附录一、二、三）。为考察测试材料对听障幼儿的适用程度，参照 Li 等的做法[①]，请 20 位不参加实验的听障幼儿对测试材料（包括练习部分）进行熟悉度评定（1=认识；0=不认识），最终评定分数为 0.86±0.06（$M±SD$）。

3. 实验设计

采用 3（语言级别：汉字、词语、语句）×3（视听条件：单一视觉、单一听觉、视听结合）两因素被试内实验设计，语言级别和视听条件均为被试内变量。

4. 实验程序

单一视觉和视听结合条件下的实验程序同第二章第一节的汉语唇读理解能力测试实验程序，单一听觉条件下的实验程序将原有程序中的视频通过剪辑软件进行剪辑，输出为 MP3 格式的音频，添加到实验程序中，经过多次试测，最终形成正式的测试程序。每种视听条件下的测试题目都相同，分为三项，分别为汉字、词语、语句，每一项包含 12 道正式测试题目及 1 道练习题目，三项共 39 道题，完成测试共需 15—20 分钟。考虑到被试年龄较小，正确答案的选择由主试代为按键，中间可能存在反应时间的误差，故不考虑反应时的差异。

（三）结果

对测试结果使用多元方差分析探讨视听条件对听障幼儿唇读理解汉字、词语、语句能力的影响，表 6-19 呈现了被试在汉语唇读理解中的正确率的平均数与标准差。

---

① Li D, Zhang F, Zeng X. Similarities between deaf or hard of hearing and hearing students' awareness of affective words' valence in written language[J]. American Annals of the Deaf, 2016, 161(3): 303.

表 6-19　不同视听条件下听障幼儿汉语唇读理解测试的正确率（$M±SD$）

条件	汉字	词语	语句
单一视觉	0.57±0.20	0.67±0.19	0.58±0.20
单一听觉	0.70±0.19	0.76±0.16	0.72±0.18
视听结合	0.74±0.16	0.82±0.13	0.76±0.16

对正确率进行多元方差分析发现，语言级别的主效应极其显著，$F(2, 71)=30.08$，$p<0.01$，$\eta_p^2=0.30$，事后检验发现，词语的正确率显著高于汉字和语句（$p<0.01$，$p<0.05$），汉字与语句间差异不显著（$p>0.05$）。视听条件的主效应极其显著，$F(2, 71)=53.09$，$p<0.001$，$\eta_p^2=0.43$，事后检验发现，视听条件下的正确率显著高于单一视觉和单一听觉条件下的正确率（$ps<0.05$），听觉条件下的正确率显著高于视觉条件下的正确率（$p<0.05$）。语言级别和视听条件的交互作用不显著（$p>0.05$）。

（四）讨论

1. 视听条件在听障幼儿汉语唇读理解中的作用

听障幼儿汉语唇读理解正确率在视听条件下显著高于单一视觉和单一听觉条件，这与雷江华等对听障青少年唇读汉语语音识别的研究结果[1]一致，说明了幼儿阶段的唇读理解过程同样存在视听通道效应，也验证了听障幼儿能够运用视觉来补偿听觉这一视觉代偿理论[2]。除此之外，单一听觉条件下汉语唇读理解正确率显著高于单一视觉条件，这说明了听障幼儿可能更多依赖听觉来感知语音信息，在语音感知的过程中听觉处于主导地位，而视觉处于辅助地位，视觉与听觉结合利用可以提高语音感知效果。由于选取的被试均佩戴助听器或植入人工耳蜗，这些辅助设备一定程度上弥补了他们的听觉损失[3]，处于口语教学环境中，使他们获得了一些听觉语言经验，在接收外界信息时首先利用的是听觉通道而非视觉通道。有研究表明，语音信息的储存是早期的感觉储存，能够保持 2—4s，而视觉信息最多保持 1s[4]，因此在不进行复述的情况下，对视觉信息的保存时间要

---

[1] 雷江华. 听障学生唇读语音识别视听通道效应的实验研究[J]. 心理科学, 2008, 31(2): 312-314.
[2] 方俊明, 雷江华. 基于聋人语言认知基础的综合语言教育模式构建[J]. 中国特殊教育, 2007, (5): 28-32.
[3] 宫慧娜. 听障学生汉语唇读理解能力的实验研究[D]. 武汉: 华中师范大学硕士学位论文, 2016.
[4] Bavelier D, Newport E L, Hall M L, et al. Persistent difference in short-term memory span between sign and speech: implications for cross-linguistic comparisons[J]. Psychological Science, 2006, 17(12): 1090-1092.

短于对语音信息的保存时间[①]。汉语唇读理解的测试材料需要一定的记忆容量，听障幼儿在单一视觉条件下信息保存时间低于单一听觉条件下，这会直接影响到他们对测试材料的理解，造成单一视觉条件下听障幼儿唇读理解正确率比单一听觉条件下低。

2. 语言级别对听障幼儿汉语唇读理解的影响

听障幼儿唇读理解不同级别汉语的正确率差异显著，唇读理解正确率从高到低依次为词语、语句、汉字，词语的正确率显著高于汉字、语句，汉字、语句的正确率无显著差异，这呈现出汉语唇读理解的词语优势效应。由于词语提供的信息更加丰富，听障幼儿在对这些词语给定的信息进行加工匹配时，会对其中的语义进行反复加工、组合，最后形成自己的理解，同时单个汉字提供的信息较少，听障幼儿难以通过其他信息进行推断，导致唇读理解汉字的正确率较低。词语和语句正确率较高的原因在于它们所处的语境信息发挥了作用，语境包括一个汉字所毗邻的字词、短语、语句或段落中所处的环境[②]。词语本身就是一种特殊的语境，能够限定和帮助理解目标汉字，所以听障幼儿唇读理解词语的正确率高于汉字。虽然语句给定的语境信息比词语更为详细，但由于语句较长，受到短时工作记忆容量[③]的影响，听障幼儿难以对整句话的信息完全加工，往往选择提取其熟悉的词或者句首词进行理解判断，导致以偏概全或者产生歧义，对语句的唇读理解正确率反而显著低于词语。

（五）结论

汉语语言级别对听障幼儿唇读理解的准确性具有重要影响，听障幼儿汉语唇读理解过程存在词语优势效应，其唇读理解不同级别汉语的能力由高到低依次为词语、语句、汉字。听障幼儿汉语唇读理解过程存在视听通道效应，视听结合是促进听障幼儿听觉言语能力发展的有效手段，视觉在一定程度上能够起到补偿听觉的作用。

（六）启示

探究不同视听条件下听障幼儿汉语唇读理解能力，对听障幼儿的听力言语发展及教育具有一定的借鉴价值。听障幼儿汉语唇读理解词语的能力

---

① 宫慧娜. 听障学生汉语唇读理解能力的实验研究[D].武汉: 华中师范大学硕士学位论文, 2016.
② 陆巧玲. 词汇教学中的语境问题[J]. 外语与外语教学, 2001, (6): 32-34.
③ Feld J E, Sommers M S. Lipreading, processing speed, and working memory in younger and older adults[J]. Journal of Speech, Language, and Hearing Research, 2009, 52(6): 1555-1565.

较好,因此在对听障幼儿进行语言训练时应着重训练词语的口形理解,同时做到字在词中教、词在句中学,以唇读理解词语带动其他语言级别唇读理解能力的发展。视听通道效应的存在说明,在对听障幼儿进行语言康复训练时要将视听条件有机结合起来,在日常语言交流和教学中,家长及老师要提供充分的视听信息,发挥视觉与听觉的互补作用,促进听障幼儿听力及语言的发展。

三、安置方式对听障幼儿汉语唇读理解的影响

(一)引言

我国目前对听障儿童的安置方式主要有特殊学校、普通学校的特殊班以及随班就读等方式。随班就读是我国实施的一种适合国情的融合教育模式,主要特点是将适合的特殊儿童安排在普通中小学普通班级中接受教育,让特殊儿童与普通青少年共同学习和生活。[1]研究表明,随班就读环境有利于儿童学业、社会交往技能、情绪情感的发展[2],听障儿童在随班就读环境中不仅能够共享学校资源,而且能享受学校提供的辅助教学设施,感受到无障碍学习的乐趣[3]。学前阶段是语言发展的关键期,对听障儿童而言更是如此,但目前国内鲜有人就听障幼儿的安置方式对其唇读理解能力的影响进行研究。因此,本研究将探究不同安置环境下听障幼儿的唇读理解能力,考察不同安置方式对听障幼儿汉语唇读理解能力的影响,为听障幼儿语言康复训练和早期融合教育提供指导。

(二)方法

1. 被试

本实验选取武汉市两所语言康复中心及一所融合幼儿园 4—6 岁的 54 名听障幼儿为实验被试。如表 6-20 所示,根据安置方式的不同,将被试分为两组,全天在康复中心的特殊班进行学习的儿童为特殊班组,在融合幼儿园进行学习的为融合班组。独立样本 t 检验发现,两组被试补偿前听力损失差异不显著($p>0.05$),两组被试补偿后听力损失差异也不显著($p>0.05$);两组被试在年龄分布上也不存在显著性差异($p>0.05$);

---

[1] 刘艳虹,朱楠. 融合教育中儿童发展状况的案例研究[J]. 中国特殊教育, 2011, (8): 8-13.
[2] 刘艳虹,朱楠. 融合教育中儿童发展状况的案例研究[J]. 中国特殊教育, 2011, (8): 8-13.
[3] 童欣,曹宏阁,康顺利. 分析借鉴美、俄聋人高等全纳教育经验——以美国国家聋人工学院和俄罗斯鲍曼技术大学聋人中心为例[J]. 中国特殊教育, 2009, (4): 30-35.

卡方检验发现,两组被试在性别分布上不存在显著性差异($p>0.05$)。经过与被试老师及家长核实,所有被试均智力正常,除了听觉障碍外无其他障碍。

表 6-20 被试基本信息

实验组别	人数(人)	分性别人数(人)		平均年龄(岁)($M\pm SD$)	补偿前听力损失(dB)($M\pm SD$)	补偿后听力损失(dB)($M\pm SD$)
		男	女			
特殊班组	22	11	11	4.68±0.89	93.43±10.46	38.36±8.44
融合班组	32	13	19	5.06±0.76	91.41±12.72	39.74±10.06

2. 实验材料

实验材料同第二章第一节的汉语唇读理解实验材料(见附录一、二、三)。参照 Li 等的做法[①],请 20 位不参加实验的听障幼儿对测试材料(包括练习部分)进行熟悉度评定(1=认识;0=不认识),最终评定分数为 0.86±0.06($M\pm SD$),表明该实验材料适用于听障幼儿。

3. 实验设计

采用 3(语言级别:汉字、词语、语句)×2(安置方式:特殊班、融合班)两因素混合实验设计。语言级别为被试内变量,安置方式为被试间变量。

4. 实验程序

实验程序同第二章第一节的汉语唇读理解实验程序(见附录四)。由于被试年龄较小,注意力容易分散,每个视频播放前,主试都会提醒被试认真注视视频中播放的动态发音口形。在选择正确答案时,由被试直接用手指点击屏幕上的图片,待主试与被试确认之后代为按键进行选择。为排除测试顺序对被试的干扰,避免练习效应,采用拉丁方设计平衡实验顺序。测试结束后,E-Prime 软件自动记录每位被试所做每一道题的正确率、反应时等数据,随后使用 SPSS22.0 软件进行统计分析。考虑到被试年龄较小,正确答案的选择由主试代为按键,中间可能存在反应时间的误差,故不考虑反应时的差异。

---

① Li D, Zhang F, Zeng X. Similarities between deaf or hard of hearing and hearing students' awareness of affective words' valence in written language[J]. American Annals of the Deaf, 2016, 161(3): 303.

（三）结果

对测试结果使用多元方差分析探讨安置方式对听障幼儿唇读理解汉字、词语、语句能力的影响，表6-21呈现了被试在唇读理解中正确率的平均数与标准差。

表6-21 不同安置方式下听障幼儿唇读理解测试的正确率（$M±SD$）

被试类型	汉字	词语	语句
特殊班组	0.55±0.24	0.66±0.22	0.54±0.24
融合班组	0.56±0.21	0.65±0.20	0.59±0.20

特殊班和融合班听障幼儿唇读理解不同语言级别汉语正确率的多元方差分析显示，语言级别的主效应极其显著，$F(2, 52)=10.69$，$p<0.01$，$\eta_p^2=0.17$，事后检验发现，词语正确率显著高于汉字和语句（$p<0.01$，$p<0.05$），汉字与语句间差异不显著（$p>0.05$）。安置方式的主效应不显著，$F(1, 52)=0.10$，$p<0.05$，特殊班和融合班听障幼儿在唇读理解的正确率上无显著差异。特殊班和融合班的交互作用不显著（$p>0.05$）。

（四）讨论

1. 安置方式在听障幼儿汉语唇读理解中的作用

本实验发现，两种不同安置方式下听障幼儿汉语唇读理解正确率差异不显著，说明对学前阶段的听障幼儿而言，安置方式对他们唇读理解能力的影响有限。已有研究表明，口语教学有利于促进听障儿童语音识别技能的发展，在口语教学中，听障儿童需要利用唇读作为辅助手段来理解教师的教学内容，唇读理解能力通过显性或隐性的方式得到了训练或强化。由于当前我国对学前阶段的听障幼儿都提倡口语教学，无论是特殊班还是融合班的听障幼儿，他们的语言环境都主要是口语环境，这在一定程度上强化了听障幼儿的唇读理解能力。除此之外，语言训练也是影响听障幼儿唇读理解能力的重要因素。语言训练可以促进听障幼儿听觉与视觉的有效利用，从而提高听障幼儿语音感知的效果。特殊班的听障幼儿每天都要接受一定时长的语言训练，融合幼儿园的听障幼儿在周末或者课余时间也要接受语言康复训练（包括唇读训练），他们的口形识别能力都在不断发展。所以对这一阶段的听障幼儿而言，安置方式对他们的汉语唇读理解能力影响并不显著。

2. 语言级别对听障幼儿汉语唇读理解的影响

听障幼儿唇读理解不同级别汉语的正确率差异显著，唇读理解词语存在明显的优势效应，词语的正确率显著高于汉字、语句，汉字、语句的正确率无显著差异。由于词语提供的口形较汉字而言更加具体，提供的信息也更加丰富，听障幼儿在对这些词语给定的信息进行加工匹配时，会对其中的语意进行反复加工、组合，最后形成自己的理解，这一过程使理解词语的正确率显著高于单一的汉字。虽然语句给定的信息更为详细，但由于语句较长，受到短时工作记忆容量的影响，听障幼儿难以对语句完全理解和记忆，往往只是选择提取其熟悉的词或者句首词进行理解判断，因此唇读理解语句的正确率反而显著低于相对容易记忆的词语。单个汉字提供的信息较少，理解起来较为抽象，由于缺乏相应的语境和语言经验，听障幼儿难以通过其他信息进行推断，导致理解汉字的正确率较低。

（五）结论

安置方式对听障幼儿汉语唇读理解能力的影响有限，融合班和特殊班的安置方式并没有对幼儿的唇读理解能力带来明显影响。语言级别是影响听障幼儿汉语唇读理解能力的重要因素，唇读理解词语的能力高于汉字、语句。

（六）启示

探究不同安置方式下听障幼儿唇读理解的发展特征，对听障幼儿的语言康复及教育具有一定的借鉴价值。首先，听障幼儿唇读理解词语的能力较好，因此在对听障幼儿进行语言训练时应着重训练词语的口形理解，以词语带动其他语言级别理解能力的发展；同时，将日常生活中使用的高频词汇融入到唇读训练中，加强日常口语对话的口形训练。提高听障幼儿唇读理解能力有助于提高听障幼儿随园就读的效果，使其更容易接受口语教学环境和交流方式；融合环境又能够训练听障幼儿的唇读能力，促进其唇读理解能力的发展。学前阶段是融合教育的起点，提高听障幼儿的唇读理解能力，促进其随园就读有效展开，是推动听障幼儿融入主流社会的第一步。

四、语训经历对听障儿童汉语唇读理解的影响

（一）引言

王偶偶和张积家发现有语训、有助听设备的听障学生的语音意识比无语训、无助听设备的听障学生好[1]。余敦清和余小燕曾对一名 3.5 岁、听力损失 92dB 的先天性听障儿童进行一年的语训，该幼儿能听辨出学过词语的 90%，其看话能力优于听话能力[2]。雷江华等前期发现语训时间越长越有利于听障儿童利用视觉进行元音识别[3]。Bernstein 等发现短期语训对唇读能力提升有作用，但短期提升幅度并不大[4]。然而，自 20 世纪以来的语言教育康复经验并不支持语训对听障儿童唇读能力的显著促进作用，主流观点认为听障儿童间较大的唇读能力个体差异说明了唇读能力是生来具备的，而不是靠后天语言训练习得的[5]。Bernstein 等发现将近 25%的听障成人的唇读理解表现优于健听人，由此推测，优秀唇读者需同时具备对唇读的依赖、长期严重的听觉损失以及天生的唇读禀赋 3 个条件[6]。那么，唇读理解能力是否是听障儿童在长期听觉损失环境下自然习得的天赋？是否可以通过有目的、有意识的语言训练强化其唇读理解能力？为此，本研究试图通过比较有语训经历与无语训经历的听障儿童的唇读理解能力，探讨语训对听障儿童唇读理解能力的影响，以期进一步探究听障儿童唇读理解能力的发展规律，并为听障儿童的唇读训练提供指导。

（二）方法

1. 被试

研究选取武汉市某聋校 7—14 岁的 117 名听障儿童为实验被试，男生 67 人，女生 50 人。并且，经被试主观报告及与班主任核实，58 名被试从未接触过任何形式的专业语训，归为无语训经历组（表 6-22）；59 名被试曾有过语训经历，归为有语训经历组，其中，46 名被试仅在聋校小学低学段语训课堂上接受过语训，13 名被试除在聋校语训课堂上接受语训外，还在语言康复训练机构有过学前语训经历。有语训经历组接受的语训均包括

---

[1] 王偶偶，张积家. 语训和助听对聋生语音意识发展的影响[J]. 中国特殊教育, 2011, (1): 33-37.

[2] 余敦清，余小燕. 听力残疾孩子家庭康复的模拟实验[J]. 中国特殊教育, 1997, (1): 29-37.

[3] 雷江华，王丽维，陈亮. 语训时间和视听条件对学龄前听障儿童汉语元音识别的影响[J]. 现代特殊教育. 2016, (6): 27-31.

[4] Bernstein L E, Auer E T, Tucker P E. Enhanced speechreading in deaf adults: can short-term training/practice close the gap for hearing adults?[J]. Journal of Speech, Language, and Hearing Research. 2001, (44): 5-18.

[5] Jeffers J, Barley M. Speechreading[M]. Springfield: Bannerstone House. 1976: 79.

[6] Bernstein L E, Demorest M E, Tucker P E. Speech perception without hearing[J]. Perception & Psychophysics, 2000, 62(2): 233-252.

听觉训练（听觉刺激的觉知、注意、定向、记忆、选择、反馈和概念等）、语言训练（从语音、语法、语义、语用角度培养听障儿童的语言理解能力和表达能力），有语训经历组所接受的语训时间范围为 6—27 个月，平均语训时间为 12.81 个月，且有语训经历组中 28 人截至研究时间仍在接受语训（7—10 岁，平均语训时间为 15.89 个月），31 人已终止语训（9—14 岁，平均语训时间为 10.03 个月，终止语训时间范围为 6—79 个月，平均终止语训时间为 46.42 个月）。对两组被试的性别进行 χ^2 检验发现，两组被试在性别分布上不存在显著性差异（$p>0.05$）；对两组被试的年龄进行 t 检验发现，两组被试的平均年龄不存在显著性差异（$p>0.05$）；两组被试的听力状态并不存在显著差异（$p>0.05$）；有语训经历组中 33 名有听力辅助设备（7 名植入人工耳蜗，26 名佩戴助听器），26 名无听力辅助设备；无语训经历组中 28 名有听力辅助设备（均为助听器），30 名无听力辅助设备，不同语训经历的被试在佩戴听力辅助设备的分布上并不存在显著差异（$p>0.05$）。

表 6-22　被试基本信息

实验组别	人数（人）	分性别人数（人）		平均年龄（岁）（$M\pm SD$）	平均听力损失（dB）（$M\pm SD$）
		男	女		
有语训经历组	59	32	27	10.63±2.53	96.10±12.98
无语训经历组	58	35	23	11.43±2.19	98.71±9.47

2. 实验设计

研究采用 3（语言级别：汉字、词语、语句）×2（语训经历：有、无）两因素混合实验设计。语言级别作为被试内变量，语训经历为被试间变量。

3. 实验材料

实验材料同第二章第一节的汉语唇读理解实验材料（见附录一、二、三）。

4. 实验程序

实验程序同第二章第一节的汉语唇读理解实验程序（见附录四）。

（三）结果与分析

表 6-23 呈现了有语训经历和无语训经历的听障儿童唇读理解汉字、词语、语句的正确率与反应时。

表 6-23 不同语训经历下听障儿童汉语唇读理解测试的正确率和反应时（$M\pm SD$）

被试类型	汉字		词语		语句	
	正确率	反应时（s）	正确率	反应时（s）	正确率	反应时（s）
有语训经历组	0.53±0.19	6.41±2.81	0.67±0.20	5.70±2.13	0.53±0.21	7.64±3.04
无语训经历组	0.35±0.19	5.43±2.40	0.59±0.22	5.26±2.58	0.46±0.22	6.00±2.45

1. 不同语训经历听障儿童汉语唇读理解正确率比较

对唇读理解的正确率进行重复测量方差分析发现，语言级别的主效应显著，$F(2, 230)=41.20$，$p<0.001$，$\eta_p^2=0.26$，事后检验发现，唇读理解词语的正确率显著高于汉字（$p<0.001$）、语句（$p<0.001$），唇读理解汉字、语句的正确率不存在显著差异（$p>0.05$）。语训经历的主效应显著，$F(1, 115)=4.339$，$p<0.05$，$\eta_p^2=0.036$，有语训经历组的汉语唇读理解正确率显著高于无语训经历组（$p<0.05$）。语训经历与语言级别的交互作用不显著，$F(2, 230)=0.241$，$p>0.05$。

2. 不同语训经历听障儿童汉语唇读理解反应时比较

对唇读理解的反应时进行重复测量方差分析发现，语言级别的主效应显著，$F(2, 230)=19.045$，$p<0.001$，$\eta_p^2=0.14$，事后检验发现，唇读理解语句的反应时显著长于汉字（$p<0.01$）、词语（$p<0.001$）。语训经历的主效应显著，$F(1, 115)=6.419$，$p<0.05$，$\eta_p^2=0.053$，有语训经历组的反应时显著长于无语训经历组（$p<0.01$）。语训经历与语言级别的交互作用显著，$F(2, 230)=3.751$，$p<0.05$，$\eta_p^2=0.032$，简单效应分析发现，唇读理解语句时，有语训经历组的反应时显著长于无语训经历组（$p<0.001$）；有语训经历组唇读理解语句的反应时显著长于汉字、词语（$ps<0.001$），汉字反应时显著长于词语（$p<0.05$），无语训经历组在不同语言级别上的唇读理解反应时无显著差异（$ps>0.05$）。

（四）讨论

1. 语训经历在听障儿童汉语唇读理解中的作用

研究发现，有语训经历组的汉语唇读理解正确率显著高于无语训经历组，且反应时显著长于无语训经历组。研究发现，语训时间越长越有利于学龄前听障儿童利用视觉进行元音识别，并推测长时间的语训有利于听障儿童从以依赖残余听力为主的语音识别模式转向利用视觉代偿听觉的语音识别模式[①]。由此可知，语训可使听障儿童通过视觉来感受语音的发音特点，帮助个体建构视觉语音感知与听觉语音感知之间的内在联系。此外，系列研究发现，词汇识别能力（lexical identification）和语音加工能力（phonological processing）是影响唇读理解的主要认知因素[②③]。Andersson 等对优秀唇读者 AA 的个案研究发现，AA 在语音加工、字词识别的系列测试中表现优异，说明 AA 擅长有效感知与提取视觉语言信息，唇读过程是自下而上的加工过程，更依赖于低水平的认知活动，如语音识别、词汇提取等能力[④]。并且，雷江华曾探究口语教学对听障儿童唇读语音识别能力的影响，发现口语教学有利于促进听障儿童唇读语音识别能力的发展，通过系统的语训，听障儿童的视觉感知能力得以训练，唇读技能也通过显性或隐性的方式得到了强化[⑤]。语音知觉中的"姿势理论"同样肯定了语训对于唇读理解的作用[⑥]。姿势理论认为，语音知觉与语音产出之间存在着一定的联系，即当感知一个特定的音位时，发音的肌动组织可能首先产生一个"姿势"，并由这个"姿势"引导知觉判断[⑦]。因此，包含正音、辨音、发音等内容的语训可能直接提升了听障儿童的视觉语音感知能力，且间接提升了其语音加工能力，由此提升了其汉语唇读理解的准确率。

在唇读理解反应时上，有语训经历组的唇读理解反应时显著长于无语训经历组，这也表明语训经历确实对听障儿童的汉语唇读理解产生影响。此外，语训经历与语言级别交互作用显著，有语训经历组的听障儿童唇读理解语句的反应时显著长于汉字、词语，无语训经历组在各语言级别上的反应时并不存在显著差异。二者间的差异可能是由于无语训经历的听障儿童的唇读理解过程较为简单，在长期的无声视觉语言（手语或唇读）交流条件下，其视觉语言加工的能力趋于稳定，基本达到了自动化加工

---

① 雷江华, 王丽维, 陈亮. 语训时间和视听条件对学龄前听障儿童汉语元音识别的影响[J]. 现代特殊教育, 2016, (6): 27-31.

② Feld J E, Sommers M S. Lipreading, processing speed, and working memory in younger and older adults[J]. Journal of Speech, Language, and Hearing Research, 2009, 52(6): 1555-1565.

③ Andersson U, Lyxell B, Ronnberg J, et al. Cognitive correlates of visual speech understanding in hearing-impaired individuals[J]. Journal of Deaf Studies and Deaf Education, 2001, (6): 103-115.

④ Andersson U, Lidestam B. Bottom-up driven speechreading in a speechreading expert: the case of AA(JK023)[J]. Ear and Hearing, 2005, 26(2): 214-224.

⑤ 雷江华. 听觉障碍学生唇读的认知研究[M]. 北京: 中国社会科学出版社, 2009: 155.

⑥ 刘轶, 雷江华. 口形模仿在听障儿童双语唇读语音训练中的作用[J]. 中国特殊教育, 2012, (11): 30-35.

⑦ Libeiman A M, Whalen D W. On the relation of speech to language[J]. Trends in Cognitive Sciences, 2000, (4): 187-196.

的程度[1]，能够使用个体惯用、熟悉的加工策略进行唇读理解，因此无语训经历组在唇读理解不同语言级别汉语的任务中不存在反应速度上的明显差异；研究中有语训经历组的平均语训时间为 12.81 个月，语训时间较短，且有语训经历组的被试中 31 人已停止语训（平均终止语训时长为 46.42 个月），而听障儿童的语言康复往往需要在长期坚持不懈的语训下方可实现[2]，由此推测，有语训经历组的听障儿童可能并没有熟练地掌握唇读技能。因此，相较于唇读理解汉字、词语，在完成语言级别较高的语句唇读理解任务时，需要更长的加工时间。在唇读理解汉字、语句的任务中，有语训经历组的反应时显著长于无语训经历组，表明语言训练对汉语唇读理解任务加工速度的影响受到了汉语语言级别的限制。在完成抽象程度及难度更高的汉字、语句唇读理解任务时，有语训经历组需要更长的时间以实现视觉口形信息与头脑中语音表征的匹配、特定词语表征的激活与核证等。

2. 语言级别在听障儿童汉语唇读理解中的作用

听障儿童汉语唇读理解词语的正确率显著高于汉字、语句，且反应速度由快到慢依次为词语、汉字、语句，唇读理解语句的反应时显著长于汉字、词语。这说明听障学生唇读理解词语的表现优于汉字、语句。

（五）结论

语言训练对听障儿童唇读理解汉语有积极作用，其辅助作用主要体现为提升唇读理解的准确度，但对唇读理解速度的影响受到语言级别的限制；听障儿童唇读理解词语具有优势，其唇读理解能力由高到低依次为词语、汉字、语句。

（六）启示

探究语言训练经历对听障儿童汉语唇读理解的作用及唇读理解能力的发展特征，对听障儿童的语言训练与发展具有一定的参考价值。一方面，语训经历对听障儿童的汉语唇读理解有积极作用，听障儿童家长及相关特殊教育工作者应对听障儿童的语言训练给予足够关注，以提升听障儿童的汉语唇读理解能力，帮助其更有效地参与沟通、融入社会。另一方面，听

---

[1] Andersson U, Lyxell B, Ronnberg J. Cognitive correlates of visual speech understanding in hearing-impaired individuals[J]. Journal of Deaf Studies and Deaf Education, 2001, (6): 103-111.

[2] 姚登峰, 杜在新. 登峰：从无声世界走来的清华博士[M]. 北京：中国社会出版社, 2017: 75-126.

障儿童唇读理解词语的能力较强，因此在听障儿童的唇读训练中，应加强日常高频词语的唇读训练，以提升其词语唇读理解能力为突破口，逐步加强其整体唇读理解能力。

五、熟悉效应对听障青少年汉语唇读理解的影响

（一）引言

对于汉语唇读的研究，雷江华前期研究发现，在听障青少年的唇读语音识别中，熟悉效应影响听障青少年的语音识别，相比于陌生教师的口形，听障青少年更容易识别熟悉教师的单韵母的口形[1]；在健听人的研究中发现，相比于陌生面孔，被试能够更快、更准确地识别熟悉面孔[2]，被试在310—320ms 就能判断出熟悉面孔，并且比陌生面孔要快 80ms 以上[3]。那么，听障人与健听人交流过程中，对熟悉人不同语言级别的口形是否更容易理解呢？据此，本研究将考察熟悉效应在听障青少年汉语唇读理解中的作用。

（二）方法

1. 被试

选取武汉某聋校 25 名听障青少年为被试，平均年龄为 19.8±1.44 岁，其中男生 10 名，女生 15 名，平均听力损失为 93.20±20.73dB，被试除了听觉障碍外无其他障碍。

2. 实验材料

实验材料同第二章第一节的汉语唇读理解实验材料（见附录一、二、三）。此外，由被试的一名语文教师作为熟悉口形的录制者，陌生口形由武汉某大学播音系四年级大学生录制，其普通话测试达到国家一级标准。

3. 实验设计

实验采用 2（熟悉度：熟悉、陌生）×3（语言级别：汉字、词语、语

---

[1] 雷江华, 王庭照, 方俊明. 聋生唇读语音识别中熟悉效应的实验研究[J]. 心理科学, 2005, (5): 1120-1121.

[2] Stacey P C, Walker S, Underwood J D. Face processing and familiarity: evidence from eye-movement data. [J]. British Journal of Psychology, 2005, 96(4): 407-422.

[3] Rossion B, Caharel S, Jacques C, et al. The speed of familiar face recognition[J]. Journal of Vision, 2010, 10(7): 617.

句）的被试内实验设计，熟悉度和语言级别均为被试内变量。

4. 实验程序

实验程序同第二章第一节的汉语唇读理解实验程序（见附录四）。

（三）结果

听障青少年在不同熟悉条件下汉语唇读理解（汉字、词语、语句）的正确率和反应时的描述性统计见表6-24。

表6-24 不同熟悉条件下听障青少年不同汉语水平唇读理解的正确率与反应时

熟悉度	汉字		词语		语句	
	正确率	反应时（s）	正确率	反应时（s）	正确率	反应时（s）
熟悉	0.59±0.23	3.85±1.92	0.57±0.22	4.72±2.08	0.56±0.25	5.09±2.09
陌生	0.57±0.21	3.85±1.92	0.51±0.17	4.99±2.70	0.42±0.25	5.83±2.10

1. 不同熟悉条件下听障青少年汉语唇读理解的正确率比较

比较听障青少年在不同熟悉条件下的汉语唇读理解正确率的差异（表6-24、图6-5）。对熟悉度（熟悉、陌生）和语言级别（汉字、词语、语句）的正确率进行重复测量方差分析，熟悉度的主效应显著，$F(1, 24)=6.50$，$p<0.01$，$\eta_p^2=0.21$；语言级别的主效应显著，$F(2, 48)=5.21$，$p<0.01$，$\eta_p^2=0.19$；熟悉度与语言级别的交互作用显著，$F(2, 48)=3.98$，$p<0.05$，$\eta_p^2=0.12$；简单效应分析表明，在陌生条件下，汉字和词语的唇读理解正确率均显著高于语句的唇读理解正确率，$ps<0.05$；但在熟悉条件下，三者均无显著性差异。

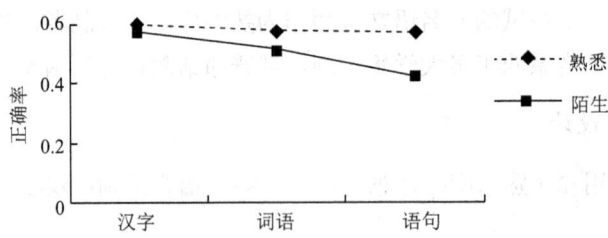

图6-5 不同熟悉条件下听障青少年不同汉语水平的唇读理解正确率比较

2. 不同熟悉条件下听障青少年汉语唇读理解的反应时比较

比较听障青少年在不同熟悉条件下汉语唇读理解反应时的差异（表6-24、图6-6）。对熟悉度（熟悉、陌生）和语言级别（汉字、词语、语句）的反应时进行重复测量方差分析，熟悉度的主效应不显著，$F(1, 24)=1.45$，$p>0.05$；语言级别的主效应显著，$F(2, 48)=11.78$，$p<0.01$，$\eta_p^2=0.33$；熟悉度与语言级别的交互作用不显著，$F(2, 48)=0.41$，$p>0.05$。

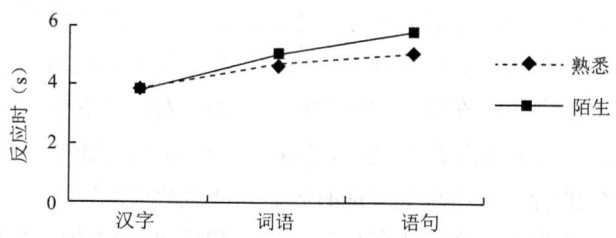

图6-6 不同熟悉条件下听障青少年不同汉语水平的唇读理解反应时比较

（四）讨论

1. 口形熟悉度对听障青少年汉语唇读理解的影响

实验结果发现，熟悉度的主效应显著，听障青少年在熟悉条件下的汉语唇读理解正确率显著高于陌生条件，说明对说话人的熟悉度高对于青少年唇读的识别与理解具有促进作用。本研究进一步验证了说话者与唇读者之间越熟悉，唇读效果越好。在熟悉条件下，说话人与听障青少年交流比较密切，听障青少年能够把头脑中已有的经验与说话者的口形相匹配，有利于听障青少年的汉语唇读理解；但在陌生条件下，听障青少年对说话者的口形比较生疏，其口形的大小和舌部的伸缩都需要重新认识，听障青少年需要付出更多努力以识别与理解陌生口形信息。

2. 语言级别对听障青少年汉语唇读理解的影响

语言级别对听障青少年的汉语唇读理解具有重要影响，语言级别的正确率与反应时的主效应都存在显著性差异，不论是陌生口形还是熟悉口形，听障青少年唇读理解正确率高低依次是汉字、词语、语句，反应速度的快慢依次是汉字、词语、语句。该结果与Green等和Lyxell与Holmberg的研究结果相似[1][2]，听障青少年唇读的成绩高低依次是单个单词、词组、语句。这说明词长效应影响唇读的认知加工，工作记忆中词长效应的研究指

---

① Green K W, Green W B, Holmes D W. Speechreading skills of young normal hearing and deaf children[J]. Am Ann Deaf, 1981, 126(5): 505-509.

② Lyxell B, Holmberg I. Visual speechreading and cognitive performance in hearing-impaired and normal hearing children (11-14 years)[J]. British Journal of Educational Psychology, 2000, 70(4): 505-518.

出,被试回忆长词表的成绩要显著低于短词表[1]。有研究进一步指出,听障青少年唇读短篇故事的能力要低于唇读单个单词和语句[2],即随着语言级别的提高,其词长也加大,听障青少年唇读的难度也进一步增大。听障青少年唇读理解单个汉字的时长要少于词语和句子,即唇读汉字的难度要低于唇读词语和语句,其唇读理解正确率较高,反应时较短。词语和语句包含相对更多的汉字,在唇读理解过程中,需要对词语和语句的含义进行深层次编码,由于视频呈现时间短,听障青少年需要根据已有的经验来判断词语和语句的含义,所以其反应时较长,正确率较低。

研究结果还指出,在陌生条件下,汉字和词语的唇读理解正确率显著高于语句,其主要与听障青少年汉语语法的掌握不熟练有关。研究指出,听障青少年在句法运用中常存在成分残缺、主谓宾顺序颠倒等现象[3],在唇读语句过程中,听障青少年要把语句中的词汇分解,然后语序颠倒后才能够理解,增加了唇读句子的难度,导致其唇读理解反应时也逐步增加。因此,不论在熟悉条件下,还是陌生条件下,听障青少年唇读语句正确率较低,反应时较高。

(五)结论

对说话者的熟悉度影响听障青少年的汉语唇读理解能力,熟悉者的口形更容易被识别。语言级别影响听障青少年的汉语唇读理解能力,其唇读理解的难度随着语言级别的提高而增加。

(六)启示

探究说话者熟悉度对听障青少年汉语唇读理解的影响,于听障青少年的语言理解和沟通交往具有一定的借鉴意义:其一,根据熟悉效应,学校应该采用"包班制"教学,促进师生之间建立深厚的关系,加强听障青少年对教师口形的熟悉度;其二,听障青少年的唇读训练要根据语言级别的难度,从低到高,循序渐进,制定有序的、规范化的训练方案,引导听障青少年唇读能力的发展;其三,听障青少年唇读训练过程中,要重点关注高频字词的口形训练,进一步提高其唇读理解能力。

---

[1] Whitney C, Lavidor M. Why word length only matters in the left visual field. [J]. Neuropsychologia, 2004, 42(12): 1680-1688.

[2] Mohammed T, Campbell R, MacSweeney M, et al. Speechreading and its association with reading among deaf, hearing and dyslexic individuals[J]. Clinical Linguistics and Phonetics, 2006(7-8): 621-630.

[3] 方俊明, 雷江华. 特殊儿童心理学(第2版)[M]. 北京: 北京大学出版社, 2015: 99.

第五节　总结、启示与反思

一、总结

本章主要探讨了影响听障人士汉语唇读理解能力的重要因素，涉及听力损失情况、听觉辅助、家庭交流环境以及认知风格、语训经历等其他相关的影响因素。探究这些因素对不同年龄阶段听障人士的具体影响，对了解听障人士汉语唇读理解的内在特征和规律、促进听障人士语言理解能力的康复和发展具有积极意义。

（一）听力损失情况对听障人士汉语唇读理解能力的影响

听力损失的有无（听障人士和健听人士）、听力损失发生时间、听力损失程度都是影响汉语唇读理解能力的重要因素。健听成人的汉语唇读理解正确率显著高于听障成人，即与健听成人相比，听障成人并非更好的唇读者，并且听力障碍不会影响听障成人汉语唇读理解加工的快慢变化。另外，听力损失发生时间影响听障青少年语句的唇读理解。研究结果与 Geers 等的研究一致，优秀的唇读者更多的是语前发生听力损失的唇读者，即语前发生听力损失的听障人士在唇读过程中，更具优势。听力损失程度也是影响听障人士唇读理解的重要因素，研究发现极重度聋和全聋人士的唇读能力显著优于重度聋人士。

（二）听觉辅助对听障人士汉语唇读理解能力的影响

听障人士无论是处在哪个年龄段（幼儿、青少年、成人），佩戴听觉辅助设备皆能在一定程度上提高他们的汉语唇读理解能力。对听障幼儿而言，随着现代科技的发展，他们大部分都佩戴了助听器或者人工耳蜗等助听设备，研究发现双耳佩戴助听器与单耳佩戴助听器对侧耳植入人工耳蜗的听障幼儿汉语唇读能力没有显著差异，这说明听觉辅助设备的不同对唇读理解能力的发展影响不大，当然可能也与他们所处的教育环境和交流方式密切相关。对听障青少年而言，听觉辅助发挥了重要作用，有听觉辅助的听障青少年在一定程度上弥补了听觉损失，在日常的沟通与交往中能够对视觉信息与听觉信息进行整合和匹配，在头脑中对语言信息进行更为全面的表征，能够较为准确地将视觉口形信息与头脑中已有的语言表征相匹配，唇读理解能力较好。对听障成人而言，听觉辅助能够使唇读能力与听觉感官体验之间产生互动，佩戴听觉辅助设备的听障成人能够从两种信息的认知整合中获益,从而得到最佳表现[1]。

(三)家庭交流环境对听障人士汉语唇读理解能力的影响

对听障人士而言,家庭环境为他们的语用能力提供了丰富且安全的情景,良好的家庭交流能够有效地保护和培养听障人士发展口头语言的积极性[2]。对听障青少年而言,口语交流环境有助于听障青少年的唇读理解。这与雷江华前期在汉语唇读语音识别中的研究结果相似,与手语教学相比,在口语教学中,听障青少年汉语唇读语音识别的正确率显著更高[3],这进一步论证了口语交流环境对青少年汉语唇读理解的促进作用。对听障成人而言,家庭交流环境对他们的语言发展也有着不容忽视的影响。口语家庭交流组的汉语唇读理解能力显著优于手语家庭交流组,说明口语交流环境在听障成人的汉语唇读理解中发挥了积极作用。

(四)其他因素对听障人士汉语唇读理解能力的影响

认知风格、视听条件、安置方式、语训经历、熟悉效应等也是听障人士的汉语唇读能力的不容忽视的影响因素。认知与语言的关系是认知语言学研究的一个重点[4],认知风格作为非语言认知过程中的一种类型,在一定程度上影响着听障幼儿对语言信息的理解。场独立型听障幼儿语言理解正确率显著高于场依存型听障幼儿,这表明认知风格在听障幼儿语言理解中具有重要作用。言语感知的多通道特征会对听障幼儿的言语知觉产生显著效果[5],雷江华对不同视听条件下听障青少年的唇读语音识别能力进行研究,发现了唇读语音识别过程中视听通道效应的存在[6]。本实验进一步论证了幼儿阶段唇读理解过程同样存在视听通道效应,也验证了听障幼儿能够运用视觉来补偿听觉这一视觉代偿理论[7]。研究表明,随班就读环境

---

[1] Strelnikov K, Rouger J, Barone P. Role of speechreading in audiovisual interactions during the recovery of speech comprehension in deaf adults with cochlear implants[J]. Scandinavian Journal of Psychology, 2009, 50(5): 437-444.

[2] 郭玉祺. 听障幼儿家庭语言康复误区及对策研究[J]. 绥化学院学报, 2015, (1): 63-66.

[3] 雷江华. 听觉障碍学生唇读的认知研究[M]. 北京: 中国社会科学出版社, 2009: 116-122.

[4] 唐超. 不同认知风格幼儿看图叙事研究[D]. 西安: 陕西师范大学硕士学位论文, 2011.

[5] Payton K L. Intelligibility of conversational and clear speech in noise and reverberation for listeners with normal and impaired hearing[J]. The Journal of the Acoustical Society of America, 1994, 95(3): 1581-1592.

[6] 雷江华, 方俊明, 王伟忠, 等. 听障学生唇读语音识别视听通道效应的实验研究. 心理科学, 2008, 31(2): 312-314.

[7] 方俊明, 雷江华. 基于聋人语言认知基础的综合语言教育模式构建[J]. 中国特殊教育, 2007, (5): 28-32.

有利于儿童学业、社会交往技能、情绪情感的发展[①]，但本实验发现特殊班和融合班两种不同安置方式下听障幼儿唇读理解正确率差异不显著，这说明对学前阶段的听障幼儿而言，安置方式对唇读理解能力的影响有限。研究还发现，有语训经历组的汉语唇读理解正确率显著高于无语训经历组，且反应时显著长于无语训经历组。语训可使听障儿童通过视觉来感受语音的发音特点，帮助个体建构视觉语音感知与听觉语音感知之间的内在联系。此外，语训经历与语言级别的交互作用显著，有语训经历组的听障儿童唇读理解语句的反应时显著长于汉字、词语，表明语言训练对汉语唇读理解加工速度的影响受到了汉语语言级别的限制。对说话者的熟悉度高对于青少年唇读的识别与理解具有促进作用，进一步验证了说话者与唇读者之间越熟悉，唇读效果越好。

二、启示

（一）科学认识听力损失，针对性进行语言训练

健听成人的唇读理解能力优于听障成人，说明健听成人的唇读理解技能更佳，应发挥健听成人汉语唇读理解的优势并通过唇读理解实现与听障成人的沟通与交往。尤其是在日常生活中，健听成人可以帮助听障成人加强唇读理解的训练和对话，努力提升听障成人的汉语唇读理解能力。由于不同听力损失发生时间的听障青少年的汉语唇读理解能力存在差异，因此在听障青少年的口语训练中，针对不同听力损失发生时间的青少年，应采取不同的口语训练策略，进一步提高其唇读理解能力。要充分发掘并不断巩固和提高听障学生的唇读理解能力，要采取适合不同听力损失程度学生的教学策略，在与他们沟通和交往的过程中注重口形的清晰和准确，帮助他们提高唇读理解能力，促进他们更好地发展言语理解能力。

（二）有效利用听觉辅助，多通道进行语言训练

4—5岁是听障幼儿唇读发展较为迅速的阶段，这个阶段要注重唇读训练与听力训练有机统一，抓住听障幼儿听力言语康复的关键期进行训练，发展其听力言语能力。听觉辅助对听障青少年的汉语唇读理解具有促进作用，在听障青少年的语言康复与训练中，要注重以"看"辅"听"、以"听"促"看"，提升听障青少年整合利用多通道语言信息的能力。在听障成人语训康复过程中，要着重训练其视听信息的认知整合能力，有效地利用助

[①] 刘艳虹，朱楠. 融合教育中儿童发展状况的案例研究[J]. 中国特殊教育，2011，(8): 8-13.

听器对其唇读理解能力的促进功能,并科学地看待唇读在听障成年人语训康复及社会融合中的重要作用。

(三)营造口语交流环境,促进提升唇读理解能力

有研究者发现,处于口语家庭交流环境下的听障人士表现出更为熟练的唇读技能,而处于非口语(如手语)家庭交流环境下的听障人士表现出较低的唇读技能[①]。家庭口语交流环境对听障青少年的汉语唇读理解有积极作用,家长应对此提高重视程度,在家庭中营造口语为主的交流环境,以提升听障青少年的汉语唇读理解能力。口语家庭交流环境对听障人士的语言发展、唇读理解能力的发展都有着积极作用,因此听障人士家庭应尽可能地在家庭中营造口语为主的交流环境,帮助其更有效地参与沟通、融入社会。

(四)充分利用其他因素,发掘唇读理解优势

语训经历对听障儿童的汉语唇读理解有积极作用,听障儿童家长及相关特殊教育工作者应对听障儿童的语言训练给予足够关注。在对听障幼儿的语言康复训练中,应基于个体认知风格差异采取针对性措施,比如根据场依存型听障幼儿依赖外部线索、易受环境因素影响的认知特点,可在其语言康复训练中添加适量的线索提示,并对其反应积极给予反馈,以帮助其理解语言信息。听障幼儿更多依赖听觉感知语音信息,而视觉处于辅助地位,视觉与听觉结合可以提高语音感知效果。因此在对听障幼儿进行语言康复训练时要将视听条件有机结合起来,发挥视觉与听觉的互补作用,促进听障幼儿听力及语言发展。提高听障幼儿唇读理解能力有助于提高听障幼儿随园就读的效果,同时融合环境又能够训练听障幼儿的唇读能力,促进其唇读理解能力的发展,要积极促进随园就读工作的有效展开,推动听障幼儿融入主流社会。另外,建议学校采用"包班制"教学,促进师生之间建立深厚的关系,加强听障青少年对教师口形的熟悉度,提高其唇读理解能力。

三、反思

本章主要研究了影响听障人士汉语唇读理解能力的各个因素,包括听力损失、听觉辅助、家庭交流环境以及语训经历等其他因素,发现这些因

---

① Mogford K. Lip-reading in the prelingually deaf. In B. Dodd, R. Campbell. Hearing by Eye: The Psychology of Lip-reading[M]. Hove, UK: Lawrence Erlbaum Associates Ltd., 1987: 197.

素均对听障人士的汉语唇读理解能力有一定影响。但要深入探究每一类影响因素的具体影响机制，还需深入进行研究，在研究设计、实验材料、被试选择等方面进行细致思考。未来将对更多影响听障人士汉语唇读理解能力的因素进行挖掘，并采取合适的研究手段进行研究，为听障学生的唇读理解训练提供科学依据。

第七章 听障学生汉语唇读理解能力发展的干预研究

唇读是听障学生语言康复中的重要内容，关乎听障学生的沟通与交往，影响着他们未来的社会适应。国内外学者对听障学生唇读理解训练的研究已取得了较为丰富的成果，探索出了多种可能提升听障学生的唇读理解能力的有效干预策略。简而言之，研究者们所提出的唇读理解能力干预策略大致可分为三类：其一，基于语言治疗学视角，通过对唇读者的唇部、牙齿、下颌、软腭、硬腭及悬雍垂等构音器官进行评估与训练，逐渐过渡到声音辨别训练、发音技巧训练等；其二，基于认知心理学视角，通过提升听障学生的认知能力实现其唇读理解能力的增强，特别是基于具身认知的视角，借助听力辅助设备或拓展干预渠道等方式，尝试借助语言的跨通道加工机制，通过利用听觉语音感知（听觉辅助）或加强视觉口形语言刺激（如利用发音镜）等形式，提升听障学生的唇读理解能力；其三，基于教育学视角，通过单一的语言训练干预与综合的语言教学干预，来提高听障学生的唇读理解能力，增强他们的语言学习能力。

在听障学生的教育及康复过程中，镜前自我模仿策略与视听双通道策略是目前使用较多的两种策略。然而，不同干预策略在听障学生汉语唇读理解能力训练中的效果仍未经过检验。因此，本研究将采用单一被试实验的研究方法，主要探究镜前自我模仿、视听条件在不同听障儿童汉语唇读语音识别与汉语唇读理解中的作用，从而将镜前自我模仿策略与视听双通道策略应用到听障学生的康复训练及教育教学中。

第一节 镜前自我模仿策略在听障学生汉语唇读理解中的作用

镜前自我模仿是口形模仿策略的重点，它是指听障学生为了达到记忆语音的目的，利用镜子观察和模仿他人的口形，在镜子中改正自己的口形并进行反复的练习,在自我练习的过程中学会正确口形动作的过程①。国外对于镜前自我模仿策略在听障学生唇读语音训练和唇读理解中的应用研究较多,具有一定的经验。然而,我国目前已有研究主要集中于镜前自我模仿策略在我国听障学生语音训练中的实践应用,还缺乏镜前自我模仿策略在我国听障学生汉语唇读理解能力发展中的作用研究。研究发现,镜前自我模仿策略被证明在听障学生的汉语唇读元音识别中具有显著作用②,单一被试实验研究也证明了镜前自我模仿策略在听障学生唇读汉语元音识别中的作用③。结合已有研究,本实验主要探讨镜前自我模仿策略对听障学生汉语唇读理解能力的作用,从而了解镜前自我模仿策略的干预是否能提高听障学生的汉语唇读理解能力。

一、方法

(一)被试

本实验以自然班为单位,选取武汉市某聋校三年级康复班和普通班学生作为被试,每个班人数均为 5 人。被试情况见表 7-1。

表 7-1 被试人口统计学基本情况

姓名	年龄	性别	听力损失(dB)		补偿后听力损失(dB)		听觉辅助设备	语训时间(年)	家庭交流环境	瑞文测试水平(%)
			左耳	右耳	左耳	右耳				
康复班										
A	12岁	女	100	100	100	25	右耳人工耳蜗	10	口语为主	75
B	11岁	男	117	117	80	60	左耳助听器,右耳人工耳蜗	7	口语为主	25
C	9岁	男	95	95	75	30	左耳助听器,右耳人工耳蜗	8	口语+手语	90
D	10岁	男	80	75	60	55	右耳助听器	7	口语为主	50—75
E	12岁	女	80	75	65	55	右耳助听器	3	口语为主	<5

---

① 雷江华, 崔婷, 张晶, 等. 镜前自我模仿策略在听障学生双语唇读元音识别中的作用[J]. 中国特殊教育, 2014, (4): 36.
② 雷江华, 崔婷, 张晶, 等. 镜前自我模仿策略在听障学生双语唇读元音识别中的作用[J]. 中国特殊教育, 2014, (4): 36-40, 64.
③ 崔婷. 镜前自我模仿策略在听障儿童唇读汉语元音识别中作用的单一被试实验研究[D]. 武汉: 华中师范大学硕士学位论文, 2015: 37-50.

续表

姓名	年龄	性别	听力损失（dB）		补偿后听力损失（dB）		听觉辅助设备	语训时间（年）	家庭交流环境	瑞文测试水平（%）
			左耳	右耳	左耳	右耳				
普通班										
F	11岁	男	100	100	—	—		4	口语为主	95
G	10岁	男	100	100	—	—		0	手语为主	50—75
H	9岁	男	100	100	—	—		0	手语为主	50—75
I	12岁	男	100	75	—	—		0.5	口语为主	75—90
J	10岁	男	120	120	—	—		0.5	口语+手语	75—90

10名被试的年龄在9到12岁之间，康复班中的一名学生（学生E）为多重障碍，其瑞文测试水平小于5%；普通班的学生I有残余听力，能与他人进行沟通，但由于班级环境的影响（其余四名学生在学校以手语交流为主），其在学校主要以手语为主要交流方式。

在日常教学中，两个班级的教学环境存在差异。康复班的3名学生（学生A、学生B和学生C）植入了人工耳蜗，另外2名学生（学生D和学生E）佩戴助听器，补偿后听力较好，日常教学采用口语教学；普通班的5名学生听力损失程度较高，均未做人工耳蜗，且未佩戴助听器，在日常教学中以手语教学为主。在使用教材方面，康复班使用普通学校教材，普通班使用聋校教材。在课程方面，康复班有语训课（包括集体训练和个别训练），普通班无语训课。

（二）实验设计

本实验采用单一被试实验研究法，自变量为镜前自我模仿策略的使用，因变量为听障学生的汉语唇读理解能力测试正确率，控制变量为干预材料、干预人员、干预地点、测试材料、测试地点、测试时间、教学策略、施测者等。研究采用A-B-A实验设计，当基线期呈现稳定的水准和趋向时，将干预活动实施于2个班级，干预活动采用小组教学与个别辅导相结合的方式，每周干预2次，每次干预结束后进行测试，通过撤除干预来考察干预效果的延续性。在测试时，采用拉丁方设计处理各项测试的顺序。

（三）实验材料

1. 测试材料

本实验的测试材料为雷江华等编制的汉语唇读测试材料（见附录一、

二、三），该材料已被检测具有良好的信度。材料可分为汉字、词语、语句三个部分，汉字均选自人教版一年级语文教材。实验中使用的汉字测试材料均可直接表示常见事物，语句均为简单句式（主谓宾结构）语句。本实验采用口形视频—图片匹配范式，即被试须根据无声唇读视频提供的口形信息，从随后呈现的图片（4 张）中选出口形表达信息所对应的正确图片（1 张）。

为避免练习效应和疲劳效应，每项测试中的测试题目以随机顺序呈现，各项测试呈现的顺序采用拉丁方设计。

2. 干预材料

本实验的干预材料为李胜利设计的《构音功能评估表》（50 词）[①]，该材料已被检测具有良好的信度及效度。除去与测试材料重合的词语，本次干预材料共计 45 个词（表 7-2）。为适应听障学生思维发展水平，在干预过程中将词语及与词语对应的图片、拼音同时呈现给听障学生。在干预期间，每次干预材料不同。

表 7-2 镜前模仿干预材料

踢足球	穿衣	背心	布鞋	人头	围巾	脸盆	牙刷	茶杯
热水瓶	碗筷	小草	大蒜	衣柜	沙发	照相	耳朵	书架
手电筒	自行车	天安门	缝纫机	电冰箱	太阳	月亮	钟表	母鸡
唱歌	女孩	熊猫	皮带	短裤	划船	下雨	摩托车	擦桌子
知了	绿色	黄瓜	西红柿	菠萝	扫地	开车	圆圈	解放军

（四）实验程序

本实验采用单一被试实验研究中的 A-B-A 实验设计，实验程序包括基线期（A）、干预期（B）和倒返期（F）。本实验主要采用视觉分析法、简化时间序列的 C 统计方法来进行实验结果的分析。

1. 基线期（A）

在基线期，研究者不对被试进行任何干预，让其处于原始状态，即只进行日常教学活动，研究者仅在周三、周五针对被试的汉语唇读理解能力进行测试，并不对测试的内容作任何说明或解释，测试过程如下：①讲解测试的注意事项，要求被试测试时，注意力集中，测试过程中不允许交流；

---

① 李胜利. 构音障碍的评价[J]. 中国康复, 1993, 8(2): 84.

②讲解测试的规则，使被试理解试题要求，并能按正确的方式作出选择；③主试打开测试视频，进入测试阶段。测试过程中按随机顺序呈现测试视频并施测。每次测试之前都分别提供指导语与实例操作，被试认真阅读后，先自己试做，确定已经掌握了操作规则后，测试正式开始。以汉字唇读理解能力测试为例，在每项测试开始前，主试为被试详细解释实验程序并指导被试完成汉字唇读练习部分。汉字唇读理解能力测试的测试程序为：首先，在电脑屏幕上出现红色"请注意"提示语（1000ms），提醒被试开始实验，然后请被试注意看屏幕上出现的口形视频，随后屏幕上同时出现四幅图像（代号1、2、3、4），其中仅有1幅图像是说话人口形所表示的汉字，请被试选出正确的图像并根据代号按数字键作答（无反应时间限制）。当被试完全理解测试程序后，由被试独立完成正式测试部分。完成一项测试后，按照同样程序逐一完成后两项测试。本实验的每项测试包含12道正式测试题目，共计36题，需12—15分钟完成三项测试。

两个班的被试同时进入基线期，收集被试汉语唇读理解能力的基线期资料，以便了解被试在干预之前的汉语唇读理解能力情况。两个班的被试在基线期连续进行4次测试之后，同时开始进入干预期。

2. 干预期（B）

研究者对被试进行镜前自我模仿策略的干预，采用小组教学和个别辅导相结合的方式进行干预训练。为保证实验结果的一致性和准确性，干预的地点统一在该聋校音体活动室，干预时间选择为学生在校活动的课余时间，每周周三和周五下午2点开始，每次干预总时长为45分钟（包括5分钟的休息时间）。每次干预5个词语，共干预9次。镜前自我模仿策略的训练主要包括三个步骤：①出示图片，让学生根据图片、汉字和拼音尝试发音；②采用支架式教学法教学生词语中每个字的发音；③将每个字连读，发出词语的读音。每一节课复习上一节课内容并学习新内容。为保证每位被试的干预质量，干预活动由两名干预者组织实施，其中主干预者负责出示图卡、口形示范以及集体教学，辅干预者主要负责个别纠正，根据学生的个别差异进行个别指导。干预时，被试和干预者共同坐在教室的发音镜的正前面。实行镜前自我模仿策略时，主干预者出示图卡，并要求被试仔细观察主干预者的口形动作，然后模仿口形。力求将唇、舌、齿的位置摆放正确，将口腔的姿势固定下来之后再发音。干预者从旁加以指导、纠正。被试通过镜子来看、摸、进行模仿，然后对着镜子看自己的口形是否与干预者一致，在干预者的帮助下再进行纠正。

另外，干预者在每次发音结束之后，要注意提醒被试将其口腔姿势恢复到自然状态，以作休息。在口形模仿动作熟练之后，被试与干预者同时发音，一边发音一边在镜子中观察干预者的口形动作和面部表情，作出及时调整，尽量使自己的口形动作与干预者一致。每位被试配备一面小镜子，在每次训练结束之后，要求对着小镜子将刚刚模仿过的口形反复练习，以强化感觉，将已经形成的感觉固定下来。在干预及测试期间，干预者采用物质奖励、鼓励表扬等手段来提高被试进行镜前模仿训练的积极性。

每次干预结束后，研究者及时对被试进行汉语唇读理解能力测试（同基线期），记录被试的正确率，以了解实验干预效果。并且在此期间，研究者不对测试内容作任何说明或解释。

3. 倒返期（F）

撤除干预，使被试重新回到基线期状态，干预者继续对被试进行汉语唇读理解能力测试，每周2次，以动态观测听障学生汉语唇读理解能力的水准变化，进而探讨干预对听障学生汉语唇读理解能力的效果。

二、结果

本实验的目的是要了解镜前自我模仿策略对听障学生汉语唇读理解能力的作用。采用单一被试实验研究中的A-B-A设计进行研究。在9周的实验期间，共进行了9次干预教学，17次测试，收集到本研究所需要的各项资料。本实验以班级为单位，收集康复班和普通班学生汉语唇读理解能力测试的正确率数据，计算各班正确率平均值。

（一）康复班的成效

康复班在基线期进行了4次测试，汉字唇读理解正确率为62%、68%、63%、73%，词语唇读理解正确率为65%、62%、70%、72%，语句唇读理解正确率为62%、63%、58%、68%。将康复班在各阶段汉语唇读理解能力测试的正确率用Excel绘制成折线图（图7-1），由图可以看出基线期康复班的趋向路径预估大致呈持平趋势，汉字、词语、语句唇读理解的平均正确率分别为67%、67%和63%，汉字、词语、语句的水准变化分别为+1.32、+0.84和+0.72，趋向稳定性和水准稳定性均为100%。

进入干预期之后，对康复班进行镜前自我模仿策略的干预。从阶段内资料来看（表7-3），康复班的汉字唇读理解能力测试平均正确率提升到了75%，趋向路径预估呈现上升的趋势，平均答对题数为9，较基线期答

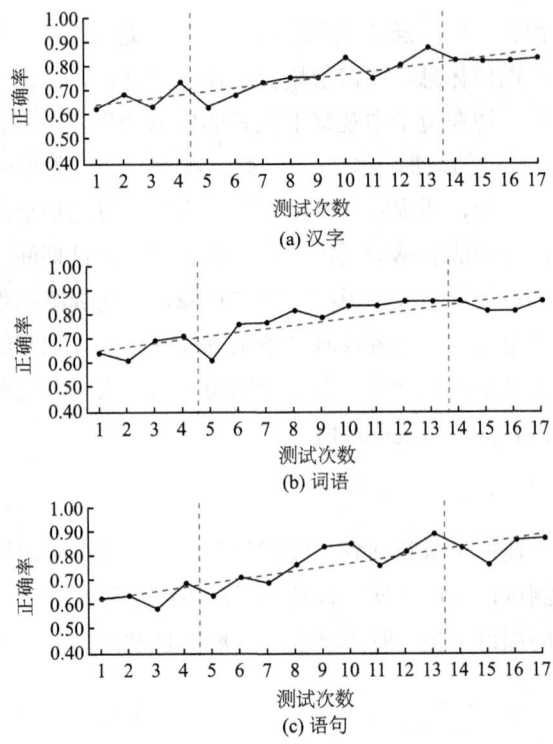

图 7-1 康复班汉语唇读理解能力测试正确率折线图

表 7-3 康复班汉语唇读理解能力测试阶段内资料分析表

	阶段	基线期（A）	干预期（B）	倒返期（F）
汉字	阶段长度	4	9	4
	趋向路径预估	／（+）	／（+）	—（=）
	趋向稳定性	稳定（100%）	稳定（89%）	稳定（100%）
	平均值	67%	75%	82%
	趋向内资料路径	／（+）	／（+）	—（=）
	水准稳定性	稳定（100%）	稳定（100%）	稳定（100%）
	水准范围	7.44—8.76	7.56—10.44	9.84—9.96
	水准变化	7.44—8.76（+1.32）	7.56—10.44（+2.88）	9.84—9.96（+0.12）
词语	阶段长度	4	9	4
	趋向路径预估	／（+）	／（+）	—（=）
	趋向稳定性	稳定（100%）	稳定（89%）	稳定（100%）
	平均值	67%	80%	85%
	趋向内资料路径	／（+）	／（+） —（=）	—（=）
	水准稳定性	稳定（100%）	稳定（89%）	稳定（100%）
	水准范围	7.44—8.64	7.44—10.44	9.96—10.44
	水准变化	7.80—8.64（+0.84）	7.44—10.44（+3.00）	10.44—10.44（0）

续表

阶段		基线期（A）	干预期（B）	倒返期（F）
语句	阶段长度	4	9	4
	趋向路径预估	／（＋）	／（＋）	—（＝）
	趋向稳定性	稳定（100%）	稳定（89%）	稳定（100%）
	平均值	63%	76%	82%
	趋向内资料路径	／（＋）	／（＋）	—（＝）
	水准稳定性	稳定（100%）	稳定（78%）	稳定（100%）
	水准范围	6.96—8.16	7.56—10.44	9.00—10.20
	水准变化	7.44—8.16（+0.72）	7.56—10.44（+2.88）	9.84—10.20（+0.36）

对题数平均值提高了0.96，水准范围为7.56—10.44，水准变化为+2.88，趋向稳定性与水准稳定性都呈现稳定；词语唇读理解能力测试平均正确率提升到了80%，趋向路径预估呈现上升的趋势，平均答对题数为9.6，较基线期平均值提高了1.56，水准范围为7.44—10.44，水准变化为+3.00，趋向稳定性与水准稳定性也都呈现稳定；语句唇读理解能力测试平均正确率提升到了76%，趋向路径预估呈现上升的趋势，平均答对题数为9.12，较基线期平均值提高了1.56，水准范围为7.56—10.44，水准变化为+2.88，趋向稳定性与水准稳定性也都呈现稳定。在9次干预中，康复班汉字、词语、语句唇读理解能力测试的最高正确率均达到了87%，而从平均值上看，词语的平均正确率最高，其次为语句和汉字。由此可见，对康复班进行镜前自我模仿策略的干预具有立即效果且汉字、词语、语句效果不一样。

从阶段间的资料来看（表7-4），康复班在干预期与基线期阶段间汉字、词语、语句的水准变化分别为–3.0、–2.64和–3.0，表明基线期到干预期之间的趋向呈现上升的趋势，此两阶段间的趋势变化有正向的效果，并且汉字、词语和语句基线期到干预期资料点间的重叠百分比分别为33%、11%和22%，两个阶段的效果不一致，这证明镜前自我模仿策略的干预有效。

表7-4 康复班汉语唇读理解能力测试阶段间资料分析表

	阶段间比较	B/A（2:1）		F/B（3:2）	
汉字	趋向路径变化	／（＋）	／（＋）	／（＋）	—（＝）
	趋向效果变化	正向		正向	
	趋向稳定性变化	稳定到稳定		稳定到稳定	
	水准变化	10.44—7.44（–3.0）		9.96—7.56（–2.4）	
	重叠百分比	33%		100%	

续表

	阶段间比较	B/A（2:1）		F/B（3:2）	
词语	趋向路径变化	/（+）	/（+）	/（+）	/—（=）
	趋向效果变化	正向		正向	
	趋向稳定性变化	稳定到稳定		稳定到稳定	
	水准变化	10.44—7.80（-2.64）		10.44—7.44（-3.0）	
	重叠百分比	11%		100%	
语句	趋向路径变化	/（+）	/（+）	/（+）	—（=）
	趋向效果变化	正向		正向	
	趋向稳定性变化	稳定到稳定		稳定到稳定	
	水准变化	10.44—7.44（-3.0）		10.20—7.56（-2.64）	
	重叠百分比	22%		100%	

另外，针对干预期到倒返期的维持效果方面，在实验干预结束之后对康复班进行了 4 次汉语唇读理解能力测试。结果显示，康复班由干预期进入倒返期的趋势趋于稳定，汉字、词语、语句的唇读理解正确率分别为 82%、85% 和 82%，趋向稳定性均为 100%，水准稳定性均为 100%，这说明维持效果显著。康复班在倒返期和干预期阶段间汉字、词语、语句的水准变化分别为 –2.4、–3.0 和 –2.64，资料点的重叠百分比均为 100%，说明干预期与倒返期之间的趋势变化良好，证明镜前自我模仿策略对康复班的汉语唇读理解能力具有良好的维持效果。

综上所述，镜前自我模仿策略对康复班汉语唇读理解能力具有积极的作用，在基线期康复班汉字、词语、语句唇读理解能力测试的平均正确率分别为 67%、67% 和 63%，经过 9 次干预后，其平均正确率分别达到 75%、80% 和 76%，较基线期平均值分别提高了 8 个百分点、13 个百分点和 13 个百分点；另外，基线期与干预期阶段间的重叠百分比分别为 33%、11% 和 22%，干预期与倒返期阶段间的重叠百分比均为 100%，根据以上数据可以证明镜前自我模仿策略对康复班汉语唇读理解能力具有显著效果。

（二）普通班的成效

普通班在基线期进行了 4 次测试，汉字唇读理解正确率分别为 50%、38%、37%、45%，词语唇读理解正确率分别为 52%、34%、40%、43%，语句唇读理解正确率分别为 45%、42%、48%、42%。将普通班在各阶段汉语唇读理解能力测试的正确率用 Excel 绘制成折线图（图 7-2），可以看出基线期普通班的趋向路径预估大致呈持平趋势，汉字、词语、语句唇读理解能力测试的平均正确率分别为 43%、42%和 44%，汉字、词语、语句的水准变化分别为–0.6、–1.08 和–0.24，趋向稳定性分别为 100%、50%和 100%，水准稳定性分别为 75%、50%和 100%。在基线期这个阶段内，除词语外，汉字和语句的趋向及水准都比较稳定。

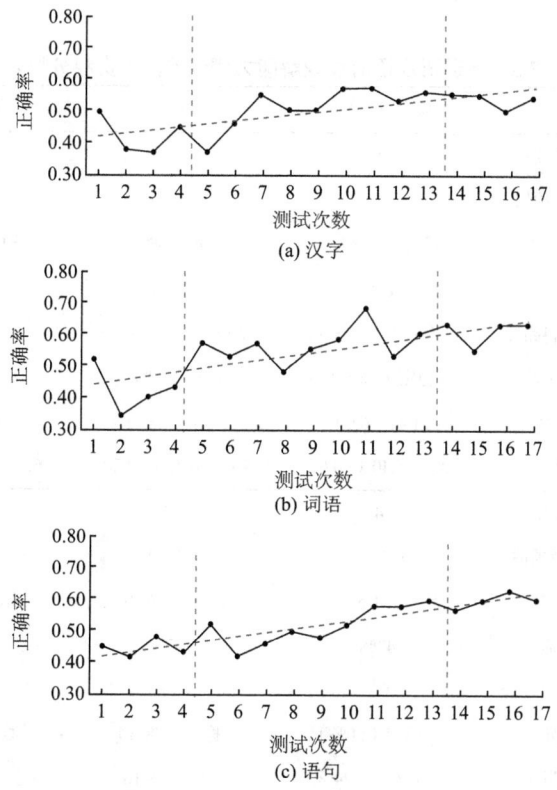

图 7-2　普通班汉语唇读理解能力测试正确率折线图

　　进入干预之后，对普通班进行镜前自我模仿策略的干预。从阶段内资料来看（表 7-5），普通班的汉字唇读理解能力测试平均正确率提升到了 51%，趋向路径预估呈现上升的趋势，平均答对题数为 6.12，较基线期答对题数平均值提高了 0.96，水准范围为 4.44—6.84，水准变化为+2.28，趋向稳定性与水准稳定性都呈现稳定；词语唇读理解能力测试平均正确率提升到了 57%，趋向路径预估呈现上升的趋势，平均答对题数为 6.84，较基线期平均值提高了 1.8，水准范围为 5.76—8.16，水准变化为+0.36，趋向稳定性呈现不稳定，水准稳定性呈现稳定；语句唇读理解能力测试平均正确率提升到了 51%，趋向路径预估呈现上升的趋势，平均答对题数为 6.12，较基线期答对题数平均值提高了 0.84，水准范围为 5.04—7.20，水准变化为+0.96，趋向稳定性与水准稳定性也都呈现稳定。在 9 次干预中，普通班汉字、词语、语句唇读理解能力测试的平均正确率较基线期均有提高，而从平均值上看，词语的平均正确率最高，其次为语句和汉字，由此可见，对普通班进行镜前自我模仿策略干预具有立即效果，且汉字、词语、语句效果不一样。

表 7-5 普通班汉语唇读理解能力测试阶段内资料分析表

	阶段	基线期（A）	干预期（B）	倒返期（F）
汉字	阶段长度	4	9	4
	趋向路径预估	\（−）	/（+）	\（−）
	趋向稳定性	稳定（100%）	稳定（89%）	稳定（100%）
	平均值	43%	51%	53%
	趋向内资料路径	\（−） /（+）	/（+） —（=）	\（−） /（+）
	水准稳定性	稳定（75%）	稳定（89%）	稳定（100%）
	水准范围	4.44—6.00	4.44—6.84	6.00—6.60
	水准变化	6.00—5.40（−0.6）	4.44—6.72（+2.28）	6.60—6.48（−0.12）
词语	阶段长度	4	9	4
	趋向路径预估	\（−）	/（+）	/（+）
	趋向稳定性	不稳定（50%）	不稳定（67%）	稳定（100%）
	平均值	42%	57%	59%
	趋向内资料路径	\（−）/（+）	/（+）	\（−） /（+）
	水准稳定性	不稳定（50%）	稳定（78%）	稳定（100%）
	水准范围	4.80—6.24	5.76—8.16	6.60—7.56
	水准变化	6.24—5.16（−1.08）	6.84—7.20（+0.36）	7.56—7.56（0）
语句	阶段长度	4	9	4
	趋向路径预估	/（+）	/（+）	/（+）
	趋向稳定性	稳定（100%）	稳定（89%）	稳定（100%）
	平均值	44%	51%	60%
	趋向内资料路径	/（+）	/（+）	/（+）
	水准稳定性	稳定（100%）	稳定（78%）	稳定（100%）
	水准范围	5.04—5.76	5.04—7.20	6.84—7.56
	水准变化	5.40—5.16（−0.24）	6.24—7.20（+0.96）	6.84—7.20（+0.36）

从阶段间的资料来看（表 7-6），普通班在干预期与基线期阶段间汉字的水准变化为–0.72，表明基线期到干预期之间的趋向呈现先下降后上升的趋势；在干预期与基线期阶段间词语的水准变化为–0.96，表明基线期到干预期之间的趋向呈现上升的趋势，此两阶段间的趋势变化有正向的效果；在干预期与基线期阶段间语句的水准变化为–1.80，表明基线期到干预期之间的趋向呈现上升的趋势，此两阶段间的趋势变化有正向的效果。汉字、词语、语句基线期到干预期资料点间的重叠百分比分别为 44%、11%和 33%，两个阶段的效果不一致，这证明镜前自我模仿策略的干预有效。

表 7-6 普通班汉语唇读理解能力测试阶段间资料分析表

	阶段间比较	B/A (2:1)		F/B (3:2)	
	趋向路径变化	\ (−)	/ (+)	/ (+)	\ (−)
	趋向效果变化	正向		正向	
汉字	趋向稳定性变化	稳定到稳定		稳定到稳定	
	水准变化	6.72—6.00 (−0.72)		6.48—4.44 (−2.04)	
	重叠百分比	44%		100%	
	趋向路径变化	\ (−)	/ (+)	/ (+)	/ (+)
	趋向效果变化	正向		正向	
词语	趋向稳定性变化	不稳定到不稳定		不稳定到稳定	
	水准变化	7.20—6.24 (−0.96)		7.56—6.84 (−0.72)	
	重叠百分比	11%		100%	
	趋向路径变化	/ (+)	/ (+)	/ (+)	/ (+)
	趋向效果变化	正向		正向	
语句	趋向稳定性变化	稳定到稳定		稳定到稳定	
	水准变化	7.20—5.40 (−1.80)		7.20—6.24 (−0.96)	
	重叠百分比	33%		75%	

另外，针对干预期到倒返期的维持效果方面，于实验干预结束之后对普通班进行了 4 次汉语唇读理解能力测试。结果显示，普通班由干预期进入倒返期的趋势趋于稳定，汉字、词语、语句唇读理解能力测试正确率分别为 53%、59%和 60%，趋向稳定性均为 100%，水准稳定性均为 100%，这说明维持效果显著。普通班在倒返期和干预期阶段间汉字、词语、语句的水准变化分别为–2.04、–0.72 和–0.96，资料点间的重叠百分比分别为100%、100%和 75%，说明干预期与倒返期之间的趋势变化良好，证明镜

前自我模仿策略对普通班的汉语唇读理解能力具有良好的维持效果。

综上所述,镜前自我模仿策略对普通班汉语唇读理解能力具有积极的作用,在基线期普通班汉字、词语、语句唇读理解能力测试的平均正确率分别为43%、42%和44%,经过9次干预后,其平均正确率分别达到51%、57%和51%,较基线期平均值分别提高了8个百分点、15个百分点和7个百分点。另外,基线期到干预期资料点间的重叠百分比分别为44%、11%和33%,干预期到倒返期资料点间的重叠百分比分别为100%、100%和75%。根据以上数据可以证明镜前自我模仿策略对普通班汉语唇读理解能力具有显著效果。

(三)简化时间序列分析之 C 统计

1. 康复班的 C 统计

从表7-7来看,在基线期,康复班的汉字、词语、语句的 C 值分别为–0.032、0.389和–0.235, Z 值分别为–0.088、1.066和–0.644,均未达到 $p<0.05$ 的显著性水平,表明康复班在基线期的资料分布呈现稳定的趋势。在干预期,康复班的汉字、词语、语句的 C 值分别为0.702、0.734和0.706, Z 值分别为2.372、2.480和2.385,均达到 $p<0.05$ 的显著性水平,表明在镜前自我模仿策略的干预下康复班的汉语唇读理解能力测试成绩呈显著上升趋势。在倒返期,康复班的汉字、词语、语句的 C 值分别为0.033、0.000和–0.112, Z 值分别为0.090、0.000和–0.307,均未达到 $p<0.05$ 的显著性水平,表明在撤除干预后康复班的汉语唇读理解能力测试资料分布呈现稳定水平。

表7-7 康复班的 C 统计分析结果摘要表

语言级别	阶段	C	Sc	Z
汉字	基线期	–0.032	0.365	–0.088
	基线期+干预期	0.645	0.256	2.520[*]
	干预期	0.702	0.296	2.372[*]
	干预期+倒返期	0.748	0.256	2.922[**]
	倒返期	0.033	0.365	0.090
词语	基线期	0.389	0.365	1.066
	基线期+干预期	0.776	0.256	3.031[**]
	干预期	0.734	0.296	2.480[*]
	干预期+倒返期	0.713	0.256	2.797[**]
	倒返期	0.000	0.365	0.000

续表

语言级别	阶段	C	Sc	Z
语句	基线期	−0.235	0.365	−0.644
	基线期+干预期	0.568	0.256	2.219**
	干预期	0.706	0.296	2.385**
	干预期+倒返期	0.646	0.256	2.523*
	倒返期	−0.112	0.365	−0.307

对阶段间的数据进行统计分析发现，康复班汉字、词语、语句的基线期与干预期经过 C 统计之后得出其 C 值分别为 0.645、0.776 和 0.568，Z 值分别为 2.520、3.031 和 2.219，均达到 $p<0.05$ 的显著性水平，表明康复班在基线期和干预期的汉语唇读理解能力测试成绩差异显著，镜前自我模仿的干预策略取得了较好的效果。在干预期和倒返期两个阶段，经过 C 统计分析之后得出汉字、词语、语句的 C 值分别为 0.748、0.713 和 0.646，Z 值分别为 2.922、2.797 和 2.523，均达到 $p<0.05$ 的显著性水平，表明康复班在干预期和倒返期之间的汉语唇读理解能力测试成绩存在差异，证明康复班的汉语唇读理解能力呈现出稳定且上升的趋势。

2. 普通班的 C 统计

从表 7-8 来看，在基线期，普通班的汉字、词语、语句的 C 值分别为 0.083、−0.091 和 −0.591，Z 值分别为 0.227、−0.247 和 −1.619，均未达到 $p<0.05$ 的显著性水平，表明普通班在基线期的资料分布呈现稳定的趋势。在干预期，普通班的汉字的 C 值为 0.616，Z 值为 2.081，达到 $p<0.05$ 的显著性水平，表明在镜前自我模仿策略的干预下普通班的汉字唇读理解能力呈显著上升的趋势；词语的 C 值为 −0.099，Z 值为 0.334，未达到 $p<0.05$ 的显著性水平，表明在镜前自我模仿策略的干预下普通班的词语唇读理解能力保持平稳趋势，其汉语唇读理解能力进步不大；语句的 C 值为 0.672，Z 值为 2.276，达到 $p<0.05$ 的显著性水平，表明在镜前自我模仿策略干预下普通班的语句唇读理解能力呈显著上升的趋势。在倒返期，普通班的汉字、词语、语句的 C 值分别为 −0.139、0.238 和 0.250，Z 值分别为 −0.381、0.652 和 0.685，均未达到 $p<0.05$ 的显著性水平，表明在撤除干预后普通班的汉语唇读理解能力测试资料分布呈现出稳定水平。

表 7-8 普通班的 C 统计分析结果摘要表

语言级别	阶段	C	Sc	Z
汉字	基线期	0.083	0.365	0.227
	基线期+干预期	0.599	0.256	2.340[*]
	干预期	0.616	0.296	2.081[*]
	干预期+倒返期	0.592	0.256	2.313[*]
	倒返期	−0.139	0.365	−0.381
词语	基线期	−0.091	0.365	−0.247
	基线期+干预期	0.435	0.256	1.699
	干预期	−0.099	0.296	0.334
	干预期+倒返期	0.023	0.256	0.090
	倒返期	0.238	0.365	0.652
语句	基线期	−0.591	0.365	−1.619
	基线期+干预期	0.629	0.256	2.457[*]
	干预期	0.672	0.296	2.276[*]
	干预期+倒返期	0.771	0.256	3.012[**]
	倒返期	0.250	0.365	0.685

对阶段间的数据进行统计分析发现，在汉字唇读理解能力测试方面，普通班的基线期和干预期经过 C 统计之后得出其 C 值为 0.599，Z 值为 2.340，达到 $p<0.05$ 的显著性水平，表明普通班在基线期和干预期的汉字唇读理解能力测试成绩差异显著，镜前自我模仿的干预策略取得了较好的效果；在词语唇读理解能力测试方面，普通班的基线期和干预期经过 C 统计之后得出其 C 值为 0.435，Z 值为 1.699，未达到 $p<0.05$ 的显著性水平，表明普通班在基线期和干预期的词语唇读理解能力测试成绩差异不显著，镜前自我模仿策略的干预对词语唇读理解能力的作用有限；在语句唇读理解能力测试方面，普通班的基线期和干预期经过 C 统计之后得出其 C 值为 0.629，Z 值为 2.457，达到 $p<0.05$ 的显著性水平，表明普通班在基线期和干预期的语句唇读理解能力测试成绩差异显著，镜前自我模仿策略的干预策略取得了较好的效果。在干预期和倒返期两个阶段，在汉字唇读理解能力测试方面，经过 C 统计分析之后得出其 C 值为 0.592，Z 值为 2.313，达到 $p<0.05$ 的显著性水平，表明普通班在干预期和倒返期之间的汉字唇读理解能力测试成绩存在显著差异，证明普通班的汉字唇读理解能力呈现稳定

且上升趋势；在词语唇读理解能力测试方面，经过 C 统计之后得出其 C 值为 0.023，Z 值为 0.090，未达到 $p<0.05$ 的显著性水平，表明普通班在干预期和倒返期之间的词语唇读理解能力测试成绩差异较小，证明普通班的词语唇读理解能力呈现稳定趋势，即倒返期的维持效果较好；在语句唇读理解能力测试方面，经过 C 统计分析之后得出其 C 值为 0.771，Z 值为 3.012，达到 $p<0.05$ 的显著性水平，表明普通班在干预期和倒返期之间的语句唇读理解能力测试成绩存在显著差异，证明普通班的语句唇读理解能力呈现稳定且上升趋势。

（四）镜前自我模仿策略在康复班与普通班汉语唇读理解中的作用的差异比较

从平均数和标准差上看（表 7-9），在基线期，康复班汉字、词语、语句唇读理解能力测试平均正确率均高于普通班，标准差均大于普通班；在干预期，康复班汉字、词语、语句唇读理解能力测试平均正确率均高于普通班，标准差均小于普通班；在倒返期，康复班汉字、词语、语句唇读理解能力测试平均正确率均高于普通班，标准差均小于普通班。从纵向来看，康复班汉语唇读理解能力测试平均正确率的标准差总体呈减小趋势，而普通班汉语唇读理解能力测试平均正确率的标准差呈增加趋势。

表 7-9　康复班和普通班各阶段汉语唇读理解能力测试正确率的平均数和标准差

阶段	语言级别	康复班		普通班	
		平均数	标准差	平均数	标准差
基线期	汉字	0.67	0.22	0.43	0.09
	词语	0.67	0.25	0.42	0.13
	语句	0.63	0.27	0.44	0.12
干预期	汉字	0.75	0.19	0.51	0.22
	词语	0.80	0.15	0.57	0.17
	语句	0.76	0.19	0.51	0.23
倒返期	汉字	0.82	0.15	0.53	0.20
	词语	0.85	0.14	0.59	0.24
	语句	0.82	0.17	0.60	0.25

对康复班和普通班各阶段汉字、词语、语句唇读理解能力测试成绩进行 t 检验可以看出（表 7-10），在基线期，康复班与普通班汉字唇读理解

能力测试成绩的 t 值为 2.302，$p=0.050$，两者差异临近显著；在倒返期，康复班与普通班汉字唇读理解能力测试成绩的 t 值为 2.746，达到 $p<0.05$ 的显著性水平，说明两者差异显著。

表 7-10　康复班和普通班各阶段汉语唇读理解能力测试正确率 t 值

阶段	语言级别	t	p
基线期	汉字	2.302	0.050
	词语	1.962	0.085
	语句	1.404	0.198
干预期	汉字	1.862	0.100
	词语	2.256	0.054
	语句	1.788	0.112
倒返期	汉字	2.746*	0.025
	词语	2.188	0.060
	语句	1.740	0.120

三、讨论

（一）镜前自我模仿策略对听障学生汉语唇读理解的影响

对康复班和普通班汉语唇读理解能力的干预效果进行视觉分析可以看出，两个班在镜前自我模仿策略干预下汉字、词语、语句唇读理解正确率均有所提高，趋向路径预估呈上升趋势，且在倒返期成绩保持稳定。

在基线期，康复班的汉字、词语、语句的 Z 值均未达到 $p<0.05$ 的显著性水平，表明康复班在基线期的资料分布呈现稳定的趋势；在干预期，康复班的汉字、词语、语句的 Z 值均达到 $p<0.05$ 的显著性水平，表明在镜前自我模仿策略干预下康复班的汉语唇读理解能力呈显著上升的趋势；在倒返期，康复班的汉字、词语、语句的 Z 值均未达到 $p<0.05$ 的显著性水平，表明在撤销干预后康复班的汉语唇读理解能力呈现稳定水平。对阶段间的数据进行统计分析发现，康复班在基线期与干预期的汉字、词语、语句的 Z 值均达到 $p<0.05$ 的显著性水平，表明康复班在基线期和干预期的汉语唇读理解能力测试成绩差异显著，镜前自我模仿的干预策略取得了较好的效果；在干预期和倒返期的汉字、词语、语句的 Z 值均达到 $p<0.05$ 的显著性水平，表明康复班在干预期和倒返期之间的汉语唇读理解能力测试成绩存在显著差异，证明康复班的汉语唇读理解能力呈现稳定且上升趋势。

在基线期,普通班的汉字、词语、语句的 Z 值均未达到 $p<0.05$ 的显著性水平,表明普通班在基线期的资料分布呈现稳定的趋势;在干预期,普通班的汉字和语句的 Z 值达到 $p<0.05$ 的显著性水平,词语的 Z 值未达到 $p<0.05$ 的显著性水平,表明在镜前自我模仿策略的干预下普通班的汉字和语句唇读理解能力呈显著上升趋势,词语唇读理解能力呈稳步上升趋势;在倒返期,普通班的汉字、词语、语句的 Z 值均未达到 $p<0.05$ 的显著性水平,表明在撤销干预后普通班的汉语唇读理解能力测试资料分布呈现稳定水平。对阶段间的数据进行统计分析发现,普通班在基线期和干预期的汉字、语句的 Z 值达到 $p<0.05$ 的显著性水平,表明普通班在基线期和干预期的汉字和语句唇读理解能力测试成绩差异显著,镜前自我模仿的干预策略取得了较好的效果,词语的 Z 值未达到 $p<0.05$ 的显著性水平,表明普通班在基线期和干预期的词语唇读理解能力测试成绩差异不显著,镜前自我模仿的干预策略对词语唇读理解能力的作用有限;在干预期和倒返期汉字、语句的 Z 值均达到 $p<0.05$ 的显著性水平,词语的 Z 值未达到 $p<0.05$ 的显著性水平,表明普通班在干预期和倒返期之间的汉字和语句唇读理解能力测试成绩存在显著差异,证明普通班的汉字和语句唇读理解能力呈现稳定且上升趋势,词语唇读理解能力测试成绩差异较小,证明普通班的词语唇读理解能力呈现稳定趋势,即倒返期的维持效果较好。

综上所述,镜前自我模仿策略的干预对康复班和普通班汉语唇读理解能力的提高均有较好的效果。由此可见,镜前自我模仿的干预策略对听障学生汉语唇读理解能力具有积极作用。

(二)镜前自我模仿策略在康复班与普通班汉语唇读理解中的作用存在差异

在基线期,康复班汉字、词语、语句唇读理解能力测试的平均正确率均高于普通班,标准差均大于普通班,说明总体上康复班汉语唇读理解能力高于普通班,但内部差异大于普通班。在基线期两个班存在差异的可能原因是:第一,康复班学生在借助听觉辅助设备后有较好的补偿听力,对其唇读理解有积极作用,而普通班学生听力损失程度较高且均未佩戴听觉辅助设备,不利于其唇读理解,因此康复班汉语唇读理解能力高于普通班;第二,由两个班的瑞文测试水平可以看出,普通班的瑞文测试水平差异小于康复班,因此影响了其汉语唇读理解能力测试成绩的内部差异。在干预期,康复班汉字、词语、语句唇读理解能力测试的平均正确率均高于普通班,标准差均小于普通班,说明总体上康复班汉语唇读理解能力高于普通班，内部差异小于普通班。在倒返期，康复班汉字、词语、语句唇读理解能力测试的平均正确率均高于普通班，标准差均小于普通班，说明总体上康复班汉语唇读理解能力高于普通班，内部差异小于普通班。从纵向来看，康复班汉语唇读理解能力测试平均正确率的标准差总体呈减小趋势，而普通班汉语唇读理解能力测试平均正确率的标准差呈增加趋势，由此可见，康复班汉语唇读理解能力内部差异减小，普通班汉语唇读理解能力内部差异增大。在干预期和倒返期两个班存在差异的可能原因是：第一，康复班学生在借助听觉辅助设备后有较好的补偿听力，对其镜前模仿训练有积极作用，促进其唇读理解能力的提高，而普通班学生听力损失程度较高且均未佩戴听觉辅助设备，不利于其镜前模仿训练，影响其唇读理解能力的提高，因此在干预期和倒返期康复班汉语唇读理解能力高于普通班；第二，康复班开设语训课且 5 名学生均有语训经历，而普通班无语训课且其中 3 名学生有语训经历，2 名学生无语训经历，语训对镜前模仿训练有积极作用，在经过干预后，有语训经历的学生唇读理解能力有较大提升，无语训经历的学生唇读理解能力提升缓慢，因此在干预后康复班唇读理解能力的内部差异小于普通班且不断减小，而普通班的内部差异在增大。

四、结论

据研究结果，在镜前自我模仿策略尚未介入之前即基线期阶段，康复班学生的汉语唇读理解能力处于中上水平，普通班学生的汉语唇读理解能力处于中下水平，在镜前自我模仿策略介入之后，两个班的被试的汉语唇读理解能力明显高于基线期的测试成绩，视觉分析和 C 统计分析也表明，镜前自我模仿策略对听障学生汉语唇读理解能力具有提升作用。康复班和普通班被试在接受镜前自我模仿策略干预之后，其汉语唇读理解能力明显高于基线期，并且在倒返期的观察中，两个班的被试均达到稳定状态。由此可见，镜前自我模仿策略对于听障学生汉语唇读理解能力具有较好的维持效果。

五、启示

基于镜前自我模仿策略对提高和维持听障学生的汉语唇读理解能力有显著影响，教师和专业人员在教育教学过程中需适度使用镜前自我模仿策略，并教授相关使用策略及唇读理解技巧。除了在学校中使用此策略外，听障学生也要在生活的多方面使用镜前自我模仿策略，以维持自己的汉语唇读理解能力。

第二节　视听条件在学龄前听障儿童汉语唇读理解中的作用

学龄前听障儿童的康复与教育问题越来越受到全社会的关心和重视。Nogaki[①]等的研究表明，听力康复训练所选用的方案和材料是影响听力康复训练效果的两大因素，但目前研究多集中于听觉辅助（听觉补偿方式）的研究。2018年"失聪女孩江梦南靠读唇语听课学英语以高分考入吉林大学又考入了清华博士生"的热议话题使得唇读研究更具迫切性[②]。唇读理解是指以唇读的形式去感知、理解所接收的多通道语言信息[③]。词是最小的能够独立运用的语言单位[④]。词语的主要作用是区别不同的事物现象。3—6岁是儿童语言发展关键期，但国内该领域的研究有所欠缺，一方面，研究内容仅涉及汉字唇读识别和唇读理解的比较研究和唇读理解中字、词、句的比较研究[⑤]；另一方面，研究对象未涉及全面，缺乏学龄前听障儿童[⑥]，而国外已有关于唇读外语音节、句子、短文的识别与理解研究，不仅拓展到学龄阶段[⑦]，而且关于唇读理解的研究已经从字词句拓展到了语篇[⑧]，国外的研究模式虽可借鉴，但不能一味抄袭。基于外语和汉语的不同之处，本实验试图通过单一被试实验研究来探讨学龄前听障儿童的汉语词语唇读理解能力。

---

① Nogaki G, Fu Q J, Galvin J J. Effect of training rate on recognition of spectrally shifted speech[J]. Ear and Hearing, 2007, 28(2): 132-140.
② 佚名. 江梦南励志故事激励宜章10.5万青少年[EB/OL]. https://baijiahao.baidu.com/s?id=1601702191812854686&wfr=spider&for=pc[2022-1-20].
③ 宫慧娜. 听障学生汉语唇读理解能力的实验研究[D]. 武汉：华中师范大学硕士学位论文，2016: 63.
④ 邢福义，吴振国. 语言学概论（第二版）[M]. 武汉：华中师范大学出版社，2010:15.
⑤ 朋文媛. 听障儿童唇读汉字识别与理解的比较研究[D]. 华中师范大学硕士学位论文，2014: 52.
⑥ 宫慧娜. 听障学生汉语唇读理解能力的实验研究[D]. 武汉：华中师范大学硕士学位论文，2016: 60.
⑦ Dodd B, Mcintosh B, Woodhouse L. Early lipreading ability and speech and language development of hearing-impaired pre-schoolers[C]. In R. Campbell, B. Dodd, D. Burnham. Hearing by Eye II: Advances in the Psychology of Speechreading and Auditory-Visual Speech. Psychology Press/Erlbaum (UK) Taylor & Francis: 229-242.
⑧ Spehar B, Goebel S, Tye-Murray N. Effects of context type on lipreading and listening performance and implications for sentence processing[J]. Journal of Speech, Language, and Hearing Research, 2015, 58(3): 1093.

一、研究方法

（一）研究设计

1. 实验设计

本实验采用单一被试实验研究法，自变量为不同感觉通道条件，因变量为学龄前听障儿童的词语唇读理解能力，控制变量有施测者、测试地点、测试时间、测试方式、测试材料、干预策略、干预顺序等，研究者选择单一被试实验中的交替处理设计[alternating treatments design，ATD，也称多成分设计（multi-element treatment design）]结合跨被试多基线设计（multiple baseline across subjects design）进行干预与结果分析，旨在探讨不同感觉通道条件在学龄前听障儿童词语唇读理解能力干预中的作用。

2. 研究变量

实验设计 1：交替处理设计，自变量为对学龄前听障儿童进行不同感觉通道条件的干预，因变量为学龄前听障儿童的词语唇读理解能力。

实验设计 2：跨被试多基线设计，自变量为对学龄前听障儿童进行不同感觉通道条件的干预，因变量为学龄前听障儿童的词语唇读理解能力。

（二）研究对象

通过武汉某康复中心主任和康复教师的推荐，研究者在进行三天不间断自然观察以及资料筛选后，选取该康复中心幼儿园小班或中班听障学生S1、S2、S3、S4为被试，该康复中心的4名小班或中班听障学生的年龄、智力、认知能力经筛查相匹配（表 7-11）。入选标准为：①希-内学习能力倾向测验（H-NTLA）得分在85分以上；②家庭和学校的语言环境为普通话；③家长和学校能配合研究；④有基本的指认或命名能力；⑤有一定的口语沟通能力。排除标准为：合并身体其他脏器先天性疾病（如心血管疾病等）、脑瘫、自闭症、智力障碍等疾病者。

表 7-11 被试相关资料

被试基本情况	被试 ZWX（S1）	被试 WBH（S2）	被试 CYF（S3）	被试 SZR（S4）
性别	男	男	男	男
出生年月	2015年1月5日	2015年10月9日	2015年4月20日	2015年1月13日
年龄	3岁8个月	2岁11个月	3岁5个月	3岁8个月
听障确诊时间	2015年2月3日	2016年12月22日	2015年7月20日	2015年3月16日

续表

被试基本情况	被试 ZWX（S1）	被试 WBH（S2）	被试 CYF（S3）	被试 SZR（S4）
听力损失（dB）（左耳/右耳）	95/100	85/100	110/110	95/100
听觉辅助	双耳人工耳蜗	双耳助听器	左蜗右助	双耳助听器
安置形式	康复中心（中班）	康复中心（小班）	康复中心（小班）	康复中心（中班）
父母情况	健听	健听	健听	健听
语训时间	2018年9月3日入园	2017年9月12日入园	2017年9月3日入园	2016年3月3日入园
听觉习惯	视觉	聆听	聆听	聆听+视觉
希-内学习能力倾向测验（H-NTLA）量表	施测日期：2018年9月11日 施测结果：总分118分	施测日期：2018年9月11日 施测结果：总分120分	施测日期：2018年9月11日 施测结果：总分116分	施测日期：2018年9月11日 施测结果：总分116分

（三）研究工具

1. 测试题目

本实验是以宫慧娜硕士论文《听障学生汉语唇读理解能力的实验研究》[①]中汉语唇读理解能力测试软件中的词语测试材料为测试题目（表7-12）（见附录二）。该材料选自人教版一年级教材常用汉字所组词语，难度也符合被试的语言水平，选取/b/、/m/、/f/、/d/、/t/、/n/、/g/、/h/、/c/、/y/、/ch/、/w/12个声母，/a/、/o/、/e/、/i/、/u/、/ai/6个韵母。选择含有目标音的12个词语，所选词语可直接表示常见事物。然后筛选与词语相对应的图像。每个词语测试题显示四张图片，仅有一张为目标词语对应图片，其余三张为干扰项，干扰图片词语选择与目标词语有相同声母或相同韵母的词语抑或是有一个字相同的词语。

为确保该测试材料在 3—6 岁学龄前听障儿童的理解范围之内，实验开始前一周，请37名与被试同机构同年级的学龄前听障儿童对测试中出现的 52 幅图片进行熟悉度评定（1=认识；0=不认识），主试将纸质图片逐一呈现给被试，并记录其认识或不认识的情况。37 名被试熟悉度评定平均分数为 0.85±0.05（$M±SD$），本次实验中，测试程序的 Cronbach'$α$ 系数为 0.923，说明该实验测试材料在本实验中具有良好的信度。

[①] 宫慧娜. 听障学生汉语唇读理解能力的实验研究[D]. 武汉: 华中师范大学硕士学位论文, 2016: 60.

表 7-12　词语唇读理解能力测试材料

序号	目标词	干扰词1	干扰词2	干扰词3
例子	铅笔	水杯	月饼	手表
1	白马	草帽	木门	蜡梅
2	青蛙	瓷碗	渔网	牛尾
3	白鸽	腰鼓	乌龟	黑狗
4	火车	餐叉	轮船	直尺
5	竹笛	菜刀	蝴蝶	台灯
6	毛衣	烤鸭	金鱼	老鹰
7	白兔	奶糖	水桶	宝塔
8	老虎	鲜花	小猴	白鹤
9	鸭脖	课本	书包	象鼻
10	金佛	蜜蜂	草房	米饭
11	白菜	青草	洋葱	桑蚕
12	牛奶	黄牛	鸵鸟	电脑

2. 干预材料

本实验需要对被试进行实验干预，实验干预所需要的材料为李胜利设计的《构音功能评估表》（50 词）[①]，目的是考察在实验干预前后不同感觉通道条件下学龄前听障儿童词语唇读理解能力的变化，除去与测试材料重合的词语，本次干预材料共计 45 个词，见表 7-13。该材料被用于进行词语构音检查，涉及音素全面。为适应听障儿童的思维发展水平，本次实验的干预材料将该检查表的词与图片一一配对，并在干预过程中将图片和词语同时呈现给听障儿童（见附录六）。

表 7-13　干预材料表

踢足球	穿衣	背心	布鞋	人头	围巾	脸盆	牙刷	茶杯
热水瓶	碗筷	小草	大蒜	衣柜	沙发	照相	耳朵	书架
手电筒	自行车	天安门	缝纫机	电冰箱	太阳	月亮	钟表	母鸡
唱歌	女孩	熊猫	皮带	短裤	划船	下雨	摩托车	擦桌子
知了	绿色	黄瓜	西红柿	菠萝	扫地	开车	圆圈	解放军

3. E-Prime 计算机软件测试程序

本实验所采用的测试程序与宫慧娜所采用的测试程序一致[②]（见附录

[①] 李胜利. 构音障碍的评价[J]. 中国康复, 1993, 8(2): 84.

[②] 宫慧娜. 听障学生汉语唇读理解能力的实验研究[D]. 武汉: 华中师范大学硕士学位论文, 2016: 60.

四)。在听觉通道条件下,将所有的视频全部进行透明处理,将其编辑为音频实验程序;在视觉通道条件下,将所有的视频进行消音处理,将其编辑为无声视频实验程序;在视听通道条件下,则将完整的视频呈现给被试,将其编辑为有声视频实验程序。三个实验程序的时间一致,所有词语都是采用随机出现的方式。由于被试年龄小,省略被试欢迎语和实验指导语的阅读,由主试直接用口语生动活泼地给被试详细说明即将要完成的测试任务,以及完成任务后获得的奖励。

测试流程以视听通道条件为例。首先,给被试呈现有声视频,"小朋友,待会儿电脑上会出现一位大哥哥要跟你说话,请你用眼睛仔细看哥哥的嘴巴,并竖起小耳朵仔细听哥哥说了什么。记住哥哥说的话,哥哥说完话后会出现一张图片"。其次,呈现与视频相对应的图片,"你看,这张图片上有四幅图画,仔细观察这些图画,找出和哥哥说话内容一致的那幅图,告诉老师或用手指给老师看。如果你不知道或不确定,也可以猜一个"。再次,让被试先进行例题的练习。按照电脑程序依次出现目标词语,让被试进行指认,同时在准备好的记录纸上记录被试的错误走向。最后,当被试完全了解了测试要求时,开始正式测试。为使测试流程更加清楚明了,绘制测试流程图如图7-3所示,共分为欢迎语、实验指导语、练习题、提示语(继续练习或进入正式测试)、正式测试和结束语六个部分,以下重点对测试流程中的正式测试部分进行详细说明。

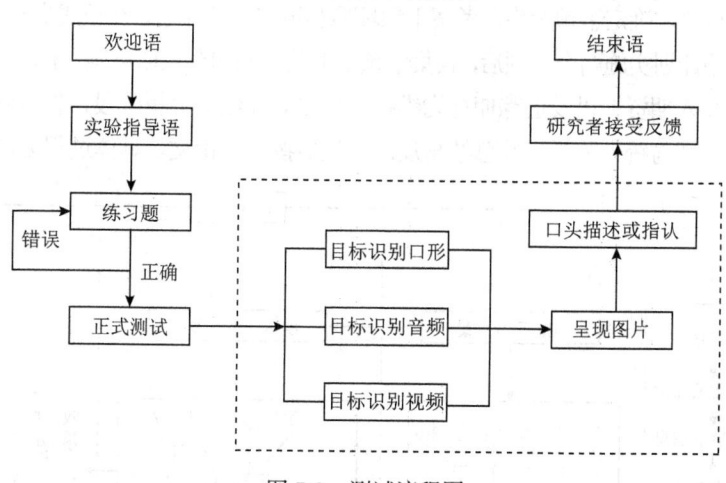

图 7-3 测试流程图

被试进行正式测试的操作方式与练习题一样。为了避免多次测试导致被试的熟悉效应,实验测试题中的词语均以随机方式呈现。三种感觉通道则是以拉丁方的形式出现,以消除练习效应。例如,在听觉通道条件下,给被试/

白马/的音频,再同时呈现分别标记有 1、2、3、4 的四幅图,被试根据听觉识别作出"正确"的判断,选出其中带有/白马/的那一幅图,并由主试代为按与之相对应的按键来作答;在视觉通道条件下,给被试/青蛙/的目标口形的无声视频,再同时呈现分别标记有 1、2、3、4 的四幅图,被试利用视觉通道通过唇读识别作出"正确"的判断,选出其中带有/青蛙/的那一幅图,并由主试代为按与之相对应的键来作答;在视听通道条件下,给被试/白兔/的视频,再同时呈现分别标记有 1、2、3、4 的四幅图,被试根据视、听觉识别作出"正确"的判断,选出其中带有/白兔/的那一幅图,并由主试代为按与之相对应的键来作答。每完成一次测试后,E-Prime2.0 程序会自动记录被试所做每一道题目的正确答案、实际作答选项、应作答选项等结果。最后运用 E-Prime2.0 程序中的 E-Merge 功能选项合并所有被试的实验结果,并运用视觉分析法进行统计分析。研究者接受被试反馈后,点击相应按键,屏幕上会显示测验完成的结束语。

(四)研究架构

本实验分为三个阶段:前期准备阶段、正式实施阶段和结果分析阶段。在前期准备阶段,首先,决定研究主题,查阅与研究主题相关的文献,并对搜集到的文献进行研读与探讨,了解目前该领域国内外研究现状;其次,搜集被试信息,筛选合适的学龄前听障儿童,了解其基本情况后确定研究对象;最后,根据研究自身情况制定干预方案,设计研究框架,包括选择和界定干预目标、选择干预材料、确定干预策略、考察干预环境和拟定干预计划。在正式实施阶段,按照干预计划实施两个干预后,收集干预 1 的基线期和介入期资料、干预 2 的基线期和介入期资料以及追踪期行为维持的效果。在结果分析阶段,将得到的数据进行整理与统计分析,并总结与反思,最后撰写成论文。具体过程见图 7-4。

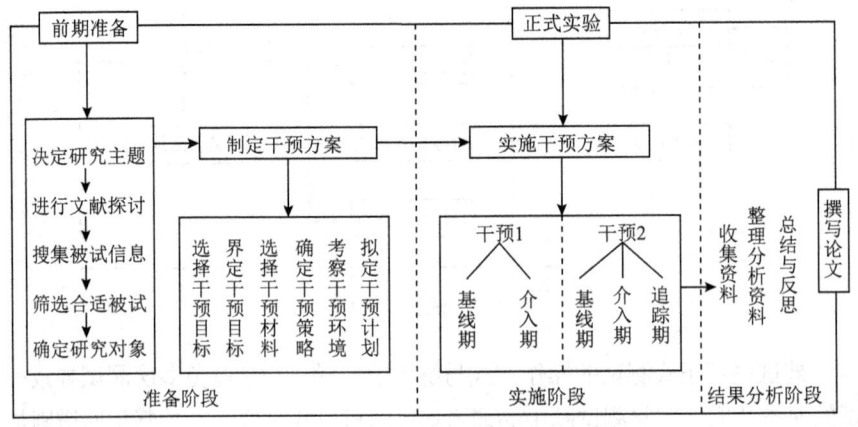

图 7-4 研究架构图

（五）干预方案

1. 实施者

在收集数据之前，主试学习并接受相关培训，测试培训内容：熟练掌握测试软件并严格控制每次测试环境，确保每位被试都在相同的环境中进行测试，此外，测试前后保证不向被试透露关于测试内容的相关信息。干预培训内容：干预者普通话为二级甲等，有语训的相关经验，且明确干预内容、重点、时间、流程等，使干预活动能够对所有被试均能发挥较好的效果，确保实验干预的有效性。

2. 实施环境

研究的环境，是一所语言康复中心的语训室，该语训室安静且光线适合，内设一张桌子、两把椅子。所有的阶段，包括基线期阶段和介入期阶段以及追踪期阶段，都在语训室进行，该语训室的设置和材料的考量，均和孩子的年龄相当。

3. 实施时间、次数、长度

结合研究目的和其他客观因素，本实验从 2018 年 9 月 5 日介入基线期数据收集，到 2018 年 12 月 22 日结束实验，平均每周 3—4 次。对被试 S1、S2、S3 在基线期各自收集数据 9 次，对被试 S1、S2、S3 各自进行不同感觉通道干预 18 次，其中 S2、S3 总计 27 个数据点，对 S1 有追踪收集资料 6 次，总计 33 个数据点。对 S4 在基线期收集数据 12 次，进行不同感觉通道干预 21 次，在追踪期收集数据 6 次，总计收集 39 个数据点。在基线期每次进行 10 分钟的数据收集，在介入期每次干预时间为 20—25 分钟，再进行 8 分钟的测试题目数据收集。

4. 干预策略与流程

干预策略：①视觉通道（V）下的实验处理：研究者与被试面对面而坐，研究者通过不发出声音，只变化口型对被试进行干预；②听觉通道（A）下的实验处理：研究者与被试并排而坐，研究者通过发出声音，遮挡口形的形式对被试进行干预；③视听通道（AV）下的实验处理：研究者与被试面对面而坐，研究者通过发出声音，同时变化口形的形式对被试进行干预。

干预流程：整个干预过程由主试和被试一对一单独进行。干预共分三个步骤：

第一步：主试与被试互相熟悉了解。主试和被试进行约 1 分钟的熟悉交谈，询问被试基本信息并记录，然后告诉被试今天要完成的任务有哪些，完成后会得到贴纸和玩具奖励。

第二步：猜词语，引起被试注意。以视觉通道下的词语干预为例。主试对被试说："小朋友，老师这里有很多卡片，接下来老师跟你玩一个游戏，老师看完一张卡片后，会偷偷告诉你是什么，你看着老师的嘴巴，猜猜看老师说的是什么，看你能猜对几个。"

第三步：带读词语，加深被试理解。将刚刚猜完的词语与卡片相结合进行解释和带读。在对被试进行猜词语和带读词语练习后，并且明确被试完全掌握了干预要求时，开始正式干预。将准备好的目标干预词语逐一进行带读。干预的同时用录像机记录被试的回答，方便以后转录分析。干预完毕，适当地给予被试口头表扬和玩具糖果等奖励。

如果中途被试出现走神、疲惫的现象，在结束一个步骤后给被试1分钟的休息时间，在这段时间可以和被试适当玩耍增进感情。当测试结束后，将所测得的数据进行转录登记，待干预结束后做统一分析。

（六）实施程序

1. 交替处理设计实验程序

实验设计1：交替处理设计，自变量为对学龄前听障儿童进行不同感觉通道条件的干预，因变量为学龄前听障儿童的词语唇读理解能力。

（1）基线期

在基线期（baseline period）研究者不对被试进行任何干预，让被试处于原始状态，研究者只针对不同感觉通道，对被试的词语唇读理解能力进行测验，但不对测验的内容作任何说明或解释。三名被试同时进入基线阶段，收集被试的词语唇读理解能力的基线资料，以便了解被试在不同感觉通道条件干预之前的词语唇读理解能力的情况，视觉通道（V）、听觉通道（A）、视听通道（AV），分别用字母V、A、AV表示。为了能更好地比较干预前后的实验效果，在基线期至少应该收集每位被试不同感觉通道条件的数据。三名被试S1、S2、S3在连续进行9次基线测试（3种感觉通道条件下各3次）之后，开始同时进入介入期。在基线期数据收集的过程中，保持每个被试独立完成测试不中断不互相干扰，不受任何环境影响且不给予任何反馈。由于是学龄前听障儿童，要求被试口头回答或指出他的答案即可，由主试代为按键。

（2）介入期

在介入期（intervention period），研究者通过控制不同感觉通道条件对被试进行干预，分别是视觉通道（V）、听觉通道（A）、视听通道（AV）。

三名被试在此阶段同时进入介入期。实验干预的形式主要是通过个别化教学利用感觉通道训练来提高被试的词语唇读理解能力,采取一对一的模式与被试进行干预训练。为保证实验结果的严谨和准确,实验干预训练的地点统一在语言训练室,干预训练时间为周一至周五上午 9 点开始(周六、周日机构放假),每次干预的总时长为 20—25 分钟(不包括休息时间)。每次干预训练结束后,研究者及时对被试进行词语唇读理解能力测试,以了解实验干预的效果,并且在测试期间,测试由被试单独完成,研究者不进行任何关于测试内容的说明或解释。为了避免长时间干预产生的顺序效应,在同一介入期内,研究者采用随机交替的方式安排干预顺序,在同一被试的介入期内则采用拉丁方设计来抵消顺序效应,如被试 S1 的干预顺序为 AV/V/A—V/A/AV—V/AV/A—AV/A/V—V/A/AV—A/AV/V;在进行实验干预训练时,每一位被试每天只进行一种感觉通道条件的干预。在干预训练及测试期间,研究者采用物质奖励、口头表扬等方式来提高被试参与实验干预的积极性。三名被试接受测试的顺序见表 7-14。

2. 跨被试多基线设计实验程序

实验设计 2:跨被试多基线设计,自变量为对学龄前听障儿童进行不同感觉通道条件的干预,因变量为学龄前听障儿童的词语唇读理解能力。

(1)基线期

在基线期(baseline period),分别对两名被试收集基线期的资料。在此阶段研究者及教师对被试不进行任何唇读教学,研究者只对被试的词语唇读理解能力进行测试,并且不对测试的内容作任何说明或解释。两名被试同时进入基线阶段。收集被试三种感觉通道条件下词语唇读理解能力的基线资料,以便了解被试在干预之前的词语唇读理解能力情况。对第一位被试 S1 进行连续性测试,当其资料呈现稳定状态后,开始对被试 S1 进行实验干预,另外一位被试 S4 依然停留在基线期,直至其资料呈现稳定状态后,开始对被试 S4 进行实验干预。

(2)介入期

在介入期(intervention period)一共介入 6 次,为避免长时间干预产生的顺序效应,运用拉丁方设计进行平衡,例如,被试 S1 的实验处理顺序为 AV/V/A—V/A/AV—V/AV/A—AV/A/V—V/A/AV—A/AV/V,以每次单个词语带读两次的方式分别对《构音功能评估表》(50 词)进行不同感觉通道的干预(具体顺序见表 7-15)。例如,第一次唇读教学对被试 S1 进

表7-14 被试接受测试的顺序

被试S1

阶段	基线期（B）									介入期（I）																	
测试天数	1	2	3	4	5	6	7	8	9	10	11	12	13	14	15	16	17	18	19	20	21	22	23	24	25	26	27
感觉通道	AV	V	A	AV	A	V	AV	V	A	AV	V	A	V	A	AV	V	A	AV	A	V	A	V	A	AV	A	AV	V

被试S2

阶段	基线期（B）									介入期（I）																	
测试天数	1	2	3	4	5	6	7	8	9	10	11	12	13	14	15	16	17	18	19	20	21	22	23	24	25	26	27
感觉通道	A	AV	V	V	AV	A	A	AV	AV	AV	A	A	V	AV	V	AV	AV	AV	AV	V	AV	AV	V	AV	V	V	A

被试S3

阶段	基线期（B）									介入期（I）																	
测试天数	1	2	3	4	5	6	7	8	9	10	11	12	13	14	15	16	17	18	19	20	21	22	23	24	25	26	27
感觉通道	V	A	AV	A	V	AV	A	AV	V	A	V	AV	AV	AV	AV	AV	A	V	AV	V	A	V	A	AV	A	AV	V

表7-15 被试接受测试的顺序

被试S1

阶段	基线期（B）									介入期（I）																		追踪期（T）	
测试天数	1	2	3	4	5	6	7	8	9	10	11	12	13	14	15	16	17	18	19	20	21	22	23	24	25	26	27	28—33	
感觉通道	AV	V	A	AV	A	V	AV	V	A	AV	V	A	V	A	V	AV	A	AV	A	V	AV	A	V	A	V	AV	V	AV A V	AV V A

被试S4

阶段	基线期（B）							介入期（I）										追踪期（T）	
测试天数	1	2	3	4	5—7	8	9	10	11	12	13	14	15	16	17	18	19—26	27	34—39
感觉通道	AV	V	A	AV	A V AV	V	A	AV	V	A	AV	V	A	A	V	AV	V AV A AV / A V V A	AV	AV A V / AV V A

行视听通道条件下的干预时,对被试 S4 则进行视听通道的测试收集基线期数据,依次类推,在进行实验处理时,每一位被试每天只进行一种感觉通道条件的干预,每天持续完成 45 个词的唇读教学任务。干预完后对被试进行与干预时的感觉通道相对应的感觉通道的测试,以观察和检验每一次实验干预的效果。

(3) 追踪期

在追踪期 (tracking period) 研究者采用多基线的资料收集方式,对两位被试进行连续测评,目的在于了解撤销不同感觉通道干预之后被试在词语唇读理解上的表现。

(七) 资料分析

1. 观察者一致性信度

本实验以研究者为主要观察者,为了避免主观因素影响研究结果,提高观察信度,在征得学生家长、教师同意后配备了 SONY 数码录像机录制整个测试与干预过程,对干预过程进行了记录,并邀请一位研究生进行视频观察。观察者一致性信度越高,就说明本实验的可信程度越高。为提高观察者的一致性信度,在进行视频观察前,先实施观察者训练,针对干预目的、干预材料的熟悉度以及使用方式、记录标准等进行讨论,厘清并达成共识。达成共识后,研究者与协同观察者进行视频观察练习,观察被试每次接受干预的时间长度,在互不干扰的情况下进行观察记录,以此计算观察者一致性百分比,确认两人的观察者一致性信度达到 80%以上后,才进入研究。观察者一致性信度计算方式如下:

$$观察者一致性信度 = (较小统计数/较大统计数) \times 100\%$$

2. 视觉分析

视觉分析法也称图表资料的视觉分析,是一种常用的直观解释研究结果的方法,也是一种常用且实际的分析法。基线期、介入期、追踪期所观察到的答对题数以点绘出,用折线图呈现各阶段变化,进行视觉分析,以检验目标行为的改变情形。视觉分析主要分成阶段内分析和阶段间分析两个部分,以下作详细说明。

(1) 阶段内分析

阶段内分析乃是探讨在某一特定的实验阶段内,有关资料点的阶段长度、趋势走向、趋向稳定性、平均值、水准稳定性与范围、水准变化等,可以得知目标行为在此阶段内的变化与趋势。

1）阶段长度：是指阶段内资料点的数目。

2）趋势走向：表示各资料点的线性分布趋势。本实验以中分法决定走势方向是上升（/）、下降（\）还是持平（—），并解读这种趋势是变好（+）、变坏（−）还是未变（=）。

3）趋向稳定性：指沿着走势线有多少资料点落在预定的范围内，若有80%以上资料点落在此范围内，则表示这个走势具有相当的稳定性。本实验采用的决断值为20%，根据这个决断值绘出决断区，再把落在决断区内的资料点个数除以该阶段全部资料点个数，就可得到稳定性百分比。

4）平均值：是指阶段内所有资料点总和除以资料点个数所得的平均值，平均值代表该阶段的平均状况。

5）水准稳定性与范围：是指阶段内各资料点在水平线上下变动的情况。先计算出该阶段各资料点的平均值，以此平均值为水平线，若有80%的资料点落在平均值上下20%的范围内，可视为具有稳定性，水准稳定性越高，则表示该阶段内资料变化越小。范围指阶段内资料点中最高点和最低点的差距，水准范围越小表示越稳定。

6）水准变化：是指阶段内第一个资料点和最后一个资料点的差距，并以最后一个资料点减去第一个资料点，若所得为正数，表示变好（+）；若为负数，则表示变坏（−）；若是0，则表示未变（=）。

（2）阶段间分析

阶段间的资料分析是分析相邻两实验阶段的变动或分析相似两实验阶段的变动，特别是介入期与基线期的变动，主要分析改变的数目、趋向路径的变化效果、趋向稳定性变化、水准变化、重叠百分比。

1）改变的数目：实验中，研究者所改变的变项数目，即从基线期的单纯观察到介入期的干预，或从介入期的干预到追踪期的削弱等。

2）趋向路径的变化效果：指两个阶段间走势的转变方向，并以目标行为决定这种变化呈现的效果。

3）趋向稳定性变化：比较两个阶段间走势稳定的变化，包括稳定到稳定、稳定到变异、变异到稳定、变异到变异四种情形。

4）水准变化：指前一个阶段的最后一个资料点和后一个阶段的第一个资料点之间的差距变化，以阶段内分析为参考依据。

5）重叠百分比：比较相邻两个阶段的介入效果，即计算后一阶段的折线中落在前一阶段的资料点数所占的百分比。

二、结果与分析

(一)被试 S1 的成效

从表 7-16 可以看出,被试 S1 在基线期进行了 9 次测试,视觉通道、听觉通道、视听通道条件下各 3 次。被试 S1 在视觉通道条件下词语唇读理解的正确率分别为 41.67%、41.67%、41.67%;听觉通道条件下的词语唇读理解的正确率分别为 58.33%、58.33%、58.33%;视听通道条件下的词语唇读理解的正确率分别为 41.67%、58.33%、58.33%。将被试 S1 在各阶段词语唇读理解能力测试中答对的题目数用 Excel 绘制成折线图(图 7-5)。

表 7-16 被试 S1 词语唇读理解能力测试正确率表(%)

视听条件	基线期			介入期						追踪期	
视觉	41.67	41.67	41.67	50.00	50.00	75.00	83.33	66.67	91.67	100	91.67
听觉	58.33	58.33	58.33	66.67	75.00	83.33	75.00	75.00	83.33	91.67	100
视听觉	41.67	58.33	58.33	66.67	83.33	83.33	75.00	91.67	91.67	91.67	100

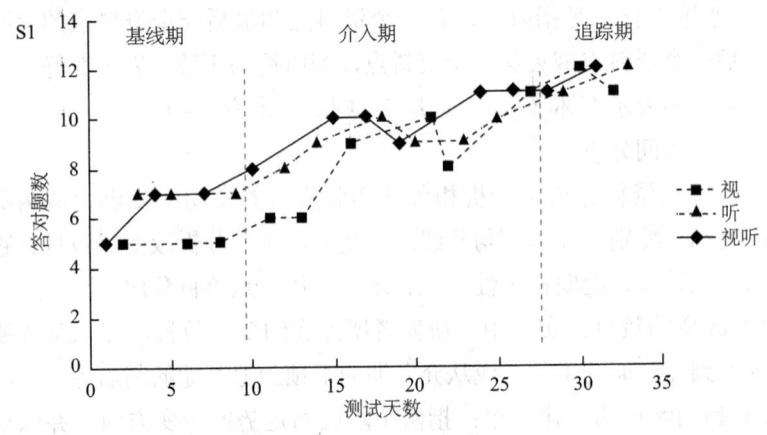

图 7-5 被试 S1 词语唇读理解能力测试资料折线图

1. 被试 S1 阶段内的变化与分析

在相同感觉通道条件下,在基线期被试 S1 的趋向预估是持平趋势。进入介入期后,研究者对被试 S1 进行不同感觉通道的干预,在介入期共收集资料点(数据点)18 个,三种不同感觉通道的阶段长度为 6。在视觉通道条件干预下,被试 S1 的词语唇读理解的平均正确率提升到 69.44%,趋向路径预估呈现上升的趋势,平均答对题数为 8.33,较基线期平均值提高了 3.33，水准范围为 6—11，水准变化为+5，趋向稳定性与水准稳定性都呈现稳定。在听觉通道条件干预下，被试 S1 的词语唇读理解的平均正确率提升到 76.39%，趋向路径预估呈现上升的趋势，平均答对题数为 9.17，较基线期平均值提高了 2.17，水准范围为 8—10，水准变化为+2，趋向稳定性与水准稳定性都呈现稳定。在视听通道条件干预下，被试 S1 的词语唇读理解的平均正确率提升到 81.94%，趋向路径预估呈现上升的趋势，平均答对题数为 9.83，较基线期平均值提高了 3.5，水准范围为 8—11，水准变化为+3，趋向稳定性与水准稳定性都呈现稳定。

在追踪期，共收集资料点 6 个，不同感觉通道的阶段长度为 2。在视觉通道条件下，水准范围为 11—12，水准变化为–1，在听觉和视听通道条件下，水准范围均为 11—12，水准变化均为+1；在三种感觉通道条件下，被试 S1 的词语唇读理解的正确率最高达到 100%，答对题数平均值均为 11.5，趋向稳定性为 100%，呈现稳定进步状态，故三种不同感觉通道条件的干预呈现的维持效果是比较显著的。通过数据分析其各个阶段的资料变化如表 7-17 所示。

表 7-17 被试 S1 阶段内资料分析

阶段	基线期			介入期			追踪期		
	视（B1）	听（B2）	视听（B3）	视（V）	听（A）	视听（AV）	视（T1）	听（T2）	视听（T3）
阶段长度	3	3	3	6	6	6	2	2	2
趋势走向	—（=）	—（=）	—（=）	/（+）	/（+）	/（+）	—（=）	—（=）	—（=）
趋向稳定性	稳定 100%	稳定 100%	稳定 100%	稳定 100%	稳定 100%	稳定 100%	稳定 100%	稳定 100%	稳定 100%
平均值	5	7	6.33	8.33	9.17	9.83	11.5	11.5	11.5
水准稳定性与范围	稳定 5—5	稳定 7—7	稳定 5—7	稳定 6—11	稳定 8—10	稳定 8—11	稳定 11—12	稳定 11—12	稳定 11—12
水准变化	5—5（0）	7—7（0）	5—7（+2）	6—11（+5）	8—10（+2）	8—11（+3）	12—11（–1）	11—12（+1）	11—12（+1）

2. 被试 S1 阶段间的变化和分析

从阶段间的资料来看（表 7-18），在视觉、听觉、视听通道条件下，被试 S1 在基线期与介入期阶段间的水准变化均为+1，这说明三种感觉通道条件下，被试 S1 的基线期与介入期之间水准都有变化，并且由基线期到介入期之间的趋势呈现上升趋势，表明两阶段间的趋势变化有正向的效果。在视觉和视听通道条件下，基线期到介入期的资料点重叠百分比均为 0%，这说明在这两种感觉通道条件下干预的效果非常有效。此外，从阶段间重叠百分比可以发现，被试 S1 视觉和视听通道条件的效果有差别。介入期到追踪期的重叠百分比为 100%，表明干预有明显的维持成效，保留效果佳。

表 7-18 被试 S1 阶段间资料分析

阶段比较	B1/V	B2/A	B3/AV	V/A	A/AV	AV/V	T1/V	T2/A	T3/AV
改变的数目	1	1	1	1	1	1	1	1	1
趋向路径的变化效果	—/(=)(+)	—/(=)(+)	—/(=)(+)	//(+)(+)	//(+)(+)	/(+)(+)	/(+)(=)	/—(+)(=)	/—(+)(=)
趋向稳定性变化	稳定至稳定	稳定至稳定	稳定至稳定	稳定至稳定	稳定至稳定	稳定至稳定	稳定至稳定	稳定至稳定	稳定至稳定
水准变化	5—6 (+1)	7—8 (+1)	7—8 (+1)	11—8 (−3)	10—8 (−2)	11—6 (−5)	11—6 (−5)	12—8 (−4)	12—8 (−4)
重叠百分比	0%	27.27%	0%	100%	100%	36.37%	100%	100%	100%

（二）被试 S2 的成效

从表 7-19 可以看出，被试 S2 在基线期进行了 9 次测试，视觉通道、听觉通道、视听通道条件下各 3 次。在基线期，被试 S2 在视觉通道条件下词语唇读理解的平均正确率为 30.56%；听觉通道条件下词语唇读理解的平均正确率为 13.89%；视听通道条件下词语唇读理解的平均正确率为 38.89%。将被试 S2 在各阶段词语唇读理解测试中答对的题目数量用 Excel 绘制成折线图（图 7-6），可以看出在听觉通道条件下，在基线期被试 S2 的趋向预估是持平趋势。

表 7-19 被试 S2 词语唇读理解能力测试正确率表（%）

视听条件	基线期			介入期					
视觉	16.67	25.00	50.00	25.00	50.00	41.67	50.00	75.00	83.33
听觉	16.67	8.33	16.67	16.67	33.33	58.33	58.33	75.00	91.67
视听觉	16.67	50.00	50.00	33.33	41.67	41.67	66.67	66.67	83.33

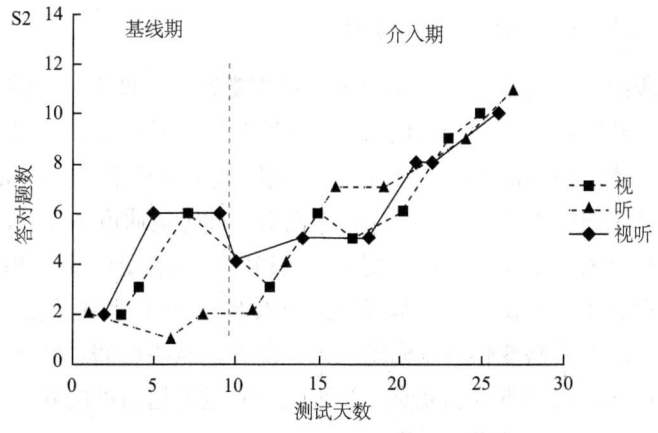

图 7-6　被试 S2 词语唇读理解测试资料折线图

1. 被试 S2 阶段内的变化与分析

被试 S2 在基线期呈稳定趋势，应该进入下一阶段，引入实验处理。进入介入期后，研究者通过不同的感觉通道条件对被试 S2 进行干预。从阶段内的资料来看（表 7-20），在视觉通道条件干预下，被试 S2 的词语唇读理解平均正确率提升到了 54.17%，趋向路径预估呈现上升的趋势，平均答对题数为 6.5，较基线期平均值提高了 2.83，水准范围为 3—10，水准变化为+7，趋向稳定性与水准稳定性都呈现稳定。在听觉通道条件干预下，被试 S2 的词语唇读理解平均正确率提升到了 55.56%，趋向路径预估呈现上升的趋势，平均答对题数为 6.67，较基线期平均值提高了 5，水准范围为 2—11，水准变化为+9，趋向稳定性与水准稳定性都呈现稳定。在视听通道条件干预下，被试 S2 的词语唇读理解平均正确率提升到了 55.56%，趋向路径预估呈现上升的趋势，平均答对题数为 6.67，较基线期平均值提高了 2，水准范围为 4—10，水准变化为+6，趋向稳定性与水准稳定性都呈现稳定。

表 7-20　被试 S2 阶段内资料分析

阶段	基线期			介入期		
	视（B1）	听（B2）	视听（B3）	视（V）	听（A）	视听（AV）
阶段长度	3	3	3	6	6	6
趋势走向	/（+）	—（=）	/（+）	/（+）	/（+）	/（+）
趋向稳定性	稳定（100%）	稳定（100%）	稳定（100%）	稳定（83.33%）	稳定（100%）	稳定（100%）
平均值	3.67	1.67	4.67	6.5	6.67	6.67
水准稳定性与范围	稳定 2—6	稳定 1—2	稳定 2—6	稳定 3—10	稳定 2—11	稳定 4—10
水准变化	2—6（+4）	2—2（0）	2—6（+4）	3—10（+7）	2—11（+9）	4—10（+6）

2. 被试 S2 阶段间的变化与分析

从阶段间的资料来看（表 7-21），在视觉通道条件下，被试 S2 在基线期与介入期阶段间的水准变化为-3；在听觉通道条件下，被试 S2 在基线期与介入期阶段间的水准变化为 0；在视听通道条件下，被试 S2 在基线期与介入期阶段间的水准变化为-2，这说明三种感觉通道条件下，被试 S2 的基线期与介入期之间水准都有变化。从趋向路径的变化效果和趋向稳定性变化上可看出，被试 S2 从基线期到介入期之间的趋势呈现上升趋势，表明两阶段间的趋势变化有正向的效果。此外，从阶段间重叠百分比可以发现，被试 S2 的视听觉和视觉、视听觉与听觉通道条件的效果一致，视觉和听觉通道条件的效果有差别。

表 7-21 被试 S2 阶段间资料分析

阶段比较	B1/V	B2/A	B3/AV	V/A	A/AV	AV/V
改变的数目	1	1	1	1	1	1
趋向路径的变化效果	/ / (+)(+)	— / (=)(+)	/ / (+)(+)	/ / (+)(+)	/ / (+)(+)	/ / (+)(+)
趋向稳定性变化	稳定至稳定	稳定至稳定	稳定至稳定	稳定至稳定	稳定至稳定	稳定至稳定
水准变化	6—3（-3）	2—2（0）	6—4（-2）	10—2（-8）	11—4（-7）	10—3（-7）
重叠百分比	25%	8.33%	25%	33.33%	100%	100%

（三）被试 S3 的成效

从表 7-22 可以看出，被试 S3 在基线期进行了 9 次测试，视觉通道、听觉通道、视听通道条件下各 3 次。在基线期，被试 S3 在视觉通道条件下词语唇读理解的平均正确率为 61.11%；听觉通道条件下词语唇读理解的平均正确率为 36.11%；视听通道条件下词语唇读理解的平均正确率为 44.44%。将被试 S3 在各阶段词语唇读理解测试中答对的题目数量用 Excel 绘制成折线图（图 7-7），可以看出在视觉通道条件下，在基线期被试 S3 的趋向预估是持平趋势。

表 7-22 被试 S3 词语唇读理解能力测试正确率表（%）

视听条件	基线期			介入期					
视觉	58.33	66.77	58.33	41.67	50.00	58.33	33.33	50.00	66.77
听觉	33.33	33.33	41.67	50.00	41.67	66.77	41.67	66.77	66.77
视听觉	33.33	50.00	50.00	66.77	50.00	50.00	50.00	66.67	66.67

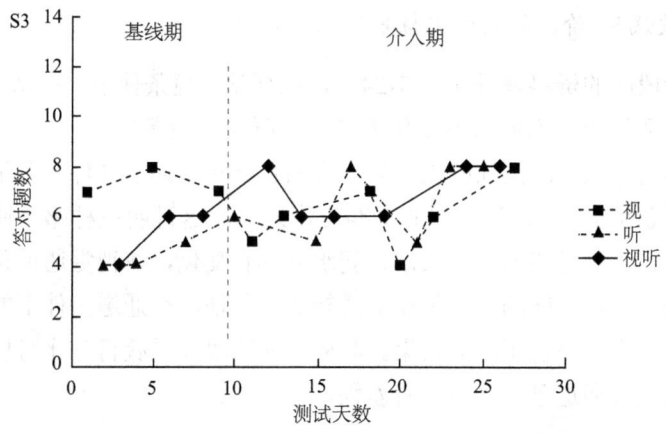

图 7-7 被试 S3 词语唇读理解能力测试资料折线图

1. 被试 S3 阶段内的变化与分析

进入介入期后,研究者通过不同的感觉通道条件对被试 S3 进行干预。从阶段内的资料来看(表 7-23),在视觉通道条件干预下,尽管被试 S3 的词语唇读理解平均正确率下降到了 50.00%,主要受介入期第一次测试成绩较低的影响,但趋向路径预估呈现上升的趋势,平均答对题数为 6,较基线期平均值下降了 1.33,水准范围为 4—8,水准变化为+3,趋向稳定性与水准稳定性都呈现稳定。在听觉通道条件干预下,被试 S3 的词语唇读理解平均正确率提升到了 55.56%,趋向路径预估呈现上升的趋势,平均答对题数为 6.67,较基线期平均值提高了 2.34,水准范围为 5—8,水准变化为+2,趋向稳定性与水准稳定性都呈现稳定。在视听通道条件干预下,被试 S3 的词语唇读理解平均正确率提升到了 58.33%,趋向路径预估呈现上升的趋势,平均答对题数为 7,较基线期平均值提高了 1.67,水准范围为 6—8,水准变化为 0,趋向稳定性与水准稳定性都呈现稳定。

表 7-23 被试 S3 阶段内资料分析

阶段	基线期			介入期		
	视(B1)	听(B2)	视听(B3)	视(V)	听(A)	视听(AV)
阶段长度	3	3	3	6	6	6
趋势走向	—(=)	/(+)	/(+)	/(+)	/(+)	/(+)
趋向稳定性	稳定(100%)	稳定(100%)	稳定(100%)	稳定(83.33%)	变异(50%)	变异(66.67%)
平均值	7.33	4.33	5.33	6	6.67	7
水准稳定性与范围	稳定 7—8	稳定 4—5	稳定 4—6	稳定 4—8	稳定 5—8	稳定 6—8
水准变化	7—7(0)	4—5(+1)	4—6(+2)	5—8(+3)	6—8(+2)	8—8(0)

2. 被试S3阶段间的变化与分析

从阶段间的资料来看（表7-24），在视觉通道条件下，被试S3在基线期与介入期阶段间的水准变化为-2；在听觉通道条件干预下，被试S3在基线期与介入期阶段间的水准变化为+1；在视听通道条件干预下，被试S3在基线期与介入期阶段间的水准变化为+2。这说明三种感觉通道条件下，被试S3的基线期与介入期之间水准都有变化，在视觉通道条件下由基线期到介入期之间的趋势呈现下降趋势，其他两个通道条件下此两阶段间的趋势变化呈现正向的效果。此外，从阶段间重叠百分比可以发现，视听觉和视觉通道条件的效果有差别。

表7-24 被试S3阶段间资料分析

阶段比较	B1/V	B2/A	B3/AV	V/A	A/AV	AV/V
改变的数目	1	1	1	1	1	1
趋向路径的变化效果	—/(=)(+)	//(+)(+)	//(+)(+)	//(+)(+)	//(+)(+)	//(+)(+)
趋向稳定性变化	稳定至稳定	稳定至变异	稳定至变异	稳定至变异	变异至变异	变异至稳定
水准变化	7—5（-2）	5—6（+1）	6—8（+2）	8—6（-2）	8—8（0）	8—5（-3）
重叠百分比（%）	16.67	16.67	25	100	100	33.33

（四）被试S4的成效

从表7-25可以看出，被试S4在基线期进行了12次测试，视觉通道、听觉通道、视听通道条件下各4次。在基线期，被试S4在视觉通道条件下词语唇读理解的平均正确率为37.50%；听觉通道条件下词语唇读理解的平均正确率为22.92%；视听通道条件下词语唇读理解的平均正确率为45.83%。将被试S4在各阶段词语唇读理解测试中答对的题目数量用Excel绘制成折线图，详见图7-8。

表7-25 被试S4词语唇读理解能力测试正确率表（%）

视听条件	基线期				介入期						追踪期	
视觉	33.33	25	33.33	58.33	33.33	33.33	58.33	83.33	100	91.67	100	91.67	91.67
听觉	25	16.67	16.67	33.33	75	58.33	91.67	91.67	91.67	100	100	100	100
视听觉	41.67	41.67	33.33	66.67	91.67	91.67	91.67	100	100	100	100	100	100

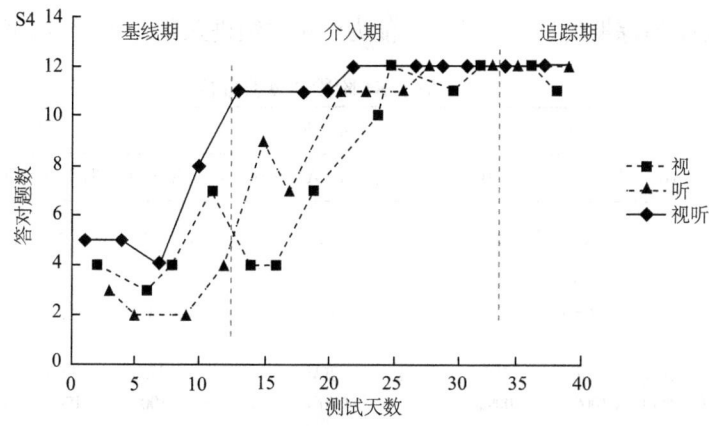

图 7-8　被试 S4 词语唇读理解能力测试资料折线图

1. 被试 S4 阶段内的变化与分析

进入介入期后，研究者通过不同的感觉通道条件对被试 S4 进行干预。从阶段内的资料来看（表 7-26），在视觉通道条件干预下，被试 S4 的词语唇读理解平均正确率上升到了 71.43%，趋向路径预估呈现上升的趋势，平均答对题数为 8.57，较基线期平均值上升了 4.07，水准范围为 4—12，水准变化为+8，趋向稳定性与水准稳定性都呈现稳定。在听觉通道条件干预下，被试 S4 的词语唇读理解平均正确率提升到了 86.90%，趋向路径预估呈现上升的趋势，平均答对题数为 10.43，较基线期平均值提高了 7.68，水准范围为 7—12，水准变化为+3，趋向稳定性与水准稳定性都呈现稳定。在视听通道条件干预下，被试 S4 的词语唇读理解平均正确率提升到了 96.43%，趋向路径预估呈现上升的趋势，平均答对题数为 11.57，较基线期平均值提高了 6.07，水准范围为 11—12，水准变化为+1，趋向稳定性与水准稳定性都呈现稳定。

在追踪期，在视觉通道条件下，被试 S4 的词语唇读理解水平保持在 11—12，平均值为 11.5，略高于介入期 2.93，水准变化为–1，变化较小，且走势方向为持平，趋向稳定性为 100%，呈现稳定状态；在听觉通道条件下，被试 S4 的词语唇读理解水平保持在 12—12，平均值为 12，略高于介入期 1.57，水准变化为 0，趋于稳定，且走势方向为持平，趋向稳定性为 100%，呈现稳定状态；在视听通道条件下，被试 S4 的词语唇读理解水平保持在 12—12，平均值为 12，略高于介入期 0.43，水准变化为 0，趋于稳定，且走势方向为持平，趋向稳定性为 100%，呈现稳定状态。可见，在追踪期能够保留与维持不同感觉通道词语干预的效果。在经过一段时间的观察后，追踪期的词语唇读理解能力测试成绩进入稳定状态，结束追踪。

表 7-26 被试 S4 阶段内资料分析

阶段	基线期			介入期			追踪期		
	视（B1）	听（B2）	视听（B3）	视（V）	听（A）	视听（AV）	视（T1）	听（T2）	视听（T3）
阶段长度	4	4	4	7	7	7	2	2	2
趋势走向	/（+）	—（=）	/（+）	/（+）	/（+）	/（+）	—（=）	—（=）	—（=）
趋向稳定性	稳定（100%）	稳定（100%）	稳定（100%）	稳定（83.33%）	变异（50%）	变异（66.67%）	稳定（100%）	稳定（100%）	稳定（100%）
平均值	4.5	2.75	5.5	8.57	10.43	11.57	11.5	12	12
水准稳定性与范围	稳定 3—7	稳定 2—4	稳定 4—8	稳定 4—12	稳定 7—12	稳定 11—12	稳定 11—12	稳定 12—12	稳定 12—12
水准变化	4—7（+3）	3—4（+1）	5—8（+3）	4—12（+8）	9—12（+3）	11—12（+1）	12—11（−1）	12—12（0）	12—12（0）

2. 被试 S4 阶段间的变化与分析

从阶段间的资料来看（表 7-27），在视觉通道条件下，被试 S4 在基线期与介入期阶段间的水准变化为−3；在听觉通道条件下，被试 S4 在基线期与介入期阶段间的水准变化为+5；在视听通道条件下，被试 S4 在基线期与介入期阶段间的水准变化为+3。这说明三种感觉通道条件下，被试 S4 的基线期与介入期之间都有变化，在视觉通道条件下由基线期到介入期之间的趋势呈现下降趋势，其他两个通道条件下的此两阶段间的趋势变化有正向的效果。视觉通道和视听通道条件下的基线期到介入期资料点间的重叠百分比均为 0%，两个阶段的效果完全不一致，这说明不同感觉通道条件干预的效果非常有效。此外，从阶段间重叠百分比可以发现，被试 S4 的视觉和听觉、听觉与视听通道条件的效果一致，视觉和视听通道条件的效果有差别。介入期到追踪期的重叠百分比为 100%，表明干预有明显的维持成效，保留效果佳。

表 7-27 被试 S4 阶段间资料分析

阶段比较	B1/V	B2/A	B3/AV	V/A	A/AV	AV/V	T1/V	T2/A	T3/AV
改变的数目	1	1	1	1	1	1	1	1	1
趋向路径的变化效果	//（+）(+)	—/（=）(+)	//（+）(+)	//（+）(+)	//（+）(+)	//（+）(+)	/—（+）(=)	/—（+）(=)	/—（+）(=)

续表

阶段比较	B1/V	B2/A	B3/AV	V/A	A/AV	AV/V	T1/V	T2/A	T3/AV
趋向稳定性变化	稳定至稳定	稳定至变异	稳定至变异	稳定至变异	变异至变异	变异至稳定	稳定至稳定	变异至稳定	变异至稳定
水准变化	7—4（-3）	4—9（+5）	8—11（+3）	12—9（-3）	12—11（-1）	12—4（-8）	11—4（-7）	12—9（-3）	12—11（-1）
重叠百分比（%）	0	27.27	0	100	100	36.37	100	100	100

（五）小结

通过对四位被试的实验数据进行视觉分析，结合四位被试在实验过程中的表现和被试的个体差异情况，对 S1、S2、S3 三名被试在实验的基线期、介入期以及 S1、S4 两位被试在实验的基线期、介入期和追踪期的词语唇读理解能力测试答题正确率进行整理分析和讨论，做出如下小结。

根据 S1、S2、S3 三名被试的测试正确率以及视觉分析结果，综合得出不同感觉通道条件的干预对三名被试的词语唇读理解能力的影响效果差异显著，其中不同被试之间的提升效果也不同（表 7-28），从图 7-9 中可以直观感受到这三名被试在三种不同的感觉通道条件下的词语唇读理解能力的学习效果提升度是不同的。由此可知，词语唇读理解教学训练的效果受感觉通道和个体差异的影响。

在基线期，被试 S1 总共进行了 9 次词语唇读理解能力测试，视觉、听觉、视听通道条件分别 3 次，其测试的平均答对题数分别为 5、7、6.33，

表 7-28 三名被试测试平均正确率及实验干预效果

	视听条件	基线期（%）	介入期（%）	基线期/介入期（百分点）
被试 S1	视觉通道	41.67	69.44	27.77（良好）
	听觉通道	58.33	76.39	18.06（一般）
	视听通道	52.78	81.94	29.16（优秀）
被试 S2	视觉通道	30.56	54.17	23.61（良好）
	听觉通道	13.89	55.56	41.67（优秀）
	视听通道	38.89	55.56	16.67（一般）
被试 S3	视觉通道	61.11	50.00	-11.11（一般）
	听觉通道	36.11	55.56	19.45（优秀）
	视听通道	44.44	58.33	13.89（良好）

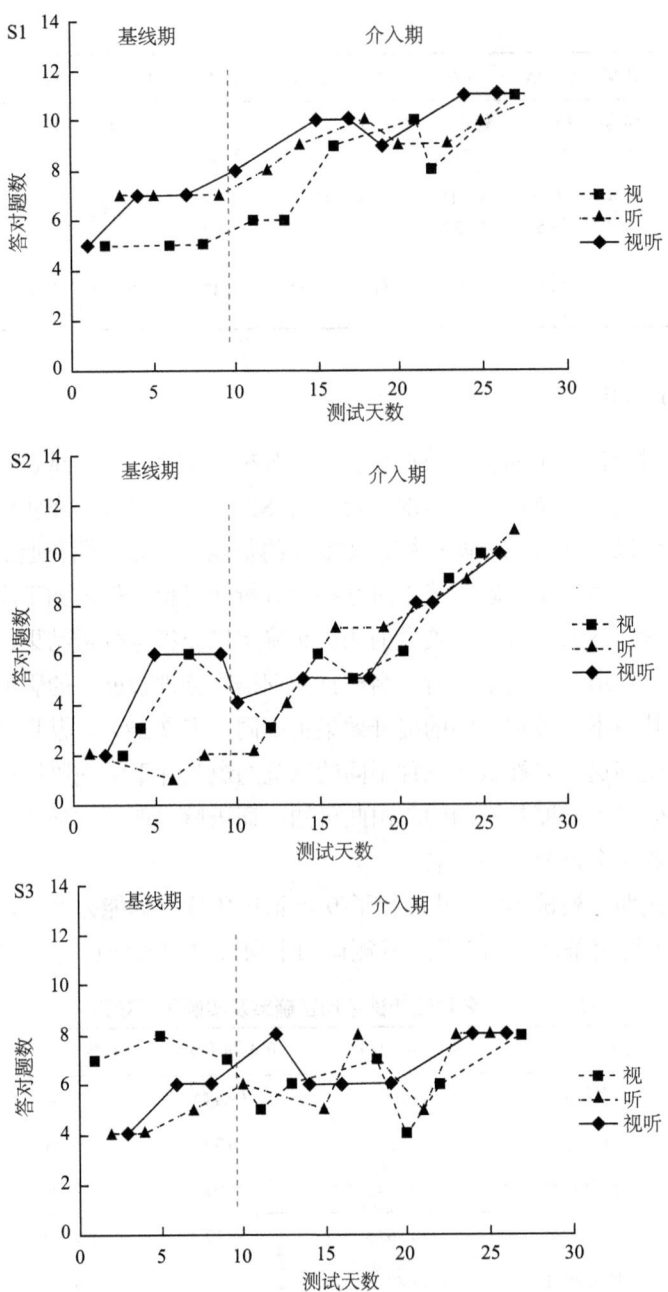

图 7-9 三名被试词语唇读理解能力测试答对题数折线图

平均正确率分别为 41.67%、58.33%、52.78%；在介入期，总共对被试 S1 进行了 18 次感觉通道条件的干预，视觉、听觉、视听通道条件分别 6 次，其测试的平均答对题数分别为 8.33、9.17、9.83，平均正确率分别为 69.44%、

76.39%、81.94%，由这些数据可以看出，在进行干预之后，被试 S1 的词语唇读理解能力有着明显的进步，视觉、听觉、视听通道条件下平均正确率分别提高了 27.77 个百分点、18.06 个百分点、29.16 个百分点。但是根据被试 S1 基线期与介入期的具体数据来看，视听通道干预效果优于视觉通道和听觉通道条件。

被试 S2 的词语唇读理解能力在不同感觉通道条件的表现也不一样。在基线期，被试 S2 总共进行了 9 次词语唇读理解能力测试，视觉、听觉、视听通道条件分别 3 次，其测试的平均答对题数分别为 3.67、1.67、4.67，平均正确率分别为 30.56%、13.89%、38.89%；在介入期，总共对被试 S2 进行了 18 次感觉通道条件的干预，三种感觉通道条件分别 6 次，其视觉、听觉和视听觉测试的平均答对题数分别为 6.5、6.67、6.67，平均正确率分别为 54.17%、55.56%、55.56%，由此发现，在不同感觉通道条件干预之后，被试 S2 的词语唇读理解能力有着明显的进步，视觉、听觉、视听通道条件下的词语唇读理解正确率分别提高了 23.61 个百分点、41.67 个百分点、16.67 个百分点。与被试 S1 不同的是，被试 S2 的听觉通道条件干预的效果要优于视觉通道和视听通道条件的干预效果。

被试 S3 在基线期总共进行了 9 次词语唇读理解能力测试，视觉、听觉、视听通道条件分别 3 次，其测试的平均答对题数分别为 7.33、4.33、5.33，平均正确率分别为 61.11%、36.11%、44.44%；在介入期，总共对被试 S3 进行了 18 次感觉通道条件的干预，视觉、听觉、视听通道条件分别 6 次，其测试的平均答对题数分别为 6、6.67、7，平均正确率分别为 50.00%、55.56%、58.33%，由这些数据可以看出，在进行干预之后，与被试 S1 和 S2 相比，被试 S3 词语唇读理解能力的进步并不明显，只有在听觉和视听觉两种感觉通道条件下，该被试的词语唇读理解的平均答对题数和正确率才提高，其中正确率分别提高了 19.45 个百分点、13.89 个百分点。这说明对于被试 S3 而言，听觉通道条件的干预效果最佳。

根据 S1、S4 两名被试的测试正确率以及视觉分析结果，综合得出不同感觉通道条件的干预对两名被试的词语唇读理解能力的影响效果差异显著，其中不同被试之间的提升效果也不同（表 7-29），从图 7-10 中可以直观感受到这两名被试在三种不同感觉通道条件下的词语唇读理解能力的学习效果提升度是不同的。

在基线期，被试 S1 总共进行了 9 次词语唇读理解能力测试，视觉、听觉、视听通道条件分别 3 次，其测试的平均答对题数分别为 5、7、6.33，平均正确率分别为 41.67%、58.33%、52.78%；在介入期，总共对被试 S1

表 7-29　两名被试测试平均正确率及实验干预效果和维持效果

	视听条件	基线期（%）	介入期（%）	追踪期（%）	基线期/介入期（百分点）	介入期/追踪期（百分点）
被试 S1	视觉通道	41.67	69.44	95.83	27.77（良好）	26.39
	听觉通道	58.33	76.39	95.83	18.06（一般）	19.44
	视听通道	52.78	81.94	95.83	29.16（优秀）	13.89
被试 S4	视觉通道	37.50	71.43	95.83	33.93（良好）	24.40
	听觉通道	22.92	86.90	100	63.98（优秀）	13.10
	视听通道	45.83	96.43	100	50.60（优秀）	3.57

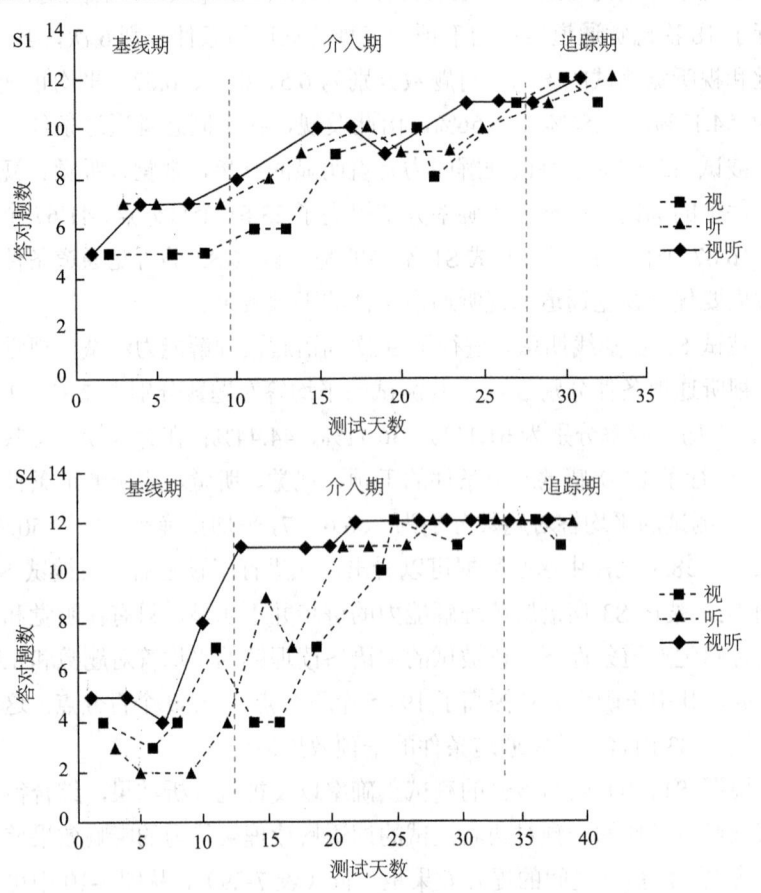

图 7-10　两名被试词语唇读理解能力测试答对题数折线图

进行了 18 次感觉通道条件的干预，视觉、听觉、视听通道条件分别 6 次，其测试的平均答对题数分别为 8.33、9.17、9.83，平均正确率分别为 69.44%、76.39%、81.94%，由这些数据可以看出，在进行干预之后，被试 S1 的词语唇读理解能力有着明显的进步,视觉、听觉、视听通道条件下平均正确率分别提高了 27.77 个百分点、18.06 个百分点、29.16 个百分点。但是根据被试 S1 基线期与介入期的具体数据来看,视听通道干预效果优于视觉通道和听觉通道条件。通过介入期与追踪期正确率的比较发现,这两个阶段间被试 S1 的视听通道的正确率变化最小,维持效果较好。

被试 S4 在基线期总共进行了 12 次唇读理解能力测试,视觉、听觉、视听通道条件分别 4 次,其测试的平均答对题数分别为 4.5、2.75、5.5,平均正确率分别为 37.50%、22.92%、45.83%;在介入期,总共对被试 S4 进行了 21 次感觉通道条件的干预,视觉、听觉、视听通道条件分别 7 次,其测试的平均答对题数分别为 8.57、10.43、11.57,平均正确率分别为 71.43%、86.90%、96.43%,由这些数据可以看出,在进行干预之后,被试 S4 的词语唇读理解能力有着明显的进步,视觉、听觉、视听通道条件下的词语唇读理解正确率分别提高了 33.93 个百分点、63.98 个百分点、50.60 个百分点。这说明听觉通道条件下干预的效果优于视听通道条件和视觉通道条件。在追踪期,共进行了 6 次测试,视觉、听觉和视听通道条件下的词语唇读理解的平均正确率分别为 95.83%、100%、100%,在撤去干预之后,被试在追踪期听觉和视听通道条件下也保持较高水平,其中视听通道的平均正确率增长数为 3.57 个百分点,表明视听通道条件下的干预对词语唇读理解能力有明显促进作用。

三、讨论

(一)不同感觉通道干预的成效

1. 不同感觉通道干预的立即成效

通过视觉分析可知,在基线期,四名被试中答题正确数均呈现出较低的水平,尤其是被试 S1 和 S3 水准变化不大(最大为+2)很稳定;进入介入期后,S1、S3、S4 三名被试的答题正确数在视听通道条件下均表现出上升趋势,平均水平值也显著高于基线期(S1:3.5;S3:1.67;S4:6.07)。这表明视听通道效应在学龄前听障儿童词语唇读理解的干预过程中具有显著的立即成效。视听通道相比单一视觉通道、单一听觉通道更具补偿效果和增益效应,因而能够更好地提高学龄前听障儿童的唇读理解能力。此研究结果与 Oryadi Zanjani 和 Jena McDaniel 的相关研究不一致。Oryadi Zanjani 等通过比较两组教育模式(听觉和视听)下听障儿童的听力语言发展分数发现,两组儿童在口语方面均有明显提升,但两组之间无显著差异。

Jena McDaniel[①]等以四名患有语前听力损失的学龄前儿童为对象,发现在仅听觉通道和视听通道条件下听障儿童的词汇学习是有效的,但听觉通道和视听通道之间的学习效果无差异。这可能归于个体化干预的差异性和任务难度、年龄、语言能力、听力情况以及多感官处理技能等因素的影响。

具体到不同感觉通道,四名被试的干预结果既有相同点,也有不同点,从相同点来看,被试 S1 与 S4 都是在视听通道条件下的平均正确率最高,高于单一视觉和单一听觉通道条件,被试 S2 和 S3 都是在单一听觉通道条件下的干预效果最好;从不同点来,在视觉通道条件下,被试 S3 的进步最不显著,在基线期,被试 S2 的平均正确率显著低于被试 S1、S3、S4,在干预后,被试 S3 的平均正确率却降低了 11.11 个百分点。这可能与被试自身情况以及其他因素有关。

2. 不同感觉通道干预的维持成效

从视觉分析图中可以看出,进入追踪期后,S1 和 S4 两名被试的答题正确数在水准稳定性和趋向稳定性上均呈现稳定状态,趋向稳定性为 100%;在三种不同感觉通道下,两名被试追踪期的保持效果较好,维持了其干预效果,即说明不同感觉通道条件对学龄前听障儿童词语唇读理解的干预具有稳定的维持成效。此结果与 Jena McDaniel[②]等以 4—5 岁学龄前听障儿童为研究对象,听觉通道和视听通道条件下干预唇读理解能力的相关研究结果一致。

(二)不同感觉通道干预效果的影响因素

在实施三种感觉通道条件的唇读教学干预过程中,发现每个被试的表现并非一致,有的被试表现整体呈上升趋势,有的被试表现起伏不定,因此根据不同被试的表现情况,对其所受到的影响因素进行整理分析,如下。

1. 研究对象的听力情况与语言经验

与被试 S1 和 S4 相比,被试 S2 和 S3 在听觉通道条件下的干预效果最优,究其原因,这可能与听觉损失程度轻重和听觉年龄长短有关。从表 7-30 中可以看出被试 S2 听觉损失程度最轻,最优耳听觉损失程度为 85dB,而

---

① McDaniel J, Camarata S, Yoder P. Comparing auditory-only and audiovisual word learning for children with hearing loss[J]. Journal of Deaf Studies & Deaf Education, 2018, 23(4): 382-398.

② McDaniel J, Camarata S, Yoder P. Comparing auditory-only and audiovisual word learning for children with hearing loss[J]. Journal of Deaf Studies & Deaf Education, 2018, 23(4): 382-398.

被试 S3 的听觉损失程度最重，双耳均为 110dB。Kyle[①]等的发现印证了这一点，听觉损失程度较轻的听障儿童在句子/故事部分的唇读理解能力得分较高，同时也可能暗示了听觉辅助对听障儿童听觉更多的辅助功能用途。在基线期，被试 S1 的听觉通道条件下的词语唇读理解正确率高于被试 S3，这可能与听觉辅助类型有关，听障儿童佩戴的听觉辅助设备不同，影响其听觉通道的听力输入效果，人工耳蜗的植入实现了将听觉损失时发展的视觉唇读能力与人工耳蜗植入后获得的听觉经验进行整合，即将嘈杂的听觉信息与唇读提供的辅助视觉信息进行整合。植入双侧 CI 的被试 S1，比单侧 CI 的被试 S3 接收听力信息情况好，这与 M. F. Dorman[②]等的研究结果一致。

与此同时，在基线期被试 S2 和被试 S3 在视听通道条件下的成绩比听觉通道条件下要好，但在进行听觉通道条件干预后被试 S2 和被试 S3 的词语唇读理解能力有所提升，尤其是被试 S2 接受干预后在视听觉和听觉通道下的词语唇读理解的平均正确率相同，这可能跟二者的语训经验有关，两者入园开始语训时间相差不到一个星期。Bergeson[③]等揭示了早期感官和语言经验的不同影响，口头交流（OC）教育背景下的听障儿童表现得更好。听觉经验丰富、语训开始时间早和持续时间久的儿童，更容易掌握利用听觉获得语言信息的技巧，语言发展水平更好。被试 S2 和 S3 的听觉习惯是聆听，而被试 S1 与他人以眼神沟通为主，且被试 S1 在进入康复中心之前的安置方式是随班就读，有着丰富的唇读经验和较强的唇读意识，被试 S4 的听觉习惯是既注重聆听又注重眼神沟通。被试 S1 和被试 S4 在视听条件下的干预效果均为优秀，被试 S2 和被试 S3 是听觉条件下的干预效果最优。这与许海燕[④]所得出的融合环境最有利于其语言发展，其次是特殊学校，最后是康复机构的结论一致。Margaret Harris[⑤]等也发现在课堂上使用口语的听障儿童在阅读、词汇和唇读理解方面得分较高，说明口语的使用有利于听障儿童阅读能力的提高。

---

① Kyle F E, Campbell R, MacSweeney M. The relative contributions of speechreading and vocabulary to deaf and hearing children's reading ability[J]. Research In Developmental Disabilities, 2016, 48: 13-24.

② Dorman M F, Liss J, Wang S, et al. Experiments on auditory-visual perception of sentences by users of unilateral, bimodal, and bilateral cochlear implants[J]. Journal of Speech, Language, and Hearing Research, 2016, 59(6): 1505-1519.

③ Bergeson T R, Pisoni D B, Davis R A O. A longitudinal study of audiovisual speech perception by children with hearing loss who have cochlear implants[J]. Volta Review, 2003, 103(4): 347-370.

④ 许海燕. 学前听障儿童语言发展影响因素的研究[J]. 现代特殊教育, 2016, (14): 44-47.

⑤ Harris M, Terlektsi E, Kyle F E. Concurrent and longitudinal predictors of reading for deaf and hearing children in primary school[J]. Journal of Deaf Studies and Deaf Education, 2017, 22(2): 233-242.

2. 研究对象的认知风格与情绪态度

在基线期，被试 S3 的视觉通道条件下的成绩优于听觉和视听通道，但在介入期，被试 S3 的词语唇读理解能力进步不明显，这可能与被试的认知风格和学习态度有关。在认知风格方面，由康复中心最熟悉四位学龄前听障儿童行为表现的三位教师（两位带班老师和一名个训老师）填写《幼儿认知风格评价表》（见附录五），确定四位被试的认知风格，只有被试 S3 确定为场依存型。该认知风格儿童在测试过程中对实验材料所提供的信息依赖性强，需要明确的线索提示，因而在不同感觉通道接收的语言信息的提取、储存、加工较难。在情绪态度方面，由于四位被试年龄偏小，在干预过程中，主试对每位被试都进行了集中注意力的提醒，通过整理干预录像中主试提醒被试的次数（见附录七），对比分析得知，被试 S3 的提醒次数明显高于其他被试，且在进入介入期前的准备时间也比其他被试时间长。

3. 研究过程中教师配合与家长参与

本次实验过程中，得到了康复中心的各位教师的帮助。尤其是被试 S4，被父母托管给主班教师，放学后主班教师对被试 S4 进行了语言训练，延伸了研究者的干预效果。被试 S3 在基线期就取得较高的唇读理解测试成绩，这可能与被试的父母受教育程度和家庭经济条件有关。被试 S3 的父母学历为研究生，家里经济条件较好，父母经常陪他各处游玩，使正处于形象思维发展阶段的被试 S3 积累了大量的语言经验。韩礼德[1]认为如果我们仔细观察这一阶段的儿童能够说出的句子以及句子所使用的语境，就能发现大量的词汇和表达方式并不是出于实用的目的才学会的，而是儿童观察、回忆和预测周围事物时所掌握的。因此学龄前儿童学习语言（词语）中语境、视觉观察、工作记忆的重要性不言而喻。儿童拥有一个良好的家庭语言学习环境，儿童的语言发展能力就越佳。

表 7-30　四名被试干预效果的影响因素分析表

被试	最优干预效果	听觉辅助	听觉习惯	听损程度（dB）	听觉年龄	语训时间	安置形式	认知风格	情绪态度
S1	视听觉	双耳 CI	眼神	95	2岁9个月	半年	随班就读+康复中心（中班）	场独立型	正常

---

[1] 韩礼德. 婴幼儿的语言[M]. 北京：北京大学出版社，2007: 72-73.

续表

被试	最优干预效果	听觉辅助	听觉习惯	听损程度(dB)	听觉年龄	语训时间	安置形式	认知风格	情绪态度
S2	听觉	双耳HA	聆听	85	1岁9个月	一年	康复中心(小班)	场独立型	正常
S3	听觉	左CI右HA	聆听	110	3岁2个月	一年	康复中心(小班)	场依存型	低沉
S4	听觉	双耳HA	眼神+聆听	95	2岁10个月	两年半	康复中心(中班)	场独立型	积极

注：CI：人工耳蜗；HA：助听器。

四、结论

本实验采用单一被试实验研究法中交替处理设计和跨被试多基线设计（附加追踪期），以四名学龄前听障儿童为研究对象，通过探索不同感觉通道在学龄前听障儿童词语唇读理解中的作用，得出如下研究结论。

（一）不同感觉通道干预的立即成效

1. 三种感觉通道的干预皆能提升学龄前听障儿童的词语唇读理解能力

研究结果发现，四名被试在接受不同感觉通道的词语教学后，其测试成绩均有所提高，在基线期，听觉通道条件下的词语唇读理解能力处于低中等水平（平均水平值范围为1.67—7），视觉通道条件下的词语唇读理解能力处于中等水平（平均水平值范围为3.67—7.33），视听通道条件下的词语唇读理解能力处于中等或偏上水平（平均水平值范围为4.67—6.33）。但在进行相应通道的干预后，听觉、视觉和视听通道条件下四位被试的词语唇读理解能力都有所提升，视觉分析也表明，不同感觉通道能够提升学龄前听障儿童的词语唇读理解能力。

2. 单一感觉通道条件下学龄前听障儿童的词语唇读理解的干预效果不一

根据实验结果分析发现，不同的研究对象产生不一样的实验研究结果，经过三种感觉通道条件下的干预后，四名被试的唇读理解能力都显著高于基线期，但是被试间的个别差异影响了三种感觉通道条件的干预效果。被试S1、S4视听通道干预的效果均为优秀，被试S2、S3听觉通道干预的效果最好，总之，单一感觉通道条件下学龄前听障儿童词语唇读理解的效果不一。听力情况、语言经验、认知风格和情绪态度等对学龄前听障儿童的词语唇读理解能力有影响。

在视听通道条件下，三位被试主要是通过整合视觉、听觉来进行词语唇读的理解。在基线期和介入期，被试 S2 和被试 S3 的视听通道条件下的词语唇读理解的成绩都不及被试 S1 和被试 S4，这可能与研究对象的语言经验有关，被试 S1 有随班就读的融合经历，被试 S4 的听觉习惯为聆听和眼神，由此可知，整合视听资源积累语言经验的程度对被试词语唇读理解的成绩有影响。

在听觉通道条件下，四位被试主要是利用听觉辅助设备或残余听力来接收语音信息，做出相应的回答。在基线期，被试 S1 比被试 S2、S3、S4 的正确率高，而在干预之后，被试 S2 和 S3 的词语唇读理解正确率分别提升了 41.67 个百分点和 19.45 个百分点，被试 S2 听损程度最轻，被试 S3 听觉年龄最长，二者接收语音信息和感知语音信息的能力较好。在听觉通道条件下，被试 S2 和 S3 的干预效果最好。由此可见，在听觉通道条件下，被试的听力情况与被试词语唇读理解的正确率提升有重要关系。

在视觉通道条件下，四位被试主要是通过视觉观察进行唇读来判断语音。虽然被试 S4 在听觉通道下的干预效果优秀，正确率提升了 63.98 个百分点，但是在追踪期，却在视觉通道下的维持效果最好，这说明视觉通道对唇读能力的保持有显著影响，起到强化作用。另外，被试 S1 在视觉通道条件下的干预效果优于听觉通道条件，因为被试 S1 的沟通方式为眼神沟通，这可能跟被试 S1 利用视觉进行唇读的沟通习惯有关。被试 S3 基线期的视觉通道正确率高于被试 S1、S2、S4，但是在提升率方面，被试 S3 反而不如他们，尤其是被试 S3 视觉通道下的提升率不如视听通道下的提升率，增加的听觉通道虽然给被试 S3 带来了更多益处，但是依旧没有听觉通道下的干预效果好。这可能与被试 S3 的认知风格和情绪态度相关，被试 S3 是场依存型的认知风格，注意力较容易分散，干预过程中情绪不高，学习态度不佳。

因此，这与前面的研究结论一致，被试 S2 和 S3 在听觉通道下的干预效果最优，被试 S1 和 S4 在视听通道下均表现优秀。研究发现，四位被试的词语唇读理解能力受到听力情况、语言经验、认知风格和情绪态度等的影响。此外，被试自身的词汇量、工作记忆、认知过程的加工速度、推理能力、阅读能力、口语能力（接受性语言和表达性语言）等因素也会对学龄前听障儿童的词语唇读理解能力产生一定的影响。

（二）不同感觉通道干预的维持成效

根据实验数据得出的研究结果显示，在追踪期，S1 和 S4 两名被试在单一视觉、单一听觉和视听通道条件下的测试成绩保持效果好。这说明两名被试在三种不同感觉通道下，维持了其干预效果，即说明不同感觉通道条件对学龄前听障儿童词语唇读理解的干预具有相当的维持成效。

五、建议

（一）秉承多通道语训理念，合理整合听力训练和唇读训练

四名被试在三种感觉通道条件下的词语唇读理解能力都得到了不少提升，因此，综合利用视觉听觉多种感觉通道，对学龄前听障儿童进行语言训练是很重要的。听障儿童在与人沟通交流时，需要处理来自说话者的听觉提示（语音内容、韵律、语法）以及相关的视觉信息（面部表情、手势）。这些多感官（即组合的视听）信息片段的"整合"能提升听障儿童的理解能力。从社会语用学角度看，仅听觉条件下的干预是违背自然规律的，限制视觉仅依赖听觉对听障儿童的语言康复训练并不是必要的[1]。尤其是康复机构的语训经常只对听障儿童进行听力训练，忽视唇读（视觉）训练，没有将二者进行合理整合。学龄前听障儿童具备唇读的能力，应避免片面否定唇读干预效果，秉承多通道的语言训练理念，正视视听通道整合对语言发展的作用，合理整合唇读和听力训练，既以"听"促"看"，又以"看"辅"听"，以使其语言康复效果最优化。

（二）重视跨通道补偿效应，利用听力训练实现以"听"促"看"

四名被试在三种感觉通道下的干预效果不同，这与他们的听力状况、语训时间以及语言经验积累等相关。大量的语言输入和口语交际经验也为语言发展奠定了坚实基础。语音是语言学习的基础，语音意识是指儿童对词汇声音结构的敏感程度[2]。语音意识与阅读理解是双向相关变量，即语音意识与阅读理解是互相影响的[3]。语音意识的培养要尽早，既以贯穿语

---

[1] McDaniel J, Camarata S, Yoder P. Comparing auditory-only and audiovisual word learning for children with hearing loss[J]. Journal of Deaf Studies & Deaf Education, 2018, 23(4): 382-398.

[2] 闫嵘，俞国良，张磊. 双语儿童语音意识与词汇认读关系的研究[J]. 心理科学, 2005, (2): 304-307.

[3] Harris M, Terlektsi E, Kyle F E. Concurrent and longitudinal predictors of reading for deaf and hearing children in primary school[J]. Journal of Deaf Studies and Deaf Education, 2017, 22(2): 233-242.

言发展整个过程的全程观，循序渐进地对其进行系统的发音训练，以便其熟练掌握语音技能，又以囊括语言发展多方位的全局观，在学校和家庭为其营造良好的听觉语言交流环境。Fu[①]等也证明了针对性的听力训练在改善植入人工耳蜗的听障者的言语和音乐感知方面是有效的。因此，建议重视听觉通道对视觉通道的跨通道补偿作用，抓住语言发展的关键期，及时、有效地给予听障儿童听觉补偿，尽早进行融合教育，既着眼于当下，把握实时性，又立足于全局，紧扣发展性，达到以"听"促"看"的教学效果，最终提升其唇读理解能力。

（三）关注同通道强化作用，利用唇读训练实现以"看"固"看"

视觉通道下的维持效果优于听觉通道，一方面得益于被试的听觉习惯和沟通方式等个体差异性，另一方面得益于被试的视觉通道对其唇读理解能力的强化作用。有研究表明，早发性听力损失，可能需要依赖视觉信息获得口语，并且终身依赖视觉语言[②]。视障者只能依靠视觉以外的其他感觉信息来判断和识别客观对象，先天失明者即使能通过治疗恢复视觉，但在初期仍需要借助听觉、触觉等手段验证视觉信息，并将后来的视觉信息纳入先前依据非视觉信息所建立的图式。对听障者而言，依靠视觉通道来辅助验证听觉信息，以增加唇读经验的方式来增加其语言经验。Kyle很早就证实，随着年龄增长听障儿童相比健听儿童更依赖于视觉言语的支持[③]，同时研究表明，听障儿童的词汇学习技巧和词汇学习策略的使用存在差异，可能归因于各种因素，包括词汇量、人工耳蜗植入年龄和实际年龄等[④]。因此，对于唇读经验少的研究对象，语言训练应利用视觉通道，加强视觉语言的学习，强化听障儿童的视觉优势，利用唇读训练达到以"看"固"看"，从而培养听障儿童的唇读技能以提升其语言发展水平。

（四）综合考虑多因素影响，有的放矢地开展具身语言干预

虽然四名被试在不同感觉通道下的干预效果不一致，有不同的优势通

---

① Fu Q J, Galvin J J. Perceptual learning and auditory training in cochlear implant recipients[J]. Trends in Amplification, 2007, 11 (3): 193-205.

② Auer E T, Bernstein L E. Enhanced Visual Speech Perception in Individuals with Early-Onset hearing impairment[J]. Journal of Speech, Language, and Hearing Research, 2007, 50(5): 1157-1165.

③ Kyle F E, Harris M. Concurrent correlates and predictors of reading and spelling achievement in deaf and hearing school children[J]. Journal of Deaf Studies and Deaf Education, 2006, (11): 273-288.

④ Robertson V S, Hapsburg D, Hay J S. The effect of hearing loss on novel word learning in infant-and adultdirected speech[J]. Ear and Hearing, 2017, 38: 701-713.

道，但是被试 S3 的三种感觉通道下的干预效果一般，这说明在干预过程中是否关注学龄前听障儿童独特的认知风格和情绪态度，对其词语唇读理解能力是有影响的。唇读的个体差异可能来自与生俱来的感知能力、认知能力和个体在或多或少的程度上发展这些能力的经验环境三者之间复杂的相互作用等。因此，在进行唇读训练的过程中，从生理学角度出发，关注个体认知和情绪情感差异，采用个性化的干预方式，及时调整干预手段，使干预效果最优化。与此同时，被试 S4 的训练效果是最好的，这可能归因于被试 S4 是被托管给老师的学生，放学后依然会进行语言训练，使得学校语言训练效果得以延伸和巩固，然而现状是，康复机构是学龄前听障儿童语言学习的主要场所，教师是其语言学习任务的主要承担者。因此，建议密切家校关系，开展多方合作，通过线下线上培训讲座等方式，既提高家长参与儿童语言学习的积极性，明确其在听障儿童早期康复中的作用，又提升家长的康复技能，营造良好的家庭语言学习氛围，加强学校与家庭语言训练的衔接性和持续性。

第三节 总结、启示与反思

一、总结

本研究采取单一被试实验研究法，以小学三年级学生和学龄前听障儿童为研究对象，目的在于探索镜前自我模仿策略和不同感觉通道在听障儿童词语唇读理解中的作用，得出如下研究结论。首先，镜前自我模仿策略影响着听障学生的汉语唇读理解能力，影响范围包括聋校不同班级、不同教学方式、有无语训经历。具体表现为：在使用镜前自我模仿策略后，康复班的汉字、词语和语句各层级的正确率均高于普通班；采用口语教学方式的听障学生的汉语唇读理解正确率高于采用手语教学方式；有语训经历的听障学生汉语唇读理解正确率高于无语训经历的听障学生。其次，在视听条件层面，①不同感觉通道条件下的词语唇读理解干预具有立即成效，三种感觉通道条件下都能够提升学龄前听障儿童词语唇读理解的能力，单一感觉通道条件下学龄前听障儿童词语唇读理解的效果不同；②不同感觉通道条件下的词语唇读理解干预具有维持成效；③听力情况、语言经验、认知风格与情绪态度等对学龄前听障儿童词语唇读理解的能力有影响。

二、启示

本章相关研究证实了镜前自我模仿策略、视听条件对听障学生的汉语唇读理解能力有影响。因此，在听障学生的康复训练和教育教学中，应着重利用镜前自我模仿策略和活用听障学生的视听条件，帮助听障学生改善口语表达能力和唇读识别及理解能力。首先，可利用镜前模仿原理开发相应软件以支持镜前练习的推广。例如，国外研究者开发了名为"MirrorMirror"的移动应用程序，它依据了镜前模仿的基本原理，允许用户通过记录与他们经常交谈人的视频来练习唇形及文字，并提供给用户是否为正确唇读的反馈[①]。该软件与单纯镜前训练相比，更贴近使用者的生活，且在关注字词的基础上能够获得对话的背景，与真实的唇读情境更为相似。其次，不同的感觉通道条件下干预的效果也不一致，并且都有各自的优势，这说明每一个听障学生的听力损失时间、听力损失程度、语言环境、语言习惯、语训经历、教育经历、父母状况、是否佩戴助听设备等等都有可能不同，这些不同也给听障学生的语言康复与语言干预训练带来许多影响。在以后的听障学生语言训练中，要根据听障学生的个人差异，开展有针对性的具身语言干预。

三、反思

研究首先采用了单一被试实验方法探究了镜前自我模仿策略和视听条件在听障儿童汉语唇读理解中的作用，但仅采用了单一被试实验这一种研究方法，缺少群组实验方法的验证。因此，在后期的实验中，可以在研究方法上进行补充，增加群组实验方法等验证镜前自我模仿策略、视听条件在听障学生汉语唇读理解中的作用，并通过完善实验设计，积极通过实证研究探索有利于提升听障学生汉语唇读理解能力的有效策略。

---

① Gorman B M, Flatla D R. A Framework for Speechreading Acquisition Tools[D]. University of Dundee, 2018: 127-159.

第八章 唇读理解研究对听障学生发展的启示

唇读作为一项视觉语言认知活动，无论是健听人还是听障者，都可以通过唇读说话人的口形、舌位等，进行语音识别及语言理解。唇读理解研究不仅有助于探明听障学生汉语唇读理解的发展规律，为听障学生语言发展和有效干预带来相关启示，其研究结果也为聋校沟通与交往课程更加科学和合理地开设提供相应思路。

第一节 唇读理解研究对听障学生语言发展的启示

根据文献综述的成果发现，健听人在婴幼儿时期获取的语言信息更多是视觉的，开始是视主听辅，随着听力系统的发展，视觉为主逐渐让位于听觉为主，主要依赖于听觉来获取语言信息。然而，听障者却能将视觉优势的唇读通过语言康复训练进行有效保持，发展规律是先升后降再回归稳定，如果能一直坚持通过镜前自我模仿的训练进行有效的干预，则能促进其唇读能力的发展，直至成为优秀的唇读者。通过眼动研究发现，听障者唇读过程中遵循"眼—口—眼"社会协调模式。听障学生的汉语唇读训练既要遵循汉语发展的一般规律，又要遵循唇读发展的特殊规律，更要采取有效的干预措施来提高听障者的汉语唇读识别与理解能力。

一、遵循唇读发展的特点，进行全程康复

本书主要从年龄段与年级段两个角度考察了听障者汉语唇读理解能力发展的特点。

首先，从年龄段的发展来看，根据唇读在年龄上的发展趋势，汉语唇读理解能力的干预越早越好，特别需要利用语言发展的关键期进行有针对性的语言康复训练，并能将康复训练一直坚持下去，直至人生的全程，树立全程康复的理念。在全程康复的过程中，要引导听障儿童从早期的被动训练逐渐过渡到个体自觉的主动训练，将语言康复训练融入到生活的各项活动之中，在生活中进行语言康复，在语言康复中学会沟通与交往。具体

来说，在婴幼儿时期，通过强化语言康复训练来提高听障儿童的唇读理解能力；在童年时期，听障儿童入学后可结合学校中的拼音教学进行语言康复训练，在拼音教学中将发音训练、注音训练与唇读训练进行有机结合；在青少年时期，通过激发他们康复训练的自主性并结合书面语的理解来加强唇读理解能力的训练。总之，听障儿童的语言康复训练在遵循"用进废退"规律的基础上重在保持与提高，做到越练越好！

在考察年龄发展趋势的基础上，将听障学生在不同学段的语言发展放到人生全程的角度综合分析发现：听障者在学前期进行过语言康复的，无论安置在普通幼儿园还是康复幼儿园，只要进行唇读训练，唇读理解能力尚佳；从小学到高中，因为语文教学中重视拼音教学、语言理解等方面的训练，唇读理解能力先升后降再回归平稳，能得到有效的维持；毕业走出学校后总体开始退化，但也有个体通过自我的全程语言康复表现出优秀的唇读理解能力。根据这一发展特点，可以考虑加强听障学生毕业离校后在语言训练方面的自学指导并提供唇读训练的指导手册与训练软件。

其次，从年级段的发展来看，各学段内的年级间听障学生汉语唇读理解表现并不存在显著差异，这表明不同阶段的学段教学差异并未对听障学生的汉语唇读理解能力产生显著影响。因此，不同学段听障学生的唇读理解训练应注意连续性，在遵循听障学生唇读理解的共性发展规律的基础上，关注听障学生的个体认知发展特点。

二、综合唇读发展的内容，凸显全面康复

本书主要从汉语唇读的语音识别与语言理解两个角度考察了听障者汉语唇读能力的发展，从唇读汉字、词语、语句三个语言级别分析了听障者汉语唇读理解能力发展的特点。

唇读能力的发展包括唇读的语音识别与语言理解两个方面的内容，在对听障儿童进行唇读能力发展训练的过程中需要从整体上来规划，不可将两者分离开来，研究发现，唇读识别能力强的听障儿童唇读理解能力相应较强。也就是说，听障儿童的汉语唇读识别能力与理解能力是相向而行，总体来看，他们的唇读汉语识别能力优于唇读的理解能力，汉语唇读理解的过程中存在着唇读的语音启动。

根据听障者汉语唇读理解汉字、词语与语句发展的结果，利用汉语唇读中的"词语优势效应"进行全面康复，处理好强项与弱项之间的关系，通过强项来带动弱项的发展。具体来说，可以根据汉语唇读理解中存在词语优于汉字与语句的情况，在对听障儿童进行汉语唇读理解能力训练时，

有针对性地以"词语"为中介进行"词中解字""句中显词"的强化训练；在婴幼儿时期，应加强汉语唇读汉字理解能力的训练，并将汉语唇读语音识别的训练与唇读理解能力的训练进行有机结合；针对青少年时期，唇读理解词语优于汉字、语句的特点，在听障学生的唇读训练中应注重对词语口形的理解训练，在编制聋校"沟通与交往"校本课程时，建议关注日常高频词语的唇读训练，以提升词语唇读理解能力为切入点，逐步提升对其他语言级别的唇读理解能力。在成年时期，应加强汉语唇读语句理解能力的训练，学会在语言交流过程中抓住语句中的关键词进行理解。

在全面康复的过程中，需要利用好多种感官，因为唇读尽管只涉及视觉，但也需要将听觉、触觉有效地予以利用，这有助于提高听障儿童的汉语唇读理解能力；需要将口语训练、手语训练、书面语训练三者进行有机的协调，其中口语训练中要将唇读训练与听觉语言康复训练进行有机结合，手语训练要发挥手指语的语音启动效应，促进听障儿童语音意识的发展，书面语训练要重点加强阅读理解能力的训练。全面康复中要注意将不同的内容从相互干扰发展成相互支持，重在形成良性循环，促进听障儿童汉语唇读能力的发展。

在全面康复的过程中，需要有效地激发听障儿童进行唇读识别与理解的兴趣，提高相应的知识水平与能力，树立良好的态度，形成自身的唇读策略。帮助听障学生建立口形与字词意义的联结，并且通过细致辨别、区分字词口形的细微变化，提升听障学生对唇读字词口形信息的语音感知和语音提取效率，以使他们快速掌握日常生活中常用的唇读字词，帮助听障学生建立汉语唇读理解的信心，为培养听障学生良好的唇读习惯打下基础。

唇读作为听障学生进行沟通与交往的重要参与形式，其社会属性要求听障学生沟通与交往的唇读训练应在一定的语境中进行，而不是脱离语境，过度强调听障学生对语音清晰度的感知效果，为了唇读训练而训练。首先，对于听障学生的唇读训练应提升教师和听障学生对唇读训练的认识，激发听障学生学习唇读的意愿，调动听障学生的学习兴趣，并通过创设唇读情境，鼓励听障学生积极、主动、创造性地在日常生活与课堂学习中进行唇读练习，增强听障学生通过唇读参与沟通与交往的成就感与自信心。其次，唇读训练应注重与聋校语文、数学等其他学科课程相联系，将唇读训练融入学科教学中，如学科教师注意引导听障学生积极、主动地唇读，鼓励听障学生通过唇读来理解各学科教师常用的课堂用语，由简入繁，培养听障学生良好的课堂唇读习惯。最后，应树立唇读理解的全局训练观，创建教师主导、家校社区联动参与的全局参与模式。教师作为唇读理解训练活动的组织者和引导者，应在认真认识听障学生汉语唇读理解发展规律的基础上，选择合适的教学内容，积极开发课程资源，创设唇读理解教学情境，灵活运用教学方法，创造性地开展教学活动，实施有效的唇读理解训练。而家长作为听障学生在家庭生活中的主要交往对象，应注重加强与学校教学活动的对接，在家庭生活中注意营造口语交流的环境，为听障学生创设唇读理解的生活应用场景，在具体的生活情境中强化并巩固听障学生的唇读理解训练成果。在社区中，呼吁社区群众为听障学生营造和谐融洽的沟通与交往氛围，鼓励群众通过与听障学生进行简短的口语问候等方式为听障学生的社区融入提供机会，增强听障学生融入社会沟通与交往的信心。

三、根据唇读发展的个体特点，进行具身康复

根据影响听觉障碍者汉语唇读理解能力发展的因素以及单一被试实验与以往有关优秀听障唇读个案研究的探讨，尽管在忽略各种影响因素作用的情况下根据大样本的群组实验研究发现汉语唇读理解能力的总体发展趋势是先升后降再稳定，但小样本的单一被试实验研究以及个案研究发现不同个体有不同的特点，特别是有的个体终身都保持良好汉语唇读识别与理解能力，如笔者亲自访谈的在武汉某高校读本科的唐某，与笔者现场交流无人辅助的情况下能通过唇读与笔者进行顺利的沟通与交往。因此，听障儿童的语言康复训练需要根据个体发展的特点，进行具身康复，实现量身定制，量体裁衣，量力而行。

具身发展是指每个康复机构和人员需要在遵循听障儿童身心发展规律的前提下明确发展的进程、内容和目标，并根据听障儿童自身的需要确定发展的速度、重点、程度等。具体来说，每个儿童在全面康复过程中首先表现出来的是发展进程相同但速度不同，如听障儿童与普通儿童相比，发展进程是相同的，都遵循同样的发展规律，但是听障儿童的语言发展速度大多比普通儿童慢。其次是发展内容相同但重点不同，如听障儿童群体内部需要培养沟通与交往的能力、社会适应能力、生活自理能力等，但是侧重点各有不同，有的需要强化生活自理能力，有的需要强化沟通与交往能力，有的则需要强化社会适应能力等。最后是发展目标相同但程度不同，如听障儿童与普通儿童一样，他们的发展目标都是全面发展，但是程度上有所不同，听障儿童的发展程度较普通儿童更具有针对性，以便规划其生涯发展。

鉴于听障儿童在听觉上的特殊性，而语言对于听觉通道具有天然的适应性，就需要康复机构和人员根据听障儿童身体的差异构建符合每个独特的身体所需要的语言康复模式。首先，每名听障儿童具身的听力状况不同，

听力损失的程度与性质不同，可能潜在地影响他们获取语言的渠道，对于听力损失程度较轻的儿童来说，通过佩戴助听器可以解决语言问题，但对于听力损失程度极重的儿童来说，试图通过植入人工耳蜗途径打通天然的听觉通道有无法突破的局限性，因此手语或唇读对于他们可能具备天然的适应性。这也可能是大多数听障儿童为何选择手语作为沟通与交往方式的原因之一，当然也有部分儿童利用唇读走出了自己人生的阳光大道。其次，每名听障儿童具身的心智状态不同，有的听障儿童为了融入主流社会能克服各种困难，主动学会利用听觉途径（残余听力或利用听觉辅助设备）或视觉途径（微弱的唇语信息）通过推理、猜测等推断健听人的讲话内容。最后，每名听障儿童具身的处境不同，有的听障儿童的家庭氛围有利于其语言训练，而有的则未必那么幸运地有较高潜质的语言训练师般的家长。

既然每名听障儿童语言发展的具身状态千差万别，那么为听障儿童提供语言康复的机构就应该尽量为他们提供多种语言刺激，倡导全面语言康复模式，以便使其能在接受语言康复过程中感知丰富的语言刺激，并能有机会进行语言发展的具身决策。当然，不同的康复机构可以在全面语言康复模式下针对听障儿童的身心特点做适度调整，体现自己的办学特色，但不应该一味追求单一形式的语言康复模式，让所有的听障儿童走独木桥，可能有人认为单一形式的语言康复可以让他们专心学好语言，殊不知专心中的一心一用更多针对注意的分散，而注意分配的特点告诉我们要学会一心多用，康复过程中的口语、手语、书面语等不同语言形式同时呈现时，恰恰需要听障儿童能够学会一心多用，与此同时还要学会将多种形式的语言进行综合。全面语言康复可以为所有的听障儿童提供多元的选择，很多成功康复的听障儿童的语言发展都具有具身发展的烙印。

因此，康复机构在针对听障儿童进行全面康复训练时应走具身发展之路，选择适合不同个体的适当康复路径，让他们达到最佳康复效果，并能利用语言这一独特的工具在五彩斑斓的世界中学会过有尊严的幸福生活。

四、结合唇读发展的影响因素，实施生活康复

根据听障者汉语唇读识别与理解能力发展的研究发现，训练人员如果采用生活语言对听障儿童的唇读理解能力进行生活训练,康复的效果较好。发挥唇读在沟通与交往中的作用,显性作用是能够通过口形获取语音信息,隐性作用是通过视觉观察表情、面部特征等获取语言理解的相关线索。

因此，训练人员在生活康复中要把握两个原则：在生活中进行语言康复，在语言康复中生活；利用好三种生活——在社会生活中进行语言康复，指导他们在交往中注意观察讲话者的口形；在家庭生活中进行语言康复，家长要学会指导儿童利用家中的镜子进行镜前练习，既可以由家长与儿童一起进行，也可以由儿童自己练习；在学校生活中进行语言康复，利用律动教室的墙面玻璃进行镜前练习，利用课堂教学中的师生交往规范唇读交流，利用同伴交往的机会进行康复。通过实施生活康复，在提升听障儿童唇读能力的基础上发展他们的语言能力、沟通与交往能力、社会适应能力。语言康复训练要重视在日常生活中的唇读训练，通过日积月累，实现全程康复。日日练，全程练。正如姚登峰自述："有时千百次，甚至上万次地重复一个句子，让我模仿跟读来感受声调，直至高中毕业，离开父母考入大学，乃至大学放寒暑假回家，语言康复训练仍然是我的日常课，它已融入我生命的成长过程。"[①]语言康复最终的目的是为了听障儿童在学校能学习好科学文化知识，在社会中能与健听人正常沟通交往，因此，既要将听障儿童的"语言康复训练与语文知识的学习有机地结合起来"[②]，"一日复一日的康复训练，不仅没有耽搁我的文化学习，然而加深了我对课文的理解"[③]，也要将语言康复训练与沟通交往结合起来[④]，达到语言学以致用的目的。

对于听障者来说，要想融入主流社会，尽管唇读不一定是万能的，但是没有唇读是万万不能的。听障儿童的全面康复应该坚持在具体的实践行动中进行，秉承在"生活中康复，在康复中生活"的基本理念，倡导全面供给、综合干预、个体选择、具身发展的路径。只有全面供给才有可能实现综合干预，只有对个体实施综合干预，个体才有可能进行有效的选择（即个体选择），个体选择在保证合适、有用、有效的前提下才能真正实现个体在康复过程中的具身发展。

第二节　唇读理解研究对聋校"沟通与交往"课程开设的启示

近年来，随着 2007 年教育部《聋校义务教育课程设置实验方案》（以

---

① 姚登峰, 杜在新. 登峰——从无声世界走来的清华博士[M]. 北京: 中国社会出版社, 2017: 127.
② 姚登峰, 杜在新. 登峰——从无声世界走来的清华博士[M]. 北京: 中国社会出版社, 2017: 127.
③ 姚登峰, 杜在新. 登峰——从无声世界走来的清华博士[M]. 北京: 中国社会出版社, 2017: 128.
④ 雷江华. 特殊儿童沟通与交往[M]. 上海: 华东师范大学出版社, 2017: 40-66.

下简称《方案》)的颁布,以及 2016 年教育部《聋校义务教育沟通与交往课程标准》(以下简称《课标》)的制定,听障学生沟通与交往能力的培养越来越引起各方关注,全国各大聋校都在积极探索"沟通与交往"课程的科学构建与合理实施。本书结论也为聋校"沟通与交往"课程更为科学、合理地开展提供借鉴,并对听障学生沟通与交往能力的良好发展起到进一步的促进作用,帮助他们更好地融入主流社会。

一、坚持课程基本理念,重视唇读训练的地位与作用

听力损失影响了听障学生语言能力的发展,进而限制了其沟通与交往能力的有效提升。聋校"沟通与交往"课标基本理念强调通过发展听障学生的沟通与交往技能,帮助听障学生克服沟通与交往障碍,提升社会适应能力。基于以生为本的教育思想,课标指出"沟通与交往"课程的开展应该面向全体学生,遵循认知规律,关注听障学生不同特点和个体差异,同时主张在紧密联系听障学生生活的基础上结合实践活动,帮助听障学生掌握多种沟通策略[①]。唇读是听障学生获取视觉语言信息的重要方式,也是提升听障学生沟通与交往能力进而融入主流社会的有效策略之一。所以课程设计思路整体一贯地强调了唇读训练的作用和地位,并分别指出了不同学段听障学生唇读训练的具体目标和教学建议。本项听障学生汉语唇读理解发展研究围绕课标基本理念,通过文献分析明晰目前国内外听障儿童唇读理解研究进展,通过系列实验研究既整体探讨了听障学生汉语唇读理解的发展趋势,又从不同年龄段和学段出发细致考察了听障学生在汉字、词语和语句不同语言级别中唇读理解能力的发展特点,并结合听障学生个体差异初步分析了听力辅助、听觉损失程度、家庭语言环境、认知风格等因素对听障学生汉语唇读理解能力发展的影响,进而探究镜前自我模仿、视听条件等各类干预策略在听障学生汉语唇读理解中的作用。本书结果从理论和实证双层面佐证了沟通与交往课程中开设唇读训练相关课程的必要性。一方面,从听障学生唇读理解整体发展规律而言,在从听障幼儿发展到听障高中生的不同年级段或年龄段中,听障幼儿唇读理解能力较强,随后则出现唇读理解能力下降的趋势,该结果表明听障学生的唇读理解能力并不会随着年级或年龄的增长而自然提高,需要结合听障学生的具体需求从词语到汉字和语句逐渐开展唇读理解能力的训练。另一方面,研究结果

---

① 中华人民共和国教育部. 聋校义务教育沟通与交往课程标准(2016 年版)[G]. 北京: 人民教育出版社, 2018: 2.

显示科学合理的唇读干预训练对较多佩戴听觉辅助设备的低龄段听障学生而言，能以"听"促"看"，又以"看"辅"听"，以使其语言康复效果实现最优化。对中高龄段听障学生而言，能够促使其在不同的场景中充分结合手语、笔谈等多种沟通方式实现社会融合。因此，唇读理解对于听障学生的重要作用要求沟通与交往课程应继续坚持唇读训练，在第一学段（1—3年级）和第二学段（4—6年级）依据听障学生沟通与交往的需要，科学嵌入包含唇读训练的口语教学内容。同时应适当将唇读训练向初高中学段进一步延伸，进而维持、稳固、提高听障学生唇读理解能力，为其今后更好地学习和工作创设条件，真正将沟通与交往的精神内核与听障学生的生涯发展紧密结合，扩大听障学生参与社会生活的范围并提高其质量。

二、整体设计课程目标，依学段和年龄细化唇读目标

聋校沟通与交往课程总目标和分学段目标中都涵盖了唇读训练的内容，总目标指出促进听障学生初步掌握口语、手语、笔谈等多种沟通与交往的方式，学习沟通与交往的基本策略，针对不同沟通对象，采用灵活恰当的沟通方式，形成沟通与交往的能力，提高自身的人文素养[1]。本书结果证实听障幼儿具备一定的唇读理解能力，并能够在科学有效的干预下实现能力的增长，这也与课程总目标"听障学生初步掌握口语等沟通方式"的要求相一致。因而沟通与交往课程的开展应继续坚持以课标为总体纲要，以课程总目标为导向，依据听障学生唇读理解发展规律，将沟通与交往课程中不同学段的唇读训练教学内容相互衔接，有机整合，以更好促进听障学生沟通与交往能力的提升。目前课标指出第一学段（1—3年级）唇读训练教学内容包括培养听障学生主动唇读的意识，能够通过看说话人的口形和表情，理解口形与实物、模型、动作、图片、文字之间的关系和话语意义等，看懂一般称谓、学科教学常用术语、简单的礼貌用语等，以及初步掌握唇读的基本技巧，保持适当的距离、方位、角度等[2]。根据研究结果，第一学段的听障学生汉语词语唇读理解能力相对于汉字和语句理解能力较强，所以此阶段沟通与交往课程的开设应注重以关键词语为突破点，做到字在词中教、词在句中学，以唇读理解词语带动其他语言级别唇读理解能力的发展。教师可联系具体的生活场景信息帮助听障学生理解词语的具体

---

[1] 中华人民共和国教育部. 聋校义务教育沟通与交往课程标准（2016年版）[G]. 北京：人民教育出版社, 2018: 5.
[2] 中华人民共和国教育部. 聋校义务教育沟通与交往课程标准（2016年版）[G]. 北京：人民教育出版社, 2018: 6.

含义，抓住语言发展敏感期，帮助其建立丰富的词汇网络体系，提升其认知加工速度，并为语句等更高语言级别唇读理解的实现奠定基础。这与发音训练中由声韵母发音练习过渡到单音节（汉字），再由单音节过渡到双音节（词语）、短语或句子的训练顺序有所不同。因此唇读理解训练和发音训练虽有一定联系，却要遵循不同的训练步骤和训练体系。我们需要在实践中进一步深入、系统地探索听障幼儿唇读理解训练的内容框架体系。同时第一学段中一年级听障学生相对于其他年级而言，唇读理解认知加工速度较慢，因此应在小学伊始阶段就加强唇读理解训练，为学生创造唇读的环境，增加学生唇读的机会，以此提高学生的唇读理解反应速度。课标关于第二学段（4—6年级）进一步要求听障学生在前一阶段的基础上，看懂各学科教师常用的课堂用语，能够根据语境看懂简单的陈述句、疑问句、祈使句，在具体情境中，结合说话人的口形和表情，抓住关键词，基本理解对方表达的意思[①]。研究发现第二学段听障学生依然在词语级别上的唇读理解能力更强，因此此阶段听障学生唇读训练内容应继续坚持以关键词为突破口，辅以面部表情理解训练，促进听障学生唇读理解能力又好又快地全面发展。同时本书发现，虽然不同年级段听障学生的唇读理解能力并未有显著差异，但不同年龄段听障学生的唇读理解能力却并不相同，5—9岁和10—14岁听障学生的汉字、词语和语句唇读理解能力均优于15—19岁学生，这可能是由听障学生年级发展与年龄水平的不匹配所导致，即健听学生同一年级的年龄相对相仿，而听障学生常出现同一年级年龄发展水平差距较大的现象。因此听障学生的唇读理解能力随着年龄的发展表现出不同于年级发展的规律。虽然课程目标多以学段为标准进行设计，但教师应在领会课程标准基本教学内容的基础上，考虑本校是否存在同一年级听障学生年龄发展水平差距较大的现象，进而从年级和年龄两个层面细化并整合唇读目标，在把握同一年级听障学生异质性发展水平的基础上，结合其语言优势和发展需求进行差异化教学。

三、延伸拓展课程内容，注重唇读能力全程发展

目前沟通与交往课程标准中具体教学内容仅限于1—6年级，而较少涉及其他年级段和年龄段听障学生唇读训练的目标和内容。本书结果显示学前听障幼儿（4—6岁）的唇读理解能力发展呈现总体上升趋势，在6岁

---

① 中华人民共和国教育部. 聋校义务教育沟通与交往课程标准(2016年版)[G]. 北京：人民教育出版社，2018: 7.

时略有回落。目前聋校的学前段较为强调对听障幼儿进行早期听觉和语言训练，尤为重视对听障幼儿的发音训练，这也是 4—5 岁听障幼儿唇读理解能力显著上升的主要原因。在 5 岁左右，随着助听器和人工耳蜗的听觉辅助作用得以充分发挥以及听障幼儿本身语言技能的逐渐成熟，他们更倾向于利用听觉通道进行语言输入，降低对视觉言语线索的利用程度，这可能是导致听障幼儿后期和学龄段听障学生唇读能力下降的主要原因。这提示我们，沟通与交往课程开设过程中，唇读训练的内容不应仅从学龄段开始，而应坚持早期干预的原则，在听障幼儿接受语言训练的整个学前阶段，秉承双通道干预理念，实现听觉语言理解与视觉语言理解训练并驾齐驱，为学龄期听障学生唇读能力的进一步提升和多元沟通与交往能力的形成打下基础。同时研究显示，听障学生的唇读训练也不应终止于小学段的结束，而应进一步向初高中学段延伸和拓展。结果表明，就唇读理解整体发展而言，15—16 岁、17—18 岁以及 19—20 岁听障学生的汉语唇读理解能力显著低于 13—14 岁的听障学生，即 14 岁以后听障学生的唇读理解能力逐渐下降，此种下降趋势同样表现在汉字、词语和语句等具体语言级别的发展规律中。考虑这可能与高龄段听障学生唇读训练不足导致唇读意识下降有关，因此唇读训练应当继续延伸至后续学龄段，在继续遵循词中渗字，以词带句的原则的基础上，结合相关思维推理能力训练，增强语句等更高级别唇读理解能力的提升，充分发挥唇读在听障学生从学龄前到学龄期甚至整个生涯发展中的作用。

四、整合多种教学策略，尊重听障学生个体差异

课标指出沟通与交往课程力求面向全体听障学生，以整体化为统领，以个别化为原则，关注听障学生的不同特点和个体差异[①]。本书发现听力损失、听觉辅助、家庭交流环境、语训经历、个体认知风格等均是影响听障学生唇读理解能力的重要因素，因而沟通与交往课程的具体实施需考虑针对不同类型的听障学生，采取差异化教学策略。具体而言，研究发现，在听力损失发生时间上，与语后发生听力损失的听障青少年相比，语前发生听力损失的听障青少年，语句唇读理解能力更强，但在汉字和词语上的唇读理解能力差异较小，因此应正确认识听力损失，针对不同听力损失发生时间的青少年采取不同的口语训练策略。在听觉辅助上，发现听觉辅助

---

① 中华人民共和国教育部. 聋校义务教育沟通与交往课程标准(2016 年版)[G]. 北京: 人民教育出版社, 2018: 14.

对听障青少年和成人的汉语唇读理解具有显著的促进作用，因此沟通与交往课程的开设应秉承多通道的语言训练理念，不仅注重以"看"辅"听"，也应关注以"听"促"看"，提升听障青少年整合利用多通道语言信息的能力。在家庭交流环境上，类似于唇读识别研究结果，研究发现与以手语为主的环境相比，生活在以口语交流为主环境中的听障青少年的唇读理解能力更强，因此沟通与交往课程内容的运用不应局限于课堂或学校之中，而应拓展至家庭之中，尽可能发挥口语家庭交流环境对听障学生汉语唇读理解的积极作用，为听障学生提供更多口形模仿的机会，帮助其有意识地培养自身口形模仿的习惯，并通过日常直观的唇读锻炼，对汉语发音的口形进行表征及有意识的记忆，从而在唇读中能够对汉语信息进行更为准确的识别和理解。在认知风格中，研究发现场独立型听障幼儿唇读理解能力优于场依存型听障幼儿，因此唇读训练应基于个体认知风格差异采取针对性措施，根据场依存型学前听障儿童依赖外部线索、易受环境因素影响的认知特点，可在其语言康复训练中添加适量的线索提示，并对其反应积极给予反馈，以帮助其理解语言信息。场独立型学前听障儿童更多地依赖内部线索，应为其提供独立思考、解决问题的空间，排除过多干扰。此外，课程的开设也应考虑听障学生的语训经历、熟悉效应等其他各方面影响因素对其学习效果的影响，具身把握学生个体特点，整合多种教学策略，有效发挥唇读在提升听障学生沟通与交往能力中的正向功能。

五、采用多元评价方式，综合考察聋生唇读理解能力

课标指出"沟通与交往"课程评价应注重评价主体的多元与互动，恰当选用多种评价方式，突出课程评价的过程性、整体性和综合性[①]。在口语评价的具体建议中，指出唇读能力的评价要综合听障学生对说话口形、表情、语意等方面的辨别和理解。结合本书中眼动研究部分发现唇读理解依赖于全面部信息的有效整合，并非仅仅依赖于单一口形区域的加工，所以在考察聋生的唇读能力时，不仅要重视其对口形信息的提取能力，而且要关注聋生对语调、韵律、表情等副语言信息的把控情况，有机结合多类指标实现对听障学生唇读理解能力的综合考察。就听障学生在汉字、词语、语句等不同语言级别唇读理解能力上的差异而言，唇读能力的评价应考虑从不同语言级别出发，彼此有机结合后综合考察听障学生的唇读能力。从

---

① 中华人民共和国教育部. 聋校义务教育沟通与交往课程标准(2016 年版)[G]. 北京: 人民教育出版社, 2018: 18.

唇读理解能力的发展特征出发，不同年级段和年龄段的听障学生唇读理解能力的发展有其自身发展规律，不可将评价结果过分直接比较，而应关注听障学生在每一阶段的表现和进步，以发展性评价促进听障学生唇读理解能力的全程发展。从唇读理解能力受到诸多因素的影响出发，评价方式应继续坚持课标指出的定性评价与定量评价相结合，教师评价、学生评价和家长评价相结合，如研究发现的熟悉效应就表明唇读理解能力评价的主体应多元化。因此，沟通与交往课程评价方式应继续注重评价的多元性和互动性，让听障学生和教师在评价过程中相互调适与进步，促进课程标准的精准落实。

参考文献

白银婷, 唐文婷. 2012. 3—5 岁听障儿童与健听儿童形容词理解能力的比较研究. 中国特殊教育, (4): 32-35.

曹漱芹, 李鹏. 2017. 单一被试研究在我国特殊教育研究中的应用现状、问题及对策. 中国特殊教育, (4): 15-22.

岑麒祥. 2013. 语音学概论. 北京: 商务印书馆.

陈宝国, 宁爱华. 2005. 汉字识别中的同音字效应: 语音影响字形加工的证据. 心理学探新, 25(4): 35-39.

崔婷. 2015. 镜前自我模仿策略在听障儿童唇读汉语元音识别中作用的单一被试实验研究. 武汉: 华中师范大学.

崔希亮. 2009. 语言学概论. 北京: 商务印书馆.

邓蓓, 宋艳辉, 冯莲, 等. 2011. 国内引文分析领域研究状况的可视化分析——基于论文数量、作者、主题词的知识图谱分析. 情报杂志, 30(6): 91-97.

杜晓新. 2001. 单一被试实验法在特殊教育研究中的应用. 中国特殊教育, (1): 8-10.

段弘艳. 2017. 学前儿童故事理解评估材料的编制及其在听障儿童中的应用. 上海: 华东师范大学.

方杰, 李小健, 罗畏畏. 2014. 汉语音节累积词频对同音字听觉词汇表征的激活作用. 心理学报, 46(4): 467-480.

方俊明, 雷江华. 2015. 特殊儿童心理学(第 2 版). 北京: 北京大学出版社.

方俊明. 2005. 特殊教育学. 北京: 人民教育出版社.

冯会. 2016. 不同感觉通道条件下听障儿童汉语元音识别的单一被试实验研究. 武汉: 华中师范大学.

高晓慧, 万勤, 惠芬芬, 等. 2016. 对听障儿童言语不流畅问题的干预研究. 中国特殊教育, (12): 17-25.

宫慧娜. 2016. 听障学生汉语唇读理解能力的实验研究. 武汉: 华中师范大学.

勾柏频, 李镇译, 田晶. 2017. 积极行为支持干预聋生攻击行为的研究. 现代特殊教育(高等教育研究), (9): 27-31.

郭玉祺. 2015. 听障幼儿家庭语言康复误区及对策研究. 绥化学院学报, (1): 63-66.

国务院. 2016. 国务院关于加强困境儿童保障工作的意见. http://www.gov.cn/zhengce/content/2016-06/16/content_5082800.htm[2021-11-4].

韩礼德. 2007. 婴幼儿的语言. 北京: 北京大学出版社.

贺荟中. 2003. 聋生与听力正常学生语篇理解过程的认知比较. 上海: 华东师范大学.

胡金秀, 白银婷, 黄昭鸣. 2011. 听障儿童声带小结个案研究. 中国听力语言康复科学杂志, (6): 49-51.

季佩玉, 简栋梁, 程益基. 2000. 聋教育教师培训教材. 北京: 中国盲文出版社.

简栋梁. 2004. 以口语为主导的全沟通教学. 中国听力语言康复科学杂志, (4): 30-31.

教育部, 国家发展改革委, 民政部, 等. 2017. 教育部等七部门关于印发《第二期特殊教育提升计划(2017-2020 年)》的通知. http://www.gov.cn/xinwen/2017-07/28/content_5214071.htm[2021-11-4].

金阳天, 王虹, 欧阳国亮. 2014. 语音开口度对共振峰频率的影响. 中国刑警学院学报, (3): 48-51.

金野, 肖永涛. 2008. 助听器配戴者音调、音质异常干预的个案研究. 中国听力语言康复科学杂志, (5): 43-45.

柯琲, 雷江华. 2015. 个案研究与单一被试实验研究的应用比较. 绥化学院学报, (1): 119-123.

克雷格·肯尼迪. 2014. 教育研究中的单一被试设计. 北京: 华夏出版社.

雷江华. 2006. 听觉障碍学生唇读汉字语音识别的实验研究. 上海: 华东师范大学.

雷江华. 2009. 听觉障碍学生唇读的认知研究. 北京: 中国社会科学出版社.

李明扬. 2011. 听障儿童的语言智能测评研究. 南京: 南京师范大学.

李寿欣, 徐增杰, 陈慧媛. 2010. 不同认知方式个体在语篇阅读中抑制外部干扰的眼动研究. 心理学报, 42(5): 539-546.

林崇德. 2003. 心理学大辞典. 上海: 上海教育出版社.

凌辉, 黄希庭. 2008. 场依存-独立性认知方式与儿童自立水平的关系. 中国临床心理学杂志, (4): 384-386.

刘金平, 王金娥. 2005. 心理学研究的单一被试设计评价. 河南大学学报(社会科学版), (1): 138-141.

刘全礼. 2007. 残障儿童的早期干预概论. 天津: 天津教育出版社.

刘文, 廉欢. 2012. 单一被试实验法在教育学和心理学研究中的应用. 湖南师范大学教育科学学报, (2): 100-105.

卢袁芳. 2015. 4-6 岁听障儿童对话理解与听觉记忆的特征及关系研究. 上海: 华东师范大学.

陆巧玲. 2001. 词汇教学中的语境问题. 外语与外语教学, (6): 32-34.

罗婷, 焦书兰. 2002. 认知加工速度研究中常用的实验和统计方法. 心理科学进展, 10(2): 21-28.

朋文媛. 2014. 听障儿童唇读汉字识别与理解的比较研究. 武汉: 华中师范大学.

朴永馨, 顾定倩, 邓猛. 2006. 特殊教育辞典(第二版). 北京: 华夏出版社.

邵敬敏. 2012. 现代汉语通论精编. 上海: 上海教育出版社.

史蒂芬·平克. 2015. 语言本能: 人类语言进化的奥秘. 欧阳明亮译. 杭州: 浙江人民出版社.

寿天德. 1997. 视觉信息处理的脑机制. 上海: 上海科技教育出版社.

宋广文, 韩树杰. 2007. 场依存-独立认知方式干扰抑制的比较. 心理与行为研究, (2): 100-104.

孙久荣. 2001. 脑科学导论. 北京: 北京大学出版社.

汤盛钦, 曾凡林, 刘春玲. 2007. 教育听力学. 上海: 华东师范大学出版社.

唐超. 2011. 不同认知风格幼儿看图叙事研究. 西安: 陕西师范大学.

唐文研. 2010. 听障人士汉语书面语句法研究. 上海: 华东师范大学.

童欣, 曹宏阁, 康顺利. 2009. 分析借鉴美、俄聋人高等全纳教育经验——以美国国家聋人工学院和俄罗斯鲍曼技术大学聋人中心为例. 中国特殊教育, (4): 30-35.

汪斯斯. 2011. 语音编码在听障大学生唇读不同形态汉语元音识别中的作用. 武汉: 华中师范大学.

王偶偶, 张积家. 2011. 语训和助听对聋生语音意识发展的影响. 中国特殊教育, (1): 33-37.

王萍, 黄钢, 杨少文. 2008. 聋童社交焦虑障碍沙盘游戏治疗的倒返设计研究. 中国健康心理学杂志, (12): 1375-1378.

王强虹. 1997. 聋生看话能力的调查. 中国特殊教育, (2): 15-19.

韦小满, 刘宇洁, 杨希洁. 2014. 单一被试实验法在特殊儿童干预效果评价中的应用. 中国特殊教育, (4): 27-30.

沃建中, 闻莉, 周少贤. 2004. 认知风格理论研究的进展. 心理与行为研究, (4): 597-602.

乌兰. 2007. 植入人工耳蜗另侧配戴助听器个案研究. 中国听力语言康复科学杂志, (5): 52-53.

吴春艳, 罗娜, 秦艳芳. 2015. 论特殊教育研究方法的发展特点及趋势. 四川民族学院学报, 24(4): 85-91.

肖永涛, 胡金秀, 郑钦. 2010. 听障儿童喉位聚焦治疗策略个案研究. 中国听力语言康复科学杂志, (2): 47-50.

校双. 2018. 听障儿童语义分类特点及干预研究. 济南: 济南大学.

邢福义, 吴振国. 2010. 语言学概论(第二版). 武汉: 华中师范大学出版社.

徐诚. 2013. 唇读研究回顾: 从聋人到正常人. 华东师范大学学报(教育科学版), (1): 56-61.

徐英. 2017. 学前听障儿童语言康复训练的个案研究. 现代特殊教育, (17): 79-80.

许海燕. 2016. 学前听障儿童语言发展影响因素的研究. 现代特殊教育, (14): 44-47.

闫嵘, 俞国良, 张磊. 2005. 双语儿童语音意识与词汇认读关系的研究. 心理科学, (2): 304-307.

杨娟. 2012. 不同视野位置下聋人注意捕获的眼动研究. 西安: 陕西师范大学.

姚登峰, 杜在新. 2017. 登峰: 从无声世界走来的清华博士. 北京: 中国社会出版社.

佚名. 2018.江梦南励志故事: 激励宜章10.5万青少年. http://www.rmlt.com.cn/2018/0530/519883.shtml?from=singlemessage[2021-11-4].

余敦清, 余小燕. 1997. 听力残疾孩子家庭康复的模拟实验. 中国特殊教育, (1): 29-37.

张积家, 李德高, 吴雪云. 2008. 青少年聋生的分类学联系. 心理学报, (11): 1178-1189.

张建莉. 2017. 提高听障儿童呼吸支持能力的个案研究. 现代特殊教育, (17): 77-78.

章勇, 邱思财. 2015. 聋儿人工耳蜗植入术后呼吸方式异常的干预. 现代特殊教育, (21): 62-64.

赵斌, 王婷. 2014. 材料呈现方式对聋生语言理解的影响研究. 中国心理卫生协会残疾人心理卫生分会第十届学术交流会论文集: 181-190.

赵俊杰, 张树一. 2010. 聋生看话能力的调查与分析. 现代特殊教育, (1): 18-22.

中华人民共和国教育部. 2018. 聋校义务教育沟通与交往课程标准(2016年版). 北京: 人民教育出版社.

钟梅, 邱建新. 2017. 双耳双模式聆听的优势及目前存在的问题. 国际耳鼻喉头颅外科杂志, 41(4): 237-239.

周明强. 2011. 词汇歧义消解的认知解析. 语言教学与研究, (1): 62-68.

中国残疾人联合会. 2018. 2017 年中国残疾人事业发展统计公报[残联发(2018)24 号]. http://www.gov.cn/shuju/2018-04/26/content_5286047.htm[2021-11-4].

中国残联办公厅. 2018. 中国残联办公厅关于 2018 年 4 月残疾人精准康复服务行动实施情况的通报. https://www.cdpf.org.cn/zwgk/ggtz1/501701110f854703aa67bc8f46b72d3b.htm[2021-11-4].

Alegria, J., Charlier, B., & Mattys, S. 1999. The role of lip-reading and cued speech in the processing of phonological information in French-educated deaf children. European Journal of Cognitive Psychology, 11(4): 451-472.

Andersson, U., Lyxell, B., Ronnberg, J., et al. 2001. Cognitive correlates of visual speech understanding in hearing-impaired individuals. Journal of Deaf Studies and Deaf Education, (6): 103-115.

Auer, E. T., & Bernstein, L. E. 2007. Enhanced visual speech perception in individuals with early-onset hearing impairment. Journal of Speech, Language, and Hearing Research, (50): 1157-1165.

Barenholtz, E., Mavica, L., & Lewkowicz, D. J. 2016. Language familiarity modulates relative attention to the eyes and mouth of a talker. Cognition, 147: 100-105.

Bavelier, D., Newport, E. L., Hall M L, et al. 2006. Persistent difference in short-term memory span between sign and speech: implications for cross-linguistic comparisons. Psychological Science, 17(12): 1090-1092.

Bennett, J. G., Gardner, R., Leighner, R., et al. 2014. Explicitly teaching English through the air to students who are deaf or hard of hearing. American Annals of the Deaf, 159(1): 45-58.

Bernstein, L. E., Auer, E. T., & Tucker. P. E. 2001. Enhanced speechreading in deaf adults: can short-term training/practice close the gap for hearing adults? Journal of Speech, Language, and Hearing Research, (44): 5-18.

Bernstein, L. E., Demorest, M. E., & Tucker, P. E. 2000. Speech perception without hearing. Perception & Psychophysics, 62(2): 233-252.

Bernstein, L. E., Hahn, C. S., Hayes, O. M. 2004. Specific and general language performance across early childhood: stability and gender considerations. First Language, 24(3): 267-304.

Bookheimer, S. 2002. Functional MRI of language: new approaches to understanding the cortical organization of semantic processing. Annual Review of Neuroscience, 25: 151-188.

Bornstein, M. H., Hahn, C. S., & Hayes, O. M. 2004. Specific and general language performance across early childhood: stability and gender considerations. First Language, 24(3): 267-304.

Boyes-Braem, P., & Sutton-Spence, R. L. 2001. The Hands Are the Head of the Mouth. Hamburg: Signum Press.

Brasel, K. E., & Quigley, S. P. 1977. Influence of certain language and communication environments in early childhood on the development of language in deaf individuals. Journal of speech and Hearing Research, 20(1): 95-107.

Campbell, R., & Capek, C. 2008. Seeing speech and seeing sign: insights from a fMRI study.

International Journal of Audiology, 47(2): S3-S9.

Capek, C. M., MacSweeney, M., Woll, B., et al. 2008. Cortical circuits for silent speechreading in deaf and hearing people. Neuropsychologia, 46(5): 1233-1241.

Chen, C. 2006. CiteSpace II: detecting and visualizing emerging trends and transient patterns in scientific literature. Journal of the American Society for Information Science and Technology, 57(3): 359-377.

Chiou, G. I., & Hwang, J. N. 1997. Lipreading by using snakes, principal component analysis and hidden Markov models to recognize color motion video. Transactions on Image Processing, 6(8): 1192-1195.

Cochran, K. F., & Davis, J. K. 1987. Individual difference in inference processes. Journal of Research in Personality, (21): 197-210.

Coleman, M. B., MacLauchlan, M. P., Cihak, D. F., et al. 2015. Comparing teacher-provided and computer-assisted simultaneous prompting for vocabulary development with students who are deaf or hard of hearing. Journal of Special Education Technology, 30(3):145-156.

Corinne, T., Franois, C., Patrice, V., et al. 2007. Speech and non-speech audio-visual illusions: a developmental study. PLoS ONE, 2(1): e742.

Dai, Y., & Nakano, Y. 1996. Face-texture model based on SGLD and its application in face detection in a color scene. Pattern Recognition, 29(6): 1007-1017.

Dancer, J., Krain, M., Thompson, C., et al. 1994. A cross-sectional investigation of speechreading in adults—effects of age, gender, practice, and education. Volta Review, 96(1): 31-40.

Davies, R., Kidd, E., & Lander, K. 2009. Investigating the psycholinguistic correlates of speechreading in preschool age children. International Journal of Language & Communication Disorders, (44): 164-174.

Daza, M. T., Phillips-Silver, J., & Ruiz-Cuadra, M. M. 2014. Language skills and nonverbal cognitive processes associated with reading comprehension in deaf children. Research in Developmental Disabilities, 35(12): 3526-3533.

Desjardins, J. L. 2016. Analysis of performance on cognitive test measures before, during, and after 6 months of hearing aid use: a single-subject experimental design. American Journal of Audiology, 25(2): 127-141.

Dimling, L. M. 2010. Conceptually based vocabulary intervention: second graders' development of vocabulary words. American Annals of the Deaf, 155(4): 425-448.

Eisenberg, L.S., Martinez, A. S,, & Boothroyd, A. 2004. Auditory -visual and auditory-only perception of phonetic contrasts in children. The Volta Review, 103(4): 327-346.

Feld, J. E., & Sommers, M. S. 2009. Lipreading, processing speed, and working memory in younger and older adults. Journal of Speech, Language, and Hearing Research, 52(6): 1555-1565.

Finn, K., & Montgomery, A. A. 1988. Automatic optically-based recognition of speech. Pattern Recognition Letters, 8(3):159-164.

Flowers, J. B. 2006. Predicting the Ability to Lip-read in Children Who Have a Hearing Loss. St. Louis: Washington University School of Medicine Program in Audiology and Communication Sciences.

Fu, Q. J., & Galvin, J. J. 2007. Perceptual learning and auditory training in cochlear implant recipients. Trends in Amplification, 11(3):193-205.

Gallese, V., Fadiga, L., Fogassi, L., et al. 1996. Action recognition in the premotor cortex. Brain, 119: 593-609.

Giraud, A. L., & Truy, E. 2002. The contribution of visual areas to speech comprehension: a PET study in cochlear implant patients and normal-hearing subjects. Neuropsychologia, 40(9): 1562-1569.

Giraud, A. L., Price, C. J., Graham, J. M., et al. 2001.Cross-modal plasticity underpins language recovery after cochlear implantation. Neuron, 30(3): 657-664.

Gong, H,, Chen L., & Lei J. 2019. The effect of speech training experiences on speechreading skills of Chinese children with hearing impairment. Clinical Linguistics & Phonetics, 33(10-11): 1071-1085.

Green, K. W., Green, W. B., & Holmes, D. W. 1981. Speechreading skills of young normal hearing and deaf children. American Anal Deaf, 126(5): 505-509.

Guardino, C., & Fullerton, E. K. 2014. Taking the time out of transitions. Education & Treatment of Children, 37(2): 211-228.

Gurler, D., Doyle, N., Walker, E., et al. 2015. A link between individual differences in multisensory speech perception and eye movements. Attention, Perception, & Psychophysics, 77(4): 1333-1341.

Harris, M., Terlektsi, E., & Kyle, F. E. 2017. Concurrent and longitudinal predictors of reading for deaf and hearing children in primary school. Journal of Deaf Studies and Deaf Education, 22(2): 233-242.

Hauswald, A., Lithari, C., Collignon, O., et al. 2018. A visual cortical network for deriving phonological information from intelligible lip movements. Current Biology: CB, 28(9): 1453-1459.

Heiser, M., Iacoboni, M., Maeda, F., et al. 2003. The essential role of Broca's area in imitation. European Journal of Neuroscience, 17: 1123-1128.

Hunnius, S., & Geuze, R. H. 2004. Developmental changes in visual scanning of dynamic faces and abstract stimuli in infants: a longitudinal study. Infancy, 6(2): 231-255.

Jerger, S., Damian, M. F., Spence, M. J., et al. 2009. Developmental shifts in children's sensitivity to visual speech: a new multimodal picture-word task. Journal of Experimental Child Psychology, 102(1): 40-59.

Jerger, S., Damian, M. F., Tye-Murray, N., et al. 2014. Children use visual speech to compensate for non-intact auditory speech. Journal of Experimental Child Psychology, 126(6): 295-312.

Jerger, S., Tye-Murray, N., & Abdi, H. 2009. Role of visual speech in phonological processing by children with hearing loss. Journal of Speech, Language, and Hearing Research, 52(2): 412-434.

Jerker, R., Thomas, L., Adriana, Z., et al. 2013. The ease of language understanding (ELU) model: theoretical, empirical, and clinical advances. Frontiers in Systems Neuroscience, (7): 15-17.

Jordan, T. R., Sheen, M., Abedipour, L., et al. 2014. Visual speech perception in foveal and extrafoveal vision: further implications for divisions in hemispheric projections. PLoS ONE, 9(7): e98273.

Kanto, L., Huttunen, K., & Laakso, M. 2013. Relationship between the linguistic environments and early bilingual language development of hearing children in deaf-parented families. Journal of Deaf Studies and Deaf Education, 18(2): 242-260.

Kanwisher, N., McDermott, J., & Chun, M. M. 1997. The fusiform face area: a module in human extrastriate cortex specialized for face perception. The Journal of Neuroscience, 17(11): 4302-4311.

Kushalnagar, P., Hannay, H. J., & Hernandez, A. E. 2010. Bilingualism and attention: a study of balanced and unbalanced bilingual deaf users of American sign language and English. Journal of Deaf Studies & Deaf Education, 15(3): 263-273.

Kyle, F. E., & Harris, M. 2006. Concurrent correlates and predictors of reading and spelling achievement in deaf and hearing school children. Journal of Deaf Studies and Deaf Education, 11(3): 273-288.

Kyle, F. E., & Harris, M. 2010. Predictors of reading development in deaf children: a 3-year longitudinal study. Journal of Experimental Child Psychology, 107(3): 229-243.

Lansing, C. R., & McConkie, G. W. 1999. Attention to facial regions in segmental and prosodic visual speech perception tasks. Journal of Speech, Language, and Hearing Research, 42(3): 526-539.

Leahy, W., & Sweller, J. 2011. Cognitive load theory, modality of presentation and the transient information effect. Applied Cognitive Psychology, 25(6): 943-951.

Lee, H. J., Truy, E., Mamou, G., et al. 2007. Visual speech circuits in profound acquired deafness: a possible role for latent multimodal connectivity. Brain, 130(11): 2929-2941.

Leech, E. R. B., & Cress, C. J. 2011. Indirect facilitation of speech in a late talking child by prompted production of picture symbols or signs. AAC: Augmentative & Alternative Communication, 27(1): 40-52.

Lesner, S. A., Sandridge, S. A., & Kricos, P. B. 1987. Training influences on visual consonant and sentence recognition. Ear and Hearing, 8(5): 283-287.

Li, D., Zhang, F., & Zeng, X. 2016. Similarities between deaf or hard of hearing and hearing students' awareness of affective words' valence in written language. American Annals of the Deaf, 161(3): 303.

Libeiman, A. M., & Whalen, D. W. 2000. On the relation of speech to language. Trends in Cognitive Sciences, (4): 187-196.

Lidestam, B., Lyxell, B., & Andersson, G. 1999. Speech-reading: cognitive predictors and displayed emotion. Scandinavian Audiology, (28): 211-217.

Lund, E., & Schuele, C. M. 2014. Effects of a word-learning training on children with cochlear implants. Journal of Deaf Studies & Deaf Education, 19(1): 68-84.

Lundine, J. P., & McCauley, R. J. A. 2016. Tutorial on expository discourse: structure, development, and disorders in children and adolescents. American Journal of Speech-Language Pathology, 25(3): 306-320.

Lusk, L. G., & Mitchel, A. D. 2016. Differential gaze patterns on eyes and mouth during audiovisual speech segmentation. Frontiers in Psychology, 7: 52.

Lyxell, B. 1994. Skilled speechreading: a single-case study. Scandinavian Journal of Psychology, (35): 212-219.

Lyxell, B., & Holmberg, I. 2000. Visual speechreading and cognitive performance in hearing-impaired and normal hearing children (11-14 years). British Journal of Educational Psychology, 70(4): 505-518.

Lyxell, B., & Ronnberg, J. 1992. The relationship between verbal-ability and sentence-based speechreading. Scandinavian Audiology, 21(2): 67-72.

MacSweeney, M., Woll, B., Campbell, R., et al. 2002. Neural systems underlying British sign language and audio-visual English processing in native users. Brain, 125(7): 1583-1593.

Marassa, L. K., & Lansing, C. R. 1995. Visual word recognition in two facial motion conditions: full face versus lips-plus-mandible. Journal of Speech, Language, and Hearing Research, 38(6): 1387-1394.

McDaniel, J., Camarata, S., & Yoder, P. 2018. Comparing Auditory-Only and Audiovisual Word Learning for Children with Hearing Loss. Journal of Deaf Studies & Deaf Education, 23(4): 382-398.

McGurk, H., & Macdonald, J. 1976. Hearing lips and seeing voices. Nature, 264(5588): 746.

Mitchel, A. D., & Weiss, D. J. 2013. Visual speech segmentation: using facial cues to locate word boundaries in continuous speech. Language, Cognition and Neuroscience, 29(7): 771-780.

Mohammed, T. 2007. An Investigation of speechreading in profoundly congenitally deaf British adults. London: University of London: 182-183.

Most, T., Rothem, H., & Luntz, M. 2009. Auditory, visual, and auditory-visual speech perception by individuals with cochlear implants versus individuals with hearing aids. American Annals of the Hearing Impaired, 154(3): 284-292.

Navarra, J., Soto-Faraco, S., & Spence, C. 2014. Discriminating speech rhythms in audition, vision, and touch. Acta Psychologica, 151: 197-205.

Nogaki, G., Fu, Q. J., & Galvin, J. J. 2007. Effect of training rate on recognition of spectrally shifted speech. Ear and Hearing, 28(2): 132-140.

Paré, M., Richler, R. C., & Ten, H. M. 2003. Gaze behavior in audiovisual speech perception: the influence of ocular fixations on the McGurk effect. Perception & Psychophysics, 65(4): 553-567.

Pimperton, H., Ralph-Lewis, A., & MacSweeney, M. 2017. Speechreading in deaf adults with cochlear implants: evidence for perceptual compensation. Frontiers in Psychology, 8: 106.

Pons, F., Bosch, L., & Lewkowicz, D. J. 2015. Bilingualism modulates infants' selective attention to the mouth of a talking face. Psychological Science, 26(4): 490-498.

Preminger, J. E., Lin, H. B., & Payen, M. 1998. Selective visual masking in speechreading. Journal Speech Language and Hearing Research, 41(3): 564-575.

Que, M., Jiang, X., Yi, C., et al. 2018. Language and sensory neural plasticity in the superior temporal cortex of the deaf. Neural Plasticity, (9): 1-17.

Rhoades, E. A., & Chisholm, T. H. 2001. Global language progress with an auditory-verbal approach for children who are deaf or hard of hearing. Volta Review, (102): 5-25.

Richels, C., Bobzien, J., & Raver, S. A. 2014. Teaching emotion words using social stories and created experiences in group instruction with preschoolers who are deaf or hard of hearing: an exploratory study. Deafness and Education International, 16(1): 37-58.

Rodríguez-Ortiz, I. R., Saldaña, D., & Moreno-Perez, F. J. 2017. How speechreading contributes to reading in a transparent ortography: the case of Spanish deaf people. Journal of Research in Reading, 40(1): 75-90.

Rosenblum, L. D., Johnson, J. A., & Saldana, H. M. 1996. Point-light facial displays enhance comprehension of speech in noise. Journal of Speech and Hearing Research, 39(6): 1159-1170.

Rossion, B., Caharel, S., Jacques, C., et al. 2010. The speed of familiar face recognition. Journal of Vision, 10(7): 617.

Rouger, J., Fraysse, B., Deguine, O., et al. 2008. McGurk effects in cochlear-implanted deaf subjects. Brain Research, 1188(1): 87-99.

Rouger, J., Lagleyre, S., Fraysse, B., et al. 2007. Evidence that cochlear-implanted deaf patients are better multisensory integrators. Proceedings of the National Aademy of Sciences of the United States of America, 104(17): 7295-7300.

Ruytjens, L., Albers, F., Dijk P, et al. 2006. Neural responses to silent lipreading in normal hearing male and female subjects. European Journal of Neuroscience, 24(6): 1835-1844.

Sadato, N., Okada, T., Honda, M., et al. 2005. Cross-modal integration and plastic changes revealed by lip movement, random-dot motion and sign languages in the hearing and deaf. Cerebral Cortex, 15(8): 1113-1122.

Sanchez, K., Miller, R. M., & Rosenblum, L. D. 2010. Visual influences on alignment to voice onset time. Journal of Speech, Language, and Hearing Research, 53(2): 262-272.

Santi, A., Servos, P., Vatikiotis-Bateson, E., et al. 2003. Perceiving biological motion: dissociating visible speech from walking. Journal of Cognitive Neuroscience, 15(6): 800-809.

Schwartz, J. L., Berthommier, F., & Savariaux, C. 2004. Seeing to hear better: evidence for early audio-visual interactions in speech identification. Cognition, 93(2): B69-B78.

Sekiyama, K., & Burnham, D. 2008. Impact of language on development of auditory-visual speech perception. Developmental Science, 11(2): 306-320.

Shruthi, M. N., & Nagaraja, M. N. 2013. A study on visual dependency in hearing impaired children for perception of speech. Journal of the All India Institute of Speech & Hearing, 32: 192-197.

Silkes, J. P. 2018. Masked repetition priming treatment for anomia. Journal of Speech, Language, and Hearing Research, 61(3): 690-712.

Skipper, J. I., Nusbaum, H. C., & Small, S. L. 2005. Listening to talking faces: motor cortical activation during speech perception. NeuroImage, 25(1): 76-89.

Small, S. L., & Nusbaum, H. C. 2004. On the neurobiological investigation of language understanding in cortex. Brain Lang, 89(2): 300-311.

Smith, E. G., & Bennetto, L. 2007. Audiovisual speech integration and lipreading in autism.

Journal of Child Psychology and Psychiatry, 48(8): 813-821.

Smith, N. A., Gibilisco, C. R., & Meisinger, R. E. 2013. Asymmetry in infants' selective attention to facial features during visual processing of infant-directed speech. Frontiers in Psychology, 4: 601.

Snodgrass, M. R., Stoner, J. B., & Angell, M. E. 2013. Teaching conceptually referenced core vocabulary for initial augmentative and alternative communication. AAC: Augmentative & Alternative Communication, 29(4): 322-333.

Söderfeldt, B., Ingvar, M., Rönnberg, J., et al. 1997. Signed and spoken language perception studied by positron emission tomography. Neurology, (49): 82-87.

Stacey, P. C., Kitterick, P. T., & Morris, S. D. 2016. The contribution of visual information to the perception of speech in noise with and without informative temporal fine structure. Hearing Research, 336: 17-28.

Stevenson, R. A., Nelms, C. E., & Baum, S. H. 2015. Deficits in audiovisual speech perception in normal aging emerge at the level of whole-word recognition. Neurobiology of Aging, 36(1): 283-291.

Strelnikov, K., Rosito, M., & Barone, P. 2011. Effect of audiovisual training on monaural spatial hearing in horizontal plane. PLoS ONE, 6: e183443.

Strelnikov, K., Rouger, J., Barone, P., et al. 2009. Role of speechreading in audiovisual interactions during the recovery of speech comprehension in deaf adults with cochlear implants. Scandinavian Journal of Psychology, 50(5): 437-444.

Strelnikov, K., Rouger, J., Lagleyre, S., et al. 2015. Increased audiovisual integration in cochlear-implanted deaf patients: independent components analysis of longitudinal positron emission tomography data. European Journal of Neuroscience, 41(5): 677-685.

Sumby, W. H., & Pollack, I. 1954. Visual contribution to speech intelligibility in noise. Journal of the Acoustical Society of America, (26): 212-215.

Teinonen, T., Aslin, R. N., & Alku, P. 2008. Visual speech contributes to phonetic learning in 6-month-old infants. Cognition, 108(3): 850-855.

Thomas, S. M., & Jordan, T. R. 2004. Contributions of oral and extraoral facial movement to visual and audiovisual speech perception. Journal of Experimental Psychology: Human Perception and Performance, 30(5): 873-888.

Thompson, L. A., Driscoll, D., & Markson, L. 1998. Memory for visual-spoken language in children and adults. Journal of Nonverbal Behavior, 22(3): 167-187.

Tye-Murray, N., Hale, S., & Spehar, B. 2014. Lipreading in school-age children: the roles of age, hearing status, and cognitive ability. Journal of Speech, Language, and Hearing Research, 57(2): 556-565.

Tye-Murray, N., Sommers, M., Spehar, B., et al. 2008. Auditory-visual discourse comprehension by older and young adults in favorable and unfavorable conditions. International Journal of Audiology, 47(2): S31-S37.

Vatikiotis-Bateson, E., Eigsti, I. M., & Yano, S. 1998. Eye movement of perceivers during audiovisual speech perception. Percept Psychophys, 60(6): 926-940.

Walden, B. E., Busacco, D. A., & Montgomery, A. A. 1993. Benefit from visual cues in auditory-visual speech recognition by middle-aged and elderly persons. Journal of

Speech and Hearing Research, 36(2): 431-436.

Wang, Q., Andrews, J., Liu, H. T. et al. 2016. Case studies of multilingual/multicultural Asian deaf adults: strategies for success. American Anna Deaf, 161(1): 67-88.

Watson, C. S., Qiu, W. W, Chamberlain M M, et al. 1996. Auditory and visual speech perception: confirmation of a modality-independent source of individual differences in speech recognition. Journal of the Acoustical Society of America, 100(21): 1153-1162.

Wauters, L., van Bon, W., & Tellings, A. 2006. Reading comprehension of Dutch deaf children. Reading and Writing, (19): 49-76.

Weatherhead, D., & White, K. S. 2017. Read my lips: visual speech influences word processing in infants. Cognition, 160: 103-109.

Werfel, K. L., & Schuele, C. M. 2014. Improving initial sound segmentation skills of preschool children with severe to profound hearing loss: an exploratory investigation. Volta Review, 114(2): 113-134.

Woodhouse, L., Hickson, L., & Dodd, B. 2009. Review of visual speech perception by hearing and hearing - impaired people: clinical implications. International Journal of Language & Communication Disorders, 44(3): 253-270.

Yi, A., Wong, W., & Eizenman, M. 2013. Gaze patterns and audiovisual speech enhancement. Journal of Speech, Language, and Hearing Research, 56(2): 471-480.

附　　录

附录一　汉字唇读理解测试图像（节选）

附图 1-1　目标汉字：马　　附图 1-2　目标汉字：蛙

附图 1-3　目标汉字：车　　附图 1-4　目标汉字：衣

附图 1-5　目标汉字：兔　　附图 1-6　目标汉字：虎

附录二　词语唇读理解测试图像（节选）

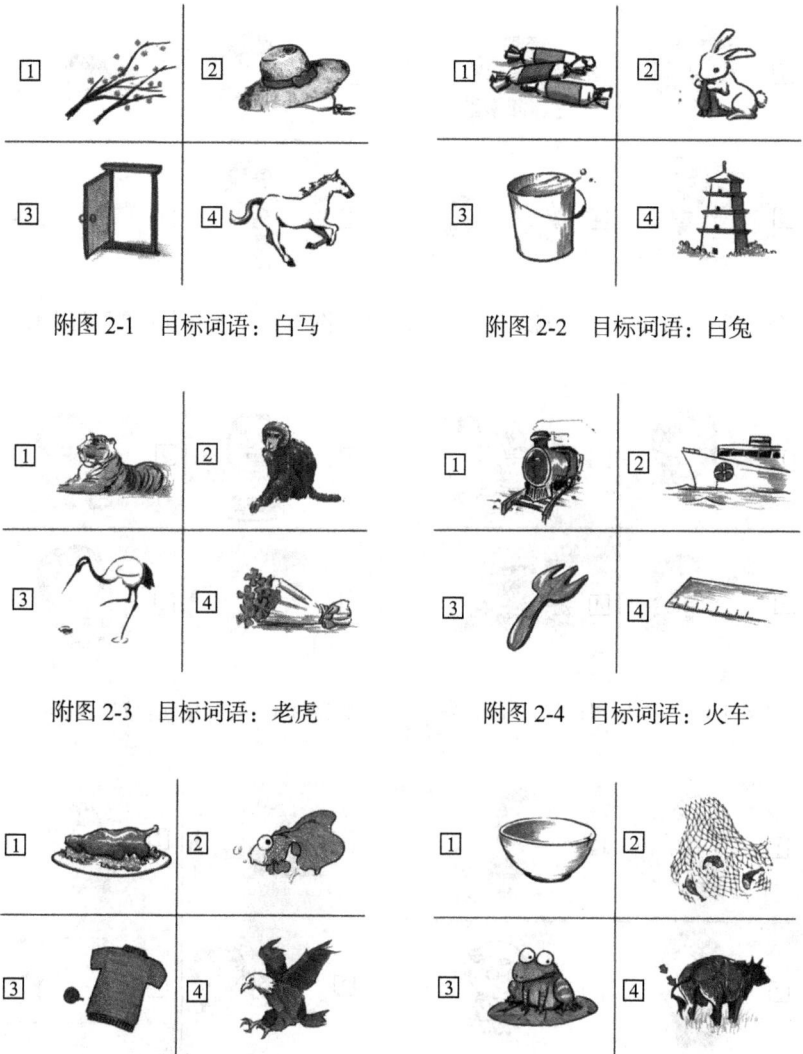

附图 2-1　目标词语：白马　　附图 2-2　目标词语：白兔

附图 2-3　目标词语：老虎　　附图 2-4　目标词语：火车

附图 2-5　目标词语：毛衣　　附图 2-6　目标词语：青蛙

附录三 单句唇读理解测试图像（节选）

附图 3-1 目标单句：叔叔骑白马

附图 3-2 目标单句：哥哥捉青蛙

附图 3-3 目标单句：叔叔开火车

附图 3-4 目标单句：妈妈织毛衣

附图 3-5 目标单句：奶奶抱白兔

附图 3-6 目标单句：哥哥拍老虎

附录四 实验指导语

实验指导语

首先,在电脑屏幕上出现一句红色"**请注意!**"的提示语,提醒你开始实验。然后,请你注意看屏幕上出现的说话人的口形,接着请注意看屏幕上出现的四张图片(**1234**),其中仅有**1张图片**是说话人口形所表示的**单字**。请选出你认为**正确**的选项。

如果答案是1,请按键盘上的"1"键;如果答案是2,请按键盘上的"2"键;如果答案是3,请按键盘上的"3"键;如果答案是4,请按键盘上的"4"键。

附图 4-1　汉字唇读测试实验指导语

实验指导语

首先,在电脑屏幕上出现一句红色"**请注意!**"的提示语,提醒你开始实验。然后,请你注意看屏幕上出现的说话人的**口形**,接着请注意看屏幕上出现的**四张图片**(**1234**),其中仅有**1张图片**是说话人口形所表示的**词语**。请选出你认为**正确**的选项。

如果答案是1,请按键盘上的"1"键;如果答案是2,请按键盘上的"2"键;如果答案是3,请按键盘上的"3"键;如果答案是4,请按键盘上的"4"键。

附图 4-2　词语唇读测试实验指导语

实验指导语

首先,在电脑屏幕上出现一句红色"**请注意!**"的提示语,提醒你开始实验。然后,请你注意看屏幕上出现的说话人的**口形**,接着请注意看屏幕上出现的**四张图片**(**1234**),其中仅有**1张图片**是说话人口形所表示的**句子**。请选出你认为**正确**的选项。

如果答案是1,请按键盘上的"1"键;如果答案是2,请按键盘上的"2"键;如果答案是3,请按键盘上的"3"键;如果答案是4,请按键盘上的"4"键。

附图 4-3　语句唇读测试实验指导语

附录五　幼儿认知风格问卷

幼儿认知风格问卷

尊敬的老师：

您好！感谢您在百忙之中参与我们关于幼儿认知风格的调查。您所填写的信息是该实验的重要参考和关键。请您仔细阅读问卷，在符合该幼儿日常行为表现状况的一项后打"√"，并对其认知风格类型（场独立型、场依存型）作出判断。本调查结果仅为本人研究所用，对于幼儿信息，我们将进行严格保密。

幼儿姓名：_____　　教师姓名（可只写姓氏）：_____

幼儿认知风格评价表

场独立型	场依存型
1. 较喜欢独自游戏，对分解、组合、搭配等游戏更感兴趣	1. 对人际交往感兴趣，在角色游戏区域出现的频率较高
2. 在游戏中社会参与程度低	2. 在游戏中社会参与程度高
3. 不喜爱与同伴交流	3. 常运用多种形式与同伴交流
4. 较少受环境因素的支配，自主性较高，更自信	4. 较容易受环境因素的影响
5. 独立自觉学习，内在动机支配	5. 易受暗示，学习欠主动，外在动机支配
6. 喜欢独立工作	6. 喜欢与其他同伴一起完成一项共同目标
7. 很少寻求与教师的身体接触	7. 对教师大胆地表达自己的感情
8. 不喜欢依靠教师，自己尝试新的任务	8. 想求教师的指导与帮助
9. 喜欢数学、科学等自然科目	9. 喜欢语言、人文等科目

附录六　词语干预材料图像（节选）

附图 6-1　干预词语：菠萝

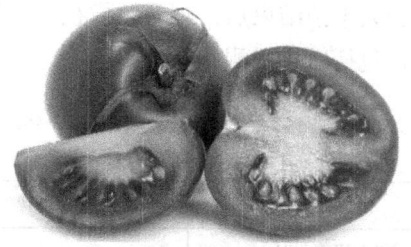

附图 6-2　干预词语：西红柿

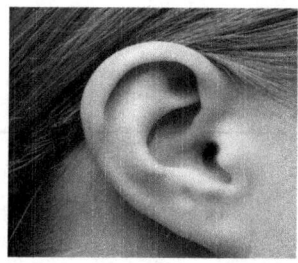

附图 6-3　干预词语：耳朵

附图 6-4　干预词语：熊猫

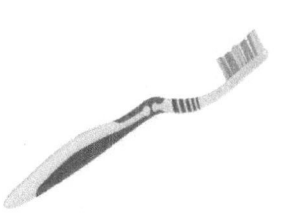

附图 6-5　干预词语：牙刷

附图 6-6　干预词语：围巾

附录七 观察提醒被试次数记录表

当天干预结束后，观看录像视频，分别记录下主试对每个被试的提醒次数，包括口头提醒和行为提醒。

提醒被试次数记录表

___月___日

研究对象	视觉	听觉	视听觉	总计
被试 ZWX（S1）				
被试 WBH（S2）				
被试 CYF（S3）				
被试 SZR（S4）				
总计				

后　记

本书是国家社科基金一般项目"听障学生汉语唇读理解能力发展研究"（15BYY069）的资助成果，是在唇读汉字语音识别研究基础上的拓展。汉语唇读理解能力的发展对于听障学生融入社会，促进沟通与交往至关重要。

"语言感知是听觉通道独有特性"的观点忽视了视觉在人类语言认知中的作用，忽视了通过视觉来获取语言，而 McGurk 与 MacDonald 1976 年首先证明了视觉信息在健听人士清晰无误的语言感知中所发挥的作用。视觉语言——唇读的研究在国外逐渐受到重视，研究成果日益丰富，从语言习得的感知—识别—理解过程分别考察了唇读的感受能力、识别能力与理解能力等，而我国唇读感知与识别研究不断跟进，但汉语唇读理解能力研究相对薄弱，因此本书从年级段与年龄段的角度探讨了听障学生汉语唇读理解能力发展的特点：第一，听障学生的唇读理解能力发展轨迹呈现出"平稳发展—逐渐下降—趋于稳定"的趋势。听障学生在 4—6 岁时，其唇读理解能力得以逐步发展，至 7—14 岁时保持平稳趋势，而 15—20 岁左右，其唇读理解能力逐步下降，并逐渐趋于稳定。第二，从汉字、词语、语句三个语言级别探讨了听障学生汉语唇读理解能力发展的表现，发现听障学生的汉语唇读理解表现存在显著的词语优势效应，即听障学生唇读理解词语的表现显著优于汉字、语句，这表明双字词的视觉口形信息可能更容易被激活，在语义提取的过程中更容易被成功匹配。汉字与语句则在不同的条件下表现出不同的特点。第三，听觉辅助在听障学生的汉语唇读理解中发挥着重要作用，有听觉辅助的听障学生在一定程度上弥补了听觉损失，获得了听觉语言经验，有利于促进听障学生在唇读理解过程中的语音感知、语音识别及语义提取；语言训练对听障学生的汉语唇读理解也发挥着积极作用，语言训练经验有利于提升听障学生的汉语唇读理解能力。第四，在听障学生语句唇读理解眼动模式方面，所有听障学生均出现"眼睛-嘴巴-眼睛"的社会协调模式，但年龄段或年级段的发展影响听障学生在具体面部区域的眼动模式。第五，通过镜前自我模仿的干预探讨了听障学生唇读理解能力发展情况，发现镜前练习的口形模仿策略在聋校班级的干预成效体现在立即成效、维持成效与社会成效上；在单一被试干预中通过视觉分析和 C 统计分析表明，镜前自我模仿策略对听障儿童汉语唇读理解能力发展具有提升作用，并且具有较好的维持效果。

  本书由课题组成员合力协作完成，主要成员有雷江华、陈亮、宫慧娜、范佳露、肖冉、张奋、鲍博、杨雪、高利、习妮、孙珂、贾玲、徐九平、梁璐等。研究成果修改成书稿中参阅了大量文献，尽量做到引用规范，但难免挂一漏万，在此对未列入注释和参考文献的作者，表达诚挚的歉意。最后，本书能得以出版，得到了科学出版社任诗尧编辑、乔艳茹编辑等的帮助，在此表示衷心的感谢！

作　者
2021 年 2 月